JN302054

民法判例集

親族・相続

内田貴・水野紀子・大村敦志・道垣内弘人

有斐閣

　　　　　　　は　し　が　き

　本書は，民法の家族法（親族編・相続編）を対象に，学習上必要な裁判例・資料を編集した教材である。

　民法を理解するには，条文の意味を学ぶにとどまらず，それを実際の紛争解決に適用した裁判例を読むことがぜひとも必要である。しかし，民法施行以来百年余りの間に蓄積された裁判例の数は膨大であり，その中から，民法学習者が条文の実際の機能を知り，また解釈の実践を学ぶのに適切なものを選ぶことは必ずしも容易ではない。本書では，いわゆるリーディング・ケースに限定することなく，教育的な観点から重要と思われる裁判例を過不足なく選択するようつとめた。

　各裁判例については，事実関係をやや詳細に紹介し，理解を助けるために簡単な図を添付し，必要に応じて地名や当事者名（原則として法人名に限った）を残して，現実の紛争を身近に感じることができるよう配慮した。判決末尾には担当裁判官名を付記して，なまみの裁判官の判断として判決を読むことを促す工夫をした。また，小項目ごとに裁判例の理解を助ける「解説」を付した。以上の編集方針は，本シリーズの既刊各巻で採用した方針と同じである。

　本書の企画がスタートしたのは，実は 2007 年のことであった。しかし，編者が次第に多忙を極める中で刊行が遅れ，一時は，若手研究者に編者を交代してはどうかという話も出た。しかし，熟年世代の頑張りを発揮しようと，昨年，企画を再スタートし，この度の刊行にこぎつけることができた。そこには，本書を担当された有斐閣編集部の辻南々子さんの並々ならぬサポートがあったことを述べておかねばならない。また，編集部の土肥賢さん，井植孝之さんにもお世話になった。皆さんに心からお礼を申し上げたい。

　1997 年刊の『民法判例集　債権各論』にはじまる本シリーズは，本書の刊行によりようやく民法全体をカバーすることができた。思えば，本シリーズは，

まだ法科大学院の構想すらなかった頃に，アメリカのケースブックのような内容を持った教材を作ろうと，編者の一人の内田が有斐閣編集部の酒井久雄さん（現・有斐閣顧問）と相談し，瀬川信久教授と共編で上掲書の前身となる『民法判例集(3) 債権各論』を1993年に刊行したところから始まった。以来20年余りを経てようやく完結したことになる。生みの親である酒井さんに改めて感謝申し上げたい。
　本書の利用により，読者の民法の理解が一層深いものになるよう，編者一同願っている。
　　2014年3月

内 田　　貴
水 野 紀 子
大 村 敦 志
道 垣 内 弘 人

　　＊　4名の担当内訳は以下の通りである。
　　　内田………親族編第3章〜第7章
　　　水野………親族編第1章，第2章
　　　大村………相続編第4章〜第8章
　　　道垣内……相続編第1章〜第3章，補章

凡　例

(1) 親族・相続の学習上重要な「主裁判例」を151件（資料2件を含む）選び，小見出しを付けて教育上の観点から配列した。主裁判例に準ずる重要性を持つもの，主裁判例の理解に資するものも16件選び，「関連裁判例」として収録した。

(2) 各裁判例につきいくつかの判例研究を掲げた。そのうち最高裁調査官による判例解説は，掲載している法曹時報の巻号頁をあげたが，それらは『最高裁判所判例解説民事編』の各年度版にも収録されている。また，『家族法判例百選』は百選と略記した。

(3) 原則として，事実と判決理由の中のXは原告，Yは被告，A，B，C等はそれ以外の関係者である。

(4) 戦前の判決文は，カタカナをひらがなにし，原文にない句読点，濁点を打ち，漢字表記は新字体とした。なお，一部の難読漢字に読み仮名を付した。

(5) 引用した文献のうち，『民法判例集　総則・物権［第2版］』は総則・物権，『同　担保物権・債権総論［第2版］』は担保物権・債権総論，『同　債権各論［第3版］』は債権各論にそれぞれ略記した。

目　次

※　編・章・節は民法典のものを示す。
※　判例番号に付した＊は関連裁判例を示す。

第4編　親　　族

第1章　総　　則（取り上げる裁判例はない）

第2章　婚　　姻

第1節　婚姻の成立──婚姻意思と婚姻障碍事由

1　婚姻意思の不存在（最㈡判昭和44年10月31日）………………*2*
2　臨終婚の有効性（最㈠判昭和44年4月3日）………………*3*
3　届出意思のない婚姻届の追認（最㈢判昭和47年7月25日）………*5*
4　届出意思のない婚姻届の無効（最㈡判平成8年3月8日）………*7*
　解　説　………………………………………………………………*9*
5　重婚禁止違反（最㈢判昭和57年9月28日）…………………*10*
6　再婚禁止期間（待婚期間）違反（最㈢判平成7年12月5日）……*11*
　解　説　………………………………………………………………*13*

第2節　婚姻の効力

7　貞操義務（1）──不貞行為の相手方への慰謝料請求
　　（最㈡判昭和54年3月30日）………………………………………*14*
8　貞操義務（2）──婚姻破綻の場合（最㈢判平成8年3月26日）………*17*
　解　説　………………………………………………………………*18*
9　同居義務と間接強制（大決昭和5年9月30日）………………*19*
10＊　同居義務と転勤命令（最㈡判昭和61年7月14日）……………*20*

iv

解　説 ……………………………………………………………………………… 21
　11　夫婦間の契約取消権（最㈠判昭和 42 年 2 月 2 日） ………………… 22
　　　解　説 ……………………………………………………………………………… 23

第 3 節　夫婦財産制

　12　婚姻費用分担審判の合憲性（最㈯決昭和 40 年 6 月 30 日） ………… 24
　13　子の監護費用の裁判管轄（最㈠判平成 9 年 4 月 10 日） …………… 25
　　　解　説 ……………………………………………………………………………… 26
　14　婚姻費用分担債権者による詐害行為取消し
　　　　　　　　　（最㈢判昭和 46 年 9 月 21 日）………………………………… 27
　　　解　説 ……………………………………………………………………………… 30
　15　日常家事代理権と表見代理（最㈠判昭和 44 年 12 月 18 日） ……… 31
　　　解　説 ……………………………………………………………………………… 33
　16　夫婦財産別産制と合憲性（最㈯判昭和 36 年 9 月 6 日） …………… 33
　17　所有名義と特有財産（最㈢判昭和 34 年 7 月 14 日） ………………… 35
　　　解　説 ……………………………………………………………………………… 36

第 4 節　離　　婚

　18　離婚意思の喪失と不受理届の効力（最㈡判昭和 34 年 8 月 7 日）……… 37
　19　仮装離婚の効力（最㈠判昭和 38 年 11 月 28 日） …………………… 38
　　　解　説 ……………………………………………………………………………… 38
　20* 別居中の親の面接交渉（最㈠決平成 12 年 5 月 1 日） ……………… 40
　21* 面会交流審判の間接強制（最㈠決平成 25 年 3 月 28 日） ………… 41
　22　離婚後の監護費用の分担請求と権利濫用（最㈡判平成 23 年 3 月 18 日）
　　　　 ………………………………………………………………………………… 43
　　　解　説 ……………………………………………………………………………… 45
　23　財産分与と離婚慰謝料（最㈡判昭和 46 年 7 月 23 日） ……………… 46
　24　財産分与と過去の婚姻費用分担（最㈢判昭和 53 年 11 月 14 日） … 48
　　　解　説 ……………………………………………………………………………… 48
　25　財産分与と錯誤無効（最㈠判平成元年 9 月 14 日） ………………… 50

| 26 | 財産分与と詐害行為取消し（最㈠判平成12年3月9日） | 52 |

解　説 ……………………………………………………………………………54

| 27 | 精神病離婚（最㈢判昭和45年11月24日） | 55 |
| 28 | 離婚訴訟における離婚原因の主張（最㈢判昭和36年4月25日） | 57 |

解　説 ……………………………………………………………………………58

29	有責配偶者の離婚請求（1）──消極的破綻主義の成立 （最㈢判昭和27年2月19日）	58
30	破綻後の有責行為（最㈡判昭和46年5月21日）	60
31	有責配偶者の離婚請求（2）──消極的破綻主義の変更 （最㈪判昭和62年9月2日）	61

解　説 ……………………………………………………………………………65

第5節　婚姻予約・内縁

32	婚姻予約不履行に基づく損害賠償請求（大㈸判大正4年1月26日）	66
33	婚約成立の認定（最㈠判昭和38年9月5日）	68
34	結納の法的性格（最㈡判昭和39年9月4日）	69

解　説 ……………………………………………………………………………69

35	内縁の不当破棄と婚姻の規定の準用──内縁準婚理論 （最㈡判昭和33年4月11日）	70
36	死亡による内縁解消と財産分与の類推適用（消極） （最㈠決平成12年3月10日）	72
37	2子をもうけ長年続いた男女関係の解消（最㈠判平成16年11月18日）	74
38	内縁配偶者死亡後の共有不動産の無償使用 （最㈠判平成10年2月26日）	76

解　説 ……………………………………………………………………………77

| 39 | 重婚的内縁（最㈠判昭和58年4月14日） | 78 |
| 40 | 近親婚的内縁（最㈠判平成19年3月8日） | 80 |

解　説 ……………………………………………………………………………83

第3章　親　　子

第1節　実　　子

[1]　嫡　出　子

41　嫡出推定（1）──婚姻成立後200日以内の出生
　　　（最㈢判昭和41年2月15日）……………………………………85

42　嫡出推定（2）──離婚後300日以内の出生
　　　（最㈠判昭和44年5月29日）……………………………………86

43　資料・いわゆる「300日問題」──離婚後300日以内に生まれた子の処遇（平成19年5月7日）……………………………………87

44* 嫡出推定と科学的証明（東京家審昭和52年3月5日）……………90

45　婚姻関係の終了と嫡出推定（最㈢判平成12年3月14日）………92

46　性同一性障害と嫡出推定（最㈢決平成25年12月10日）………93

　解　説　………………………………………………………………………104

[2]　非嫡出子──任意認知

47　認知者の意識喪失の間になされた認知届の効力
　　　（最㈡判昭和54年3月30日）……………………………………106

48　父がした出生届と認知の効力（最㈡判昭和53年2月24日）……107

49　認知者死亡後の認知無効（最㈠判平成元年4月6日）……………108

50　父からの認知無効（最㈢判平成26年1月14日）………………109

51　母の認知（最㈡判昭和37年4月27日）……………………………119

　解　説　………………………………………………………………………120

[3]　非嫡出子──強制認知・親子関係存否確認

52　認知請求期間経過後の父子関係存在確認の訴え
　　　（最㈠判平成2年7月19日）……………………………………121

53　認知の訴えの出訴期間の起算点（最㈡判昭和57年3月19日）………122

54　法定代理人による認知の訴え（最㈢判昭和43年8月27日）………123

55　親子関係不存在確認と権利濫用（最㈡判平成18年7月7日）………125

56*　DNA鑑定と父子関係の判定（福岡高判平成10年5月14日）………128

57　認知請求権の放棄（最㈢判昭和37年4月10日）………………130

解　説 ………………………………………………………………… *131*

[4]　生殖補助医療技術と親子関係
　　58　凍結精子による死後生殖（最㈡判平成 18 年 9 月 4 日）………… *132*
　　59　代理懐胎と親子関係（最㈡決平成 19 年 3 月 23 日）…………… *136*
　　　解　説 ………………………………………………………………… *141*

第 2 節　養　　子

　　60　過去の情交関係の存在と縁組意思（最㈡判昭和 46 年 10 月 22 日）… *141*
　　61　虚偽の嫡出子出生届の養子縁組の成否（最㈢判昭和 50 年 4 月 8 日）
　　　 ……………………………………………………………………… *143*
　　62　他人の子を嫡出子として届出した者の代諾による養子縁組の効力
　　　　（最㈢判昭和 39 年 9 月 8 日）………………………………………… *144*
　　63　養子縁組と家裁の許可（新潟家審昭和 57 年 8 月 10 日）………… *146*
　　64　夫婦共同縁組の成否（最㈠判昭和 48 年 4 月 12 日）……………… *149*
　　65　代理出産と特別養子縁組（神戸家姫路支審平成 20 年 12 月 26 日）… *151*
　　　解　説 ………………………………………………………………… *152*

第 4 章　親　　権

[1]　利益相反
　　66　連帯保証等と利益相反行為（最㈢判昭和 43 年 10 月 8 日）……… *154*
　　67　遺産分割と利益相反行為（最㈠判昭和 49 年 7 月 22 日）………… *155*
　　68　特別代理人と未成年者との利益相反行為
　　　　（最㈠判昭和 57 年 11 月 18 日）……………………………………… *156*
　　69　親権者の一方に利益相反関係がある場合における代理方法
　　　　（最㈠判昭和 35 年 2 月 25 日）……………………………………… *158*
　　70　利益相反行為の効力（最㈢判昭和 46 年 4 月 20 日）……………… *159*
　　71　物上保証行為と親権者の法定代理権濫用（最㈠判平成 4 年 12 月 10 日）
　　　 ……………………………………………………………………… *160*
　　　解　説 ………………………………………………………………… *161*

[2] 子の引渡し

72 人身保護法による子の引渡し (1)——明白性の基準
　　　（最(三)判平成5年10月19日） ················162

73* 人身保護法による子の引渡請求と拘束の顕著な違法性
　　　（最(三)判平成6年4月26日） ················166

74 人身保護法による子の引渡し (2)——拘束開始の態様の違法性
　　　（最(一)判平成11年4月26日） ················168

75 審判手続による子の引渡し——別居中の夫婦の場合
　　　（東京高決平成17年6月28日） ················170

　解　説 ················173

[3] 子の氏名

76 子の命名権——悪魔ちゃん事件（東京家八王子支審平成6年1月31日）
　　　 ················173

77 非嫡出子の氏の変更 (1)——認容例
　　　（大阪高決平成9年4月25日） ················177

78* 非嫡出子の氏の変更 (2)——否定例
　　　（東京高決昭和60年9月19日） ················179

　解　説 ················181

[4] 親権喪失

79 児童相談所長の申立て（東京家八王子支審昭和54年5月16日）······181

　解　説 ················182

第5章　後　　見

80 相続放棄と後見人の利益相反行為（最(二)判昭和53年2月24日）······183

81 後見人の追認拒絶（最(三)判平成6年9月13日） ················185

　解　説 ················188

第6章　保佐及び補助（取り上げる裁判例はない）

第7章 扶　　養

82 扶養義務者間の求償（最㈡判昭和42年2月17日）……………………189
83* 過去の扶養料の求償と寄与分（大阪高決平成15年5月22日）………190
84 扶養に関する合意とその請求（名古屋高判平成10年7月17日）……194
解　説 ……………………………………………………………………195

第5編　相　　続

第1章　総　　則

85 共同相続人間における相続回復請求（最㈧判昭和53年12月20日）
………………………………………………………………………………198
86 相続回復請求権の消滅時効（1）——共同相続人からの譲受人による援用（最㈢判平成7年12月5日）……………………………211
87 相続回復請求権の消滅時効（2）——消滅時効援用者が立証すべき事項（最㈠判平成11年7月19日）………………………………213
解　説 ……………………………………………………………………216

第2章　相　続　人

88 資料・相続資格の重複 ………………………………………………218
89 相続人の欠格事由（1）——遺言書の偽造または変造
　　　（最㈡判昭和56年4月3日）………………………………………219
90 相続人の欠格事由（2）——遺言書の破棄または隠匿
　　　（最㈢判平成9年1月28日）………………………………………221
91 推定相続人の廃除（東京高決平成4年12月11日）………………223
解　説 ……………………………………………………………………226

第3章　相続の効力

第1節　総　則

[1] 相続の対象
- **92**　金銭債権（最㈠判昭和29年4月8日）……………………228
- **93***　預金債権の遺産分割（福岡高決平成8年8月20日）……………229
- **94**　連帯債務（最㈡判昭和34年6月19日）………………………230
- **95**　保証債務（最㈠判昭和37年11月9日）………………………232
- **96**　金銭（最㈡判平成4年4月10日）………………………………233
- **97**　死亡退職金（最㈠判昭和55年11月27日）……………………234
- **98**　生命保険金請求権（最㈢判昭和40年2月2日）………………236
- **99**　占有権の相続（1）（最㈡判昭和37年5月18日）………………238
- **100**　占有権の相続（2）（最㈢判昭和46年11月30日）……………240
- **101**　遺骨（最㈢判平成元年7月18日）………………………………241
- **102**　遺産共有の性質（最㈢判昭和30年5月31日）…………………242
- 解　説 ……………………………………………………………244

[2] 遺産の管理
- **103**　相続財産の共同処分（最㈠判昭和54年2月22日）……………247
- **104**　遺産に属する特定不動産の共有持分権の処分
  　　　（最㈡判昭和50年11月7日）……………………………………248
- **105**　遺産に属する特定不動産の第三者への賃貸
  　　　（最㈠判平成17年9月8日）………………………………………250
- **106**　遺産に属する特定不動産の共同相続人の1人による使用
  　　　（最㈢判平成8年12月17日）……………………………………252
- **107**　遺産に属する特定不動産に関する不実の登記（1）──単独名義を有する共同相続人の1人からの譲受人
  　　　（最㈡判昭和38年2月22日）……………………………………253
- **108**　遺産に属する特定不動産に関する不実の登記（2）──持分についての全くの無権利者（最㈡判平成15年7月11日）………………255
- 解　説 ……………………………………………………………256

第2節　相続分

- **109**　非嫡出子の相続分（1）（最(大)決平成25年9月4日）……………257
- **110**＊　非嫡出子の相続分（2）（最(大)決平成7年7月5日）………………266
- **111**　特別受益の法的性格：具体的相続分の価額または割合の確認の利益（最(一)判平成12年2月24日）………………………………270
- **112**　死亡保険金が持戻しの対象となる場合（最(二)決平成16年10月29日）
　……………………………………………………………………………271
- **113**　寄与分の算定（1）──相続人の配偶者や母の寄与
　（東京高決平成元年12月28日）……………………………………273
- **114**　寄与分の算定（2）──遺留分の考慮（東京高決平成3年12月24日）
　……………………………………………………………………………274
- 解　説　………………………………………………………………………276

第3節　遺産の分割

- **115**　相続人による遺産に関する共有物分割訴訟の許否
　（最(三)判昭和62年9月4日）………………………………………277
- **116**＊　遺産確認の訴え（最(一)判昭和61年3月13日）……………………278
- **117**　遺産分割前に死亡した相続人が遺産に対して有していた権利の性質（最(三)決平成17年10月11日）…………………………………279
- **118**　遺産分割協議の錯誤（最(一)判平成5年12月16日）………………280
- **119**　遺産分割協議の解除（1）──共同相続人の1人による負担の不履行（最(一)判平成元年2月9日）……………………………………282
- **120**　遺産分割協議の解除（2）──共同相続人全員による合意
　（最(一)判平成2年9月27日）………………………………………283
- **121**　遺産分割協議と詐害行為取消権（最(二)判平成11年6月11日）……284
- 解　説　………………………………………………………………………285

第 4 章　相続の承認及び放棄

- **122**　相続開始を知ったとき（最㈡判昭和 59 年 4 月 27 日）……………287
- **123**　再転相続人の相続放棄（最㈢判昭和 63 年 6 月 21 日）……………291
- **124**　詐害行為取消権との関係（最㈡判昭和 49 年 9 月 20 日）…………292
- 解　説 ……………………………………………………………………293

第 5 章　財産分離（取り上げる裁判例はない）

第 6 章　相続人の不存在

- **125**　相続人の不存在と包括受遺者（最㈡判平成 9 年 9 月 12 日）………295
- **126**　特別縁故者の概念（大阪高決昭和 46 年 5 月 18 日）………………296
- **127**　共有持分の場合（最㈡判平成元年 11 月 24 日）……………………298
- **128***　国庫帰属の時期（最㈡判昭和 50 年 10 月 24 日）…………………304
- 解　説 ……………………………………………………………………305

第 7 章　遺　　言

第 1 節　総　　則

- **129**　遺言の解釈（最㈡判昭和 58 年 3 月 18 日）…………………………307
- **130**　遺言執行者への受遺者選定の委託（最㈢判平成 5 年 1 月 19 日）…309
- **131**　不倫と包括遺贈（最㈠判昭和 61 年 11 月 20 日）…………………311
- 解　説 ……………………………………………………………………312

第 2 節　遺言の方式

- **132**　カーボン複写と自筆証書（最㈢判平成 5 年 10 月 19 日）…………312
- **133**　自筆証書──押印（最㈡判平成 6 年 6 月 24 日）…………………313

- **134** 公正証書遺言の方式——視覚障害者の証人適格
  （最㈠判昭和 55 年 12 月 4 日）……………………………………314
- **135** 死亡危急者遺言（最㈡判昭和 47 年 3 月 17 日）………………318
- **136** 共同遺言（最㈡判昭和 56 年 9 月 11 日）………………………319
- 解　説 ……………………………………………………………………320

第 3 節　遺言の効力

- **137** 相続させる遺言（最㈡判平成 3 年 4 月 19 日）…………………321
- **138** 相続させる遺言と登記手続（最㈢判平成 7 年 1 月 24 日）……323
- **139*** 「相続させる遺言」の解釈（1）——相続人の死亡
  （最㈢判平成 23 年 2 月 22 日）……………………………………324
- **140** 「相続させる遺言」の解釈（2）——相続債務
  （最㈢判平成 21 年 3 月 24 日）……………………………………325
- 解　説 ……………………………………………………………………327

第 4 節　遺言の執行

- **141** 「相続させる」と遺言執行者の職務（最㈠判平成 11 年 12 月 16 日）
  ………………………………………………………………………328
- **142** 遺言執行者がある場合の相続人の遺産処分
  （最㈠判昭和 62 年 4 月 23 日）……………………………………330
- 解　説 ……………………………………………………………………331

第 5 節　遺言の撤回及び取消し

- **143** 負担付遺贈と撤回の可否（最㈡判昭和 57 年 4 月 30 日）………331
- **144** 協議離縁の場合（最㈡判昭和 56 年 11 月 13 日）………………332
- **145** 撤回された遺言の復活（最㈠判平成 9 年 11 月 13 日）…………334
- 解　説 ……………………………………………………………………335

第8章　遺留分

[1]　遺留分の算定
- **146**　特別受益と遺留分の算定（最㈠判昭和51年3月18日）……………*336*
- **147***　相続債務がある場合の遺留分侵害額の算定方法
  　　　　（最㈢判平成8年11月26日）…………………………*337*
- 解　説 …………………………………………………………………*339*

[2]　減殺請求権の性質
- **148**　減殺請求権の性質（最㈠判昭和41年7月14日）…………*339*
- **149**　包括遺贈減殺後の遺留分権利者の権利の性質
  　　　　（最㈡判平成8年1月26日）…………………………………*340*
- **150**　債権者代位権との関係（最㈠判平成13年11月22日）……*342*
- 解　説 …………………………………………………………………*343*

[3]　減殺の対象
- **151**　特別受益者への贈与と減殺の対象（最㈢判平成10年3月24日）…*344*
- **152**　減殺請求と目的物の時効取得（最㈠判平成11年6月24日）………*345*
- **153**　相続分指定・持戻し免除の減殺（最㈠決平成24年1月26日）……*347*
- **154***　生命保険契約の受取人変更（最㈠判平成14年11月5日）…………*349*
- 解　説 …………………………………………………………………*350*

[4]　減殺の順序・割合
- **155**　減殺の順序──死因贈与の扱い（東京高判平成12年3月8日）…*351*
- **156**　相続人に対する遺贈と目的の価額（最㈠判平成10年2月26日）…*353*
- 解　説 …………………………………………………………………*354*

[5]　価額弁償
- **157**　目的物の価額算定基準時（最㈡判昭和51年8月30日）……………*354*
- **158***　価額弁償の対象（最㈢判平成12年7月11日）……………………*356*
- **159**　価額弁償の効力（最㈠判平成4年11月16日）………………………*357*
- **160**　価額弁償請求権の取得時期（最㈠判平成20年1月24日）…………*360*
- 解　説 …………………………………………………………………*362*

補　章　相続と登記

- *161* 相続放棄と登記（最㈡判昭和 42 年 1 月 20 日）……………………*364*
- *162* 相続分の指定と登記（最㈡判平成 5 年 7 月 19 日）　…………………*365*
- *163* 遺産分割と登記（最㈢判昭和 46 年 1 月 26 日）……………………*366*
- *164* 遺贈と登記（最㈡判昭和 39 年 3 月 6 日）……………………………*368*
- *165* 「相続させる」遺言と登記（最㈡判平成 14 年 6 月 10 日）…………*369*
- *166* 限定承認をした相続人の死因贈与による不動産取得と相続債権者
  　　　　（最㈡判平成 10 年 2 月 13 日）………………………………*370*
- *167* 遺留分減殺後の処分と登記（最㈢判昭和 35 年 7 月 19 日）…………*372*
- 解　説　……………………………………………………………………………*373*

判例索引　（巻末）

第4編　親　　族

第1章　総　　　則　（取り上げる裁判例はない）

第2章　婚　　　姻

第1節　婚姻の成立——婚姻意思と婚姻障碍事由

1　婚姻意思の不存在

最(二)判昭和44年10月31日民集23巻10号1894頁
（民商63巻2号224頁，曹時22巻2号384頁，百選〈5版〉4頁，百選〈7版〉4頁）

【事実】　Y女は保健婦として勤務していた保健所の上司方に昭和28年から下宿したところ，上司の息子で8歳年下の学生であったX男と情交関係を生じた。Xの両親の反対によりYは昭和29年にはX方を出たが，2人の関係は

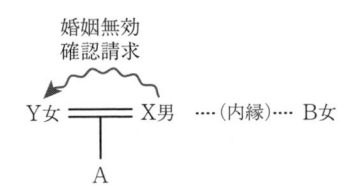

婚姻無効
確認請求

Y女 ——— X男 ……(内縁)…… B女
　　　｜
　　　A

続き，昭和32年12月YはAを出産した。Xは昭和32年に大学を卒業後，日立製作所に就職して赴任していたが，B女との縁談がまとまり，昭和34年10月29日にBと挙式することになった。挙式直前の10月24日にXはYと会って関係を清算しようとしたところ，せめてAを嫡出子にしてほしいとYおよびYの家族から懇請されて，後日離婚する前提で婚姻届を出すことに同意し，10月27日に婚姻届が提出された。Xは予定通り10月29日にBと挙式し，Bと結婚生活を営んでいる。Xから婚姻無効確認請求の訴え提起。1，2審ともにXの婚姻無効確認請求を認容。2審は，Yからの婚姻予約不履行に基づく慰謝料請求を認容している。Yから上告。

【判決理由】　上告棄却　「「当事者間に婚姻をする意思がないとき」とは，当事者間に真に社会観念上夫婦であると認められる関係の設定を欲する効果意思を

有しない場合を指すものと解すべきであり，したがってたとえ婚姻の届出自体について当事者間に意思の合致があり，ひいて当事者間に，一応，所論法律上の夫婦という身分関係を設定する意思はあったと認めうる場合であっても，それが，単に他の目的を達するための便法として仮託されたものにすぎないものであって，前述のように真に夫婦関係の設定を欲する効果意思がなかった場合には，婚姻はその効力を生じないものと解すべきである。

　これを本件についてみるに，原判決（その引用する第一審判決を含む。以下同じ。）の適法に認定判示するところによれば，本件婚姻の届出に当たり，XとYとの間には，Aに右両名間の嫡出子としての地位を得させるための便法として婚姻の届出についての意思の合致はあったが，Xには，Yとの間に真に前述のような夫婦関係の設定を欲する効果意思はなかったというのであるから，右婚姻はその効力を生じないとした原審の判断は正当である。」（裁判長裁判官　草鹿浅之介　裁判官　城戸芳彦　色川幸太郎　村上朝一）

2　臨終婚の有効性

最（一）判昭和44年4月3日民集23巻4号709頁
（法協88巻4号493頁，民商63巻1号159頁，曹時21巻10号2204頁，百選〈新版〉37頁）

【事実】　大韓民国（以下，韓国という）国籍のA男と日本人Y女は，昭和21年頃から同棲していた。Aは肝硬変症で昭和39年9月22日から入院していたが，翌年4月4日朝頃から昏睡状態に陥り，翌日午前10時20分に死亡した。Aは，昏睡状態に陥る前日である3日午前9時頃，Aが経営する金融業の事務を担当していたBを呼び出し，その事業の後始末とともに，YとAとの婚姻手続を早急に実現してもらいたいと依頼した。BはYにその旨を伝えたので，Yは自分の弟のCにその手続を頼んだところ，Cは市役所から婚姻届出用紙をもらい必要事項を記入して，YからAYの捺印を受け，4月5日午前9時10分頃までには届出手続を完了した。

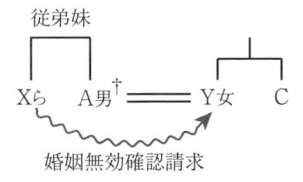

　AYの婚姻が無効であるならば，韓国法上Aの相続人になりうる地位にあったXら（Aの従弟妹）が，婚姻無効を求めて提訴した。1審は，婚姻意思は確定的に表示されており，その後本人が意思能力を失っても，97条2項の法意に鑑みて婚

姻は有効であると判示した。Xが控訴したところ，2審は，婚姻成立時すなわち婚姻届出の時点でAに意思能力がなかったことが明らかである以上，合意があったとはいえないとして婚姻無効と判示。Yから上告。

【判決理由】 破棄差戻し 「原判決の確定した事実によれば，本件婚姻届は，訴外Cが昭和40年4月5日午前9時10分前後に盛岡市役所に持参し，係員に交付して受理されたものであり，一方，Aは，昭和39年9月頃より肝硬変症で入院していたが，昭和40年4月3日頃より病状が悪化し，同月4日朝から完全な昏睡状態に陥り，同月5日午前10時20分死亡するに至ったというのであって，原審は右の状態の下における届出は意思能力ない者の届出として無効であるとしたのである。しかしながら，本件婚姻届がAの意思に基づいて作成され，同人がその作成当時婚姻意思を有していて，同人とYとの間に事実上の夫婦共同生活関係が存続していたとすれば，その届書が当該係官に受理されるまでの間に同人が完全に昏睡状態に陥り，意識を失ったとしても，届書受理前に死亡した場合と異なり，届出書受理以前に翻意するなど婚姻の意思を失う特段の事情のないかぎり，右届書の受理によって，本件婚姻は，有効に成立したものと解すべきである。もしこれに反する見解を採るときは，届書作成当時婚姻意思があり，何等この意思を失ったことがなく，事実上夫婦共同生活関係が存続しているにもかかわらず，その届書受理の瞬間に当り，たまたま一時的に意識不明に陥ったことがある以上，その後再び意識を回復した場合においてすらも，右届書の受理によっては婚姻は有効に成立しないものと解することとなり，きわめて不合理となるからである。しかるに，原判決は，婚姻届受理当時，Aが完全な昏睡状態に陥り意思能力がなかったことが明らかであるといい，その一事を前提として同人には婚姻をなす合意があったとはいえず，本件婚姻は無効であると判示したものであるから，原判決は，所論のように，法律の解釈適用を誤った違法があるものといわなければならない。したがって，原判決は，破棄を免れず，本件婚姻届がAの婚姻の意思に基づいて作成されたか，その後届書が受理されるまでに翻意するなど婚姻の意思を失う特段の事情があったかどうか等の各点につき，さらに審理の必要あるものと認め，本件を原審に差し戻すのを相当とする。」（裁判長裁判官　松田二郎　裁判官　入江俊郎　長部謹吾　岩田誠　大隅健一郎）

3 届出意思のない婚姻届の追認

最(三)判昭和47年7月25日民集26巻6号1263頁
(法協91巻2号356頁, 民商68巻2号320頁, 曹時 25巻1号171頁, 百選〈5版〉20頁, 百選〈7版〉8頁)

【事実】 X男とY女は昭和12年3月15日に婚姻し3子をもうけたが, Xの母AとYの折合いがよくなかったことなどから, 昭和24年8月5日頃, Yは, 長女と長男をX方に残し, 二女のみを伴ってYの姉方に身を寄せ, 同年11月17日にXYの協議離婚届がなされた。Aが長男と長女の養育にあたっていたところ, 昭和25年1月11日Aが急死した。Xは, 2子の監護養育の必要から, 昭和25年1月下旬頃からYと再同居した。子女も含めて周囲に協議離婚の事実を知らせていなかったこともあって, 同居後も, 親族の一部を除き, 子女も近隣の者も, XとYとが夫婦であることについて疑いを抱く者はほとんどいなかった。昭和27年11月17日, YはXの承諾を得ることなく, XYの婚姻届を提出した。昭和29年3月頃長男の慶応中等部の入学手続に際し, Xが自ら戸籍謄本を取り寄せた際, 戸籍謄本を見て, 再度婚姻届がなされ, Yが妻として入籍されている事実を知ったが, これについては何ら触れることなく, 昭和31年3月29日, Xは昭和31年度の特別区民税申告にあたり, 申告書にYを妻と記載して提出した。Xは身勝手な性格であるうえ, 異性関係も多く, 昭和29年9月頃から他に間借りし, 女を囲うなどして, 次第に外泊することが増え, 昭和35年9月頃, 別居状態になった。別居後間もない昭和35年10月長女の結婚披露宴にYとともに出席し, また昭和36年8月Xの所属する私立学校教職員共済組合において, YをXの妻として認定されながら, 異議を唱えず, Yに組合員証を使用させていた。しかしXは, 昭和39年7月に突如として婚姻無効の調停申立てをし, 次いで婚姻無効確認請求を提起した。1, 2審ともに, 婚姻無効はXの追認によって有効となったとして請求棄却。Xから上告。

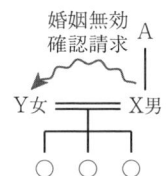

【判決理由】 上告棄却 「原判決は, Yが, Xの意思に基づくことなく, 勝手に同人の署名欄に同人の氏名を記載し, かつ, 押印して, 同人と婚姻する旨の届書を作成し, 昭和27年11月17日これを所轄の戸籍事務管掌者に提出したという事実を確定し, 右婚姻はXの届出意思を欠くものとして無効としたうえ, 右届出当時, XとYとの間に夫婦としての実質的生活関係が存在したこと, およびXにおいて, 昭和29年3月頃右届出を知った後もその効力を争う

→ 3

ことなく，同人が昭和35年9月頃Yと別居するまで右生活関係を継続し，昭和39年7月に至って突如家庭裁判所に婚姻無効の調停申立をしたことを認定するとともに，右届出を知った後右調停申立までの間において，Xは，特別区民税の申告書にYを妻と記載してこれを提出し，長女の結婚披露宴にYと共に出席し，私立学校教職員共済組合からYを妻として認定されながら異議を唱えず，同人に医療のため右趣旨の記載のある組合員証を使用させるなど，前記婚姻の届出を容認するがごとき態度を示していたという事実を確定し，Xは，おそくとも右調停申立当時までには，無効な右婚姻を黙示に追認したものであり，右追認によって右婚姻はその届出の当初に遡って有効となった旨を判示した。

原審の確定した事実関係のもとにおいては，原判決の右判断は，無効な養子縁組につき追認によって届出の当初に遡り有効となるものとした当裁判所の判例（昭和24年(オ)第229号同27年10月3日第二小法廷判決・民集6巻9号753頁）の趣旨に徴し，正当として是認することができる。

おもうに，事実上の夫婦の一方が他方の意思に基づかないで婚姻届を作成提出した場合においても，当時右両名に夫婦としての実質的生活関係が存在しており，後に右他方の配偶者が右届出の事実を知ってこれを追認したときは，右婚姻は追認によりその届出の当初に遡って有効となると解するのを相当とする。けだし，右追認により婚姻届出の意思の欠缺は補完され，また，追認に右の効力を認めることは当事者の意思にそい，実質的生活関係を重視する身分関係の本質に適合するばかりでなく，第三者は，右生活関係の存在と戸籍の記載に照らし，婚姻の有効を前提として行動するのが通常であるので，追認に右の効力を認めることによって，その利益を害されるおそれが乏しいからである。

論旨は，かかる追認を認めることは実定法の根拠を欠く旨主張する。なるほど，民法は，無効な婚姻の追認について規定を設けてはいないが，これを否定する規定も存しないのであり，また，取消事由のある婚姻につき追認を認める規定（民法745条2項，747条2項参照）の存することを合わせ考慮すると，前記のように合理的な理由があるにもかかわらず，ひとり無効の婚姻についてのみ実定法上の直接の根拠を欠くがゆえに追認を否定すべきものと解することはできない。のみならず，論旨のいうように無効行為の追認は民法119条の規

定によってのみ認められるとも解することはできない。すなわち，財産上の法律行為について，当裁判所は，他人の権利をその意思に基づくことなく自己の名において処分する行為は，その処分の効果が生じないという意味においては無効であるが，権利者がこれを追認するときは，民法116条本文の規定の類推適用により，右処分行為当時に遡って有効となるものとしている（昭和34年(オ)第504号同37年8月10日第二小法廷判決・民集16巻8号1700頁）。そして，本件の事案は，事実上の妻が夫の意思に基づかないで夫の固有の権利を行使した点において，右判例の場合との類似性を見出すことができるのであって，本件の追認は，民法116条本文の規定の趣旨を類推すべき根拠を全く欠き同法119条の規定によって律すべきであるとすることもできないのである。論旨は，また，原審が黙示の無方式の追認を認めたことを論難するが，無効な身分行為の追認について，一定の要式を必要とせず，また，黙示のものであってもよいことは，前記の最高裁昭和27年10月3日第二小法廷判決の趣旨とするところであり，今なお，これを変更するの要を認めない。」（裁判長裁判官　関根小郷　裁判官　田中二郎　下村三郎　天野武一　坂本吉勝）

4　届出意思のない婚姻届の無効

最(二)判平成8年3月8日家月48巻10号145頁（判評457号215頁，リマークス15号82頁，ジュリ1151号137頁）

【事実】　X男とY女は，大韓民国（以下「韓国」という）の国籍を有する。XとYは，昭和21年1月，愛知県のXの実家で韓国式の結婚式を行い，同国の風習に従い，同日とその翌日をXの実家で，その後3日間程度をYの実家で過ごした。Xは当時親元を離れて政治運動に熱中しており，結婚式の前日に別の口実で呼び出され，面識のないYと不本意ながら挙式したものである。Xは儀式終了後ただちに政治運動のため山形県に行き，その後，Xは，YがXの両親と同居しているXの実家を訪れることはあったが，Yと継続的に同居したことはない。XY間には3人の子が生まれたが，1人は死亡し，2人は成人している。Yは昭和43年にXの両親と別居したが，Xはその後もY宅を訪れたり，生活費を送金したり，子の結婚式に父親として参列したりした。Xの父は，XY間の子が生まれたことから，Yと相談の

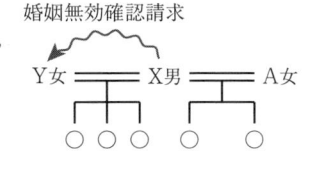

→ 4

上，昭和23年9月，愛知県岡崎市長にXY間の本件婚姻届出をした。本件届出はXの意思に基づかないものであったが，YはXの父がXの意向を受けて届出をしたものと思っていた。この届出に基づく婚姻は韓国当局に届け出られなかったので，平成元年までの間韓国の戸籍には婚姻の事実は記載されず，Xもこの届出がされたことを知らなかった。Xは，昭和56年1月，韓国の国籍を有するA女との婚姻を韓国当局に届け出た。XA間には2人の子がいる。平成元年2月にYはXに無断で本件届出に基づくXとの婚姻を韓国当局に届け出たので，Xは韓国の戸籍上重婚状態となった。Xは，平成元年3月に韓国の戸籍謄本を見て本件届出を初めて知り，同年6月に婚姻無効確認請求訴訟を提起した。

1審も2審も，XY間の婚姻届出はXの意思に基づかないものと事実認定した。1審は，婚姻の方式は満たされており，昭和23年当時の朝鮮民事令の解釈として，双方に婚姻意思および夫婦共同生活関係があれば婚姻は有効であるとしてXの請求を棄却。2審は，Xの請求は信義則に反し許されないとして請求を棄却。Xより上告。

【判決理由】 破棄自判 「二　原審は，法例（平成元年法律第27号による改正前のもの）13条により婚姻の方式については婚姻挙行地である我が国の法律が適用され，本件届出はXの届出意思を欠くからXとYの婚姻が有効に成立したとはいい難いとしながら，次の事情を考慮するとXが届出意思の不存在を主張することは信義則に反し許されないとして，Xの請求を棄却すべきものとした。

1　Xの都合で別居生活を常態としていたもののXとYの間には実質的婚姻関係が継続していた上，届出をしない合意も存在せず，Yとしては，Xの父がXの意向を受けて本件届出をしたと思っても不合理ではなく，Xの正式の妻であるとの信頼の下に40年間過ごしてきたもので，その落ち度は認め難い。

2　XとYは，韓国の事実婚重視の法意識の影響下にあり，韓国の風習に従って結婚式等を行っているから，方式の不備による婚姻無効という結果は，我が国における法意識を前提とする以上に，Yにとって苛酷である。

3　Xは，Yとの実質的婚姻意思を有し，婚姻生活を継続していたから，その態度には婚姻の届出をすることをYに対して許容したとみられても仕方がないものがあった。

親族
婚姻

→ 解説

　三　しかしながら，原審の信義則に関する判断は是認することができない。その理由は次のとおりである。
　婚姻の無効確認請求訴訟につき言い渡された判決は第三者に対しても効力を有することがあるから，婚姻の無効確認請求が信義則に照らして許されないかどうかは，婚姻の効力の有無が当該当事者以外の利害関係人の身分上の地位に及ぼす影響等をも考慮して判断しなければならない。これを本件についてみると，原審の適法に確定した事実関係によれば，本件届出に基づく婚姻が無効でないとされた場合には，XとAの婚姻が重婚に該当するとして取り消される等，利害関係人に重大な影響を及ぼすおそれがあるのであって，そのことをも考慮すると，原審の説示するところのみによっては，Xが届出意思の不存在を主張して本件届出に基づく婚姻の無効確認請求をすることが信義則に反するということはできない。
　四　以上によれば，原判決には法令の解釈適用を誤った違法があり，この違法が判決に影響を及ぼすことは明らかである。論旨はこの趣旨をいうものとして理由があり，原判決は破棄を免れない。そして，前記事実関係の下においては本件届出に基づく婚姻は無効であるというべきであるから，Xの請求を棄却した第1審判決を取り消して，右請求を認容すべきである。」（裁判長裁判官　河合伸一　裁判官　大西勝也　根岸重治　福田博）

解説

　婚姻は届出によって行われるが，婚姻をする実質的意思（婚姻意思）がない場合は，無効となる。婚姻意思は，ローマ法では「テーブルとベッドをともにする関係に入る意思」といわれたりしたが，欧米では古くは離婚の代わりに婚姻無効が用いられたこともあって，婚姻意思の限界は，議論のある困難な設問である。外国人の在留許可を目的とする偽装婚姻のような典型的なケースでは，婚姻意思がないことに異論はなかろうが，たとえば釈放の見込みのない死刑囚との婚姻に婚姻意思があるといえるかどうか等の限界例については，現行日本法の解釈においても意見は分かれうるだろう。
　1は，婚姻意思がない場合は届出意思があっても婚姻は無効であることを明示したリーディングケースであるが，典型的な偽装婚姻ケースと異なり，当事

者間に子が出生している関係であることから，離婚で処理すべきであったという批判もある。

判例は，将来の夫婦としての共同生活を望めない臨終婚も有効と認めており，実際には配偶者相続権を与えようという意思を婚姻意思とみなしたものといえよう。*2*は，届出時点では当事者は昏睡状態で意思無能力であったが，届出依頼時においては意思能力を有していた場合，届出時までその婚姻意思が持続するとした。また*2*は，当事者間に同棲生活があった事案であるが，*2*と異なり同棲はしていない事案（最判昭和45年4月21日判時596号43頁）においても，婚姻意思を認めている。

一方当事者が婚姻意思をもたずに同棲生活をしていた場合に，他方当事者が勝手に婚姻届を提出することがある。届出意思のないその届出は無効なものであるが，婚姻意思をもたない当事者がただちにそれを争わなかった場合に，無効な届出の追認を認める余地がある。*3*は追認を認めた事例であるが，内縁生活が存在するだけで追認により婚姻意思があると認めることには異論も強い。*4*は，原告の父親による届出後，3人の子が出生しているケースである。原告が届出の事実を知らなかったために追認という構成は問題にならず，婚姻無効確認請求が信義則に反するかどうかが争われたが，実質的には*3*と同じ状況が問題になっているといえよう。後婚配偶者がいたために無効確認請求が承認されたが，その事情がなかったら，*3*と同様に他方当事者が救済されたかもしれない。

5　重婚禁止違反

最(三)判昭和57年9月28日民集36巻8号1642頁
(民商88巻5号706頁，曹時37巻12号3635)
(頁，百選〈6版〉20頁，百選〈7版〉10頁)

【事実】　X女とY₁男は，昭和32年6月3日に婚姻届を了した夫婦であり，昭和32年と昭和35年生まれの2子をもうけている。Y₁は，昭和47年3月21日，Xとの協議離婚を提出して受理された後，同年7月22日，Y₂女との婚姻届を提出した。Yらの間には昭和48年5月4日に長男が出生している。Xは協議離婚はXの意思に基づかないもので無効であると主張して，昭和48年頃離婚無効確認の訴

えを提起し，最高裁昭和52年9月26日判決によって，協議離婚無効の判決が確定した。Xは同年10月15日に確定判決に基づいて戸籍訂正の申請をし，Yらを相手に重婚を理由にYらの婚姻を取り消すことを求めて本訴を提起した。1審大阪地裁昭和53年7月18日判決は，Xの請求を認容して婚姻を取り消した。Yらは，昭和53年7月27日に協議離婚の届出をし，それを理由にXの訴えは必要性がないと2審で主張したところ，2審はYの主張を認めてXの訴えを却下した。Xから上告。

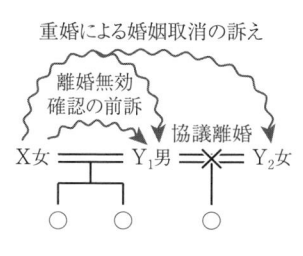

【判決理由】 上告棄却 「重婚の場合において，後婚が離婚によって解消されたときは，特段の事情のない限り，後婚が重婚にあたることを理由としてその取消を請求することは許されないものと解するのが相当である。けだし，婚姻取消の効果は離婚の効果に準ずるのであるから（民法748条，749条），離婚後，なお婚姻の取消を請求することは，特段の事情がある場合のほか，法律上その利益がないものというべきだからである。

これを本件についてみるのに，原審の適法に確定したところによれば，XとY₁間の前婚についての協議離婚が無効とされた結果，右協議離婚届出後にされたY₁とY₂間の後婚がY₁につき前婚との関係で重婚となるに至ったものの，前婚の配偶者であるXが右重婚を理由に提起した後婚の取消を求める本訴の係属中に右後婚が離婚によって解消されたというのであるから，他に特段の事情について主張立証のない本件においては，重婚を理由として後婚の取消を求めることはもはや許されないものといわなければならない。」（裁判長裁判官 木戸口久治 裁判官 横井大三 伊藤正己 寺田治郎）

6 再婚禁止期間（待婚期間）違反

最(三)判平成7年12月5日判時1563号81頁（民商115巻4＝5号729頁，百選〈7版〉12頁，憲法百選Ⅰ〈5版〉66頁）

【事実】 X₁女は，昭和63年12月1日，前夫との間で，両者間の2人の子の親権者をX₁とする離婚調停を成立させた。X₁とX₂男は，調停成立直後からX₁の2人の子も伴って同居し，事実上の夫婦として生活してきた。住民票上も，昭和63年12月3日からXらは同世帯となっている。Xらは，平成元年3月7日，広島県

→ *6*

竹原市長に婚姻届を提出したが，民法733条違反として受理されなかった。X_2は，これより前，昭和63年12月9日，広島家庭裁判所竹原支部に，X_1の子2人を養子にするために民法798条本文の許可を申し立てたが，Xらの婚姻前に養子縁組が成立すると，婚姻がなされなかったとき子の福祉に反する結果を生むおそれがあるとして，平成元年4月3日に却下された。平成元年6月2日にXらは婚姻し，2人の子もX_2の養子となった。Xらは，婚姻届の不受理と裁判所の不許可により，種々の不利益と精神的苦痛が発生したとして，Y（国）に対し慰謝料の支払を請求した。1，2審ともに請求棄却。Xらから上告。

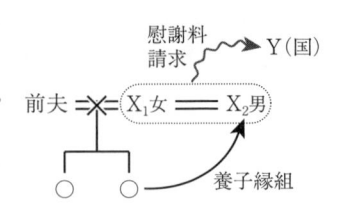

【判決理由】 上告棄却「国会議員は，立法に関しては，原則として，国民全体に対する関係で政治的責任を負うにとどまり，個別の国民の権利に対応した関係での法的義務を負うものではなく，国会ないし国会議員の立法行為（立法の不作為を含む。）は，立法の内容が憲法の一義的な文言に違反しているにもかかわらず国会があえて当該立法を行うというように，容易に想定し難いような例外的な場合でない限り，国家賠償法1条1項の適用上，違法の評価を受けるものでないことは，当裁判所の判例とするところである（最高裁昭和53年(オ)第1240号同60年11月21日第一小法廷判決・民集39巻7号1512頁，最高裁昭和58年(オ)第1337号同62年6月26日第二小法廷判決・裁判集民事151号147頁）。

これを本件についてみると，Xらは，再婚禁止期間について男女間に差異を設ける民法733条が憲法14条1項の一義的な文言に違反すると主張するが，合理的な根拠に基づいて各人の法的取扱いに区別を設けることは憲法14条1項に違反するものではなく，民法733条の元来の立法趣旨が，父性の推定の重複を回避し，父子関係をめぐる紛争の発生を未然に防ぐことにあると解される以上，国会が民法733条を改廃しないことが直ちに前示の例外的な場合に当たると解する余地のないことが明らかである。したがって，同条についての国会議員の立法行為は，国家賠償法1条1項の適用上，違法の評価を受けるものではないというべきである。

そして，立法について固有の権限を有する国会ないし国会議員の立法行為が違法とされない以上，国会に対して法律案の提出権を有するにとどまる内閣の

➡ 解説

法律案不提出等の行為についても，これを国家賠償法1条1項の適用上違法とする余地はないといわなければならない。」（裁判長裁判官　千種秀夫　裁判官　園部逸夫　可部恒雄　大野正男　尾崎行信）

解　説

　婚姻の形式的成立要件が婚姻届の受理であるとすると，実質的成立要件は，婚姻意思の存在と婚姻障碍事由の不存在である。婚姻意思がない場合は，婚姻は無効になるが，731条から737条に規定された婚姻障碍事由がある場合は，その婚姻は取消しの対象となる。婚姻の取消しについては，743条から749条によって取消権者などの要件や，効果が遡及しないことが定められている。通常の場合は，戸籍の届出段階で婚姻障碍事由があると受理されないために婚姻に至らないが，外国で届け出られた場合や戸籍吏の不注意などによってまれに受理される場合がある。

　732条の重婚禁止要件違反の婚姻が実際に生じるのは，5の事案のように解消していた前婚が復活した場合が圧倒的である。裁判所を経由せず届出だけで成立する協議離婚という極めて簡便な離婚制度をもつゆえに生じる問題である。民法の母法では，身分証書制度ゆえに重婚であることに善意の後婚配偶者が生じるので，その間の子を嫡出子にするためにも，善意者に限り効果を不遡及としていたが，明治民法立法者はこれを参照しつつ不安定さを危惧して善意悪意を問わずに不遡及とした。協議離婚制度の存在と悪意者でも効果不遡及としたことの結果，協議離婚届を偽装すると，重婚的内縁当事者は，法律婚となって子を嫡出化できることになる。5の原告は，取消しによる解消と離婚解消は異なると主張したが，現行法の両者の効果には実質的に差はないので，判例の判断になったものである。

　733条の定める再婚禁止期間（待婚期間）は，戦後の民法改正時に不平等規定を一掃したにもかかわらず残るわずかな男女不平等規定であるために，憲法違反という批判が根強く，6の原告もそのように主張した。再婚禁止期間は，嫡出推定の重複を避けるためと説明されているが，前婚の離婚成立が遅延した結果，後婚の夫の子を懐胎する妻は，前婚の夫の嫡出推定がかかることへの抵抗が強く，出生届をためらうという，いわゆる「300日問題」も生じている。

→ 7

嫡出推定が重複しても血液・DNA鑑定によって父子関係がわかるから、再婚禁止期間の存在意義はないとする見解もあるが、鑑定によって父を決定することには問題も多い（鑑定の結果、前婚の夫の子でも後婚の夫の子でもないことが判明すると、子に法律上の父親を与えられないことにもなりうる）。血縁上の親子関係と異なる法律上の親子関係を定める民法の実親子法の下では、嫡出推定規定を改正することなしに、最高裁が判断するように、733条をただちに違憲無効とすることは難しいと思われる。

第2節　婚姻の効力

7　貞操義務（1）——不貞行為の相手方への慰謝料請求

最（二）判昭和54年3月30日民集33巻2号303頁
(法協98巻2号291頁、民商82巻4号496頁、曹時34巻12号2593頁、百選〈3版〉52頁、民法百選Ⅱ〈4版〉196頁)

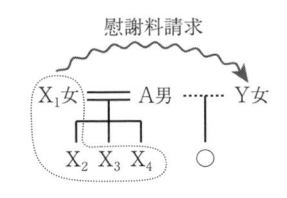

【事実】　X_1女とA男は昭和23年7月20日婚姻届出をした夫婦であり、両名の間に同年X_2が、昭和33年9月13日にX_3が、昭和39年4月2日にX_4が出生した。Aは昭和32年銀座のアルバイトサロンにホステスとして勤めていたY女と知り合い、やがて両名は互いに好意をもつようになり、YはAに妻子のあることを知りながら、Aと肉体関係を結び、昭和35年11月21日1女を出産した。AとYとの関係は昭和39年2月頃X_1の知るところとなり、X_1がAの不貞を責めたことから、すでに妻に対する愛情を失いかけていたAは同年9月妻子のもとを去り、一時鳥取県下で暮らしていたが、昭和42年から東京でYと同棲するようになり、その状態が現在まで続いている。Yは昭和39年銀座でバーを開業し、Aとの子を養育しているが、Aと同棲する前後を通じてAに金員を貢がせたこともなく、生活費を貰ったこともなかった。XらからYに対して、不法行為による慰謝料請求訴訟を提起した。1審は、Xらの請求を認容したが、2審は、請求棄却。Xより上告。

【判決理由】　一部破棄差戻し　「原審は、〔中略〕AとYとの関係は相互の対等な自然の愛情に基づいて生じたものであり、YがAとの肉体関係、同棲等を強いたものでもないのであるから、両名の関係でのYの行為はAの妻である

親族
婚姻

→ 7

X_1 に対して違法性を帯びるものではないとして，X_1 の Y に対する不法行為に基づく損害賠償の請求を棄却した。

　しかし，夫婦の一方の配偶者と肉体関係を持った第三者は，故意又は過失がある限り，右配偶者を誘惑するなどして肉体関係を持つに至らせたかどうか，両名の関係が自然の愛情によって生じたかどうかにかかわらず，他方の配偶者の夫又は妻としての権利を侵害し，その行為は違法性を帯び，右他方の配偶者の被った精神上の苦痛を慰謝すべき義務があるというべきである。

　したがって，前記のとおり，原審が，A と Y の関係は自然の愛情に基づいて生じたものであるから，Y の行為は違法性がなく，X_1 に対して不法行為責任を負わないとしたのは，法律の解釈適用を誤ったものであり，その誤りは，判決に影響を及ぼすことが明らかである。論旨はこの点において理由があり，原判決中 X_1 に関する部分は破棄を免れず，更に，審理を尽くさせるのを相当とするから，右部分につき本件を原審に差し戻すこととする。

　同上告理由中 X_2，X_3，X_4 に関する部分について

　妻及び未成年の子のある男性と肉体関係を持った女性が妻子のもとを去った右男性と同棲するに至った結果，その子が日常生活において父親から愛情を注がれ，その監護，教育を受けることができなくなったとしても，その女性が害意をもって父親の子に対する監護等を積極的に阻止するなど特段の事情のない限り，右女性の行為は未成年の子に対して不法行為を構成するものではないと解するのが相当である。けだし，父親がその未成年の子に対し愛情を注ぎ，監護，教育を行うことは，他の女性と同棲するかどうかにかかわりなく，父親自らの意思によって行うことができるのであるから，他の女性との同棲の結果，未成年の子が事実上父親の愛情，監護，教育を受けることができず，そのため不利益を被ったとしても，そのことと右女性の行為との間には相当因果関係がないものといわなければならないからである。

　原審が適法に確定したところによれば，X_2，X_3，X_4（以下「X_2 ら」という。）の父親である A は昭和 32 年ごろから Y と肉体関係を持ち，X_2 らが未だ成年に達していなかった昭和 42 年 Y と同棲するに至ったが，Y は A との同棲を積極的に求めたものではなく，A が X_2 らのもとに戻るのをあえて反対しなかったし，A も X_2 らに対して生活費を送っていたことがあったというので

→ **7**

ある。したがって，前記説示に照らすと，右のような事実関係の下で，特段の事情も窺えない本件においては，Y の行為は X_2 らに対し，不法行為を構成するものとはいい難い。Y には X_2 らに対する関係では不法行為責任がないとした原審の判断は，結論において正当として是認することができ，この点に関し，原判決に所論の違法はない。論旨は，採用することができない。」（補足意見1，反対意見1がある）

裁判官大塚喜一郎の補足意見

「本件のような場合においては，家に残した子に対し，監護等を行うことは，その境遇いかんにかかわらず，まさに父親自らの意思によって決められるのであるから，相当因果関係の有無の判断に当たっては，この父親の意思決定が重要な意義を持つものと考えるべきである。〔中略〕なお，本件のような事案において，子が父親に対しては損害賠償の請求を行わず，その同棲の相手方となった女性に対してだけ損害賠償の請求をする事例が一般的であるところ，その請求者の態度は心情的に理解できないわけではないが，この一般的事実及びその背景にある法解釈論は，本件相当因果関係の判断に関する考慮要素とすることができる。」

裁判官本林譲の反対意見

「私は，上告理由中 X_2，X_3，X_4 に関する部分について，多数意見とは異なり，Y の行為と X_2 らが被った不利益との間には，相当因果関係があるとすべきものと考える。〔中略〕不法行為における行為とその結果との間に相当因果関係があるかどうかの判断は，そのような行為があれば，通常はそのような結果が生ずるであろうと認められるかどうかの基準によってされるべきところ，妻子のもとを去って他の女性と同棲した男性が後に残して来た未成年の子に対して事実上監護及び教育を行うことをしなくなり，そのため子が不利益を被ることは，通常のことであると考えられ，したがって，その女性が同棲を拒まない限り，その同棲行為と子の被る右不利益との間には相当因果関係があるというべきだからである。更に，日常の父子の共同生活の上で子が父親から日々，享受することのできる愛情は，父親が他の女性と同棲すれば，必ず奪われることになることはいうまでもないのであり，右女性の同棲行為と子が父親の愛情を享受することができなくなったことによって被る不利益との間には，相当因

果関係があるということができるのである。」(裁判長裁判官　吉田豊　裁判官　大塚喜一郎　本林讓　栗本一夫)

8　貞操義務（2）──婚姻破綻の場合

最(三)判平成8年3月26日民集50巻4号993頁
(民商116巻6号906頁，曹時50巻10号2497頁，百選〈6版〉22頁，百選〈7版〉22頁，民法百選Ⅱ〈5版〉200頁)

【事実】　X女とA男とは昭和42年5月1日に婚姻の届出をした夫婦であり，同42年と同46年出生の2子がいる。XとAとの夫婦関係は，性格の相違や金銭に対する考え方の相違等が原因になって次第に悪くなっていったが，Aが昭和55年に身内の経営する婦人服製造会社に転職したところ，残業による深夜の帰宅が増え，Xは不満を募らせるようになった。Aは，Xの不満をも考慮して，独立して事業を始めることを考えたが，Xが独立することに反対したため，昭和57年11月に株式会社ピコ（以下「ピコ」という）に転職して取締役に就任した。Aは，昭和58年以降，自宅の土地建物をピコの債務の担保に提供してその資金繰りに協力するなどし，同59年4月には，ピコの経営を引き継ぐこととなり，その代表取締役に就任した。しかし，Xは，Aが代表取締役になると個人として債務を負う危険があることを理由にこれに強く反対し，自宅の土地建物の登記済証を隠すなどしたため，Aと喧嘩になった。Xは，Aが前記登記済証を探し出して抵当権を設定したことを知ると，これを非難して，まず財産分与をせよと要求するようになった。こうしたことから，AはXを避けるようになったが，XがAの帰宅時に包丁をちらつかせることもあり，夫婦関係は非常に悪化した。Aは，昭和61年7月頃，Xと別居する目的で家庭裁判所に夫婦関係調整の調停を申し立てたが，Xは，Aには交際中の女性がいるものと考え，また離婚の意思もなかったため，調停期日に出頭せず，Aは，前記申立てを取り下げた。その後も，Xがピコに関係する女性に電話をしてAとの間柄を問いただしたりしたため，Aは，Xを疎ましく感じていた。Aは，昭和62年2月11日に大腸癌の治療のため入院し，転院して同年3月4日に手術を受け，同月28日に退院したが，この間の同月12日にピコ名義で本件マンションを購入した。そして，入院中にXと別居する意思を固めていたAは，同年5月6日，自宅を出て本件マンションに転居し，Xと別居するに至った。

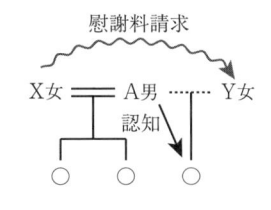

　Y女は，昭和61年12月頃からスナックでアルバイトをしていたが，同62年4

→ 解説

月頃に客として来店したAと知り合った。Yは，Aから，妻とは離婚することになっていると聞き，また，AがXと別居して本件マンションで1人で生活するようになったため，Aの言を信じて，次第に親しい交際をするようになり，同年夏頃までに肉体関係をもつようになり，同年10月頃本件マンションで同棲するに至った。そして，Yは平成元年2月3日にAとの間の子を出産し，Aは同月8日にその子を認知した。

XはAとの離婚は考えておらず，Aには慰謝料請求をしていないが，Yを相手に慰謝料請求の本訴を提起した。1，2審ともに，請求棄却。Xから上告。

【判決理由】 上告棄却 「甲の配偶者乙と第三者丙が肉体関係を持った場合において，甲と乙との婚姻関係がその当時既に破綻していたときは，特段の事情のない限り，丙は，甲に対して不法行為責任を負わないものと解するのが相当である。けだし，丙が乙と肉体関係を持つことが甲に対する不法行為となる（後記判例参照）のは，それが甲の婚姻共同生活の平和の維持という権利又は法的保護に値する利益を侵害する行為ということができるからであって，甲と乙との婚姻関係が既に破綻していた場合には，原則として，甲にこのような権利又は法的保護に値する利益があるとはいえないからである。

三 そうすると，前記一の事実関係の下において，YがAと肉体関係を持った当時，AとXとの婚姻関係が既に破綻しており，YがXの権利を違法に侵害したとはいえないとした原審の認定判断は，正当として是認することができ，原判決に所論の違法はない。所論引用の判例（最高裁昭和51年(オ)第328号同54年3月30日第二小法廷判決・民集33巻2号303頁）は，婚姻関係破綻前のものであって事案を異にし，本件に適切でない。論旨は採用することができない。」（裁判長裁判官　可部恒雄　裁判官　園部逸夫　大野正男　千種秀夫　尾崎行信）

解　説

婚姻の効果として，夫婦間に貞操義務が生じることは，明文の規定はないものの，770条の離婚理由に不貞行為が挙げられていることなどから，異論なく承認されている。そして配偶者の不貞行為の相手方に対して他方配偶者から慰謝料が請求できるかという問題は，戦前は夫が行使する請求権として当然のことと理解されており，妻も同様の請求権をもつことは，これを認めた男子貞操

義務判決として有名な，刑事事件に関する大審院判例（大決大正15年7月20日刑集5巻318頁）はあったものの，民事の損害賠償請求事件としては，法廷の実際問題とはなりえないと考えられてきた。しかし戦後になると妻の請求も現れるようになり，夫婦間の子の請求もみられるようになった。*7*は，配偶者の請求権を認める点では新しいものではなかったが，子の請求権を否定した点で新判例である。*7*以降，このタイプの慰謝料請求訴訟は一挙に増加した。

しかし*7*を契機に，学説においては，配偶者にもこの請求権を認めない否定説が少なからず主張されるようになった。この請求権を認めることは，配偶者の性的自己決定権に対して他方配偶者の人格権的支配権を及ぼすことになる，美人局に口実を与えたり，非嫡出子の強制認知請求に対する抑止効果をもつなどの弊害を生じる，などの批判である。

*8*は，否定説の主張を考慮したか，婚姻破綻後の不貞行為は不法行為とならないとして，この請求権が行使できる場合を制限した。*7*は，配偶者であれば請求権があると読めたが，*8*以降は，被告が，不貞行為時には夫婦関係が破綻していたという抗弁を提出することができるようになった。しかしこの請求権の弊害は，前述した美人局などのように不貞行為にかかわらず夫婦間が破綻しなかった場合に顕著であるため，適切な制限手法といえたかは疑問である。もっとも「婚姻共同生活の平和の維持という権利又は法的保護に値する利益」が害された場合に不法行為になるという*8*の判旨の文言は，これらの弊害を封じる解釈の契機となる可能性はあろう。

9 同居義務と間接強制

大決昭和5年9月30日民集9巻926頁

【事実】 X男は，その妻Y女に対する同居請求事件について，昭和5年4月15日広島地方裁判所呉支部においてX勝訴の確定判決を受けたが，YはXと同居義務を履行しようとしなかった。そこでXは，民事訴訟法734条の規定により決定の日から15日以内にYがX宅に戻って同居し，もしこの期間内に戻らなかったときは，その翌日から遅延日数に応じて1日5円（現在の価値ではおよそ1万円に相当）の賠償金を支払えという強制執行の決定を求めた。1審は却下，2審は棄却。

→ 10

Xより大審院に抗告。

【決定理由】 抗告棄却 「債務者が任意に其の債務の履行を為すに非ざれば債権の目的を達することを得ざる場合に於ては其の債務は性質上強制履行を許さざるものと謂はざるべからず。夫婦間に於ける同居義務の履行の如きは債務者が任意に履行を為すに非ざれば債権の目的を達すること能はざること明なるを以て其の債務は性質上強制履行を許さざるものと解するを相当とす。本件に於てXは広島地方裁判所呉支部(タ)第2号原告X被告Y間の同居請求事件に付昭和5年4月15日請求通りの勝訴判決を受け該判決確定したるもYは妻として夫たるXに対する同居義務を履行せざるを以て間接執行の方法に依り決定の日より15日内にX宅に復帰して同居し若し該期間内に履行せざるときは其の翌日より遅延日数に応じ1日に付金5円宛の賠償金を支払ふべき旨の決定あらんことを申立てたるものなるも前示の如く同居義務の履行が其の性質上強制履行を許さざるものなる以上間接強制も亦之を許すべからざるを以て原審が右と同一見解の下にXの抗告を棄却したるは正当にして本件抗告は理由なきものとす。」（裁判長裁判官　嘉山幹一　裁判官　吾孫子勝　霜山精一　水口吉蔵　豊水道雲）

［関連裁判例］

10　同居義務と転勤命令

最(二)判昭和61年7月14日判時1198号149頁（判評335号211頁、労働百選〈8版〉138頁）

【判決理由】 一部破棄差戻し 「思うに，Y会社の労働協約及び就業規則には，Y会社は業務上の都合により従業員に転勤を命ずることができる旨の定めがあり，現にY会社では，全国に十数か所の営業所等を置き，その間において従業員，特に営業担当者の転勤を頻繁に行っており，Xは大学卒業資格の営業担当者としてY会社に入社したもので，両者の間で労働契約が成立した際にも勤務地を大阪に限定する旨の合意はなされなかったという前記事情の下においては，Y会社は個別的同意なしにXの勤務場所を決

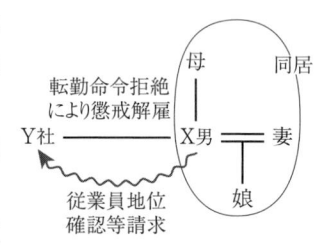

定し，これに転勤を命じて労務の提供を求める権限を有するものというべきである。

そして，使用者は業務上の必要に応じ，その裁量により労働者の勤務場所を決定することができるものというべきであるが，転勤，特に転居を伴う転勤は，一般に，労働者の生活関係に少なからぬ影響を与えずにはおかないから，使用者の転勤命令権は無制約に行使することができるものではなく，これを濫用することの許されないことはいうまでもないところ，当該転勤命令につき業務上の必要性が存しない場合又は業務上の必要性が存する場合であっても，当該転勤命令が他の不当な動機・目的をもってなされたものであるとき若しくは労働者に対し通常甘受すべき程度を著しく超える不利益を負わせるものであるとき等，特段の事情の存する場合でない限りは，当該転勤命令は権利の濫用になるものではないというべきである。右の業務上の必要性についても，当該転勤先への異動が余人をもっては容易に替え難いといった高度の必要性に限定することは相当でなく，労働力の適正配置，業務の能率増進，労働者の能力開発，勤務意欲の高揚，業務運営の円滑化など企業の合理的運営に寄与する点が認められる限りは，業務上の必要性の存在を肯定すべきである。

本件についてこれをみるに，名古屋営業所の A 主任の後任者として適当な者を名古屋営業所へ転勤させる必要があったのであるから，主任待遇で営業に従事していた X を選び名古屋営業所勤務を命じた本件転勤命令には業務上の必要性が優に存したものということができる。そして，前記の X の家族状況に照らすと，名古屋営業所への転勤が X に与える家庭生活上の不利益は，転勤に伴い通常甘受すべき程度のものというべきである。したがって，原審の認定した前記事実関係の下においては，本件転勤命令は権利の濫用に当たらないと解するのが相当である。」（裁判長裁判官　牧圭次　裁判官　島谷六郎　藤島昭　香川保一）

解　説

夫婦間の同居協力扶助義務を定める 752 条は，親権に関する 820 条と並んで，人格権的効果を定める規定である。婚姻の財産的な効果と異なり，このような人格権的効果については，強制執行が困難であることは明らかである。単に為

す債務であるからということではなく，家族間の為す債務は，深く当事者の人格にかかわる問題であるからである。夫婦間の同居義務については，直接強制はもちろん間接強制も許されないとする 9 の結論は，配偶者の人格権を尊重する観点から広く受容されている。しかし親権の争いにおいては，とりわけ子の奪い合いの場面で，強制執行が必要となることは認められており，家族間の為す債務であるからといって一律に強制執行が否定されるわけではない（面会交流の間接強制を認容した 21 参照）。

10 は，母，妻，娘と別居することになる転勤命令を拒絶したために懲戒解雇された労働者が解雇無効を求めた事件において，原告を勝訴させた 2 審を破棄差戻ししたもので，転勤命令についてのリーディングケースとなっている判例である。転勤命令の裁量を広く認めたこの判例によって，夫婦間の同居義務と両立しない単身赴任となる転勤命令も広く許容されている。

11 夫婦間の契約取消権

最（一）判昭和 42 年 2 月 2 日民集 21 巻 1 号 88 頁
(法協 85 巻 2 号 245 頁，民商 57 巻 2 号 265 頁，曹時 19 巻 6 号 1154 頁，百選〈新版〉48 頁，百選〈3 版〉36 頁)

【事実】 X 女と Y 男は，昭和 8 年 6 月 13 日に事実上の婚姻をして昭和 13 年 7 月 21 日に婚姻届を了した夫婦である。X は，自転車の修理販売業を営む Y を助け蓄財に努めてきた。X と Y は昭和 25 年頃から和合を欠くようになったが，昭和 27 年頃親族の斡旋により，夫婦は今後円満に暮らすべく話がまとまり，その際 Y より X に Y 所有の原野山林を贈与する旨の契約が成立した。しかしその後，夫婦間の溝は次第に深くなり，X は昭和 30 年 6 月 22 日頃 Y 方を出て実家に戻ったが，Y は強く X との同居を求めたため，昭和 30 年 8 月 4 日 X は Y 方に復帰した。その際夫婦間には子がないところから，X は妻としての老後の慰安と生活保証にあてるため，Y に対してその所有の田畑と山林を贈与されたいと申し出て，Y もこれを了承し，覚書を作成した。Y は，昭和 30 年 6 月頃 X に対してその一部を贈与したが，他は未履行であった。しかしその後，夫婦仲は，決定的に悪くなり，XY 間には，別訴で本訴反訴の離婚訴訟が係属している。X から所

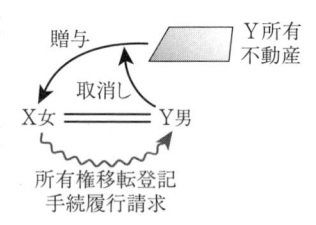

有権移転登記手続の履行を請求。Yは昭和36年4月14日の1審口頭弁論期日において，754条により贈与を取り消す意思表示をし，1審は，この取消しを有効としてXの請求を棄却。原審は，夫婦関係が破綻していた時期になされた取消しの意思表示は無効として，Xの請求を認容した。Yから上告。

【判決理由】 上告棄却 「民法754条にいう「婚姻中」とは，単に形式的に婚姻が継続していることではなく，形式的にも，実質的にもそれが継続していることをいうものと解すべきであるから，婚姻が実質的に破綻している場合には，それが形式的に継続しているとしても，同条の規定により，夫婦間の契約を取り消すことは許されないものと解するのが相当である。ところで，原審の所論事実認定は挙示の証拠によって肯認することができ，原審の確定したところによれば，Y，Xは夫婦であるが，YがXとの間で締結した本件贈与契約を取り消す旨の意思表示をしたのは，右当事者間の夫婦関係がすでに破綻したのちであるというのであるから，右意思表示は無効であるとした原審の判断は正当であり，原判決になんら所論の違法はない。」（裁判長裁判官　松田二郎　裁判官　入江俊郎　長部謹吾　岩田誠　大隅健一郎）

解　説

　夫婦間の契約取消権を定める754条は，母法では贈与の取消権規定であり，実質的には生前相続である贈与の撤回権にあたるものであったが，民法の起草者が仮装された贈与を含める趣旨で契約一般に拡大したものである。協議離婚制度の下では，この規定は離婚合意を獲得するためにいったん合意した離婚給付を撤回する機能をもってしまったために，判例は，まず契約時に夫婦関係が破綻していた場合には，754条は適用されないとして，取消権を制限した（最判昭和33年3月6日民集12巻3号414頁）。*11*は，契約時は夫婦関係は破綻しておらず，取消時に破綻していたケースであり，まさに本来の趣旨，すなわち生前相続である贈与の撤回としての機能をもつ取消権行使であった。最高裁は*11*によって取消時に夫婦関係が破綻していた場合も，754条の適用外とした。夫婦関係が契約時にも取消時にも円満であった場合には紛争にならないであろうから，実際には754条を空文化した判例であるといえよう。

第3節　夫婦財産制

12　婚姻費用分担審判の合憲性

最(大)決昭和40年6月30日民集19巻4号1114頁（法協83巻2号311頁，民商54巻2号218頁，曹時17巻8号1288頁）

【事実】 X女とY男は，昭和22年に婚姻した夫婦であり，Yの先妻の子ABらと同居して生活していたが，次第に折り合いが悪くなった。昭和32年9月18日朝，Xが朝食の支度をしていた際，台所にいたAが突然，Xがご飯に毒を入れたと騒ぎ立て，これに呼応して隣室に控えていたBとYがその場に駆け寄ってXを取り押さえ，引き立ててその所業を叱責し，折檻した。身の危険を感じたXは生家に戻り，それ以来別居を続けている。昭和33年，XからYに婚姻費用分担請求。1，2審ともにXの請求を認容。Yから過去の婚姻費用は損害賠償請求権に転化していることから地方裁判所の管轄であり，非公開の家庭裁判所が審判したのは憲法違反であるとして特別抗告。

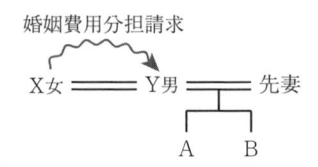

【決定理由】 抗告棄却　「憲法は32条において，何人も裁判所において裁判を受ける権利を奪われないと規定し，82条において，裁判の対審及び判決は，公開の法廷でこれを行う旨を定めている。すなわち，憲法は基本的人権として裁判請求権を認めると同時に法律上の実体的権利義務自体を確定する純然たる訴訟事件の裁判については公開の原則の下における対審及び判決によるべき旨を定めたものであって，これにより近代民主社会における人権の保障が全うされるのである。従って，性質上純然たる訴訟事件につき当事者の意思いかんに拘らず，終局的に事実を確定し，当事者の主張する実体的権利義務の存否を確定するような裁判が，憲法所定の例外の場合を除き，公開の法廷における対審及び判決によってなされないとするならば，それは憲法82条に違反すると共に同32条が基本的人権として裁判請求権を認めた趣旨をも没却するものといわねばならない（昭和26年(ク)第109号同35年7月6日大法廷決定民集第14巻第9号1657頁以下参照）。

しかしながら，家事審判法9条1項乙類3号に規定する婚姻費用分担に関す

る処分は，民法760条を承けて，婚姻から生ずる費用の分担額を具体的に形成決定し，その給付を命ずる裁判であって，家庭裁判所は夫婦の資産，収入その他一切の事情を考慮して，後見的立場から，合目的の見地に立って，裁量権を行使して，その具体的分担額を決定するもので，その性質は非訟事件の裁判であり，純然たる訴訟事件の裁判ではない。従って，公開の法廷における対審及び判決によってなされる必要はなく，右家事審判法の規定に従ってした本件審判は何ら右憲法の規定に反するものではない。しかして，過去の婚姻費用の分担を命じ得ないとする所論は，原決定の単なる法令違反を主張するにすぎないから，特別抗告の適法な理由とならないのみならず，家庭裁判所が婚姻費用の分担額を決定するに当り，過去に遡って，その額を形成決定することが許されない理由はなく，所論の如く将来に対する婚姻費用の分担のみを命じ得るに過ぎないと解すべき何らの根拠はない。

叙上の如く婚姻費用の分担に関する審判は，夫婦の一方が婚姻から生ずる費用を負担すべき義務あることを前提として，その分担額を形成決定するものであるが，右審判はその前提たる費用負担義務の存否を終局的に確定する趣旨のものではない。これを終局的に確定することは正に純然たる訴訟事件であって，憲法82条による公開法廷における対審及び判決によって裁判さるべきものである。本件においても，かかる費用負担義務そのものに関する争であるかぎり，別に通常訴訟による途が閉ざされているわけではない。これを要するに，前記家事審判法の審判は，かかる純然たる訴訟事件に属すべき事項を終局的に確定するものではないから，憲法82条，32条に反するものではない。」（裁判長裁判官　横田喜三郎　裁判官　入江俊郎　奥野健一　石坂修一　山田作之助　五鬼上堅磐　横田正俊　草鹿浅之介　長部謹吾　城戸芳彦　石田和外　柏原語六　田中二郎　松田二郎　岩田誠）

13　子の監護費用の裁判管轄

最(一)判平成9年4月10日民集51巻4号1972頁 *(法協115巻11号1779頁，曹時52巻5号1460頁，百選〈6版〉30頁)*

【事実】　Ｘ女とＹ男は，昭和63年に婚姻し，平成元年に長女Ａが生まれた夫婦である。ＹはＸとの婚姻以前に離婚歴がある。Ｙは母と2人の姉とともに父親の

➡ 解説

代からの鰻屋を営んでおり，婚姻後はXも同居して鰻屋の営業に従事した。このようにして同居生活を始めたものの，いわゆるサラリーマンの家庭に育ったXは，大所帯で同居し，一家総出で働く鰻屋の生活になじめず，姑や小姑らから生活上の細々としたことにまで干渉を受け，経済的にも月額3万円程度の小遣いを与えられるのみであったこと等から，精神的に不安定な状態に陥り，思い悩んでいた。Xは，Yに悩みを訴え，善処方を頼んだが，Yは真剣に取り合うことはしなかった。平成3年12月19日，XはYに告げることなくAを連れて家出し，以来パートで働きながら，母子寮に居住して今日に至っている。なおYは，右別居後XおよびAに対し生活費は全く交付していない。Xより離婚，親権者の指定，別居後の養育費，慰謝料を求めて提訴。1, 2審とも金額は減額したが，Xの請求を認容。Yは，離婚前に遡った養育費請求は，離婚訴訟に附帯できないとして上告。

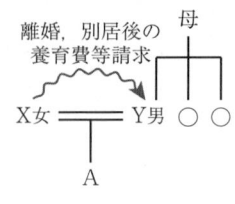

【判決理由】 上告棄却 「離婚の訴えにおいて，別居後単独で子の監護に当たっている当事者から他方の当事者に対し，別居後離婚までの期間における子の監護費用の支払を求める旨の申立てがあった場合には，裁判所は，離婚請求を認容するに際し，民法771条，766条1項を類推適用し，人事訴訟手続法15条1項により，右申立てに係る子の監護費用の支払を命ずることができるものと解するのが相当である。けだし，民法の右規定は，父母の離婚によって，共同して子の監護に当たることができなくなる事態を受け，子の監護について必要な事項等を定める旨を規定するものであるところ，離婚前であっても父母が別居し共同して子の監護に当たることができない場合には，子の監護に必要な事項としてその費用の負担等についての定めを要する点において，離婚後の場合と異なるところがないのであって，離婚請求を認容するに際し，離婚前の別居期間中における子の監護費用の分担についても一括して解決するのが，当事者にとって利益となり，子の福祉にも資するからである。」（裁判長裁判官　遠藤光男　裁判官　小野幹雄　高橋久子　井嶋一友　藤井正雄）

解 説

平成15年の人事訴訟法立法まで，人事訴訟事件は，家庭裁判所ではなく地方裁判所の管轄に属していた。家庭裁判所の審判は，公開の法廷で行われるも

のではなかったから，公開対審の法廷で裁判を受ける権利を定めた憲法違反であるという主張に対して，最高裁は，婚姻費用分担についての*12*で，権利の存否そのものは地方裁判所の管轄になるが，権利の内容の形成のみが審判事項であるという論理で，審判の合憲性を承認した（*12*と同日付けの夫婦同居審判についての最(大)判昭和40年6月30日民集19巻4号1089頁，扶養料についての後掲*82*なども，同旨）。過去の婚姻費用や養育費の清算，財産分与などの審判事項は，離婚訴訟という人事訴訟事件と密接に関係するにもかかわらず，地方裁判所の離婚訴訟においては，管轄違いとなる。この不都合を解消するために，人事訴訟手続法15条1項は，離婚訴訟の附帯事件として財産分与等を管轄できるとしていた。扶養料や婚姻費用分担についても，離婚訴訟で処理する必要があったが，*12*などの判例が障害となっていたところ，*13*は別居中の子の監護費用について，附帯事件として離婚訴訟で扱えるとしたものである（附帯事件として裁判管轄を認めるために過去の婚姻費用について，財産分与に含めることを認めた*24*およびその解説参照）。人事訴訟法の立法によって，人事訴訟事件も家庭裁判所が管轄することになり，財産分与等は人事訴訟法32条によって附帯処分として命じられる。

審判事件は公開対審の法廷で行われないことから既判力がないとされ，たとえば遺産分割事件では，遺産分割は審判事件とされるが，遺産範囲の確定や遺留分減殺請求権行使の結果の分割が地方裁判所の管轄とされており，いまだに家庭裁判所の管轄は大きな問題をはらんでいる。

14 婚姻費用分担債権者による詐害行為取消し

最(三)判昭和46年9月21日民集25巻6号823頁
(法協91巻5号837頁，民商66巻6号1102頁，曹時24巻1号193頁，百選〈新版・増補〉300頁，百選〈3版〉42頁)

【事実】 X女は，昭和13年にA男と結婚し，その間に長女，長男，二男の3人の子ができたが，昭和29年頃から，夫婦仲が不和となり，ともに本件建物に居住しながら，食事も別であり，口もきかない状態となった。XA間で，昭和31年10月22日に，東京家庭裁判所において，AからXに生活費や教育費を毎月支払う調停が成立し，昭和33年11月29日に，同裁判所において，生活費の金額を変更する

→ 14

旨の調停が成立した。しかしAは，Xに対し，昭和31年10,11月分（合計6万円）および昭和33年12月分から翌34年5月分まで（合計6万円）を支払っただけであった。Aは，昭和37年12月8日，AとXと子供たちが住んでいる本件土地建物をYに売却した。Aはこの売却時点で未払生活費114万円の債務をXに対して負担していたのに，Aの唯一の財産である本件土地建物を，前記債務が支払不能になることを知りながら処分したとして，Xから債権者詐害行為にあたる売却行為の取消しと登記の抹消を請求した。1審は，Xの請求を認容したが，控訴審係属中の昭和41年12月27日に，Aは売却時点までに遅滞していた債権を弁済供託した。2審は，これによってXの詐害行為取消権は理由なきに帰したとしてXの訴えを棄却。YからXへの反訴として本件家屋の明渡し請求が提起されたが，Aもまだ居住しているので，XはAの占有補助者にすぎないとして反訴も棄却。Xから上告。

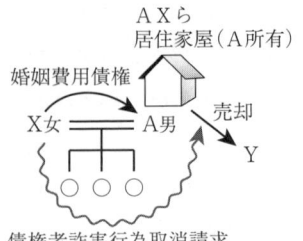

【判決理由】 破棄差戻し 「将来の婚姻費用の支払に関する債権であっても，いったん調停によってその支払が決定されたものである以上，詐害行為取消権行使の許否にあたっては，それが婚姻費用であることから，直ちに，債権としてはいまだ発生していないものとすることはできない。すなわち，一般に，婚姻費用の分担は，婚姻関係の存続を前提とし，その時の夫婦の資産，収入，その他一切の事情を考慮してその額が決せられるものであって，右事情の変動によりその分担額も変化すべきものであるから，その具体的分担額の決定は，家庭裁判所の専権に属するものとされているのであるが，そうであるからこそ，いったん家庭裁判所が審判または調停によってこれを決定した以上，他の機関において，これを否定し，あるいはその内容を変更しうべきものではなく，家庭裁判所が，事情の変動によりその分担額を変更しないかぎり，債務者たる配偶者は，右審判または調停によって決定された各支払期日に，その決定された額の金員を支払うべきものといわなければならない。その意味においては，この債権もすでに発生した債権というを妨げないのである。けだし，これを未発生の債権とみるときは，調停または審判の成立直後，いまだ第一回目の弁済期の到来する以前に，債務者が故意に唯一の財産を処分して無資産となったような場合には，債権者は，詐害行為取消権の行使により自己の債権を保全する機

会を奪われることになり，右調停または審判が無意味に帰する結果を甘受しなければならなくなるからである。

　もっとも，婚姻費用の分担に関する債権は，前記のとおり婚姻関係の存続を前提とするものであるから，婚姻関係の終了によって以後の分は消滅すべきものであり，また，これに関する調停または審判は，夫婦間の紛争を前提としてされるのが通常であるから，債権者が自己の死亡に至るまで右調停または審判に基づいて婚姻費用の支払を受けうるということは，むしろ稀な事例に属するものといえるであろう。したがって，この種の調停または審判において，その終期を定めていない場合においても，そのことから，直ちに，その場合の詐害行為の被保全債権額は，債権者の平均寿命に基づいて予測される同人の死亡時までの総債権額から中間利息を控除した額であるとは断定しえない。しかし，だからといって，将来弁済期の到来する部分は全く算定しえないものとも即断し難いのであって，少なくとも，当事者間の婚姻関係その他の事情から，右調停または審判の前提たる事実関係の存続がかなりの蓋然性をもって予測される限度においては，これを被保全債権として詐害行為の成否を判断することが許されるものというべきである。

　本件においてこれをみるに，原審は，この点についてはなんらかの事実をも認定していないため，原審の確定事実からは，いま直ちに，Aの本件不動産の処分当時，本件調停に基づく婚姻費用分担債権が将来にわたりいかなる限度で確実に存しえたかを判定することはできないけれども，原審の確定するところによれば，本件調停成立後右処分時までには6年余の期間が経過しているのに，その間調停によって定められた金員の支払はほとんどされずに終っているのであり，また，その後5年余を経過した原審口頭弁論終結時においても，なお両当事者間において，右処分時と同様な別居状態が続いていたことは，弁論の全趣旨から明らかであるから，これらの事情を考え合わせるならば，あるいは，右処分時においても，その当時の状況からみて，本件調停の効力が右処分時以後少なくとも原審弁論終結時ごろまでは存続したであろうことが，かなりの蓋然性をもって予測されえなかったものとは断じ難い。

　そうであれば，原審が右処分時までに発生した債権は支払済みであるとし（この点についても，滞納分に対するその各弁済期から本件処分時までの遅延

→ 解説

損害金の支払がされていないことは，Yらの主張自体から明らかであるから，原審のこの点に関する判断も正確とはいえない。），また，右処分時以後の債権は未発生であるとしたうえ，本件詐害行為は，Xにおいてもはや取り消しえないものとした判断は，前記の点に関する法令の解釈適用を誤り，ひいて審理不尽の違法を犯したものというべきであり，右誤りは，原判決の結論に影響することが明らかであるから，論旨はこの点において理由があり，原判決は破棄を免れない。そして本件は，詐害行為の成否およびその取消権の消長についてさらに審理を尽くす必要があるから，これを原審に差し戻すのが相当である。」
（裁判長裁判官　田中二郎　裁判官　下村三郎　松本正雄　関根小郷）

解　説

　婚姻費用や養育費などの家事債権は，低額ではあるが，債権者にとって定期的に支払われる必要性が極めて高く，不履行は債権者の生存にかかわる債権であり，また債権者は強制執行を自ら行うことも難しい弱者であるという特性がある。したがって欧米諸国では，この種の家事債権の不履行に刑事罰を科し，取立てにも公的な援助があるのが一般であるが，日本法にはそのような取立て支援はない。また家族の住居には，居住権保護のために名義人の処分権が制限される特別の保護規定をもつ外国法も多いが，日本法にはそのような規定もない。したがって14のような事案が現れることになり，妻は詐害行為取消権を行使して争うしかない。また本件では，たまたま調停が成立して金額が確定していたが，未成立であった場合には，債権者取消権も行使できないことになる。さらに，夫が売却時点で未履行の金額ぎりぎりまでしか供託しなかったため，将来債権について被保全債権とする必要性が顕著であり，本判決の結論となった。
　しかし婚姻費用や扶養料について，本事案のような事態に陥るまで手段がないことが問題である一方，家事債権以外の一般債権については，将来債権をも被保全債権とするという14と同様の結論が必ずしも妥当しない場合もあろう。

15　日常家事代理権と表見代理

最(一)判昭和 44 年 12 月 18 日民集 23 巻 12 号 2476 頁
(法協 88 巻 7 = 8 号 762 頁, 民商 63 巻 3 号 446 頁, 曹時 22 巻 8 号 1651 頁, 百選〈6 版〉14 頁, 百選〈7 版〉18 頁, 民法百選 I〈2 版〉86 頁, 民法百選 I〈5 版〉70 頁)

【事実】　X 女の夫であった A 男は, Y に, X 所有の不動産を X の代理人として売却する契約を締結し登記を経由した。本件不動産は, X が婚姻前に自己の収入によって買い受けた X の特有財産である。売買契約は Y の主宰する株式会社千代田ベアリング商会が A の主宰する株式会社西垣商店に対して有していた債権を回収するために締結されたものであった。X から売買契約の無効に基づく抹消登記を請求した。

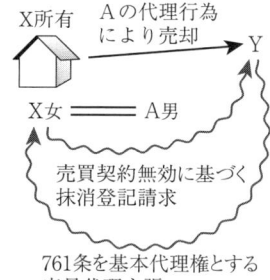

Y は, X が自己の印鑑および印鑑証明書を A に交付していること, さらに, Y の代理人 B が A 方を訪問して「お宅の土地と建物をいただくことになっているから権利証, 印鑑証明書, 委任状を貰いにきた」旨告げた際に X は何ら質問も拒絶も示さず A のもとに案内したことなどから, A が X の代理人でないとしても表見代理が成立すると主張して争った。1, 2 審ともに, X の勝訴。Y から上告。

【判決理由】　上告棄却　「民法 761 条は,「夫婦の一方が日常の家事に関して第三者と法律行為をしたときは, 他の一方は, これによって生じた債務について, 連帯してその責に任ずる。」として, その明文上は, 単に夫婦の日常の家事に関する法律行為の効果, とくにその責任のみについて規定しているにすぎないけれども, 同条は, その実質においては, さらに, 右のような効果の生じる前提として, 夫婦は相互に日常の家事に関する法律行為につき他方を代理する権限を有することをも規定しているものと解するのが相当である。

そして, 民法 761 条にいう日常の家事に関する法律行為とは, 個々の夫婦がそれぞれの共同生活を営むうえにおいて通常必要な法律行為を指すものであるから, その具体的な範囲は, 個々の夫婦の社会的地位, 職業, 資産, 収入等によって異なり, また, その夫婦の共同生活の存する地域社会の慣習によっても異なるというべきであるが, 他方, 問題になる具体的な法律行為が当該夫婦の日常の家事に関する法律行為の範囲内に属するか否かを決するにあたっては,

→ 15

同条が夫婦の一方と取引関係に立つ第三者の保護を目的とする規定であることに鑑み，単にその法律行為をした夫婦の共同生活の内部的な事情やその行為の個別的な目的のみを重視して判断すべきではなく，さらに客観的に，その法律行為の種類，性質等をも充分に考慮して判断すべきである。

しかしながら，その反面，夫婦の一方が右のような日常の家事に関する代理権の範囲を越えて第三者と法律行為をした場合においては，その代理権の存在を基礎として広く一般的に民法110条所定の表見代理の成立を肯定することは，夫婦の財産的独立をそこなうおそれがあって，相当でないから，夫婦の一方が他の一方に対しその他の何らかの代理権を授与していない以上，当該越権行為の相手方である第三者においてその行為が当該夫婦の日常の家事に関する法律行為の範囲内に属すると信ずるにつき正当の理由のあるときにかぎり，民法110条の趣旨を類推適用して，その第三者の保護をはかれば足りるものと解するのが相当である。

したがって，民法761条および110条の規定の解釈に関して以上と同旨の見解に立つものと解される原審の判断は，正当である。

ところで，原審の確定した事実関係，とくに，本件売買契約の目的物はXの特有財産に属する土地，建物であり，しかも，その売買契約はYの主宰する訴外株式会社千代田ベアリング商会が訴外Aの主宰する訴外株式会社西垣商店に対して有していた債権の回収をはかるために締結されたものであること，さらに，右売買契約締結の当時XはAに対し何らの代理権をも授与していなかったこと等の事実関係は，原判決挙示の証拠関係および本件記録に照らして，首肯することができないわけではなく，そして，右事実関係のもとにおいては，右売買契約は当時夫婦であった右AとXとの日常の家事に関する法律行為であったといえないことはもちろん，その契約の相手方であるYにおいてその契約がXら夫婦の日常の家事に関する法律行為の範囲内に属すると信ずるにつき正当の理由があったといえないことも明らかである。」（裁判長裁判官　入江俊郎　裁判官　長部謹吾　松田二郎　岩田誠　大隅健一郎）

→ 解説・16

解説

　日常家事債務の連帯責任は，婚姻生活を営む上で必要な種々の生活上の取引の相手方となった第三者の信頼を保護すると共に，円滑な生活運営を保障するための規定である。761条の解釈については，法定代理権を認めたものか，単なる法的効果を定めたものかという点で学説が分かれ，代理権を認める立場も，この代理権を基本代理権として110条の表見代理の成立を認めるかどうかという点でも学説は対立していた。代理権構成や表見代理成立に反対する学説があったのは，代理権構成が表見代理と結びつくことによって，夫婦の一方が他方の財産を処分することが有効になり，夫婦の財産所有の独立性が侵害されることが危惧されたからである。15の判旨は，代理権構成を採用し，表見代理の成立も認めたが，その範囲を日常家事債務の範囲内に限定することによって，夫婦個人の財産を相互の占奪から守る。それなら表見代理を認める必要もなさそうであるが，15に影響を与えたと思われる学説は，夫が長期不在の場合のように夫婦共同生活の運営に必要な限りでは妻は夫名義の財産の処分をする必要があることを想定していた（我妻榮『親族法』〔有斐閣，1961年〕106頁，109頁など）。しかしそのような場合には，妻が司法に救済を求めて代理権を授権してもらうことが筋であろう。いずれにせよ，15によって所有者ではない配偶者による不動産の処分が表見代理によって有効とされることはほとんど考えられなくなった。

16　夫婦財産別産制と合憲性

最（大）判昭和36年9月6日民集15巻8号2047頁
(民商46巻3号499頁，曹時13巻11号1642頁，百選〈3版〉48頁，百選〈7版〉20頁，租税百選〈3版〉40頁，租税百選〈5版〉56頁，憲法百選Ⅱ〈4版〉436頁，憲法百選Ⅱ〈5版〉452頁)

【事実】　Xが昭和32年分の収入を妻と平分して計算して確定申告した。東住吉税務署長はこの金額をXのみの所得として更正処分ならびに過少申告加算税の決定をした。Xは，X名義で取得された給与，事業所得は妻の協力により取得され，夫婦の各自にそ

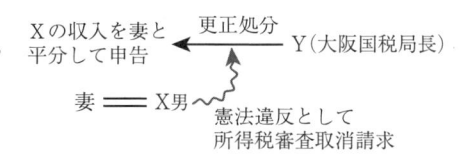

→ 16

の半額ずつの権利が帰属するとの前提のもとに，夫婦はそれぞれ平分された所得について申告納税すべきであるとし，これと異なるY（大阪国税局長）の審査決定および所得税法は憲法24条，30条に違反すると主張して，Yを相手に所得税審査取消しを求めて提訴した。1，2審ともにX敗訴。Xから上告。

【判決理由】 上告棄却 「上告人の上告理由について。

所論は，民法762条1項は，憲法24条に違反するものであると主張し，これを理由として，原審において右民法の条項が憲法24条に違反するものとは認められず，ひいて右民法の規定を前提として，所得ある者に所得税を課することとした所得税法もまた違憲ではないとした原判決の判示を非難するのである。

そこで，先ず憲法24条の法意を考えてみるに，同条は，「婚姻は……夫婦が同等の権利を有することを基本として，相互の協力により，維持されなければならない。」，「配偶者の選択，財産権，相続，住居の選定，離婚並びに婚姻及び家族に関するその他の事項に関しては，法律は，個人の尊厳と両性の本質的平等に立脚して，制定されなければならない。」と規定しているが，それは，民主主義の基本原理である個人の尊厳と両性の本質的平等の原則を婚姻および家族の関係について定めたものであり，男女両性は本質的に平等であるから，夫と妻との間に，夫たり妻たるの故をもって権利の享有に不平等な扱いをすることを禁じたものであって，結局，継続的な夫婦関係を全体として観察した上で，婚姻関係における夫と妻とが実質上同等の権利を享有することを期待した趣旨の規定と解すべく，個々具体の法律関係において，常に必ず同一の権利を有すべきものであるというまでの要請を包含するものではないと解するを相当とする。

次に，民法762条1項の規定をみると，夫婦の一方が婚姻中自己の名で得た財産はその特有財産とすると定められ，この規定は夫と妻の双方に平等に適用されるものであるばかりでなく，所論のいうように夫婦は一心同体であり一の協力体であって，配偶者の一方の財産取得に対しては他方が常に協力寄与するものであるとしても，民法には，別に財産分与請求権，相続権ないし扶養請求権等の権利が規定されており，右夫婦相互の協力，寄与に対しては，これらの権利を行使することにより，結局において夫婦間に実質上の不平等が生じない

よう立法上の配慮がなされているということができる。しからば，民法762条1項の規定は，前記のような憲法24条の法意に照らし，憲法の右条項に違反するものということができない。

　それ故，本件に適用された所得税法が，生計を一にする夫婦の所得の計算について，民法762条1項によるいわゆる別産主義に依拠しているものであるとしても，同条項が憲法24条に違反するものといえないことは，前記のとおりであるから，所得税法もまた違憲ということはできない。」（裁判長裁判官　横田喜三郎　裁判官　斎藤悠輔　藤田八郎　河村又介　入江俊郎　池田克　垂水克己　河村大助　下飯坂潤夫　奥野健一　高橋潔　高木常七　石坂修一　山田作之助）

17　所有名義と特有財産

最（三）判昭和34年7月14日民集13巻7号1023頁
（法協77巻3号361頁，民商41巻6号976頁，百選〈3版〉46頁，百選〈5版〉16頁）

【事実】　X男は昭和14年10月頃よりY女と夫婦として同棲し約半年後に婚姻の届出をした夫婦であった。X家は父，母の時代より豊州館なる屋号で旅館営業をなし先代はXの母名義で営業をなしていたが母の死亡後はY名義で営業を続けていた。豊州館の家屋はXの所有でその敷地である本件土地はXが賃借していたものであるが昭和24年3月Xは約10万円でこれを買い受けた。旅館営業の性質上当時家計および営業の経理面についてはXは一切をYに委せていた関係上この金銭授受については実際はYが行い，また本件土地の買受人名義についてはXY協議の上，Y名義に所有権移転登記をなした。ところがYの不貞行為によって，昭和24年12月にXYは協議離婚することになった。離婚にあたってXはYの約10年間にわたる内助の功に報いる意味で50万円を手切金として与えることを約し，毎月2万円宛25回に分割して支払う旨の同日附公正証書を作成した。本件土地の名義は，50万円の完済と同時にXに移転することを約したが，公正証書にはその旨は書かれなかった。昭和27年2月に50万円は完済されたが，Yが所有権移転登記の請求に応じないので，Xから提訴。1，2審ともにX勝訴。Yから762条は「婚姻中に夫婦の一方が自己の名で得た財産について夫婦間に紛争を生ずることのないようにその所有権の帰属

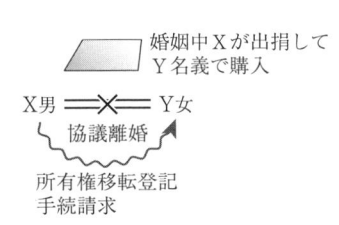

➡ 解説

を法律に明定したものと解すべきで夫婦の一方の名で得た財産であるかぎりその一方の特有財産とみるのが相当である」等として上告。

【判決理由】 上告棄却 「原判決は，本件土地はXが同人の経営にかかる旅館の収益金をもって自ら払下を受けたと認定判示して居り，右収益金が当事者のいずれに属するか明らかでないとは判示していないから，所論民法762条2項を本件に適用する余地はない。」(裁判長裁判官　河村又介　裁判官　島保　髙橋潔　石坂修一)

解　説

762条は，法定財産制として夫婦財産別産制を採用している。夫婦財産別産制は，妻が家事育児などに従事している労働者家庭の場合は，財産獲得能力をもつ夫のみが自己名義の資産を形成することになる。*16* は，これが男女不平等で憲法違反であることが争われたが，所得税は夫婦間での帰属とは別の観点から収入の名義人に課税することが可能であり，民法の夫婦財産制の評価としても，現在の西欧法の夫婦財産制でも清算時は別として婚姻中は別産制であるのが一般的であるから，不平等性の争い方としては無理があったように思われる。しかし *16* の判旨が「財産分与請求権，相続権ないし扶養請求権等の権利」によって実質上の不平等がないように規定されていると述べた点については，疑問が残る。離別や死別の場合には夫婦財産制の清算によって婚姻中に獲得した財産は平分される西欧法と対比すると，日本法では清算部分が財産分与や相続権にあたることになり，実質的には離婚給付も配偶者相続権もないことになる。婚姻制度に，育児などの私的な無償労働従事者を保護して実質的平等を確保するための制度目的があるとすると，立法論的には，問題があろう。

17 は，夫婦間の争いにおいては，不動産の名義人がどちらであったとしても，実際に出捐した者に所有権があることを判示した。営業収益から代価を支出したものであり，本件では旅館業がもともと夫の実家の家業であったために夫が経営していたと認定されたが，事案によっては夫婦で経営していたと認定され，共有財産とされる場合もあろうと思われる。このように，別産制の下では，労働者家庭よりは自営業のほうが，妻の持ち分が増えることになる。

第4節　離　　婚

18　離婚意思の喪失と不受理届の効力

最（二）判昭和34年8月7日民集13巻10号1251頁〈民商42巻2号202頁，百選〈3版〉56頁，百選〈7版〉26頁〉

【事実】　X男とY女は昭和14年6月7日に婚姻した夫婦で，3子がいる。Xが失業したので，Yは昭和26年5月頃Xと別居して飲食店を開業して営業を続けてきた。XYは次第に夫婦仲が悪くなり，昭和27年3月初旬頃，協議離婚することに合意して協議離婚届を作成し，XはYに届出書を渡して届出を委託した。Yは届出書を保管したのち，昭和27年3月11日に市役所に提出して受理された。Xは届出が提出された3月11日の前日である3月10日に市役所の係員Aに対して，Yから離婚届が出されるかもしれないが，Xとしては承諾したものではないから受理しないでほしいと申し出ていた。Xから離婚届出無効確認を請求。1，2審ともに「市町村長に対して届出がなされた当時に夫婦ともに協議離婚をしようとする意思を保有することが必要」としてXの請求を認容した。Yから上告。

【判決理由】　上告棄却　「Yから届出がなされた当時にはXに離婚の意思がなかったものであるところ，協議離婚の届出は協議離婚意思の表示とみるべきであるから，本件の如くその届出の当時離婚の意思を有せざることが明確になった以上，右届出による協議離婚は無効であるといわなければならない。そして，かならずしも所論の如く右翻意が相手方に表示されること，または，届出委託を解除する等の事実がなかったからといって，右協議離婚届出が無効でないとはいいえない。」（補足意見1がある）

藤田八郎裁判官の補足意見

「離婚の合意は届出書作成のときに正当に成立したのである。この合意を届出書という形式によって市町村長に届け出ることによって離婚は当然に効力を発生するのである。そして，その届出行為を他人に依頼してその届出書をその他人に托した後において，本人が内心，変心してその他人が届出行為を実行する瞬間において，たまたま本人が離婚の意思をなくしていたとしても，それだけの事実で，その届出が当然無効となるものではない。離婚意思の喪失によって届出による離婚の効力の発生を阻止するためには，届出の受理される以前に，

→ *19・解説*

届出による表示行為の効力の発生を妨げるに足りるなんらかの行為がなされなければならないものと解する。」（裁判長裁判官　小谷勝重　裁判官　藤田八郎　河村大助　奥野健一）

19　仮装離婚の効力

最（一）判昭和38年11月28日民集17巻11号1469頁
（民商51巻2号266頁，曹時16巻
1号144頁，百選〈新版〉61頁）

【事実】　X男とA女（昭和29年1月27日死亡）は，大正6年12月18日に入夫婚姻（旧民法において，夫が女戸主である妻の家に入る婚姻のこと）した夫婦である。その入夫婚姻に際してXが戸主とならなかったので，Xに同情したAの継父であるBがX・Aの承諾を得て昭和21年7月1日に離婚届をした上，同日入夫婚姻届をし，2度目の届出の際，Xを戸主とした。Xの長男Cは昭和19年に戦死していたが，戦傷病者戦没者遺族等援護法に基づき，Xは，この離婚と再婚が受給権の障害となって戦没者の遺族年金を受給できなかった。昭和21年のXとAとの離婚は離婚の意思のない無効のものであるとして，XからY（検事総長）を相手方として離婚無効の確認を請求。1，2審ともに，X敗訴。Xから上告。

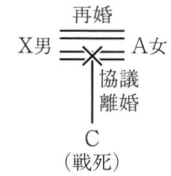

【判決理由】　上告棄却　「X及びその妻Aは判示方便のため離婚の届出をしたが，右は両者が法律上の婚姻関係を解消する意思の合致に基づいてなしたものであり，このような場合，両者の間に離婚の意思がないとは言い得ないから，本件協議離婚を所論理由を以って無効となすべからざることは当然である。」
（裁判長裁判官　長部謹吾　裁判官　入江俊郎　下飯坂潤夫　斎藤朔郎）

解説

裁判所の関与なく当事者の出頭すら必要としない日本法の協議離婚制度は，比較法的にも特異な離婚方式であり，当事者の意思に基づく離婚届さえ提出されれば，離婚は有効に成立する。戦前は一方当事者の届出意思が存在しない場合においても，他方当事者が作成した協議離婚届を提出することによって離婚を既成事実化する追い出し離婚が少なくなかった。しかし戦後，近づきやすい家庭裁判所が創設され，裁判離婚について消極的破綻主義の判例法が確立する

と，自ら離婚届に印を押さない限り離婚されないという知識が周知された。また裁判所は，追い出し離婚を認めないために，届出意思がない届出が出された場合に離婚無効判決をすることを厭わなかった。

　婚姻・離婚・養子縁組・離縁を身分行為として一律に論じる身分行為論は，近年下火になっており，仮装婚姻は無効であるが仮装離婚は有効とされるように，それぞれの身分行為は別々の特質をもつものであって，一律に論じられないことが確立されている。18 の法廷意見と補足意見の対立も，身分行為論の一環として，婚姻届を成立要件とみる通説と効力発生要件とみる少数説の対立を反映したものであるが，現在ではこの論点はさほど実益がある議論とはされていない。

　18 の結論は，戸籍実務においても制度化されている。離婚届を含む創設的届出一般について，あらかじめ不受理を申し出ておけば受理が予防される不受理申出が法務省通達によって制度化された（昭和 51 年 1 月 23 日付法務省民二第 900 号通達等）。そして平成 19 年の戸籍法改正によって法務省通達は廃止され，本人が出頭して本人確認がされないときは受理しないよう申し出ることができるとする戸籍法 27 条の 2 第 3 項が立法された。不受理申出制度は，偽造された届出の受理を予防するために用いられるのが普通であるが，18 の事案のように，離婚届の作成は当事者が行っておきながら翻意する場合にも用いられる。離婚の過程においては，離婚給付などの条件交渉が伴うほか，感情的な葛藤も激しく，当事者意思は揺れ動きがちである。いったん合意したにもかかわらず翻意することが相手方当事者にとっては詐欺的に機能する危険はあるが，協議離婚制度の内包する危険性を考えると，不受理申出制度によって，離婚届が受理されるまでは翻意する可能性を承認することもやむをえないと思われる。

　協議離婚届を提出する届出意思はあるが離婚をする実質的離婚意思はない場合，つまり仮装離婚の場合の効果については，かつての学説は分かれていた。婚姻や養子縁組という創設的届出による身分行為一般と同様に，実質的意思がない場合は無効とする説と，届出意思があれば有効とする説との対立である。判例は，大審院時代から一貫して仮装離婚を有効と解してきた。19 をはじめとして，最高裁も大審院判例と同様に，届出意思のある協議離婚を有効とする（債権者からの強制執行を免れるための離婚〔最判昭和 44 年 11 月 14 日判時 578 号 45

頁〕，生活扶助を受けるための離婚〔最判昭和57年3月26日判時1041号66頁〕，重婚による取消しを免れるための離婚〔5〕など)。現在では学説も判例の結論に賛成するものがほとんどである。

　婚姻や養子縁組においては，届出意思はあるが実質的婚姻意思や実質的縁組意思がない場合に婚姻や養子縁組が無効となることについて，判例・学説も一致しており，外国人が在留資格を得るための仮装婚姻等，無効となる具体的事例も少なくない。判例は，離婚の場合には婚姻や養子縁組と結論を異にするものの，実質的離婚意思がない場合にも婚姻や養子縁組と異なって離婚を有効とするという論理を採用するのではなく，届出意思を「法律上の婚姻関係を解消する意思」とみなして離婚を有効とする。

　婚姻や養子縁組は，夫婦や養親子という関係を当事者間に成立させて，扶養や相続という大きな効果をもたらすため，婚姻や養子縁組のごく一部の効果を目的として届出をした当事者に，有効な届出としてすべての効果を及ぼすことは，当事者にとっても社会にとっても妥当ではない。これに対して，離婚の場合は，離婚の効果を認めても他人間と同様の関係になるにすぎない。したがって最高裁は，離婚届を提出した当事者が仮にその効果を意図していなかったとしても，届出によって離婚の効果を強制されて婚姻の法的な保護を失うリスクは甘受すべきであると判断したものと思われる。

[関連裁判例]

20　別居中の親の面接交渉

最(一)決平成12年5月1日民集54巻5号1607頁 （民商124巻4＝5号708頁，曹時54巻4号1198頁，百選〈7版〉86頁）

【決定理由】　抗告棄却　「父母の婚姻中は，父母が共同して親権を行い，親権者は，子の監護及び教育をする権利を有し，義務を負うものであり（民法818条3項，820条），婚姻関係が破綻して父母が別居状態にある場合であっても，子と同居していない親が子と面接交渉することは，子の監護の一内容であるということができる。そして，別居状態にある父母の間で右面接交渉につき協議が調わないとき，又は協議をすることができないときは，家庭裁判所は，民法766条を類推適用し，家事審判法9条1項乙類4号により，右面接交渉につい

て相当な処分を命ずることができると解するのが相当である。」（裁判長裁判官 藤井正雄　裁判官　遠藤光男　井嶋一友　大出峻郎　町田顯）

［関連裁判例］
21　面会交流審判の間接強制

最(一)決平成25年3月28日民集67巻3号864頁

【決定理由】　抗告棄却　「1　本件は，未成年者の父であるXが，未成年者の母であり，未成年者を単独で監護するYに対し，Xと未成年者との面会及びその他の交流（以下「面会交流」という。）に係る審判に基づき，間接強制の申立てをした事案である。

　2　原審の適法に確定した事実関係の概要等は，次のとおりである。
　(1)　XとYは，平成16年5月に婚姻の届出をし，平成18年1月に長女をもうけた。
　(2)　平成22年11月，XとYを離婚し，長女の親権者をYとする判決が確定した。
　(3)　平成24年5月，札幌家庭裁判所において，Yに対し，原々決定別紙面会交流要領のとおりXが長女と面会交流をすることを許さなければならないとする審判がされ，同審判は，同年6月確定した（以下，この審判を「本件審判」といい，原々決定別紙面会交流要領を「本件要領」という。）。本件要領には，①　面会交流の日程等について，月1回，毎月第2土曜日の午前10時から午後4時までとし，場所は，長女の福祉を考慮してX自宅以外のXが定めた場所とすること，②　面会交流の方法として，長女の受渡場所は，Y自宅以外の場所とし，当事者間で協議して定めるが，協議が調わないときは，JR甲駅東口改札付近とすること，Yは，面会交流開始時に，受渡場所において長女をXに引き渡し，Xは，面会交流終了時に，受渡場所において長女をYに引き渡すこと，Yは，長女を引き渡す場面のほかは，Xと長女の面会交流には立ち会わないこと，③　長女の病気などやむを得ない事情により上記①の日程で面会交流を実施できない場合は，XとYは，長女の福祉を考慮して代替日を決めること，④　Yは，Xが長女の入学式，卒業式，運動会等の学校行事

→ 21

（父兄参観日を除く。）に参列することを妨げてはならないことなどが定められていた。

(4) Xは，平成24年6月，長女と面会交流をすることを求めたが，Yは，長女が面会交流に応じないという態度に終始していて，長女に悪影響を及ぼすとして，Xが長女と面会交流をすることを許さなかった。

(5) Xは，平成24年7月，札幌家庭裁判所に対し，本件審判に基づき，Yに対し本件要領のとおりXが長女と面会交流をすることを許さなければならないと命ずるとともに，その義務を履行しないときはYがXに対し一定の金員を支払うよう命ずる間接強制決定を求める申立てをした。これに対し，Yは，長女がXとの面会交流を拒絶する意思を示していることなどから，間接強制決定が許されないなどと主張している。

3　原審は，本件要領は，面会交流の内容を具体的に特定して定めており，また，長女が面会交流を拒絶する意思を示していることが間接強制決定をすることになじまない事情となることはないなどとして，Yに対し，本件要領のとおりXが長女と面会交流をすることを許さなければならないと命ずるとともに，Yがその義務を履行しないときは，不履行1回につき5万円の割合による金員をXに支払うよう命ずる間接強制決定をすべきものとした。

4　(1)　子を監護している親（以下「監護親」という。）と子を監護していない親（以下「非監護親」という。）との間で，非監護親と子との面会交流について定める場合，子の利益が最も優先して考慮されるべきであり（民法766条1項参照），面会交流は，柔軟に対応することができる条項に基づき，監護親と非監護親の協力の下で実施されることが望ましい。一方，給付を命ずる審判は，執行力のある債務名義と同一の効力を有する（平成23年法律第53号による廃止前の家事審判法15条）。監護親に対し，非監護親が子と面会交流をすることを許さなければならないと命ずる審判は，少なくとも，監護親が，引渡場所において非監護親に対して子を引き渡し，非監護親と子との面会交流の間，これを妨害しないなどの給付を内容とするものが一般であり，そのような給付については，性質上，間接強制をすることができないものではない。したがって，監護親に対し非監護親が子と面会交流をすることを許さなければならないと命ずる審判において，面会交流の日時又は頻度，各回の面会交流時間の長さ，

子の引渡しの方法等が具体的に定められているなど監護親がすべき給付の特定に欠けるところがないといえる場合は、上記審判に基づき監護親に対し間接強制決定をすることができると解するのが相当である。

そして、子の面会交流に係る審判は、子の心情等を踏まえた上でされているといえる。したがって、監護親に対し非監護親が子と面会交流をすることを許さなければならないと命ずる審判がされた場合、子が非監護親との面会交流を拒絶する意思を示していることは、これをもって、上記審判時とは異なる状況が生じたといえるときは上記審判に係る面会交流を禁止し、又は面会交流についての新たな条項を定めるための調停や審判を申し立てる理由となり得ることなどは格別、上記審判に基づく間接強制決定をすることを妨げる理由となるものではない。

(2)　これを本件についてみると、本件要領は、面会交流の日時、各回の面会交流時間の長さ及び子の引渡しの方法の定めによりYがすべき給付の特定に欠けるところはないといえるから、本件審判に基づき間接強制決定をすることができる。Y主張の事情は、間接強制決定をすることを妨げる理由となるものではない。」(裁判長裁判官　櫻井龍子　裁判官　金築誠志　横田尤孝　白木勇　山浦善樹)

22　離婚後の監護費用の分担請求と権利濫用

最(二)判平成23年3月18日家月63巻9号58頁（民商145巻2号115頁）

【事実】　X男とY女とは、平成3年に婚姻の届出をした夫婦である。Yは、平成8年にXの子である長男Bを、平成11年にXの子である三男Cをそれぞれ出産したが、その間の平成9年にX以外の男性と性的関係を持ち、平成10年に二男Aを出産した。AとXとの間には、自然的血縁関係がなく、Yは、遅くとも同年中にはそのことを知ったが、それをXに告げなかった。Xは、平成9年頃から、Yに通帳やキャッシュカードを預け、その口座から生活費を支出することを許容しており、平成11年頃、

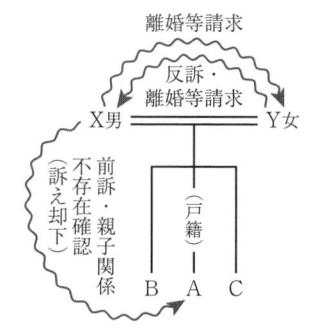

親族
婚姻

→ 22

一定額の生活費をYに交付するようになった後も，Yの要求に応じて，平成12年1月頃から平成15年末まで，ほぼ毎月150万円程度の生活費をYに交付してきた。

XとYとの婚姻関係は，XがY以外の女性と性的関係を持ったことなどから，平成16年1月末頃破綻した。その後，Xに対して，Yに婚姻費用として月額55万円を支払うよう命ずる審判がされ，同審判は確定した。Xは，平成17年4月に初めて，Aとの間には自然的血縁関係がないことを知った。Xは，同年7月，Aとの間の親子関係不存在確認の訴え等を提起したが，同訴えを却下する判決が言い渡され，同判決は確定した。

Xが，Yに対し，770条1項1号・5号所定の離婚原因の存在を理由として離婚（親権者指定および財産分与の附帯請求）および離婚慰謝料を求める訴えを提起したのに対し，YがXに対し，770条1項1号・2号・5号所定の離婚原因の存在を理由として離婚（親権者指定，養育費の支払，財産分与および年金分割の附帯請求）および離婚慰謝料を求める反訴を提起した。1，2審ともに，離婚を認めるとともに，親権者をYとし，XにABC同額の監護費用の支払，さらにXからYへ約1270万円の財産分与が命じられている。Xから，Aとの間には自然的血縁関係がないから，監護費用を分担する義務はないなどと主張して上告。

【判決理由】　一部破棄自判，一部却下，一部棄却　「(1)　前記事実関係によれば，Yは，Xと婚姻関係にあったにもかかわらず，X以外の男性と性的関係を持ち，その結果，Aを出産したというのである。しかも，Yは，それから約2か月以内にAとXとの間に自然的血縁関係がないことを知ったにもかかわらず，そのことをXに告げず，Xがこれを知ったのはAの出産から約7年後のことであった。そのため，Xは，Aにつき，民法777条所定の出訴期間内に嫡出否認の訴えを提起することができず，そのことを知った後に提起した親子関係不存在確認の訴えは却下され，もはやXがAとの親子関係を否定する法的手段は残されていない。

他方，Xは，Yに通帳等を預けてその口座から生活費を支出することを許容し，その後も，婚姻関係が破綻する前の約4年間，Yに対し月額150万円程度の相当に高額な生活費を交付することにより，Aを含む家族の生活費を負担しており，婚姻関係破綻後においても，Xに対して，月額55万円を被上告人に支払うよう命ずる審判が確定している。このように，XはこれまでにAの養育・監護のための費用を十分に分担してきており，XがAとの親子関係を否定することができなくなった上記の経緯に照らせば，Xに離婚後もA

の監護費用を分担させることは、過大な負担を課するものというべきである。
　さらに、YはXとの離婚に伴い、相当多額の財産分与を受けることになるのであって、離婚後のAの監護費用を専らYにおいて分担することができないような事情はうかがわれない。そうすると、上記の監護費用を専らYに分担させたとしても、子の福祉に反するとはいえない。
　(2)　以上の事情を総合考慮すると、YがXに対し離婚後のAの監護費用の分担を求めることは、監護費用の分担につき判断するに当たっては子の福祉に十分配慮すべきであることを考慮してもなお、権利の濫用に当たるというべきである。これと異なる原審の判断には、判決に影響を及ぼすことが明らかな法令の違反がある。論旨はこの趣旨をいうものとして理由がある。」（裁判長裁判官　竹内行夫　裁判官　古田佑紀　須藤正彦　千葉勝美）

解　説

　離婚の効果のうち、最も解決が難しいのは、子の問題であるといわれる。民法は、婚姻中は両親の共同親権、離婚後は単独親権としているが、婚姻中に両親間で親権行使の意見が異なった場合の解決方法について規定を欠いている。しかし両親間で子の奪い合いが生じたとき、継続的に養育をしている親が事実上離婚後の親権を獲得することが多いため、子の養育をめぐって最も熾烈な争いが生じるのは離婚成立前であり、子を監護している親は、他方親の子との接触を拒絶することが少なくない。このような争いに裁判所が介入することについて、「『家庭に法は入らず』の法諺どおり、子に対する親権の行使に係る紛争は、親権者間で解決し調整すべきもの」とした高裁判決（高松高決平成4年8月7日判タ809号193頁）もあったが、最高裁は、*20*において離婚後の子の監護に関する766条を類推適用して裁判所が介入することを承認した。なお、同決定に引用されている家事審判法9条は、現行法では家事事件手続法39条にあたる。

　離婚後、親権を得られなかった親も面会交流を要求できることは、以前から実務で承認されていたが、平成23年の民法改正において766条に「父又は母と子との面会及びその他の交流」が明記された。面会交流の強制執行について、*21*は、間接強制を承認した。*21*と同日付で同じ第一小法廷が下した2件の最高裁判例が公表されており（判時2191号46頁・48頁）、それらは具体的な面会

→ 23

交流の方法が十分には特定されていないとして間接強制を否定したものであって，最高裁の要求する特定の程度は相当に高く要求されている。この種の債務の強制執行は非常に困難であり，西欧諸外国は他方親との交流妨害に刑事罰を科すことも少なくないが，同時に暴力的な親との交流は連れ去りや子への悪影響など危険性が高いので，専門家によるサポート体制も整えられており，そのような条件の整備されていない日本では，法的な介入は必要であるとはいえ，克服すべき困難が山積している。なお，子の奪い合いについては，*72〜75*参照。

離婚後の未成熟子の扶養義務に関する実体法上の根拠については，ⅰ）監護費用分担義務（766条）を根拠とする説，ⅱ）扶養義務（877条）を根拠とする説，ⅲ）親子関係の本質から生じ，法文上の根拠を必要としない説などの対立がみられるが，実務ではⅰ）が圧倒的多数となっており，本件もⅰ）に該当する。ただし同時に，通説・判例は，少なくとも，監護費用分担請求と子自身からの扶養請求との選択的請求を認めている。*22*は，血縁関係のない法律上の父への監護費用請求が権利濫用として退けられたケースであり，法律上の親子関係を認めながらその効果を否定するという意味で学説の批判が多く，学説の多くは子自身からの扶養請求がされた場合には権利濫用とすべきではないとする。

23 財産分与と離婚慰謝料

最（二）判昭和46年7月23日民集25巻5号805頁
(法協91巻1号169頁，民商66巻5号917頁，曹時24巻9号1670頁，百選⟨6版⟩34頁，百選⟨7版⟩36頁)

【事実】 X女とY男は，昭和35年6月15日婚姻し，子Aをもうけた夫婦であるが，Yは暴力をふるい，Yの母もXを虐待したので，Xはやむなく実家へAを連れて帰ろうとしたが，Aを渡してもらえなかった。Xから離婚ならびに子の親権者および監護者をXと定めること等を求める訴訟を提起し，昭和40年2月24日，XとYを離婚する，Aの親権者および監護者をYと定める，財産分与としてタンス一棹，水屋一個を分与する等の判決を受けた。Xから慰謝料を請求。1，2審ともにX勝訴。Yから上告。

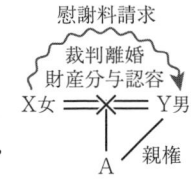

【判決理由】 上告棄却 「離婚における財産分与の制度は，夫婦が婚姻中に有していた実質上共同の財産を清算分配し，かつ，離婚後における一方の当事者の生計の維持をはかることを目的とするものであって，分与を請求するにあたりその相手方たる当事者が離婚につき有責の者であることを必要とはしないから，財産分与の請求権は，相手方の有責な行為によって離婚をやむなくされ精神的苦痛を被ったことに対する慰藉料の請求権とは，その性質を必ずしも同じくするものではない。したがって，すでに財産分与がなされたからといって，その後不法行為を理由として別途慰藉料の請求をすることは妨げられないというべきである。もっとも，裁判所が財産分与を命ずるかどうかならびに分与の額および方法を定めるについては，当事者双方におけるいっさいの事情を考慮すべきものであるから，分与の請求の相手方が離婚についての有責の配偶者であって，その有責行為により離婚に至らしめたことにつき請求者の被った精神的損害を賠償すべき義務を負うと認められるときには，右損害賠償のための給付をも含めて財産分与の額および方法を定めることもできると解すべきである。そして，財産分与として，右のように損害賠償の要素をも含めて給付がなされた場合には，さらに請求者が相手方の不法行為を理由に離婚そのものによる慰藉料の支払を請求したときに，その額を定めるにあたっては，右の趣旨において財産分与がなされている事情をも斟酌しなければならないのであり，このような財産分与によって請求者の精神的苦痛がすべて慰藉されたものと認められるときには，もはや重ねて慰藉料の請求を認容することはできないものと解すべきである。しかし，財産分与がなされても，それが損害賠償の要素を含めた趣旨とは解せられないか，そうでないとしても，その額および方法において，請求者の精神的苦痛を慰藉するには足りないと認められるものであるときには，すでに財産分与を得たという一事によって慰藉料請求権がすべて消滅するものではなく，別個に不法行為を理由として離婚による慰藉料を請求することを妨げられないものと解するのが相当である。所論引用の判例（最高裁昭和26年㈢469号同31年2月21日第三小法廷判決，民集10巻2号124頁）は，財産分与を請求しうる立場にあることは離婚による慰藉料の請求を妨げるものではないとの趣旨を示したにすぎないものと解されるから，前記の見解は右判例に牴触しない。」（裁判長裁判官　色川幸太郎　裁判官　村上朝一　岡原昌男　小川信雄）

→ *24・解説*

24　財産分与と過去の婚姻費用分担

最(三)判昭和 53 年 11 月 14 日民集 32 巻 8 号 1529 頁（曹時 32 巻 5 号 777 頁, 百選〈3 版〉74 頁, 百選〈7 版〉34 頁）

【事実】　X女とY男は，昭和37年2月19日に婚姻届を出した2子のある夫婦である。YはYの父親が経営する私立学校で教師をしていたが，学歴詐称と教員資格のないことが露見し，Yの不貞行為があったりしたため，Xは，昭和44年7月から2子を連れて実家に戻っている。Xから離婚と財産分与，親権者指定を求めて提訴。1，2審ともに請求認容。2審は，財産分与として離婚後の生活扶助金600万円および過去の生活費等400万円の合計1,000万円の支払，さらに，慰謝料として，300万円の支払を命じた。Yから婚姻費用分担および扶養については家庭裁判所の専属管轄であるのにこれを含めて財産分与額を認定したのは違法である等として上告。

【判決理由】　上告棄却　「離婚訴訟において裁判所が財産分与の額及び方法を定めるについては当事者双方の一切の事情を考慮すべきものであることは民法771条，768条3項の規定上明らかであるところ，婚姻継続中における過去の婚姻費用の分担の態様は右事情のひとつにほかならないから，裁判所は，当事者の一方が過当に負担した婚姻費用の清算のための給付をも含めて財産分与の額及び方法を定めることができるものと解するのが，相当である。」（裁判長裁判官　服部髙顯　裁判官　江里口清雄　髙辻正己）

解　説

明治民法の立法過程で母法から継受した離婚後扶養の規定が草案から削除されたが，判例は慰謝料という形式で離婚給付を認容してきた。戦後の民法改正で768条の財産分与が立法されてから，立法後は離婚給付としては財産分与のみが認められるという学説もあり，慰謝料と財産分与の関係が問題となった。最判昭和31年2月21日民集10巻2号124頁は，慰謝料を請求した事件について「権利者は両請求権のいずれかを選択して行使することもできると解すべきである」として慰謝料を認容した。*23*は，昭和31年判決の事案とは異なり，すでに離婚判決によって財産分与を得ていた当事者が重ねて慰謝料を請求した事案であるが，財産分与の内容が「タンス一棹，水屋一個」というあまりにも

→ 解説

貧弱な内容のものであったこともあり，財産分与と慰謝料の双方が認められるとし，相互にその内容が斟酌されるという両者の関係についてもリーディングケースとなった判例である。

　その後，実務においては，財産分与の内容は，婚姻期間中に獲得した財産を清算するものとの理解が一般化し，専業主婦であったとしても2分の1の清算分を認められることが次第に確立した。なお，財産分与のうちに扶養的要素も含まれうるとはされているが，欧米法の離婚給付のように，家事や育児労働に従事していたために財産獲得能力の低い配偶者に離婚後扶養を保障する機能をもつ給付としては，実務上認められる財産分与の扶養的部分は比較法的には極めて少額である。一方，婚姻費用分担請求については，養育費・婚姻費用算定表ができ，家庭裁判所で広く利用されるようになったこともあって，別居期間中の婚姻費用はある程度客観的に算定できる。養育費や婚姻費用の債務不履行は，債権者の生活を危うくするので，本来は避けられなくてはならない事態であるが，強制履行の公的支援のない日本では不履行のケースが非常に多い。**24** は，この算定表公表前の事案で，過去の婚姻費用を財産分与に含めることができるとした。離婚の際に債務不履行分を財産分与に含めて清算することを認めても問題はないという判断であろう。しかし婚姻費用については，算定表公表後は請求権としてより確立しており，財産分与と計算上は分けて算定するとともに附帯事件とする方が望ましいとする学説の批判がある。

　また，**24** では，裁判所の管轄が問題になっている。平成15年の人事訴訟法立法によって人事訴訟の管轄が家庭裁判所に移管するまで，婚姻費用分担や財産分与の管轄は家庭裁判所であるが，離婚訴訟の管轄は地方裁判所であり，人事訴訟手続法15条1項により財産分与は離婚訴訟に附帯して地方裁判所が判断できるが，婚姻費用分担については，そのような規定がなかった。**24** は，財産分与に含めることで，地方裁判所の管轄を承認したものである。

　離婚給付の争いは，離婚そのものの争いと実質的には不可分であるが，管轄が異なっていたために，最判昭和58年2月3日民集37巻1号45頁は，財産分与は本来家庭裁判所の権限に属する審判事項であるから，本来的請求である離婚の訴えが何らかの理由で係属が失われたときは，附帯的請求である財産分与の申立ては不適法却下となるとした。しかし離婚と離婚給付の判断を同時に

→ *25*

行うために，最判平成 16 年 6 月 3 日家月 57 巻 1 号 123 頁は，離婚給付としての損害賠償請求の反訴や財産分与の申立ては，「人事訴訟手続法 8 条の規定の趣旨により，控訴審においても，その提起及び申立てについて相手方の同意を要しない」とし，「原審の口頭弁論の終結に至るまでに離婚請求に附帯して財産分与の申立てがされた場合において，上訴審が，原審の判断のうち財産分与の申立てに係る部分について違法があることを理由に原判決を破棄し，又は取り消して当該事件を原審に差し戻すとの判断に至ったときには，離婚請求を認容した原審の判断に違法がない場合であっても，財産分与の申立てに係る部分のみならず，離婚請求に係る部分をも破棄し，又は取り消して，共に原審に差し戻すこととするのが相当である。」としている。また人事訴訟においても，財産分与については，民事訴訟の当事者主義よりも裁判所の職権判断が柔軟に行われる。最判平成 2 年 7 月 20 日民集 44 巻 5 号 975 頁は，離婚訴訟における財産分与の申立てについては，「裁判所は申立人の主張に拘束されることなく自らその正当と認めるところに従って分与の有無，その額及び方法を定めるべきものであって，裁判所が申立人の主張を超えて有利に分与の額等を認定しても民訴法 186 条の規定に違反するものではない」とし，申立人の相手方のみが控訴の申立てをしたときも，控訴裁判所は第 1 審判決を変更して正当とする額などを定めることができ，「この場合には，いわゆる不利益変更禁止の原則の適用はない」とした。人事訴訟法の立法によって人事訴訟も家庭裁判所の管轄となったため，裁判所の管轄が異なるという問題は無くなったが，人事訴訟と審判という手続の相違は残っており，これらの判例もその意味では現行法でも機能している。なお，*12, 13* の解説参照。

25 財産分与と錯誤無効

最（一）判平成元年 9 月 14 日家月 41 巻 11 号 75 頁 （民商 102 巻 4 号 488 頁，百選〈5 版〉46 頁）

【事実】 X 男と Y 女は昭和 37 年 6 月 15 日に婚姻して，二男一女をもうけ，東京都新宿区 I 町所在の建物に居住していたが，X が勤務先銀行の部下女子職員 A と関係を生じたことなどから，Y が離婚を決意し，昭和 59 年 11 月 X に離婚を申し入れた。X は，職業上の身分の喪失を懸念して離婚に応ずることとしたが，Y は

居住建物に残って子供を育てたいとの離婚条件を提示した。Xは、Aと婚姻して裸一貫から出直すことを決意し、Yの意向に沿う趣旨で、いずれも自己の特有財産に属する建物やその敷地全部を財産分与としてYに譲渡することとし、その旨を記載した離婚協議書および離婚届に署名捺印して、その届出手続および財産分与に伴う登記手続をYに委任した。Yは、昭和59年11月24日離婚届出をするとともに、同月29日不動産につき財産分与を原因とする所有権移転登記を経由し、Xは、その後Aと婚姻し一男をもうけた。財産分与契約の際、Xは、財産分与を受けるYに課税されることを心配してこれを気遣う発言をしたが、Xに課税されることは話題にならなかったところ、離婚後、Xが自己に課税されることを上司の指摘によって初めて知り、税理士の試算によりその額が2億2,224万余円であることが判明した。Xは、財産分与契約の際、自己に譲渡所得が課されないことを合意の動機として表示したものであり、2億円を超える課税がされることを知っていたならば財産分与契約はしなかったから要素の錯誤により無効であると主張して、Yに対し、所有権移転登記の抹消登記手続を求めた。1, 2審ともにXの請求棄却。Xから上告。

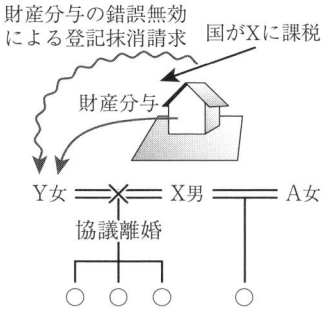

【判決理由】　破棄差戻し　「意思表示の動機の錯誤が法律行為の要素の錯誤としてその無効をきたすためには、その動機が相手方に表示されて法律行為の内容となり、もし錯誤がなかったならば表意者がその意思表示をしなかったであろうと認められる場合であることを要するところ（最高裁昭和27年(オ)第938号同29年11月26日第二小法廷判決・民集8巻11号2087頁、昭和44年(オ)第829号同45年5月29日第二小法廷判決・裁判集民事99号273頁参照）、右動機が黙示的に表示されているときであっても、これが法律行為の内容となることを妨げるものではない。

　本件についてこれをみると、所得税法33条1項にいう「資産の譲渡」とは、有償無償を問わず資産を移転させる一切の行為をいうものであり、夫婦の一方の特有財産である資産を財産分与として他方に譲渡することが右「資産の譲渡」に当たり、譲渡所得を生ずるものであることは、当裁判所の判例（最高裁昭和47年(行ツ)第4号同50年5月27日第三小法廷判決・民集29巻5号641

頁，昭和51年(行ツ)第27号同53年2月16日第一小法廷判決・裁判集民事123号71頁)とするところであり，離婚に伴う財産分与として夫婦の一方がその特有財産である不動産を他方に譲渡した場合には，分与者に譲渡所得を生じたものとして課税されることとなる。したがって，前示事実関係からすると，本件財産分与契約の際，少なくともXにおいて右の点を誤解していたものというほかはないが，Xは，その際，財産分与を受けるYに課税されることを心配してこれを気遣う発言をしたというのであり，記録によれば，Yも，自己に課税されるものと理解していたことが窺われる。そうとすれば，Xにおいて，右財産分与に伴う課税の点を重視していたのみならず，他に特段の事情がない限り，自己に課税されないことを当然の前提とし，かつ，その旨を黙示的には表示していたものといわざるをえない。そして，前示のとおり，本件財産分与契約の目的物はXらが居住していた本件建物を含む本件不動産の全部であり，これに伴う課税も極めて高額にのぼるから，Xとすれば，前示の錯誤がなければ本件財産分与契約の意思表示をしなかったものと認める余地が十分にあるというべきである。Xに課税されることが両者間で話題にならなかったとの事実も，Xに課税されないことが明示的には表示されなかったとの趣旨に解されるにとどまり，直ちに右判断の妨げになるものではない。

以上によれば，右の点について認定判断することなく，Xの錯誤の主張が失当であるとして本訴請求を棄却すべきものとした原判決は，民法95条の解釈適用を誤り，ひいて審理不尽，理由不備の違法を犯すものというべく，右違法が判決に影響を及ぼすことは明らかであるから，この点をいう論旨は理由があり，原判決は破棄を免れない。そして，本件については，要素の錯誤の成否，Xの重大な過失の有無等について更に審理を尽くさせる必要があるから，本件を原審に差し戻すこととする。」(裁判長裁判官　大内恒夫　裁判官　角田禮次郎　佐藤哲郎　四ッ谷巖　大堀誠一)

26　財産分与と詐害行為取消し

最(一)判平成12年3月9日民集54巻3号1013頁（法協118巻11号1786頁，曹時54巻7号236頁，百選〈7版〉38頁）

【事実】　Y女は，平成2年10月頃からA男と同棲を始め，平成3年10月5日婚

姻の届出をした。Aは，B社（サンプラニング工業株式会社）の取締役であったところ，多額の負債を抱えて借入金の利息の支払にも窮し，平成4年1月末，取締役を退任し，収入が途絶え，無資力となった。Aが働かずに暴力をふるうために，Yは平成6年6月1日Aと協議離婚をし，同月20日，離婚に伴う慰謝料として2,000万円，生活費補助として毎月10万円を支払う合意をし，執行認諾文言付きの慰謝料支払等公正証書が作成された。一方，XはAに平成3年5月15日に貸し付けた貸金債権を有し，6,005万9714円と利息を支払うべき旨の確定判決を得ている。Xはこの判決に基づきAの給料および役員報酬債権につき，平成7年8月23日差押命令を得た。Yは同様に前記公正証書に基づき平成8年4月18日差押命令を得た。裁判所が，XとYの各配当額を各請求債権額に応じて案分して定めた配当表を作成したところ，Xは，配当期日において，異議の申出をした。Xは，主位的請求として，A・Y間の離婚慰謝料等の合意が通謀虚偽表示により無効であるとして，全額をXに配当するよう変更することを求め，予備的請求として，詐害行為取消権に基づき，YとAとの間の合意を取り消し，配当表を同様に変更することを求めた。1審は，主位的請求を認容したが，2審は，通謀虚偽表示であるとはいえないが，生活費補助および慰謝料の額は，その中に財産分与的要素が含まれているとみても不相当に過大であって，財産分与に仮託してされたものであり，詐害行為に該当するとして，予備的請求を認容した。Yから上告。

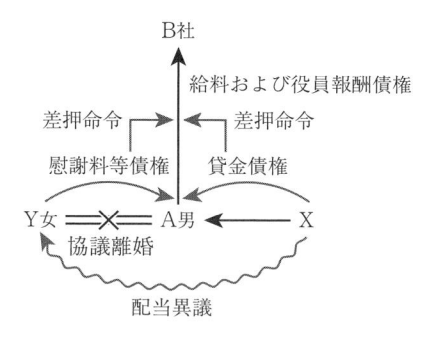

【判決理由】 破棄差戻し 「原審の右判断のうち予備的請求に関する部分は是認することができない。その理由は，次のとおりである。

1 本件合意は，AがYに対し，扶養的財産分与の額を毎月10万円と定めてこれを支払うこと及び離婚に伴う慰謝料2000万円の支払義務があることを認めてこれを支払うことを内容とするものである。

2 離婚に伴う財産分与は，民法768条3項の規定の趣旨に反して不相当に過大であり，財産分与に仮託してされた財産処分であると認めるに足りるような特段の事情のない限り，詐害行為とはならない（最高裁昭和57年(オ)第798号同58年12月19日第二小法廷判決・民集37巻10号1532頁）。このことは，

→ **解説**

財産分与として金銭の定期給付をする旨の合意をする場合であっても，同様と解される。

そして，離婚に伴う財産分与として金銭の給付をする旨の合意がされた場合において，右特段の事情があるときは，不相当に過大な部分について，その限度において詐害行為として取り消されるべきものと解するのが相当である。

3　離婚に伴う慰謝料を支払う旨の合意は，配偶者の一方が，その有責行為及びこれによって離婚のやむなきに至ったことを理由として発生した損害賠償債務の存在を確認し，賠償額を確定してその支払を約する行為であって，新たに創設的に債務を負担するものとはいえないから，詐害行為とはならない。しかしながら，当該配偶者が負担すべき損害賠償債務の額を超えた金額の慰謝料を支払う旨の合意がされたときは，その合意のうち右損害賠償債務の額を超えた部分については，慰謝料支払の名を借りた金銭の贈与契約ないし対価を欠いた新たな債務負担行為というべきであるから，詐害行為取消権行使の対象となり得るものと解するのが相当である。

4　これを本件について見ると，YとAとの婚姻の期間，離婚に至る事情，Aの資力等から見て，本件合意はその額が不相当に過大であるとした原審の判断は正当であるが，この場合においては，その扶養的財産分与のうち不相当に過大な額及び慰謝料として負担すべき額を超える額を算出した上，その限度で本件合意を取り消し，Yの請求債権から取り消された額を控除した残額と，Xの請求債権の額に応じて本件配当表の変更を命じるべきである。これと異なる見解に立って，本件合意の全部を取り消し得ることを前提として本件配当表の変更を命じた原判決には，法令の解釈適用を誤った違法があるというべきであり，この違法は原判決の結論に影響を及ぼすことが明らかである。」（裁判長裁判官　藤井正雄　裁判官　小野幹雄　遠藤光男　井嶋一友　大出峻郎）

解　説

*25*と*26*は，財産分与合意の契約としての側面が問題になった判例である。

*25*は，財産分与契約について動機が黙示に表示されているとして錯誤無効を認めた。財産分与は，分与者に譲渡所得税が課税される。*25*の事案の財産分与対象は，非常に高額な東京都新宿区の不動産であったために，課税額も2

億円を超える巨額となったから，その点について錯誤に陥っていた分与者を救済したものと思われる。錯誤に関する判例としても，動機の黙示の表示を認めた点で重要な判例である。

　財産分与と詐害行為取消権の関係については，最判昭和58年12月19日民集37巻10号1532頁が，財産分与の分与者が離婚の際にすでに債務超過の状態にあって，「財産分与によって一般債権者に対する共同担保を減少させる結果になるとしても，それが民法768条3項の規定の趣旨に反して不相当に過大であり，財産分与に仮託してされた財産処分であると認めるに足りるような特段の事情のない限り，詐害行為として，債権者による取消の対象となりえない」と判示していた。26は，この判例に続いて，財産分与契約が債権者詐害行為取消しの対象となる範囲を財産分与としては不相当に過大な額に限定されるとしたものである。確かに債務超過にある債務者が離婚と財産分与を仮装して債務を免れようとする危険は大きいが，家族の保護のために家族法が命じる債務の重要性もまた高いため，判例は現在のところ，その調整を不相当に過大な財産分与かどうかの判断によるとするといえよう。

27　精神病離婚

最（三）判昭和45年11月24日民集24巻12号1943頁
(民商65巻4号645頁, 曹時23巻6号1398
頁, 百選〈新版〉69頁, 百選〈7版〉28頁)

　【事実】　X男とA女は，昭和29年12月1日挙式し，翌30年5月21日婚姻の届出をして，同年10月15日に長女Bをもうけた。Xらの夫婦仲はAの性格が変わっていたことなどから，昭和31年の半ば頃から次第に悪化し，XはAに愛想をつかし離婚したいと考えるようになった。Xは昭和32年12月21日離婚調停を申し立てると共にその頃Aを実家へ帰して別居状態になった。昭和33年4月8日Aが統合失調症により入院したので，Xは調停の申立てを取り下げた。Aは昭和39年1月9日確定の審判により禁治産宣告を受け，Y（Aの父）がその後見人となった（現在の成年後見制度）。Xが離婚訴訟を提起，1，2審ともにXの請求認容。Yから上告。

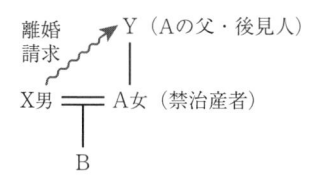

→ *27*

【判決理由】 上告棄却 「民法770条1項4号と同条2項は，単に夫婦の一方が不治の精神病にかかった一事をもって直ちに離婚の請求を理由ありとするものと解すべきでなく，たとえかかる場合においても，諸般の事情を考慮し，病者の今後の療養，生活等についてできるかぎりの具体的方途を講じ，ある程度において，前途に，その方途の見込みのついた上でなければ，ただちに婚姻関係を廃絶することは不相当と認めて，離婚の請求は許さない法意であると解すべきであることは，当裁判所の判例とするところである（最高裁判所昭和28年㈱第1389号，同33年7月25日第二小法廷判決，民集12巻12号1823頁）。ところで，Aは，婚姻当初から性格が変っていて異常の行動をし，人嫌いで近所の人ともつきあわず，Xの店の従業員とも打ちとけず，店の仕事に無関心で全く協力しなかったのであり，そして，昭和32年12月21日頃からYである実家の許に別居し，そこから入院したが，Aの実家は，Xが支出をしなければAの療養費に事欠くような資産状態ではなく，他方，Xは，Aのため十分な療養費を支出できる程に生活に余裕はないにもかかわらず，Aの過去の療養費については，昭和40年4月5日Yとの間で，Aが発病した昭和33年4月6日以降の入院料，治療費および雑費として金30万円をYに分割して支払う旨の示談をし，即日15万円を支払い，残額をも昭和41年1月末日までの間に約定どおり全額支払い，Yにおいても異議なくこれを受領しており，その将来の療養費については，本訴が第2審に係属してから後裁判所の試みた和解において，自己の資力で可能な範囲の支払をなす意思のあることを表明しており，XとAの間の長女BはXが出生当時から引き続き養育していることは，原審の適法に確定したところである。そして，これら諸般の事情は，前記判例にいう婚姻関係の廃絶を不相当として離婚の請求を許すべきでないとの離婚障害事由の不存在を意味し，右諸般の事情その他原審の認定した一切の事情を斟酌考慮しても，前示Aの病状にかかわらず，XとAの婚姻の継続を相当と認める場合にはあたらないものというべきであるから，Xの民法770条1項4号に基づく離婚の請求を認容した原判決は正当として是認することができる。」（裁判長裁判官　下村三郎　裁判官　松本正雄　飯村義美　関根小郷）

28 離婚訴訟における離婚原因の主張

最(三)判昭和 36 年 4 月 25 日民集 15 巻 4 号 891 頁
(法協 80 巻 1 号 150 頁, 民商 45 巻 5 号 735 頁, 曹時 13 巻 6 号
817 頁, 百選〈3 版〉66 頁, 百選〈5 版〉34 頁, 民訴法百選 134 頁)

【事実】 X 男と Y 女は, 昭和 23 年 4 月 2 日に婚姻届出をし, 昭和 23 年と昭和 27 年に生まれた 2 子のいる夫婦である。Y は, 昭和 26 年頃から言語動作に常人と変わったところがあらわれ, 昭和 28 年 3 月 8 日統合失調症と判明し, 同年 5 月 3 日に入院して以来退院しておらず, 完全に回復するかどうかはなお相当長期間入院加療した上でなければ判明しない状態である。X から離婚請求。1 審は回復の見込みがない精神病ではないとして請求棄却。2 審は,「第 4 号所定の離婚原因にあたらない場合でも直ちにその請求を棄却すべきでなく, 反対の事情の認められない限り離婚を求めている当事者は婚姻を継続し難い重大な事由があるものとの主張をしているものとして判断を加うべきである」として 5 号を理由に 1 審判決を取り消して請求を認容。Y から上告。

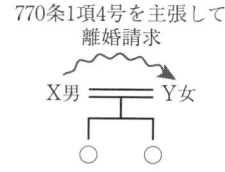

【判決理由】 破棄差戻し 「民法第 770 条 1 項 4 号所定の離婚原因が婚姻を継続し難い重大な事由のひとつであるからといって, 右離婚原因を主張して離婚の訴を提起した X は, 反対の事情のないかぎり同条項 5 号所定の離婚原因あることをも主張するものと解することは許されない。(X が, Y の現状では家を守り子を育てることは到底望めない旨陳述していても, この一事によって同条項 5 号の離婚原因をも主張した趣旨とは解し難い。)

また, 精神病にかかっているけれども回復の見込がないとは断じ得ないため民法 770 条 1 項 4 号の離婚原因がない場合に, 右精神病治療のため相当長期入院加療を要するところ, X の財政状態及び家庭環境が原判示の如くである, というだけの理由で, 同条項 5 号の離婚原因の成立を認めることは相当でない。

それ故, 原審としては, まず X が本訴において民法 770 条 1 項 4 号のほか同条項 5 号の離婚原因をも主張するものであるかどうかを明確にし, もし右 5 号の離婚原因をも主張するものであれば, Y の入院を要すべき見込期間, X の財産状態及び家庭環境を改善する方策の有無など諸般の事情につき更に一層詳細な審理を遂げた上, 右主張の当否を判断すべきであったのである。

然るに, 原審が以上の処置にいでず, たやすく X の本訴請求を認容したの

→ 解説・29

は，法令の解釈を誤った結果審理不尽の違法におち入ったものであって，論旨は結局理由があり，原判決はこの点において破棄を免れない。」（裁判長裁判官 島保 裁判官 河村又介 垂水克己 石坂修一）

解説

770条1項4号は「配偶者が強度の精神病にかかり，回復の見込みがないとき」を離婚事由とする。しかし，*27* の判旨が引用する最判昭和33年7月25日民集12巻12号1823頁は，4号の離婚事由がある場合でも，病者の今後の療養，生活等について前途に具体的方途の見込みのついた上でなければ，離婚の請求は許さないと判示して裁量棄却したが，その判断に対しては，学説の批判が強かった。*27* は，判例を変更したわけではないが，それほど実質的な差のない事案において，離婚請求を認容した。現在では，精神病治療の進展によって「回復の見込みがない」という診断は困難となっており，精神病離婚請求は5号の「婚姻を継続し難い重大な事由」として提起される。そして精神病離婚の事案は，病者の親族と配偶者の間の合意によって協議離婚という形式がとられている場合が，実際には圧倒的に多い。訴訟となるのは，病者の親族が離婚に反対している場合に事実上は限られる。*28* は，4号を理由に提起された離婚訴訟について，5号の主張がない場合には，5号を理由にして離婚判決はできないとしたものであり，770条1項の列挙する離婚事由について，それぞれが訴訟物となるとする解釈をとる判例とされている。

29 有責配偶者の離婚請求（1）——消極的破綻主義の成立

最（三）判昭和27年2月19日民集6巻2号110頁 （百選〈新版〉75頁，判例百選〈2版〉82頁）

【事実】X男とY女は，昭和12年8月以来夫婦として同居してきたが，昭和13年から16年までの間，Xは応召しており，その後，昭和18年3月1日に婚姻届を提出した。昭和21年7月にXはA女と情交関係を生じた。Yは昭和22年3，4月以来，Aとの関係を絶つことを要求したが，Xが拒絶したために口論となり，Xに暴言を

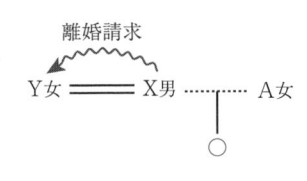

はいたり、ほうきでたたいたり出刃庖丁をふりまわしたり、頭から水をかけたり、靴を便所に投げこんだりした。Xは同年4月、Yとの同居をきらって家出してAと同居し、Aは6月に男児を出産した。同居に堪えない虐待または重大な侮辱を受けたこと、婚姻を継続しがたい重大な事由があることを理由にXから離婚を請求。1、2審ともにXの請求を棄却。Xから上告。

【判決理由】 上告棄却 「論旨第一点に対する判断。

　Yが原判決判示の如くXに水をかけたとか、ほうきでたたいた等の行為をしたことは誠にはしたないことであり、穏当をかくものではあるが右様のことをするにいたったのはXがYと婚姻中であるにかかわらず婚姻外のAと情交関係を結び同女を妊娠せしめたことが原因となったことは明らかであり、いわばX自ら種子をまいたものであるし、原審が認定した一切の事実について判断するとYの判示行為は情において宥恕すべきものがあり、未だ旧民法第813条5号に規定する「同居に堪えざる虐待又は重大なる侮辱」に当らないと解するを相当とする、従って右と同趣旨である原判決は正当であって論旨は理由がない。

　同第二乃至第四点に対する判断。

　論旨では本件は新民法770条1項5号にいう婚姻関係を継続し難い重大な事由ある場合に該当するというけれども、原審の認定した事実によれば、婚姻関係を継続し難いのはXが妻たるYを差し置いて他に情婦を有するからである。Xさえ情婦との関係を解消し、よき夫としてYのもとに帰り来るならば、何時でも夫婦関係は円満に継続し得べき筈である。即ちXの意思如何にかかることであって、かくの如きは未だ以て前記法条にいう「婚姻を継続し難い重大な事由」に該当するものということは出来ない。（論旨ではYの行き過ぎ行為を云為するけれども、原審の認定によれば、Yの行き過ぎは全く嫉妬の為めであるから、嫉妬の原因さえ消滅すればそれも直ちに無くなるものと見ることが出来る）XはXの感情は既にXの意思を以てしても、如何ともすることが出来ないものであるというかも知れないけれども、それも所詮はXの我儘である。結局Xが勝手に情婦を持ち、その為め最早Yとは同棲出来ないから、これを追い出すということに帰着するのであって、もしかかる請求が是認されるならば、Yは全く俗にいう踏んだり蹴ったりである。法はかくの如き不徳義

→ 30

勝手気儘を許すものではない。道徳を守り，不徳義を許さないことが法の最重要な職分である。総て法はこの趣旨において解釈されなければならない。論旨ではXの情婦の地位を云為するけれども，同人の不幸は自ら招けるものといわなければならない。妻ある男と通じてその妻を追い出し，自ら取って代らんとするが如きは始めから間違って居る。或は男に欺された同情すべきものであるかも知れないけれども少なくとも過失は免れない。その為め正当の妻たるYを犠牲にすることは許されない。戦後に多く見られる男女関係の余りの無軌道は患うべきものがある。本訴の如き請求が法の認める処なりとして当裁判所において是認されるならば右の無軌道に拍車をかける結果を招致する虞が多分にある。論旨では裁判は実益が無ければならないというが，本訴の如き請求が猥りに許されるならば実益どころか実害あるものといわなければならない。所論Xと情婦との間に生れた子は全く気の毒である，しかし，その不幸は両親の責任である。両親において十分その責を感じて出来るだけその償を為し，不幸を軽減するに努力しなければならない。子供は気の毒であるけれども，その為めYの犠牲において本訴請求を是認することは出来ない。前記民法の規定は相手方に有責行為のあることを要件とするものでないことは認めるけれども，さりとて前記の様な不徳義，得手勝手の請求を許すものではない。原判決は用語において異る処があるけれども結局本判決と同趣旨に出たもので，その終局の判断は相当であり論旨は総て理由なきに帰する。（本件の如き事案は固より複雑微妙なものがあり，具体的事情を詳細に調べて決すべきもので，固より一概に論ずることは出来ない。しかし上告審は常に原審の認定した事実に基いて判断すべきものであり，本件において原審の認定した事実によれば判断は右以外に出ない。）」（裁判長裁判官　井上登　裁判官　島保　河村又介）

30　破綻後の有責行為

最（二）判昭和46年5月21日民集25巻3号408頁
(民商66巻2号320頁，曹時23巻12号3379頁，百選〈新版〉77頁，百選〈3版〉64頁)

【事実】　X男とY₁女は，昭和34年12月28日からY方で同居し，昭和35年3月5日に挙式，同年4月18日に婚姻届とともにY₁の両親Y₂Y₃とXとの養子縁組届

を出した。昭和35年12月29日にXY₁間に長男が出生したが、Y₂Y₃による夫婦関係への介入やY₁の冷たい態度等に耐えかねたXは、昭和36年1月8日にY方を出て戻らなかった。その後の話合いや調停において、Y₁らは、同居はできないが離婚離縁には応じられないという態度を崩さなかった。Xは、昭和42年10月からA女と同棲し、昭和43年10月18日にXA間に女児が出生している。Xから離婚と離縁の請求。1、2審ともにXの請求を認容。Yから上告。

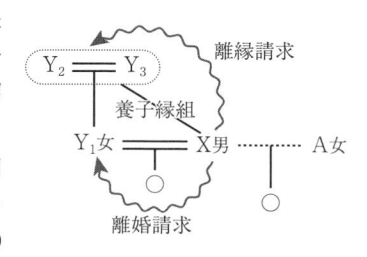

【判決理由】 上告棄却 「原審が適法に確定した事実によれば、Xは、Y₁との間の婚姻関係が完全に破綻した後において、訴外Aと同棲し、夫婦同様の生活を送り、その間に一児をもうけたというのである。右事実関係のもとにおいては、その同棲は、Xと右Y₁との間の婚姻関係を破綻させる原因となったものではないから、これをもって本訴離婚請求を排斥すべき理由とすることはできない。」(裁判長裁判官　色川幸太郎　裁判官　村上朝一　岡原昌男　小川信雄)

31　有責配偶者の離婚請求（2）――消極的破綻主義の変更

最(大)判昭和62年9月2日民集41巻6号1423頁
(法協111巻6号893頁、民商98巻6号799頁、曹時40巻11号2148頁、百選〈6版〉28頁、百選〈7版〉30頁)

【事実】　X男とY女は、昭和12年2月1日に婚姻届を了した夫婦である。X男がA女と親しくなったことから不和になり、昭和24年4月に別居した直後、YはXの不動産を処分して、その代価約24万円をもってYの兄方に転居した。昭和26年に、Xから離婚訴訟を提起したが、敗訴している。XはAと事実上の婚姻生活を営み、2子をもうけて認知している。XY間にはその後交流はなく、婚姻費用の支払もなかった。Yは兄方で人形製作で生計を立ててきたが、現在は年間110万円の年金収入しかない。Xは複数の会社を経営しており、生活水準は高い。昭和59年、Xより100万円と油絵1枚の財産分与を申し出て離婚調停をしたが不成立、本訴提起。1、2審ともに有責配偶者からの離婚請求として、X敗訴。Xから上告。

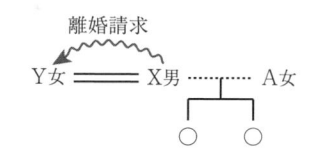

【判決理由】　破棄差戻し　「所論は、要するに、XとYとの婚姻関係は破綻し、

→ 30

しかも，両者は共同生活を営む意思を欠いたまま35年余の長期にわたり別居を継続し，年齢も既に70歳に達するに至ったものであり，また，XはYに別居に当たって当時有していた財産の全部をYに給付したのであるから，XはYに対し，民法770条1項5号に基づき離婚を請求しうるものというべきところ，原判決は右請求を排斥しているから，原判決には法令の解釈適用を誤った違法がある，というのである。

一1　民法770条は，裁判上の離婚原因を制限的に列挙していた旧民法（昭和22年法律第222号による改正前の明治31年法律第9号。以下同じ。）813条を全面的に改め，1項1号ないし4号において主な離婚原因を具体的に示すとともに，5号において「その他婚姻を継続し難い重大な事由があるとき」との抽象的な事由を掲げたことにより，同項の規定全体としては，離婚原因を相対化したものということができる。また，右770条は，法定の離婚原因がある場合でも離婚の訴えを提起することができない事由を定めていた旧民法814条ないし817条の規定の趣旨の一部を取り入れて，2項において，1項1号ないし4号に基づく離婚請求については右各号所定の事由が認められる場合であっても2項の要件が充足されるときは右請求を棄却することができるとしているにもかかわらず，1項5号に基づく請求についてはかかる制限は及ばないものとしており，2項のほかには，離婚原因に該当する事由があっても離婚請求を排斥することができる場合を具体的に定める規定はない。以上のような民法770条の立法経緯及び規定の文言からみる限り，同条1項5号は，夫婦が婚姻の目的である共同生活を達成しえなくなり，その回復の見込みがなくなった場合には，夫婦の一方は他方に対し訴えにより離婚を請求することができる旨を定めたものと解されるのであって，同号所定の事由（以下「5号所定の事由」という。）につき責任のある一方の当事者からの離婚請求を許容すべきでないという趣旨までを読みとることはできない。

他方，我が国においては，離婚につき夫婦の意思を尊重する立場から，協議離婚（民法763条），調停離婚（家事審判法17条）及び審判離婚（同法24条1項）の制度を設けるとともに，相手方配偶者が離婚に同意しない場合について裁判上の離婚の制度を設け，前示のように離婚原因を法定し，これが存在すると認められる場合には，夫婦の一方は他方に対して裁判により離婚を求めう

ることとしている。このような裁判離婚制度の下において5号所定の事由があるときは当該離婚請求が常に許容されるべきものとすれば、自らその原因となるべき事実を作出した者がそれを自己に有利に利用することを裁判所に承認させ、相手方配偶者の離婚についての意思を全く封ずることとなり、ついには裁判離婚制度を否定するような結果をも招来しかねないのであって、右のような結果をもたらす離婚請求が許容されるべきでないことはいうまでもない。

2 思うに、婚姻の本質は、両性が永続的な精神的及び肉体的結合を目的として真摯な意思をもって共同生活を営むことにあるから、夫婦の一方又は双方が既に右の意思を確定的に喪失するとともに、夫婦としての共同生活の実体を欠くようになり、その回復の見込みが全くない状態に至った場合には、当該婚姻は、もはや社会生活上の実質的基礎を失っているものというべきであり、かかる状態においてなお戸籍上だけの婚姻を存続させることは、かえって不自然であるということができよう。しかしながら、離婚は社会的・法的秩序としての婚姻を廃絶するものであるから、離婚請求は、正義・公平の観念、社会的倫理観に反するものであってはならないことは当然であって、この意味で離婚請求は、身分法をも包含する民法全体の指導理念たる信義誠実の原則に照らしても容認されうるものであることを要するものといわなければならない。

3 そこで、5号所定の事由による離婚請求がその事由につき専ら責任のある一方の当事者（以下「有責配偶者」という。）からされた場合において、当該請求が信義誠実の原則に照らして許されるものであるかどうかを判断するに当たっては、有責配偶者の責任の態様・程度を考慮すべきであるが、相手方配偶者の婚姻継続についての意思及び請求者に対する感情、離婚を認めた場合における相手方配偶者の精神的・社会的・経済的状態及び夫婦間の子、殊に未成熟の子の監護・教育・福祉の状況、別居後に形成された生活関係、たとえば夫婦の一方又は双方が既に内縁関係を形成している場合にはその相手方や子らの状況等が斟酌されなければならず、更には、時の経過とともに、これらの諸事情がそれ自体あるいは相互に影響し合って変容し、また、これらの諸事情のもつ社会的意味ないしは社会的評価も変化することを免れないから、時の経過がこれらの諸事情に与える影響も考慮されなければならないのである。

そうであってみれば、有責配偶者からされた離婚請求であっても、夫婦の別

→ 30

居が両当事者の年齢及び同居期間との対比において相当の長期間に及び，その間に未成熟の子が存在しない場合には，相手方配偶者が離婚により精神的・社会的・経済的に極めて苛酷な状態におかれる等離婚請求を認容することが著しく社会正義に反するといえるような特段の事情の認められない限り，当該請求は，有責配偶者からの請求であるとの一事をもって許されないとすることはできないものと解するのが相当である。けだし，右のような場合には，もはや5号所定の事由に係る責任，相手方配偶者の離婚による精神的・社会的状態等は殊更に重視されるべきものでなく，また，相手方配偶者が離婚により被る経済的不利益は，本来，離婚と同時又は離婚後において請求することが認められている財産分与又は慰藉料により解決されるべきものであるからである。

4 以上説示するところに従い，最高裁昭和24年(オ)第187号同27年2月19日第三小法廷判決・民集6巻2号110頁，昭和29年(オ)第116号同年11月5日第二小法廷判決・民集8巻11号2023頁，昭和27年(オ)第196号同29年12月14日第三小法廷判決・民集8巻12号2143頁その他上記見解と異なる当裁判所の判例は，いずれも変更すべきものである。」(補足意見2，意見1がある)

裁判官角田禮次郎，同林藤之輔の補足意見

「我々は，多数意見とその見解を一にするものであるが，離婚給付について，若干の意見を補足しておくこととしたい。〔中略〕我々は，人訴法15条1項による財産分与の附帯申立は離婚請求をする者においてもすることができると考える。そしてこのように解すると，有責配偶者から離婚の訴えが提起され，相手方配偶者の経済的不利益を解決しさえすれば請求を許容しうる場合において，相手方配偶者が，たとえ意地・面子・報復感情等のために，慰藉料請求の反訴又は人訴法15条1項による財産分与の附帯申立をしようとしないときは，有責配偶者にも財産分与の附帯申立をすることを認め，離婚判決と同一の主文中で相手方配偶者に対する財産分与としての給付を命ずることができることになり，相手方配偶者の経済的不利益の問題は常に当該裁判の中において離婚を認めるかどうかの判断との関連において解決され，さきに我々が憂慮した相手方配偶者の経済的不利益の問題の解決を全うすることができることになるのではないかと思うのである。」

親族
婚姻

→ 解説

裁判官佐藤哲郎の意見

「私は，多数意見の結論には賛成するが，その結論に至る説示には同調することができない。〔中略〕私は，有責配偶者からされた離婚請求が原則として許されないとする当審の判例の原則的立場を変更する必要を認めないが，特段の事情のある場合には有責配偶者の責任が阻却されて離婚請求が許容される場合がありうると考える。そして，本件においては，Yの離婚拒絶についての真意を探究するとともに，右阻却事由の存否について審理を尽くさせるために，本件を原審に差し戻すのを相当とする。」（裁判長裁判官　矢口洪一　裁判官　伊藤正己　牧圭次　安岡滿彦　角田禮次郎　島谷六郎　長島敦　髙島益郎　藤島昭　大内恒夫　香川保一　坂上壽夫　佐藤哲郎　四ッ谷巖　林藤之輔）

解　説

　有責配偶者からの離婚請求を許すかどうかという問題は，長らく離婚法の最大の論点であった。770条1項5号「婚姻を継続し難い重大な事由」は，高度に破綻主義的な条文であるが，踏んだり蹴ったり判決と呼ばれる *29* は，婚姻破綻の原因を作った有責配偶者からの離婚請求は許されないと判示して770条2項の裁量棄却を適用し，消極的破綻主義を宣言した。その後，最高裁は，消極的破綻主義の判例理論について，適用の限界を明示していく。婚姻破綻後の不貞行為は，離婚請求が許されない有責事由にはならないとした *30* も，その一例である。また有責行為の内容については，不貞行為に限られず，双方に有責事由があるときには，その大小を比較し，より小さい有責事由がある配偶者からの離婚請求は許されるとされた（最判昭和30年11月24日民集9巻12号1837頁など）。これらの判例の結果，離婚訴訟の争点は限りなく拡大し，過去の婚姻生活のあらゆる側面をめぐって立証を繰り広げる負担の大きな訴訟となった。しかし婚姻破綻の直接の原因が有責配偶者の不貞行為であった場合には，どれほど破綻していても有責配偶者からの離婚請求は認められないことになる。最高裁は *31* の大法廷判決によって消極的破綻主義の判例を変更し，長期間別居している夫婦は，特段の事情がなければ有責配偶者からの離婚請求も認められると判示した。*31* の求める要件については，その後，別居期間8年弱の夫婦において離婚請求者が誠意ある財産的提案をしている事情の下で離婚を認めた

最判平成2年11月8日家月43巻3号72頁，未成熟子がいても離婚請求を認容した最判平成6年2月8日家月46巻9号59頁などの判例がある。

　大法廷の判例変更によって離婚は認められやすくなったが，争点が限定されない離婚訴訟の過大な負担という問題は解決されていない。一定の別居期間によって離婚を認めるべきという立法論も強いが，判例法理には，無責配偶者の離婚合意を得るために有責配偶者から高額の離婚給付を引き出す交渉を可能にする効果もあるため，反対説も根強い。しかしたとえ無責配偶者であってもそれを立証する訴訟の負担は大きい。離婚訴訟の負担を免れるために，経済的弱者が離婚を希求する場合には，財産分与などの当然の権利を放棄しても相手方から離婚合意を得ようとすることも考えられ，構造的問題性は大きい。

第5節　婚姻予約・内縁

32　婚姻予約不履行に基づく損害賠償請求

大(連)判大正4年1月26日民録21輯49頁

【事実】　X女とY男は，結婚式を挙げて同棲したが，挙式後まもなくYが入院したためにXは実家に戻った。入院中，Xが病院に来なかったこと，XとXの父が媒酌人に挨拶しなかったため媒酌人が媒酌人役を辞したことなどから，Yは別れることを決意して，実家にいるXにその旨を伝えた。Xが不法行為に基づく損害賠償請求を提訴。原審がこれを認めたため，Yから上告。

【判決理由】　一部破棄自判　「仍て按ずるに婚姻の予約は将来に於て適法なる婚姻を為すべきことを目的とする契約にして其契約は亦適法にして有効なりとす。法律上之に依り当事者をして其約旨に従ひ婚姻を為さしむることを強制することを得ざるも当事者の一方が正当の理由なくして其約に違反し婚姻を為すことを拒絶する場合に於ては其一方は相手方が其約を信じたるが為めに被むりたる有形無形の損害を賠償する責に任ずべきものとす。蓋婚姻は戸籍吏に届出づるに因りて始めて其効力を生じ其当時に於て当事者は婚姻を為すと為さざるとの意思の自由を享有するを以て当事者が将来婚姻を為すべきことを約したる場合に於ても其約旨に従ひ婚姻を為すことを強ゆることを得ず。然れども婚

姻を為す当事者は其届出以前に先づ将来婚姻を為すべきことを約し而して後其約の実行として届出を為すは普通の事例にして其約を為すことは実に婚姻成立の前提事項に属し固より法律上正当として是認する所なれば適法の行為なるや言を俟たず。而して其契約は当事者が相互間に将来婚姻の成立せんことを欲して誠実に之が実行を期し其確乎たる信念に基き之を約すべきものなることは其契約の性質上当に然るべき所なり。従て既に之を約したるときは各当事者は之を信じて相当なる準備の行為を為し尚ほ進みて慣習上婚姻の儀式を挙行し事実上夫婦同様の生活を開始するに至ることあり。斯の如きは婚姻の成立するに至るに相当なる径路として普通に行はるる事例にして固より公序良俗に反することなく社会の通念に於て正当視する所なり。然るに若し当事者の一方が正当の理由なくして其約に違反し婚姻を為すことを拒絶したりとせんが之が為めに相手方が其約を信じて為したる準備行為は徒労損失に帰し其品位声誉は毀損せらるる等有形無形の損害を相手方に被らしむるに至ることなしとせず。是れ其契約の性質上当に生ずべき当事者の婚姻成立予期の信念に反し其信念を生ぜしめたる当事者一方の違約に原因するものなれば其違約者たる一方は被害者たる相手方に対し如上有形無形の損害を賠償する責任あることは正義公平を旨とする社会観念に於て当然とする所にして法律の精神亦之に外ならずと解すべきを以てなり。本件の事実は原院の確定したる所に依れば要するに当事者は真に婚姻を成立せしむる意思を以て婚姻の予約を為し之に基き慣習上婚礼の式を挙行したる後Yは正当の理由なくしてXを離別し婚姻を為すことを拒絶せりと云ふに在るや判文上明白なり。是れ畢竟Yが当事者間に成立したる婚姻の予約を履行せざるものに外ならざれば之に因りて生じたる損害の賠償は違約を原因として請求を為すことを要し不法行為を原因として請求すべきものに非ず。然るに本訴請求は全く不法行為を原因として主張したるものなること記録上明確にして其原因とする所既に失当なれば此点に於て棄却すべきものとす。故に原院が本訴請求を是認したるは違法なるを以て本件上告は結局其理由あるに帰す。」

33　婚約成立の認定

最(一)判昭和 38 年 9 月 5 日民集 17 巻 8 号 942 頁
(民商 50 巻 4 号 558 頁，曹時 15 巻 11 号 1694頁，百選〈3 版〉8 頁，百選〈7 版〉40 頁)

【事実】　X女とY男は，同い年で近隣に住む旧知の間柄で，Yは資産家の長男であった。2人は21歳の頃からつきあうようになり，しばしば物置小屋や浜辺等で情交関係を重ねた。その結果Xは2回にわたって妊娠したがその都度Yの希望により中絶手術を行った。X，Yとも2人の関係をその両親等に積極的には打ち明けようとせず，結納の授受等世間の慣習に従う手続をとること等はもちろん，双方の両親の間で2人の結婚について話し合う機会をもつこともなかった。Xは結婚を望んだが，YはXを避けるようになり，他女と事実上の結婚をするに至った。XからYおよびYの父親を相手に婚約破棄の慰謝料を請求した。Yは，若気の至りから出た単なる野合ないし私通の関係であると主張したが，1審はYの父親への請求は棄却したものの，Yの損害賠償責任は認容した。Yから控訴，2審は控訴棄却。Yから上告。

【判決理由】　上告棄却　「論旨は判例違反をいうけれども，原判決は，原審並びにその引用する第一審判決挙示の各証拠を綜合考かくして，XがYの求婚に対し，真実夫婦として共同生活を営む意思でこれに応じて婚姻を約した上，長期間にわたり肉体関係を継続したものであり，当事者双方の婚姻の意思は明確であって，単なる野合私通の関係でないことを認定しているのであって，その認定は首肯し得ないことはない。右認定のもとにおいては，たとえ，その間，当事者がその関係を両親兄弟に打ち明けず，世上の慣習に従って結納を取かわし或は同棲しなかったとしても，婚姻予約の成立を認めた原判決の判断は肯認しうるところであり，所論引用の判例に牴触することはなく，所論は結局，原審の専権に属する事実認定を非難するに帰するから採用し難い。」（裁判長裁判官　長部謹吾　裁判官　入江俊郎　斎藤朔郎）

34　結納の法的性格

最(二)判昭和 39 年 9 月 4 日民集 18 巻 7 号 1394 頁
(民商 52 巻 4 号 585 頁, 曹時 16 巻 11 号 1741 頁, 百選〈新版〉14 頁, 百選〈3 版〉10 頁)

【事実】　X女とY男は, 昭和 35 年 4 月 10 日結婚式を挙げてYの両親等と同居し, 同年 5 月 13 日婚姻届をすませましたが, その後昭和 36 年 2 月 28 日家庭不和のため協議上の離婚をしその届出をすませた。XからY方にある自己の所有物の返還と財産分与を求めて提訴, Yが反訴を提起, 婚姻契約解除による原状回復として結納・挙式費用・給料などの返還を求めた。1審は, Xの請求のうち財産分与は家庭裁判所の管轄であるとして却下したが, 所有物返還請求は認容, Yの反訴はすべて棄却。2審は, Yの反訴部分については1審を維持した。Yから 545 条違背等を理由として上告。

【判決理由】　上告棄却　「原判決によれば, 原審は, Yの結納金返還請求につき, 所論の如き判示をしたのではなく, 結納は, 婚約の成立を確証し, あわせて, 婚姻が成立した場合に当事者ないし当事者両家間の情誼を厚くする目的で授受される一種の贈与であるから, 本件の如く挙式後 8 カ月余も夫婦生活を続け, その間婚姻の届出も完了し, 法律上の婚姻が成立した場合においては, すでに結納授受の目的を達したのであって, たとい, その後結納の受領者たるXからの申出により協議離婚をするに至ったとしても, Xには右結納を返還すべき義務はないと解すべきであり, これと異なる慣習の存することを認むべき資料もないから, Yの結納金返還の請求は失当であると判断したのであって, 原審の右判断は正当である。また, 元来, 離婚は婚姻の効果を将来に向かって消滅させることを目的とする行為であって, 本件の如くXの申出による協議離婚の場合といえども所論の如き遡及的な原状回復ということはあり得ないから, 民法 545 条に関する論旨は, 独自の見解であって採用の限りではない。」(裁判長裁判官　奥野健一　裁判官　山田作之助　草鹿浅之介　城戸芳彦　石田和外)

解　説

　明治民法起草者は,「濫訴の害」があると考えて, 婚約に法的な効果を与え

→ 35

なかった。*32*は，傍論においてではあるが，起草者意思に反して，初めて婚約不履行に基づく損害賠償請求を認容した判決である。当時の学説は，損害賠償請求を認容したことは評価しつつ，内縁を婚約と評価したとして*32*を批判し，内縁には婚姻に準じて婚姻の効果規定を準用すべきであるとする内縁準婚理論を主張し，内縁の不当破棄は，債務不履行ではなく不法行為をもって論じるべきであるとした。後述*35*は，この学説の主張を容れて*32*を改めた判例である。なお*32*について戦前に論じた学説は，*32*の事案が結婚の実態をもつ内縁であることを前提としていたが，上告理由が主張するように3日間ほどの同居期間しかなかった事案であり，内縁の成立認定においても異論の余地はあったかもしれない。

*32*により婚約不履行に損害賠償が認められることとなったため，婚約の成立を認める基準が問題となった。判例は，早くから結納などの儀式性にはこだわりをみせなかったが，両者の単なる合意では足りず，なんらかの誠実性・公示性が要求されるとする解釈の余地があったところ，*33*は，男性にはおよそ誠実性も公示性もみられなかった事案で婚約の成立を認めた。*33*の1審は，Xが31歳の女性で婚姻適齢期も過ぎていると述べてそれを考慮しており，女性の地位が低く，性的関係をもつことが女性に大きな不利益をもたらしていた時代背景もあったと思われる。現代では，セクシュアル・ハラスメントなどの性的自由への不当な侵害行為が不法行為として認容されるようになった反面，婚約不履行に基づく損害賠償請求承認への批判は強まっており，少なくとも婚約不履行の正当理由は幅広く承認されるべきであろう。

*34*は，結納の法的性格について述べたリーディングケースである。

35 内縁の不当破棄と婚姻の規定の準用──内縁準婚理論

最（二）判昭和33年4月11日民集12巻5号789頁（民商38巻5号823頁，百選〈3版〉12頁，百選〈7版〉44頁）

【事実】　X女とY男は，昭和26年12月11日結婚式を挙げ事実上の夫婦として同棲し内縁関係にあった。XYは，Yの実家の離れで起居していたが，Y一家はYの実兄が主宰する共立運輸株式会社の仕事に従事

X女……（内縁）……Y男
内縁不当破棄の慰謝料および
内縁期間中の医療費請求

→ 35

していた関係上，Xもその一員として姑の指示の下に仕事を担当せしめられ，朝午前5時半に起床し，夜は営業終了をまって就寝するため，しばしば午前零時すぎに床につく生活を続けていた。姑はXに小言をいい，殊に食事に関してその量を制限するなどの言動に出たが，Yも母に加担することに専念し収入も一切母に渡し，Xには家計を分担させず小遣等についても何等心くばりをするようなこともなく，夫の家族と同居する妻の立場を理解し情愛をもって妻をいたわる心に欠けていた。

昭和27年6月，Xは粟粒肺結核と診断され，実家で療養することになり，7月25日より入院，28年3月退院して自宅療養を続けている。昭和28年3月21日Yの兄より，「昭和27年6月3日X離婚後未だに荷物を引き取らぬが，今後保管の責任を負いかねる故すみやかに引き取られたい」旨の内容証明郵便が送達された。

Xより内縁不当破棄の慰謝料と内縁期間中の医療費を請求。1，2審ともに，Xの請求を認容。Yから上告。

【判決理由】 上告棄却 「大審院は，いわゆる内縁を「将来ニ於テ適法ナル婚姻ヲ為スベキコトヲ目的トスル契約」すなわち婚姻の予約であるとし，当事者の一方が正当の理由なく，約に違反して婚姻をすることを拒絶した場合には，其の一方は相手方に対し，婚姻予約不履行による損害賠償の義務を負う旨判示し（大審院大正2年(オ)第621号，同4年1月26日民事連合部判決，民事判決録49頁），爾来裁判所は，内縁を不当に破棄した者の責任を婚姻予約不履行の理論によって処理し来り，当裁判所においても，この理論を踏襲した判例の存することは，論旨の指摘するとおりである。

ところで，いわゆる内縁は，婚姻の届出を欠くがゆえに，法律上の婚姻ということはできないが，男女が相協力して夫婦としての生活を営む結合であるという点においては，婚姻関係と異るものではなく，これを婚姻に準ずる関係というを妨げない。そして民法709条にいう「権利」は，厳密な意味で権利と云えなくても，法律上保護せらるべき利益があれば足りるとされるのであり（大審院大正14年(オ)第625号，同年11月28日判決，民事判例集4巻670頁，昭和6年(オ)第2771号，同7年10月6日判決，民事判例集11巻2023頁参照），内縁も保護せられるべき生活関係に外ならないのであるから，内縁が正当の理由なく破棄された場合には，故意又は過失により権利が侵害されたものとして，不法行為の責任を肯定することができるのである。されば，内縁を不当に破棄

された者は，相手方に対し婚姻予約の不履行を理由として損害賠償を求めることができるとともに，不法行為を理由として損害賠償を求めることもできるものといわなければならない。本件において，原審は，Yの行為は所論の如く不法行為を構成するものと認めたものであるが，上記説明に徴すれば，これをもって違法とすることはできない。論旨は採るをえない。

同第三点について。

本件当事者間の内縁関係は昭和28年3月21日Yの一方的意思によって破棄されたこと，XはYと別居するにいたった昭和27年6月2日から昭和28年3月31日までの間に，自己の医療費として合計214,130円を支出したことは，いずれも原審の確定したところである。そして，内縁が法律上の婚姻に準ずる関係と認むべきであること前記説明の如くである以上，民法760条の規定は，内縁に準用されるものと解すべきであり，従って，前記Xの支出した医療費は，別居中に生じたものであるけれども，なお，婚姻から生ずる費用に準じ，同条の趣旨に従い，Yにおいてこれを分担すべきものといわなければならない。そして，原判文の全趣旨に照らすと，原審は，本件当事者間における一切の事情を考慮した上，本件内縁関係が破棄せられるまでの間に，Xの支出した医療費のうち金200,000円をYにおいて分担すべきものと判断したことを肯認することができるのであって，原判決には所論の如き理由そごの違法はなく，所論は採るをえない。」（裁判長裁判官　小谷勝重　裁判官　藤田八郎　河村大助　奥野健一）

36　死亡による内縁解消と財産分与の類推適用（消極）

最（一）決平成12年3月10日民集54巻3号1040頁（曹時55巻4号1024頁，百選〈7版〉46頁）

【事実】　A男は，昭和22年にB女と婚姻し，$Y_1 Y_2$をもうけた。Aは昭和46年3月頃からX女と交際を始め，Xに生活費を与えて，Xの住居に出入りしていた。Bは，昭和56年頃筋無力症にかかり，昭和58年頃以降，入院治療を続け，昭和62年8月死亡した。Aは，昭和60年12月下旬から昭和63年10月4日まで気管支炎・結核により入退院を繰

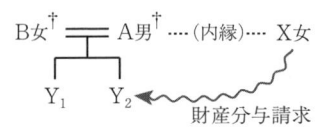

り返した。Aは，昭和63年11月28日，Y_1およびその子らと同居するため自宅を新築したが，X宅と自宅とで寝泊まりしていた。Aは，平成3年2月5日に肺気腫により入院し，以後，入退院を繰り返した後，平成9年1月19日入院中に急死した。XはAの入院中，Aの指示に従って夕食を調理した。Xは，生活費以外にAから現金で300万円の贈与を受けている。Xは，Aの通夜に外形上は親族の一員のような立場で参列した。

　XからAの相続人であるYらに財産分与を請求。YらはAX間は内縁ではないと主張したが，1審審判は内縁の成立を認定して，1000万円の財産分与を承認した。2審はYらからの即時抗告を容れ，1審審判を取り消し，Xの申立てを却下。Xから許可抗告申立て。

【決定理由】　抗告棄却　「内縁の夫婦の一方の死亡により内縁関係が解消した場合に，法律上の夫婦の離婚に伴う財産分与に関する民法768条の規定を類推適用することはできないと解するのが相当である。民法は，法律上の夫婦の婚姻解消時における財産関係の清算及び婚姻解消後の扶養については，離婚による解消と当事者の一方の死亡による解消とを区別し，前者の場合には財産分与の方法を用意し，後者の場合には相続により財産を承継させることでこれを処理するものとしている。このことにかんがみると，内縁の夫婦について，離別による内縁解消の場合に民法の財産分与の規定を類推適用することは，準婚的法律関係の保護に適するものとしてその合理性を承認し得るとしても，死亡による内縁解消のときに，相続の開始した遺産につき財産分与の法理による遺産清算の道を開くことは，相続による財産承継の構造の中に異質の契機を持ち込むもので，法の予定しないところである。また，死亡した内縁配偶者の扶養義務が遺産の負担となってその相続人に承継されると解する余地もない。したがって，生存内縁配偶者が死亡内縁配偶者の相続人に対して清算的要素及び扶養的要素を含む財産分与請求権を有するものと解することはできないといわざるを得ない。」（裁判長裁判官　藤井正雄　裁判官　小野幹雄　遠藤光男　井嶋一友　大出峻郎）

37　2子をもうけ長年続いた男女関係の解消

最(一)判平成16年11月18日判時1881号83頁（民商134巻3号476頁，百選〈7版〉42頁）

【事実】　X女とY男とは，昭和60年11月に結婚相談所を通じて知り合い，その1か月後には婚約し，翌年3月に入籍の予定であったが，同月頃，婚約を解消した。YとXは，連名で婚約を解消する旨の書状を発送したが，その書状には，「お互いにとって大切な人であることにはかわりはないため，スープの冷めないぐらいの近距離に住み，特別の他人として，親交を深めることに決めました」との記載がある。Yは，昭和61年4月15日頃，Xの家の近くに引っ越し，双方が互いの家を行き来するようになった。平成2年4月にYが転居してからも，YがX宅に泊まってX宅から出勤するということもあった。もっとも，YとXは，その住居はあくまでも別々であって同居をしたことはなく，合鍵を持ち合うことも，YがX宅に泊まったときに一緒に食事をすることもなく，また，生計も全く別で，それぞれが自己の生計の維持管理をしており，共有する財産もなかった。Xは出産には消極的であったが，Yが子をもつことを強く望んだため，両者の間で，Yが出産に関する費用および子の養育について全面的に責任をもつという約束をした上で，Xは，平成元年6月6日，Yとの間の長女Bを出産した。YとXは，Bの出産に際しては，その出生の日に婚姻の届出をし，同年9月26日に協議離婚の届出をした。また，Xは，妊娠および出産の際の通院費，医療関係費および雑費等をYに請求して受領したほか，Yの親から出産費用等として約650万円を受け取った。Bは，出生後，Yの母に引き取られて養育され，Xがその養育にかかわることはなかった。Xは，平成5年2月10日，Yとの間の長男Cを出産した。その出産に先立ち，Xが，子の養育の負担により自分の仕事が犠牲にならないようにするため，子の養育の放棄を要望したことから，YとXとは，平成4年11月17日，Xおよびその家族が出産後の子の養育についての労力的，経済的な負担等の一切の負担を免れることをYは保障すること，XはYが決定する子の養育内容について一切異議を申し立てないこと等の取決めを行い，その取決めを記載した書面に公証人役場において公証人の確定日付を受けた。また，Xは，Cの出産の際にも，Yから相当額の出産費用等を受け取っており，両者は，Cの出生の届出をした日（平成5年2月19日）に婚姻の届出をし，同月23日に協議離婚の届出をした。Cは，上記取決めに基づき，Yに引き取られたが，Yの判断で施設に預けられた。Cは，その施設におい

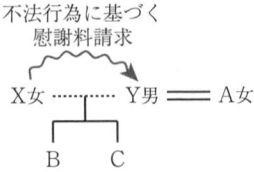

→ 37

て養育され，XがYの養育にかかわることは全くなかった。その後，後記の通り，YがAと婚姻したことにより，Cは，平成14年3月，Yらの下に引き取られた。Cの出産の前後において，YとXとの関係が悪化し，出産後，両者は半年間ほど絶交状態にあったが，その後，関係が修復し，YがXの原稿の校正を行ったり，Xの研究分野に関する資料を送付したり，一緒に旅行をするなどしていた。また，Xは，平成8年頃からd大学教育学部の助教授として勤務するようになったが，Yは，Xがd市内にアパートを借りるにあたって連帯保証人となったり，Xが同大学で「ジェンダー論」の講義をするに際し，Xの求めに応じ，講義資料として自己の戸籍謄本を提供したり，学生にメッセージを寄せるなどの協力をした。Aは，平成12年頃，Yと知り合い，交際を始めた。Aは，平成13年4月30日，Y宅を訪れ，Yと話合いをし，YとXとの間に2人の子がいることを理解した上で，Yとの結婚を決意した。YとXとは，同年5月の連休に，一緒に京都旅行に行くことにしていたが，Yがこれをキャンセルし，Xは1人で旅行に出かけた。同月2日，Yは，京都旅行から東京に帰ってきたXに対し，東京駅において，今後は今までのような関係をもつことはできない旨等を記載した手紙を手渡すと共に，他の女性と結婚する旨を告げ，Xとの関係を解消した。YとAは，同年7月18日，婚姻の届出をした。Xは，Yが突然かつ一方的に両者の間の「パートナーシップ関係」の解消を通告し，Aと婚姻したことが不法行為にあたると主張して，精神的損害の賠償を求めた。1審は，Xの請求を棄却したが，2審は認容。Yから上告。

【判決理由】 破棄自判 「前記の事実関係によれば，①YとXとの関係は，昭和60年から平成13年に至るまでの約16年間にわたるものであり，両者の間には2人の子供が生まれ，時には，仕事の面で相互に協力をしたり，一緒に旅行をすることもあったこと，しかしながら，②上記の期間中，両者は，その住居を異にしており，共同生活をしたことは全くなく，それぞれが自己の生計を維持管理しており，共有する財産もなかったこと，③XはYとの間に2人の子供を出産したが，子供の養育の負担を免れたいとのXの要望に基づく両者の事前の取決め等に従い，Xは2人の子供の養育には一切かかわりを持っていないこと，そして，Xは，出産の際には，Y側から出産費用等として相当額の金員をその都度受領していること，④YとXは，出産の際に婚姻の届出をし，出産後に協議離婚の届出をすることを繰り返しているが，これは，生まれてくる子供が法律上不利益を受けることがないようにとの配慮等によるものであって，昭和61年3月に両者が婚約を解消して以降，両者の間に民法所

定の婚姻をする旨の意思の合致が存したことはなく，かえって，両者は意図的に婚姻を回避していること，⑤YとXとの間において，上記の関係に関し，その一方が相手方に無断で相手方以外の者と婚姻をするなどして上記の関係から離脱してはならない旨の関係存続に関する合意がされた形跡はないことが明らかである。

以上の諸点に照らすと，YとXとの間の上記関係については，婚姻及びこれに準ずるものと同様の存続の保障を認める余地がないことはもとより，上記関係の存続に関し，YがXに対して何らかの法的な義務を負うものと解することはできず，Xが上記関係の存続に関する法的な権利ないし利益を有するものとはいえない。そうすると，Yが長年続いたXとの上記関係を前記のような方法で突然かつ一方的に解消し，他の女性と婚姻するに至ったことについてXが不満を抱くことは理解し得ないではないが，Yの上記行為をもって，慰謝料請求権の発生を肯認し得る不法行為と評価することはできないものというべきである。」（裁判長裁判官　横尾和子　裁判官　甲斐中辰夫　泉徳治　島田仁郎　才口千晴）

38　内縁配偶者死亡後の共有不動産の無償使用

最（一）判平成10年2月26日民集52巻1号255頁（曹時52巻10号3111頁）

【事実】　Y女とA男とは，昭和34年頃から内縁関係にあって，楽器指導盤の製造販売業を共同で営み，本件不動産を居住および右事業のために共同で占有使用していた。Aは昭和57年に死亡し，本件不動産に関する同人の権利は，同人の子であるXが相続により取得した。Yは，Aの死亡後，本件不動産を居住および前記事業のために単独で占有使用している。XとYは，本件不動産の所有権の帰属をめぐって別訴訟で争い，本件不動産はYとAとの共有財産で，Yがその2分の1の持分を有することを確認する旨の判決が確定した。そこでXからYに対し，Yが本件不動産を単独で使用することによりその賃料相当額の2分の1を法律上の原因なく利得しているとして，不当利得返還を求めた。原審は，Xの請求を一部認容したため，Yから上告。

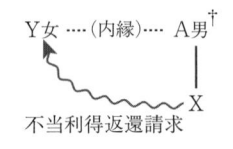

【判決理由】　破棄差戻し　「共有者は，共有物につき持分に応じた使用をする

→ 解説

ことができるにとどまり，他の共有者との協議を経ずに当然に共有物を単独で使用する権原を有するものではない。しかし，共有者間の合意により共有者の一人が共有物を単独で使用する旨を定めた場合には，右合意により単独使用を認められた共有者は，右合意が変更され，又は共有関係が解消されるまでの間は，共有物を単独で使用することができ，右使用による利益について他の共有者に対して不当利得返還義務を負わないものと解される。そして，内縁の夫婦がその共有する不動産を居住又は共同事業のために共同で使用してきたときは，特段の事情のない限り，両者の間において，その一方が死亡した後は他方が右不動産を単独で使用する旨の合意が成立していたものと推認するのが相当である。けだし，右のような両者の関係及び共有不動産の使用状況からすると，一方が死亡した場合に残された内縁の配偶者に共有不動産の全面的な使用権を与えて従前と同一の目的，態様の不動産の無償使用を継続させることが両者の通常の意思に合致するといえるからである。

　これを本件について見るに，内縁関係にあったYとAとは，その共有する本件不動産を居住及び共同事業のために共同で使用してきたというのであるから，特段の事情のない限り，右両名の間において，その一方が死亡した後は他方が本件不動産を単独で使用する旨の合意が成立していたものと推認するのが相当である。」（裁判長裁判官　小野幹雄　裁判官　遠藤光男　井嶋一友　藤井正雄　大出峻郎）

解　説

　35 は，内縁に婚姻の効果規定を準用する解釈論である内縁準婚理論を承認した判例である。事案としては，内縁の妻が労働力として婚家に酷使されて健康を害したという典型的な足入れ婚被害のケースであった。*35* は，このケースに，婚姻予約不履行ではなく不法行為を根拠に損害賠償を認め，婚姻の効果である婚姻費用の分担請求を承認した。*35* の結果，内縁に認められない婚姻の効果としては，子が嫡出子となることと配偶者相続権のみであるとされてきた。しかし近年は，法律婚をする意思をもたない当事者に，生活実態を根拠に婚姻の効果を強制する内縁準婚理論への批判も強くなっている。

　配偶者相続権については，死の瞬間に相続分通りの基準で相続財産が相続人

→ *39*

に帰属する相続法秩序の必要性から，戸籍に現れない内縁配偶者に相続権を与えることは困難であるが，内縁準婚理論をとる学説は，死別の場合も768条を類推適用して，内縁配偶者に実質的な配偶者相続権を承認することを主張してきた。*36*は，この解釈を否定した判例である。学説において内縁準婚理論否定説が強まっていることが*36*に影響したかどうかは定かではない。

*37*は，2人の子がいる16年間に及ぶ男女関係について，法的な保護が与えられる関係ではないとした判例である。内縁保護には，家事労働や育児労働などの無償労働を負担した内縁配偶者の保護という側面があるが，*37*のケースにはその要素がなく，母が出産にあたって子の養育をあらかじめ拒絶する契約（児童虐待であるネグレクト予約とも評価できる）を締結した特殊な事案である。

*38*は，遺産共有の場面において被相続人と同居していた相続人の1人が占有継続している状態を被相続人とその相続人との間の使用貸借と性質決定した最判平成8年12月17日民集50巻10号2778頁（後掲*147*）の法理を，内縁配偶者と相続人の共有状態にも及ぼして内縁配偶者の無償使用を正当化した判例である。この事案では，内縁夫婦が共同事業を行っていたために内縁の妻は半分の所有権を認められているが，専業主婦であった場合には共有にならず，所有権は相続人に帰属するから，この法理では居住権を認められないが，その場合でも，相続人から内縁配偶者に対する明渡し請求を権利濫用として封じた最判昭和39年10月13日民集18巻8号1578頁が適用されれば，居住権は守られることになろう。もっとも法律婚配偶者でさえ配偶者相続権によって2分の1の所有権しか認められず，共同相続人からの遺産分割請求によって明渡しを余儀なくされることと対比すると，内縁保護と居住権保護が強くいわれていた時代に，内縁配偶者の居住権を手厚く守った前掲最判昭和39年10月13日が，現在でも維持されるべき判例法理であるかは，疑問の余地がある。

39 重婚的内縁

最(一)判昭和58年4月14日民集37巻3号270頁
<small>(法協102巻11号2166頁，民商90巻1号84頁，曹時37巻3号778頁，百選〈6版〉44頁，百選〈7版〉48頁，社会保障百選〈3版〉20頁，社会保障百選〈4版〉82頁)</small>

【事実】 X女は昭和5年9月4日，警視庁巡査であったA男と結婚し，2人の間

→ 39

には、4人の子が出生した。Aは、昭和22年5月頃から東京都農業会国立支所（現在の名称、東京都資源利用農業協同組合連合会。以下、「農協連合会」という）に勤務し、死亡するに至るまで右農協連合会に勤務した。それまでも女性関係の多かったAは、昭和27年5月頃からB女と親密な関係を結び、家庭を省みなくなった結果、夫婦の仲は険悪なものとなり、XとAは同28年7月13日別居と養育費を合意した「協約書」を取りかわし、AはXと別居してBと同棲した。「協約書」は、夫婦間において愛情の破綻を来したので、Aは家庭を出て単独別居し、今後、双方とも相手方の生活に一切容喙しないこと、子供たちはXが引き取り養育するので、Aは養育料を支払い、Aが受給資格を有する警察恩給をXに分与すること、戸籍上の地位は現在のまま持続し両名の生活上の所持品は持分により区分すること、などの条件により別居生活をすることを協議決定したものであった。その後、AはいったんXのもとに戻るが、昭和31年6月頃、C女と知り合い、親密になり、同年11月には再度家を出て、Cと同棲を始め、死亡する昭和43年8月4日に至るまでCとその連れ子と共に生活して、Cを妻として親族にも紹介し、その間、一度もXのもとに帰り宿泊することはなかった。Cと同棲を始めた後、AはXとの約束に基づいて養育料の仕送りを続けたほか、警察恩給は昭和31年11月以降Xに全額受領させており、また、A死亡後は前記恩給はなくなり、その約5分の3にあたる額がXに対する扶助料として現在も引き続き支給されている。Xおよびその子供たちは昭和35年8月17日付をもってAの健康保険の被扶養者および税法上の扶養親族から削除され、代わってCとその連れ子が同年12月14日付をもってその対象となっている。

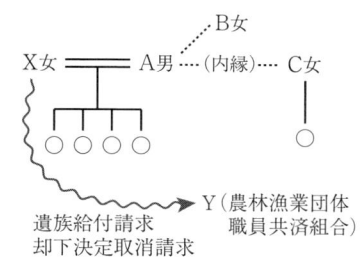

　Y（農林漁業団体職員共済組合）は昭和45年11月30日付でXからなしたAの遺族給付請求を却下した。Xからこの却下決定の取消しを請求。農林漁業団体職員共済組合法は遺族給付を受けるべき遺族に属する配偶者につき、「組合員又は組合員であった者の配偶者（届出をしないが事実上婚姻関係と同様の事情にある者を含む。以下同じ。）」で「組合員又は組合員であった者の死亡当時主としてその収入によって生計を維持していたもの」と規定している。1、2審とも、事実上の離婚状態にあるXは、同法上の「配偶者」にあたらないとしてXの請求を棄却した。Xから上告。

【判決理由】　上告棄却　「農林漁業団体職員共済組合法（昭和39年法律第112号による改正後、昭和46年法律第85号による改正前のもの。以下「本件共済

→ 40

組合法」という。）24条1項の定める配偶者の概念は，必ずしも民法上の配偶者の概念と同一のものとみなければならないものではなく，本件共済組合法の有する社会保障法的理念ないし目的に照らし，これに適合した解釈をほどこす余地があると解されること，また，一般に共済組合は同一の事業に従事する者の強制加入によって設立される相互扶助団体であり，組合が給付する遺族給付は，組合員又は組合員であった者（以下「組合員等」という。）が死亡した場合に家族の生活を保障する目的で給付されるものであって，これにより遺族の生活の安定と福祉の向上を図り，ひいて業務の能率的運営に資することを目的とする社会保障的性格を有する公的給付であることなどを勘案すると，右遺族の範囲は組合員等の生活の実態に即し，現実的な観点から理解すべきであって，遺族に属する配偶者についても，組合員等との関係において，互いに協力して社会通念上夫婦としての共同生活を現実に営んでいた者をいうものと解するのが相当であり，戸籍上届出のある配偶者であっても，その婚姻関係が実体を失って形骸化し，かつ，その状態が固定化して近い将来解消される見込のないとき，すなわち，事実上の離婚状態にある場合には，もはや右遺族給付を受けるべき配偶者に該当しないものというべきである。」（裁判長裁判官　和田誠一　裁判官　団藤重光　藤﨑萬里　中村治朗　谷口正孝）

40　近親婚的内縁

最（一）判平成19年3月8日民集61巻2号518頁（曹時60巻7号2265頁，社会保障百選〈4版〉84頁）

【事実】　A男は，父B（X女にとっては祖父），母，弟および妹と同居していた。AはC女と婚姻し，長女Dが生まれたが，Cは，Dの出産前後から統合失調症に罹患し，Dを残して実家に帰ってしまった。Aは，Cとの離婚を決意したが，協議は難航した。Cが実家に戻った後は，Dの世話はAの父母が行っていたが，Aの父母らは，農業を営み年中多忙であったことから，Dに行き届いた世話をできる状況にはなかった。Aの兄の長女であるXは，春休み，夏休みなどの長期の休みには，祖父母の手伝いをするためAの住む父の実家を訪れ，その際にDのおしめを替えて洗濯するなど，Dの面倒をみた。Dも，親族の中で最もXになついていた。Bは，DがXに一番なついていること，AがBの田畑を継ぐ可能性が高く，親族関係にある者をAの妻としたいと考えていたこと，親戚の中ではXの年齢が

Aに一番近いこと，Aにはすでに子がおり，夜勤も多い上，その妻になれば同居している老父母の世話や農業の手伝いもしなければならないという事情があり，結婚相手を見つけることが困難であったこと等から，Aの姪にあたるXとAとの結婚を提案した。Xは，BからAとの縁談を聞き，当初は驚いたものの，Dがやせ細り，その衣類も汚れたままになっていたこと等に同情し，Dのために結婚を決意し，Aと夫婦としての共同生活を始めた。XとAは，共同生活を始めるにあたり，2泊3日で新婚旅行に出かけ，旅行から戻った後，親戚に結婚を祝う会を開いてもらった。

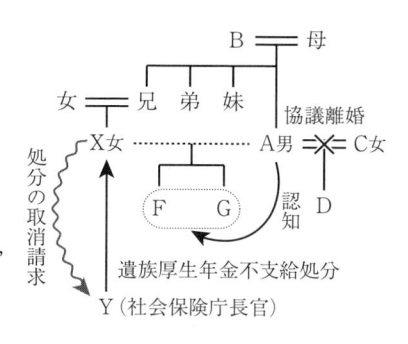

　AとCとの協議離婚が成立した後，Aは，税金の控除や出産費用の支給等を受けるため，XとAが結婚したことについて，証人2人の署名入りの証明願を町長あてに提出し，同証明願に「右願出の通り相違ないことを証明する」との文言および町長の記名押印を得た。同証明願にはAの勤務先の上司である駅長の記名押印も認められる。Xは，Aを世帯主とする健康保険証に氏名を記載され，源泉徴収票にも配偶者控除の対象として記載されていた。また，Xの出産に際し，共済組合から出産費用が支給された。XとAは，Aが平成12年に死亡するまで，約42年間にわたり夫婦としての生活を送り，両者の間には，2子FGが出生し，Aは両名の認知をした。X，A，D，FおよびGは，Aの収入から生活費を支出し，Xが家事を担当し，5人で円満な家族生活を送った。Xは，Aの葬式の際も，Aの妻として挨拶を行う等，共同生活を始めた当初から終始，事実上の妻としての役割を果たしてきた。なお，Xの周囲には，代々農業で生計を立てている者が多く，そのような地域的な特性から，親戚同士で結婚する例も多くあった。Xの近い親戚の中には，いとこ同士で結婚した夫婦が2組あったほか，おじと姪で事実上の夫婦として生活する者がAの勤務先で2組，親戚に1組あった。

　Xは，平成13年10月19日付けで，遺族厚生年金の裁定を請求したところ，Y（社会保険庁長官）から，同月31日付けで，「遺族の範囲に該当しないため。（近親婚にあたり，内縁の妻として認められないため。）」との理由により本件不支給処分を受けた。Xより本件不支給処分の取消しを請求。1審は，Xの請求を認容したが，2審は棄却。Xより上告。

【判決理由】　破棄自判　「厚生年金保険制度が政府の管掌する公的年金制度であり（法1条，2条），被保険者及び事業主の意思にかかわりなく強制的に徴

→ 40

収される保険料に国庫負担を加えた財源によって賄われていること（法80条，82条）を考慮すると，民法の定める婚姻法秩序に反するような内縁関係にある者まで，一般的に遺族厚生年金の支給を受けることができる配偶者に当たると解することはできない。

(2) ところで，民法734条1項によって婚姻が禁止される近親者間の内縁関係は，時の経過ないし事情の変化によって婚姻障害事由が消滅ないし減退することがあり得ない性質のものである。しかも，上記近親者間で婚姻が禁止されるのは，社会倫理的配慮及び優生学的配慮という公益的要請を理由とするものであるから，上記近親者間における内縁関係は，一般的に反倫理性，反公益性の大きい関係というべきである。殊に，直系血族間，二親等の傍系血族間の内縁関係は，我が国の現在の婚姻法秩序又は社会通念を前提とする限り，反倫理性，反公益性が極めて大きいと考えられるのであって，いかにその当事者が社会通念上夫婦としての共同生活を営んでいたとしても，法3条2項によって保護される配偶者には当たらないものと解される。そして，三親等の傍系血族間の内縁関係も，このような反倫理性，反公益性という観点からみれば，基本的にはこれと変わりがないものというべきである。

(3) もっとも，我が国では，かつて，農業後継者の確保等の要請から親族間の結婚が少なからず行われていたことは公知の事実であり，前記事実関係によれば，Xの周囲でも，前記のような地域的特性から親族間の結婚が比較的多く行われるとともに，おじと姪との間の内縁も散見されたというのであって，そのような関係が地域社会や親族内において抵抗感なく受け容れられている例も存在したことがうかがわれるのである。このような社会的，時代的背景の下に形成された三親等の傍系血族間の内縁関係については，それが形成されるに至った経緯，周囲や地域社会の受け止め方，共同生活期間の長短，子の有無，夫婦生活の安定性等に照らし，反倫理性，反公益性が婚姻法秩序維持等の観点から問題とする必要がない程度に著しく低いと認められる場合には，上記近親者間における婚姻を禁止すべき公益的要請よりも遺族の生活の安定と福祉の向上に寄与するという法の目的を優先させるべき特段の事情があるものというべきである。したがって，このような事情が認められる場合，その内縁関係が民法により婚姻が禁止される近親者間におけるものであるという一事をもって遺

族厚生年金の受給権を否定することは許されず，上記内縁関係の当事者は法3条2項にいう「婚姻の届出をしていないが，事実上婚姻関係と同様の事情にある者」に該当すると解するのが相当である。」(反対意見1がある)

裁判官横尾和子の反対意見

「民法734条1項は，三親等の傍系血族間の婚姻について何らの留保も置かず禁止しているのであり，各婚姻関係間において，反倫理性，反公益性の大小を論ずることには躊躇せざるを得ない。

2 また，法は，遺族の生活の安定と福祉の向上に寄与することをその目的とするが，遺族の範囲については，原則として親族に関する民法の規定を前提としつつ，立法政策として民法の秩序によらず給付等を行う場合は明文の規定を定め，厚生年金保険制度上の国民の権利及び義務を明らかにしているものと解される。同様に，法3条2項も，婚姻関係の一般法である民法が定める婚姻法秩序を当然の前提としていると解され，三親等の傍系血族間の内縁関係についてのみ上記当然の前提要件を緩和し，諸事情を総合勘案する旨の定めはない。」(裁判長裁判官　泉德治　裁判官　横尾和子　甲斐中辰夫　才口千晴)

解 説

　私人間の関係を規律する基本法たる民法と異なり，社会保障法領域は，私人の貧窮などのニーズのみを考慮対象として公的な支援を規律する社会法であるから，内縁という生活実態があったときに内縁配偶者の死亡により他方内縁配偶者が困窮した場合には，法律婚配偶者と同様に救済する規定をもつのも自然である。しかし通常の内縁ではなく，民法上は婚姻障碍事由があって婚姻できない内縁の場合には，たとえ社会保障法上の保護といえども，内縁配偶者を保護してよいかは，問題となる。

　39は，重婚的内縁に関する事案であり，法律婚が形骸化していることを条件にして，法律婚配偶者ではなく重婚的内縁配偶者に，農林漁業団体職員共済組合法の遺族給付を認めた判例である。同様に，私立学校教職員共済法に基づく遺族共済年金の受給者を重婚的内縁配偶者とした最判平成17年4月21日判時1895号50頁がある。有責配偶者からの離婚請求が困難な日本法の下では，重婚的内縁配偶者が長年にわたって生活実態をもつ場合が少なくないから，こ

➡ 解説

のような解釈もやむを得ないのかもしれない。しかし重婚的内縁は，前婚が解消されれば法律婚が可能な関係であるが，*40* の近親婚にあたる内縁は異なっており，近親婚禁止は法律婚が不可能であるばかりではなく，そもそもそのような男女関係の接近を禁ずる趣旨が内包されている。*40* のケースの近親関係でいえば，叔父が姪を性的な対象として見ること自体への禁忌を，社会も家族も共有してきたのであり，今後とも共有すべきであろう。*40* の判旨は，ごく限定的な地域と時代にしか適用されないことを前提にしているとはいえ，近親婚禁止の重大性から考えると，反対意見に共感する判断も少なくないと思われる。

第3章 親　　子

第1節　実　　子

[1] 嫡 出 子

41　嫡出推定（1）──婚姻成立後200日以内の出生

最（三）判昭和41年2月15日民集20巻2号202頁
（法協84巻1号179頁, 曹時18巻4号628
頁, 百選〈3版〉78頁, 百選〈5版〉60頁）

【事実】 A女とB男は昭和10年3月26日に結婚式を挙げ, 同年4月20日過ぎから同棲し, 7月5日に婚姻届を出した。同年11月26日にAはXを出産したが, AはXがBの子ではないことを認め, ABは昭和11年3月23日に協議離婚の届出をした。同時に, AはXを自己の非嫡出子として出生届をした。Xは, 自分の父はAがBとの結婚前に数回肉体関係をもったY男であるとして, Yに対して認知請求をした。これに対してYは, XがABの内縁成立後200日以上経過後に生まれた子であるから772条の類推によりAの嫡出子としての推定を受け, Bが嫡出否認の訴えを提起しなかった以上, もはやXはYに対して認知を求めることはできないと主張した。1, 2審ともにXの請求を認めたのでYから上告。

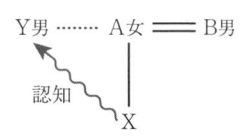

【判決理由】 上告棄却　「Xの母Aは, 昭和10年3月26日, Bと結婚式を挙げて内縁関係に入り, 同年4月20日過頃から同棲生活を始め, 同年7月5日, 適式な婚姻届を了したものであり, Xが出生した日は昭和10年11月26日である。しかして, 民法772条2項にいう「婚姻成立の日」とは, 婚姻の届出の日を指称すると解するのが相当であるから, AとBの婚姻届出の日から200日以内に出生したXは, 同条により, Bの嫡出子としての推定を受ける者ではなく, たとえ, X出生の日が, AとBの挙式あるいは同棲開始の時から200日以後であっても, 同条の類推適用はないものというべきである（大審院

民事連合部昭和15年1月23日判決, 民集19巻1号54頁, 大審院昭和15年9月20日判決, 民集19巻18号1596頁参照)。されば, X が B の嫡出子としての推定を受けるとの前提に立って, B が法定の期間内に嫡出性否認の訴を提起しなかった以上, 右推定が確定し, X の本件認知請求は許されないとするY の主張は理由がない。」(裁判長裁判官　柏原語六　裁判官　五鬼上堅磐　横田正俊　田中二郎　下村三郎)

42　嫡出推定 (2)――離婚後 300 日以内の出生

最(一)判昭和 44 年 5 月 29 日民集 23 巻 6 号 1064 頁
(法協 87 巻 9 = 10 号 74 頁, 民商 62 巻 3 号 112 頁, 曹時 21 巻 10 号 2226 頁, 百選〈3 版〉80 頁, 百選〈5 版〉62 頁)

【事実】　A 女は夫 B と昭和 24 年 4 月頃から別居して事実上の離婚状態となり, 同 26 年 10 月 2 日に正式の協議離婚届が出された。A は, B と正式に離婚する前である昭和 25 年 9 月頃から昭和 39 年 3 月頃まで Y 男と性的関係をもって居住用不動産の贈与を受けるなどした。A は昭和 27 年 3 月 28 日に長女 X_1 を, 同 31 年 1 月 31 日に長男 X_2 を出産し, いずれも A の非嫡出子として出生届をした。A は X_1X_2 について Y に認知請求をしないことの代償として金銭等を受領していたが, X_1X_2 は Y に対して認知の訴えを提起した。1 審では X_1X_2 が Y の子であることを認めて X らの請求が認められたので, Y は 2 審において X_1 が AB の離婚の日から 300 日以内に生まれていることを理由に, B の嫡出子として推定されていると主張した。2 審も X らの請求を認めたので, Y から上告。

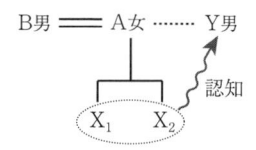

【判決理由】　上告棄却　「X_1 は母 A と B との婚姻解消の日から 300 日以内に出生した子であるけれども, A と B 間の夫婦関係は, 右離婚の届出に先だち約 2 年半以前から事実上の離婚をして爾来夫婦の実態は失われ, たんに離婚の届出がおくれていたにとどまるというのであるから, X_1 は実質的には民法 772 条の推定を受けない嫡出子というべく, X_1 は B からの嫡出否認を待つまでもなく, Y に対して認知の請求ができる旨の原審の判断は正当として是認できる。」(裁判長裁判官　長部謹吾　裁判官　入江俊郎　松田二郎　岩田誠　大隅健一郎)」

43 資料・いわゆる「300日問題」——離婚後300日以内に生まれた子の処遇

民事局長通達平成19年5月7日法務省民一第1007号

法務省民一第1007号
平成19年5月7日

法務局長　　殿
地方法務局長　　殿

法務省民事局長

婚姻の解消又は取消し後300日以内に生まれた子の出生の届出の取扱いについて（通達）

　婚姻の解消又は取消し後300日以内に生まれた子のうち，医師の作成した証明書の提出をすることにより，婚姻の解消又は取消し後の懐胎であることを証明することができる事案につき，下記のとおり，民法（明治29年法律第89号）第772条の推定が及ばないものとして，出生の届出を受理することとしますので，これを了知の上，貴管下支局長及び管内市区町村長に周知方取り計らい願います。
　なお，本通達に反する当職通達又は回答は，本通達によって変更し，又は廃止するので，念のため申し添えます。

記

1　「懐胎時期に関する証明書」が添付された出生の届出について
　(1)　届書等の審査
　　市区町村長は，出生の届書及び医師が作成した「懐胎時期に関する証明書」（様式は，別紙のとおりとする。）によって，子の懐胎時期が婚姻の解消又は取消し後であるかどうかを審査するものとする。
　　懐胎時期が婚姻の解消又は取消し後であるかどうかは，同証明書記載の「懐胎の時期」の最も早い日が婚姻の解消又は取消し後であるかどうかによって判断する。すなわち，その最も早い日が婚姻の解消又は取消しの日より後の日である場合に限り，婚姻の解消又は取消し後に懐胎したと認めるものとし，その最も早い

→ *43*

日が婚姻の解消又は取消しの日以前の日である場合は，婚姻の解消又は取消し後に懐胎したと認められないものとする。

(2) 届出の受理

　市区町村長は，(1)の審査によって婚姻の解消又は取消し後に懐胎したと認める場合には，民法第772条の推定が及ばないものとして，婚姻の解消又は取消し時の夫を父としない出生の届出（嫡出でない子又は後婚の夫を父とする嫡出子としての出生の届出）を受理するものとする。

(3) 戸籍の記載

　子の身分事項欄の記載は，以下の例による。

ア　紙戸籍の場合

「平成19年6月25日東京都千代田区で出生同年7月2日母届出（民法第772条の推定が及ばない）入籍」

イ　コンピュータ戸籍の場合

　　身分事項

出生　【出生日】　平成19年6月25日

　　　【出生地】　東京都千代田区

　　　【届出日】　平成19年7月2日

　　　【届出人】　母

　　　【特記事項】　民法第772条の推定が及ばない

2 「懐胎時期に関する証明書」が添付されない出生の届出について

　従前のとおり，民法第772条の推定が及ぶものとして取り扱う。

3 取扱いの開始について

(1) この取扱いは，平成19年5月21日以後に出生の届出がされたものについて実施する。

(2) 既に婚姻の解消又は取消し時の夫の子として記載されている戸籍の訂正については，従前のとおり，裁判所の手続を経る取扱いとする。

4 その他

　本取扱いの実施に当たっては，その目的及び方法について，十分に周知するよう配意するものとする。

(別紙)

懐胎時期に関する証明書

子の氏名	
男女の別	1　男 2　女
生まれたとき	平成　　年　　月　　日　　午前　　時　　分 　　　　　　　　　　　　　午後
母の氏名	
母の住所（※）	
母の生年月日（※）	昭和・平成　　年　　月　　日

※　診断をしたが出産に立ち会わなかった医師が，本証明書を交付する場合には，「子の氏名」・「男女の別」・「生まれたとき」の代わりに「母の住所」・「母の生年月日」を記載すること。

上記記載の子について
　懐胎の時期（推定排卵日）は，平成　　年　　月　　日から平成　　年　　月　　日までと推定される。

算出根拠（1．2．3．のいずれかに丸印をつけてください）
1. 出生証明書に記された出生日と妊娠週数から逆算した妊娠2週0日に相当する日は平成　年　月　日であり，この期日に前後各14日間ずつを加え算出した（注）。妊娠週日（妊娠週数）は，妊娠8週0日から妊娠11週6日までの間に計測された超音波検査による頭殿長を考慮して決定されている。
　（注）医師の判断により，診断時期，診断回数等からより正確な診断が可能なときは，前後各14日間より短い日数を加えることになる。
2. 不妊治療に対して行われる生殖補助医療の実施日を基に算出した。
3. その他（具体的にお書きください）
（　　　　　　　　　　　　　　　　　　　　　　　　　　　　　　　）

　　　　　　　　　　　　　　　　　　　　　　　　平成　　年　　月　　日
　　　　医師　　　（住所）
　　　　　　　　　（氏名）　　　　　　　　　　　　　　　　　　　印

※　この証明書は，婚姻の解消又は取消後300日以内に出生した子の出生届に添付するために医師が作成するものです。

[関連裁判例]

44 嫡出推定と科学的証明

東京家審昭和 52 年 3 月 5 日家月 29 巻 10 号 154 頁（百選〈3版〉84頁）

【事実】 A女とY男は昭和 41 年 11 月 11 日に婚姻したが，Aは勤務先の同僚B男と性的関係をもつようになり，Yに気づかれぬままその関係が継続した。Aは昭和 45 年春に妊娠に気づき，Bの子ではないかと思ったが，Yが自分の子と

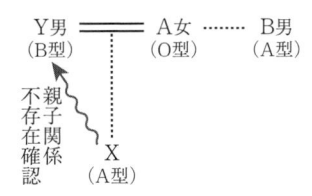

```
   Y男 ══════ A女 ┄┄┄┄ B男
  (B型)        (O型)       (A型)
           不│
           親│
           子存
           関在
           係確
             認
               X
             (A型)
```

信じて喜んでいたため何も打ち明けず同 46 年 1 月 11 日にX男を出産した。その後AとYは不和となり，昭和 48 年 5 月にAはXを連れて家を出，以後Yと別居状態となった。この頃からYはAとBの関係を知りXが自分の子であるかどうかについて疑念を抱くようになった。昭和 51 年 9 月 24 日にAとYはXの親権者をAと定めて協議離婚した。AはBと同年 10 月から同棲を始めXを監護養育している。血液型はX男がA型，A女がO型，Y男がB型，B男がA型である。XからYを相手方とする親子関係不存在確認の申立てがなされ，家事調停においてXとYの間に親子関係が不存在であるとの審判を受けることについて合意が成立した。

以下は，この合意に相当する審判（当時の家事審判法 23 条，現在の家事事件手続法 277 条）である。

【審判理由】「血液型の対照により親子の血縁が否定される場合には，他の証拠をまつまでもなく親子関係の不存在を断定するに足りるものであり，かような科学的証明により親子関係が 100 パーセントあり得ないものとして否定された場合には，外形上は民法 772 条に該当する場合であっても，次に述べる理由により，同条の適用は排除され，生れた子が夫の子と推定されることはないものと解すべきである。

すなわち，同条による嫡出性の推定につき，同法 774 条以下において，夫が子の出生を知った時から 1 年以内に出訴することによってのみ子の嫡出性を否認できるものと定めたのは，1 つには，夫婦が正常の婚姻生活を営んでいる場合に，妻がたまたま夫以外の男子との性的交渉によって子を生んだとしても，その子の嫡出性に関して濫りに第三者の介入を許すことになると，徒らに夫婦間の秘事を公けにし，家庭の平和をみだす結果になるので，その不都合を防ぐ

ためであるが（最判昭44・5・2民集23・6・1064参照），さらに父子関係を早期に安定させることにより，未成熟子に対する安定した養育を確保することをも考慮したものと解される。しかしながら，父子の血縁のないことが疑う余地のない場合においても，出訴期間の徒過により，法律上嫡出親子関係を争い得ないものと解することは，親子の感情が本来血縁に根ざすものであることをあまりにも無視するものであり，また，そのように当事者を束縛してみても，当事者間に実親子としての情愛を生ずることが期待できるものではなく，当該親子関係は，戸籍の記載はあっても実体のない，単なる形骸と化するおそれが多分にあるといわなければならない。そして，そのような事態が子の福祉のためにも好ましくないものであることはいうまでもない。

　かような場合に，嫡出子の推定を否定し，第三者からの父子関係の不存在の主張がいつでも許されることになると，それまで維持されてきた家庭の平和が第三者の介入によって乱され，子の福祉が害される如き場合もおこり得ないではないが，そのことから逆に，上述のように血縁のないことが明白な夫と子を親子として終世拘束することがたやすく是認できるものではなく，もともと血縁のない両者に関しては，上記のような結果を生ずることがあっても止むを得ないものと考える。

　まして，本件においては，AとYは既に離婚し，AはXの血縁上の父であるBと同棲して，同人とともにXの養育に当っているのであるから，XとYとの家庭生活は既に失われており，Xの監護養育の観点からもYとの間の法律上の父子関係を断ち切ることの方がむしろ望ましいといえるから，本件に嫡出子の推定を肯定することは結果において極めて不当であるといわなければならない。」

「以上の次第であるから，XとYとの間に親子関係が存在しないことがあきらかであり，その不存在を確認することに何等の妨げもないというべきである。」（家事審判官　橘勝治）

45　婚姻関係の終了と嫡出推定

最(三)判平成12年3月14日家月52巻9号85頁（平12重
判80頁）

【事実】　X男とA女は平成3年2月2日に婚姻の届出をし，Aは平成3年9月2日にY男を出産した。Xは同月11日にYの出生の届出をし，Yは戸籍上XとAの嫡出子（長男）として記載されている。その後，XとAは平成6年6月20日にYの親権者をAと定めて協議離婚し，YはAのもとで養育されている。離婚後，XはYが自分の子ではないとの噂を聞いたため，Aに問いただしたところ，平成7年1月22日にAがXに電話をかけてきて噂を肯定し，その2，3日後にB男がXに電話をかけてきてYが自分の子であることを認めた。そこでXは，同年2月16日にXY間の親子関係不存在の確認を求める訴えを提起した。これに対してYは，Aが噂を肯定したのは，子供がいることでXが再婚に踏み切れないと聞いたので再婚を促す趣旨で嘘を言っただけだと主張した。

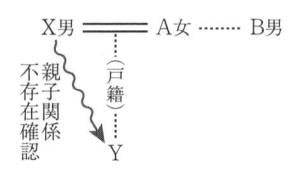

　1審は772条を根拠に本件訴えを却下したが，2審は，「民法上嫡出の推定を受ける子に対し，父がその嫡出性を否定するためには，同法の規定にのっとり嫡出否認の訴えによることを原則とするが，嫡出推定及び嫡出否認の制度の基盤である家族共同体の実体が既に失われ，身分関係の安定も有名無実となった場合には，同法777条所定の期間が経過した後においても，父は，父子間の自然的血縁関係の存在に疑問を抱くべき事実を知った後相当の期間内であれば，例外的に親子関係不存在確認の訴えを提起することができる」と述べて，Xの訴えを認めた。Yから上告。

【判決理由】　破棄自判　「民法772条により嫡出の推定を受ける子につき夫がその嫡出であることを否認するためには，専ら嫡出否認の訴えによるべきものとし，かつ，右訴えにつき1年の出訴期間を定めたことは，身分関係の法的安定を保持する上から十分な合理性を有するものということができる（最高裁昭和54年(オ)第1331号同55年3月27日第一小法廷判決・裁判集民事129号353頁参照）。そして，夫と妻との婚姻関係が終了してその家庭が崩壊しているとの事情があっても，子の身分関係の法的安定を保持する必要が当然になくなるものではないから，右の事情が存在することの一事をもって，嫡出否認の訴えを提起し得る期間の経過後に，親子関係不存在確認の訴えをもって夫と子との間の父子関係の存否を争うことはできないものと解するのが相当である。

もっとも，民法772条2項所定の期間内に妻が出産した子について，妻が右子を懐胎すべき時期に，既に夫婦が事実上の離婚をして夫婦の実態が失われ，又は遠隔地に居住して，夫婦間に性的関係を持つ機会がなかったことが明らかであるなどの事情が存在する場合には，右子は実質的には民法772条の推定を受けない嫡出子に当たるということができるから，同法774条以下の規定にかかわらず，夫は右子との間の父子関係の存否を争うことができると解するのが相当である（最高裁昭和43年(オ)第1184号同44年5月29日第一小法廷判決・民集23巻6号1064頁，最高裁平成7年(オ)第2178号同10年8月31日第二小法廷判決・裁判集民事189号497頁参照）。しかしながら，本件においては，右のような事情は認められず，他に本件訴えの適法性を肯定すべき事情も認められない。

　そうすると，本件訴えは不適法なものであるといわざるを得ず，これと異なる原審の判断には法令の解釈適用を誤った違法があり，この違法は原判決の結論に影響を及ぼすことが明らかである。この点をいう論旨は理由があり，原判決は破棄を免れない。そして，以上に説示したところによれば，本件訴えは却下すべきものであるから，右と結論を同じくする第1審判決は正当であって，Xの控訴はこれを棄却すべきものである。」（裁判長裁判官　千種秀夫　裁判官　元原利文　金谷利廣　奥田昌道）

46　性同一性障害と嫡出推定

最(三)決平成25年12月10日裁時1593号4頁

　【事実】　X_1 は，生物学的には女性であるが，「性同一性障害者の性別の取扱いの特例に関する法律」（以下「特例法」）2条に規定する性同一性障害者であった。X_1 は平成16年に性別適合手術を受け，平成20年に特例法3条1項の規定に基づき男性への性別の取扱いの変更の審判を受けた。X_1 の戸籍には戸籍法13条8号および戸籍法施行規則35条16号により同審判発効日の記載がされた。

　X_1 は，平成20年4月，X_2 女と婚姻をした。X_2 は，夫である X_1 の同意の下，X_1 以外の男性の精子提供を受けて人工授精によって懐胎し，平成21年11月にAを出産した。

　X_1 は，平成24年1月，AをXら夫婦の嫡出子とする出生届を東京都新宿区長

→ 46

に提出したが，同区長は，Aが772条による嫡出の推定を受けないことを前提に，出生届の父母との続柄欄等に不備があるとして追完をするよう催告した。X_1がこれに従わなかったことから，新宿区長は東京法務局長の許可を得て，Aの「父」の欄を空欄とし，X_2の長男とし，「許可日　平成24年2月△日」，「入籍日　平成24年3月△日」とする旨の戸籍の記載（以下「本件戸籍記載」）をした。

Xらは，Aは772条による嫡出の推定を受けるから，本件戸籍記載は法律上許されないものであると主張して，筆頭者X_1の戸籍中，Aの「父」の欄に「X_1」と記載し，同出生の欄の「許可日　平成24年2月△日」及び「入籍日　平成24年3月△日」の記載を消去し，「届出日　平成24年1月△日」，「届出人　父」と記載する旨の戸籍の訂正の許可を求めた。

1審の家庭裁判所はXらの請求を認めず，2審の高等裁判所も，戸籍の記載上，夫が特例法3条1項の規定に基づき男性への性別の取扱いの変更の審判を受けた者であって当該夫と子との間の血縁関係が存在しないことが明らかな場合においては，772条を適用する前提を欠く，として抗告を棄却した。Xらから最高裁に抗告（許可抗告）。

【決定理由】　原決定破棄，原々審判取消し　「(1)　特例法4条1項は，性別の取扱いの変更の審判を受けた者は，民法その他の法令の規定の適用については，法律に別段の定めがある場合を除き，その性別につき他の性別に変わったものとみなす旨を規定している。したがって，特例法3条1項の規定に基づき男性への性別の取扱いの変更の審判を受けた者は，以後，法令の規定の適用について男性とみなされるため，民法の規定に基づき夫として婚姻することができるのみならず，婚姻中にその妻が子を懐胎したときは，同法772条の規定により，当該子は当該夫の子と推定されるというべきである。もっとも，民法772条2項所定の期間内に妻が出産した子について，妻がその子を懐胎すべき時期に，既に夫婦が事実上の離婚をして夫婦の実態が失われ，又は遠隔地に居住して，夫婦間に性的関係を持つ機会がなかったことが明らかであるなどの事情が存在する場合には，その子は実質的には同条の推定を受けないことは，当審の判例とするところであるが（最高裁昭和43年㈩第1184号同44年5月29日第一小法廷判決・民集23巻6号1064頁，最高裁平成8年㈹第380号同12年3月14日第三小法廷判決・裁判集民事197号375頁参照），性別の取扱いの変更の審判を受けた者については，妻との性的関係によって子をもうけることはおよそ

想定できないものの，一方でそのような者に婚姻することを認めながら，他方で，その主要な効果である同条による嫡出の推定についての規定の適用を，妻との性的関係の結果もうけた子であり得ないことを理由に認めないとすることは相当でないというべきである。

　そうすると，妻が夫との婚姻中に懐胎した子につき嫡出子であるとの出生届がされた場合においては，戸籍事務管掌者が，戸籍の記載から夫が特例法3条1項の規定に基づき性別の取扱いの変更の審判を受けた者であって当該夫と当該子との間の血縁関係が存在しないことが明らかであるとして，当該子が民法772条による嫡出の推定を受けないと判断し，このことを理由に父の欄を空欄とする等の戸籍の記載をすることは法律上許されないというべきである。

　(2)　これを本件についてみると，Aは，妻である抗告人X_2が婚姻中に懐胎した子であるから，夫であるX_1が特例法3条1項の規定に基づき性別の取扱いの変更の審判を受けた者であるとしても，民法772条の規定により，X_1の子と推定され，また，Aが実質的に同条の推定を受けない事情，すなわち夫婦の実態が失われていたことが明らかなことその他の事情もうかがわれない。したがって，Aについて民法772条の規定に従い嫡出子としての戸籍の届出をすることは認められるべきであり，Aが同条による嫡出の推定を受けないことを理由とする本件戸籍記載は法律上許されないものであって戸籍の訂正を許可すべきである。」

　「以上と異なる原審の判断には，裁判に影響を及ぼすことが明らかな法令の違反がある。論旨はこの趣旨をいうものとして理由があり，原決定は破棄を免れない。そして，前記説示によれば，抗告人らの本件戸籍記載の訂正の許可申立ては理由があるから，これを却下した原々審判を取消し，同申立てを認容することとする。」（補足意見2，反対意見2がある）

寺田逸郎裁判官の補足意見

「1　現行の民法では，「夫婦」を成り立たせる婚姻は，単なる男女カップルの公認に止まらず，夫婦間に生まれた子をその嫡出子とする仕組みと強く結び付いているのであって，その存在を通じて次の世代への承継を予定した家族関係を作ろうとする趣旨を中心に据えた制度であると解される。嫡出子，なかでも嫡出否認を含めた意味での嫡出推定の仕組みこそが婚姻制度を支える柱とな

→ 46

っており，婚姻夫婦の関係を基礎とする家族関係の形成・継承に実質的な配慮をしていると考えられるのである（注1）。戸籍上女性とされていた性同一性障害者の性別を男性に変更することを認める特例法が，婚姻し，夫となることを認める限りでの適用に限定せず，民法の適用全般について男性となったものとみなすとして（4条），嫡出推定に関する規定を含めた嫡出子の規定の適用をあえて排除していないのも，このように婚姻と強く結び付く嫡出子の仕組みの存在をもふまえてのことであると解される。

特例法3条の規定により，戸籍上女性とされていた性同一性障害者が性別を男性に変更することが認められ，同法4条の規定により夫となる資格を得た場合においても，その夫婦にとって，夫の直接の血縁関係により妻との間で嫡出子をもうけ，その存在を通じて次の世代への承継を予定した家族関係を作ることはおよそ望むべくもない。そのような立場にある者にもあえて夫としての婚姻を認めるということは，そのままでは上記で示した前提をおよそ欠いた夫婦関係を認めることにほかならない。そのような意義づけを避けるとするなら（注2），当該夫婦が，血縁関係とは切り離された形で嫡出子をもうけ，家族関係を形成することを封ずることはしないこととしたと考えるほかはない。つまり，「血縁関係による子をもうけ得ない一定の範疇の男女に特例を設けてまで婚姻を認めた以上は，血縁関係がないことを理由に嫡出子を持つ可能性を排除するようなことはしない」と解することが相当である（注3）。そして，民法が，嫡出推定の仕組みをもって，血縁的要素を後退させ，夫の意思を前面に立てて父子関係，嫡出子関係を定めることとし，これを一般の夫に適用してきたからには，性別を男性に変更し，夫となった者についても，特別視せず，同等の位置づけがされるよう上記の配慮をしつつその適用を認めることこそ立法の趣旨に沿うものであると考えられるのである（注4）。

　　（注1）　婚姻し，夫婦となることの基本的な法的効果としては，その間の出生子が嫡出子となることを除くと，相互に協力・扶助をすべきこと，その財産関係が特別の扱いを受けること及び互いの相続における相続人たる地位，その割合があるが（民法752条，755条以下，768条，890条，900条），これらは，本質的には，とりわけ強く結び付いた共同生活者であるがゆえの財産関係の規整であり，扶養の必要性の反映であると解される

(婚姻していないカップルなどにも事情に応じて夫婦に準じた扱いを当てはめるべきであるとする解釈論があることが、このことを裏付ける。)。男女カップルに認められる制度としての婚姻を特徴づけるのは、嫡出子の仕組みをおいてほかになく、その中でも嫡出推定は、父子関係を定める機能まで与えられていることからも中心的な位置を占める。また、嫡出子とされることにより未成年の間は自動的に夫婦の共同親権に服することとなること（同法818条1項、3項）は、まさに婚姻と嫡出子との結び付きを明らかにするものであるし、嫡出子は夫婦の氏を称することとされていて（同法790条1項本文）、夫婦に同氏を称するよう求められる仕組み（同法750条）の下でいずれかの氏を選択することが、実質的には嫡出子の氏を決める意味を持つことも見逃せないところである。

　なお、本文を含めた以上の説明は、嫡出子とそのもととなる婚姻との関係についての現行法における理解を示したものであり、異なる制度をとることを立法論として否定するものではなく、これを維持するか修正するかなどは基本的にすべて憲法の枠内で国会において決められるべきことであることはいうまでもない。

（注2）　かねてから、相続人たる地位を与えるためにのみ婚姻届がされた場合をはじめとして、婚姻の形式は踏んではいるものの一部の効果だけを志向してされた行為について、法の定める婚姻制度の枠内で個々の当事者の意思をどこまで尊重し、婚姻としての効果をどこまで与えるべきかが論ぜられており、これらの一部を類型化し、婚姻に準じた扱いをすることを排除しない方向での見解が示されたりしている。レベルの違う議論であるとはいえ、特例法のような立法がこのような議論に支えられている部分があることは否定できまい。その観点からすれば、「生来の嫡出子がおよそ考えられず、妻が懐胎し、子を生んだとしても、その子が嫡出でない子となるしかないような範疇のカップルには婚姻の効果を与えない」とするところから脱却した考え方に立った立法がされることはあり得ることであるとはいえる。しかし、そのような考え方に立った立法であるならば、婚姻の直接・間接の効果を一括して与えるというのではなく、より厳密な形で個々的効果を与えるかどうかを検討した上での規律がされるべきであろ

➡ 46

う。また，仮に，特例法を婚姻による出生子がおよそあり得ない場合にも婚姻自体の効果を限定的に与えることを認める趣旨であると解するならば，なぜそこで認められた対象カップルに限ってそのような関係が認められるのかという別の次元の議論に直面することになろう。

（注3）特例法により女性とみなされることとなった者がする婚姻についても，嫡出子を持つことをおよそ否定することは，同じく原理的には相当ではない。ただし，この場合には，男性の場合の嫡出推定による規律と異なり，一般的な女性との関係で，嫡出以前の母子関係自体が，婚姻の効果とは結び付けられることなく，出産（分娩）という事実関係により生ずるという原則が現在採られているということの制約は受けざるを得ない。特例法は，民法の適用上，その対象者であるがゆえに不利な扱いを受けることを避けようとしているに止まり，一般の男女に認められることを超えた特別の優遇策を施そうとするものではないと解される。特例法により男性とみなされることとなった者がした婚姻における出生子についても，多数意見4(1)〔編者注：本書掲載の(1)〕に引用されている当審判例に示されるごとく事実上の離婚をして夫婦の実態が失われているなどの事情が存する場合には，民法772条の規定による推定が及ぶことはないわけである。

（注4）本件の事例とは離れた一般論であるが，特例法により男性とみなされることとなった結果実現した婚姻が解消された後には，相手方の女性について再婚禁止期間の規定（民法733条）が適用されることについても，嫡出推定に関する規定の適用があるとしてこそ理解されやすいといえよう。

2　1のような結論に対しては，夫＝父親の意思を重んじることで嫡出子とされてしまうことについての子の福祉の観点から批判があり得るのであって，これには傾聴すべきところがある。しかし，それは，本件のような立場の子の場面に限らず，嫡出推定を当てはめるのに相応の疑義があるにもかかわらず同規定の適用によって夫の子とされる他の場合にも生じている問題であり，法が嫡出否認の訴えができる者を父に限っていること（民法774条）に由来するところが大きいわけであって，その仕組みを改めるかどうかとして広く議論をすべきものであろう。ただし，上記1の解釈は特殊な場合に即して夫＝父親（副次的には妻＝母親）の意思に比重を置いた結果としての家族形成を認める特例

法の考え方から導かれるのであり，この特例法による仕組みにおいても，子の立場に立てば親の意思に拘束されるいわれはない度合いが強いと考える余地はあろうから，法整備ができるまでの間は，民法774条の規定の想定外の関係であるとして，子に限って親子関係不存在確認請求をすることができるとする解釈もあり得なくはないように思われる。」

木内道祥裁判官の補足意見

「血縁の不存在の確定的な証明があれば嫡出推定が及ばないとする見解があるが，これは，結局，血縁のみによって父子関係を定めるということであり，民法772条の推定の趣旨に反し，賛同できない。

　本件は夫が特例法の審判により男性とみなされる者であるから嫡出推定が及ばないとするのが，反対意見であり，これは，特例法の審判（ないしその審判が認定した事実）の存在によって血縁の不存在が明らかであることを嫡出推定を排除する事由とするものである（なお，この審判が戸籍に記載されるのは戸籍法施行規則の定めによるものであり，戸籍記載をもって明らかであることを民法772条による推定排除の理由とするべきではない）。

　特例法は，元の性別の生殖腺がないこと等を要件としているが，このことは，客観的に確実であっても，第三者にとって明らかなものではない。特例法で性別の変更をした者の元の性別も，必ずしも第三者にとって明らかなものではない。」

「民法772条による推定の趣旨は，嫡出否認の訴えによる以外は夫婦の間の家庭内の事情，第三者からはうかがうことができない事情を取り上げて父子関係が否定されることがないとすることにあるのであるから，血縁関係の不存在が明らかであるとは第三者にとって明らかである必要があるが，夫が特例法の審判を受けたという事情は第三者にとって明らかなものではなく，嫡出推定を排除する理由には該当しない。従来の判例において嫡出推定が及ばないとされたのは，事実上の離婚をして別居し，その後まったく交際を絶っていた事案（最高裁昭和43年(オ)第1184号同44年5月29日第一小法廷判決・民集23巻6号1064頁），懐胎当時，夫が出征していた事案（最高裁平成7年(オ)第2178号同10年8月31日第二小法廷判決・裁判集民事189号497頁）であり，いずれも，第三者にとって明らかであることを嫡出推定を排除する理由としたもので

→ 46

ある。」

「子の立場からみると，民法772条による嫡出推定は父を確保するものであり，子の利益にかなうものである。嫡出推定が認められないことは，血縁上の父が判明しない限り，父を永遠に不明とすることである。夫がその子を特別養子としたとしても，そのことは変わらないし，出生後に夫婦間に意思の食い違いが生ずると子が特別養子となることも期待できない。

子にとって血縁上の父をもって法律上の父とする方法がないことが子の利益にとってマイナスに作用することがありうるであろうが，この点は，父を確保することとの衡量を制度上にどのように反映するかという問題であり，今後の立法課題である。

また，血縁関係がない夫が子の法律上の父とされることから，血液型・DNA検査などにより，偶然に，子が父と血縁がないことを知るという事態が生じ，子にとって不本意な葛藤を与えることがありうるが，これは，特例法による夫婦の登場によって生じたものではなく，民法772条の推定から不可避的に生ずるものであり，生殖補助医療の発達により，さまざまな場面であらわれていたことでもある。戸籍上の記載を現行制度から改めたとしても，近時の血縁関係の判定手法の発達普及を考慮すると（血縁関係の判定を法律上で禁止することができるのであれば別として），意図せざる判明の可能性は高まるばかりであり，この点についての子の利益は，子の成育状態との関係で適切な時期，適切な方法を選んで親がその子の出自について教示することにより解決されることという他ない。」

「高度化する生殖補助医療など立法当時に想定しない事象が生じていることはいうまでもない。それに備えてきめ細かな最善の工夫を盛り込むことが可能であるのは立法による解決であるが，そのような解決の工程が予測できない現状においては，特例法および民法について，解釈上可能な限り，そのような事象も現行の法制度の枠組みに組み込んで，より妥当な解決を図るべきであると思われる。」

岡部喜代子裁判官の反対意見

「X_1は，特例法3条1項による審判を受けた者として同法4条1項により男性とみなされ，その結果法令の適用について男性として取り扱われる。したが

って，X_1は民法の規定に従って婚姻することができ，また父となることができる。しかし，現実に親子関係を結ぶことができるかどうかは親子関係成立に関する要件を満たすか否かによって決定されるべき事柄である。特例法は親子関係の成否に関して何ら触れるところがないのであって，これは親子関係の成否についてはそれに関する法令の定めるところによるとの趣旨であると解するほかはない。本件において妻の産んだ子の父が妻の夫であるか否かは嫡出親子関係の成立要件を充足するか否かによるのであって，子を儲ける可能性のない婚姻を認めたことによって当然に嫡出親子関係が成立するというものではない。

嫡出子とは，本来夫婦間の婚姻において性交渉が存在し，妻が夫によって懐胎した結果生まれた子であるところ，当該子が夫によって懐胎されたか否かが明確ではないので，民法は772条1項，2項の二重の推定によって夫の子であることを強力に推定しているのである。ところが，特例法3条1項の規定に基づき男性への性別の取扱いの変更の審判を受けた者は，従前の女性としての生殖腺は永続的に欠いているが（同項4号），生物学上は女性であることが明らかである者であり，性別の変更が認められても，変更後の男性としての生殖機能を現在の医学では持ち得ない以上，夫として妻を自然生殖で懐胎させることはあり得ないのである。その意味で特例法は同法に基づき男性への性別変更審判を受けた者と女性との婚姻において遺伝上の実子を持つことを予定していないといえる。Xらは，特例法4条1項の「みなす」との文言により変更後の性別である男性としての生殖能力のないことの証明を禁じていると主張するが，特例法自身が生物学的には女性であることを要件としているのであるから，証明の問題ではなく特例法の適用を受けたこと自体によって男性としての生殖能力のないことが明らかなのである。

以上述べたところからすれば，本件はそもそも推定を論ずるまでもなく実親子関係を結ぶことはできないと解することも不可能ではないが，民法は父性の推定と嫡出性の付与とを区別せずに同法772条において子の父が妻の夫であるか否かを嫡出推定の存否にかからしめているから，夫が特例法に基づき性別変更審判を受けた者である場合にも民法772条により嫡出の推定が及ぶか否かによって夫の子といえるか否かを検討しなければならないであろう。

嫡出推定の及ばない場合として当審が従前より認めているのは，多数意見の

→ 46

述べるとおり，事実上の離婚，遠隔地居住など夫婦間に性的関係を持つ機会のなかったことが明らかであるなどの事情のある場合であるところ，本件もまた夫婦間に性的関係を持つ機会のなかったことが明らかな事情のある場合であって，上記判例の示すところに反するものではない。Xらは，夫が特例法に基づき性別変更審判を受けた者であるか否かは社会生活上の外観からは不明のことであるというが，特例法に基づき性別変更審判を受けた者であること自体は明らかな事実であり，その者には妻を懐妊させる機会がないこともまた明らかである。嫡出性の推定は通常夫婦間でのみ性交渉が行われるという蓋然性と夫婦間でのみ行われるべきであるという当為によって根拠づけられる。そうであれば，夫婦間に性交渉が行われる機会がないこと，夫による懐胎の機会がないことが既に明らかとされている本件のような場合は，社会生活上の外観以上に性的関係を持つ機会のないことが明らかな場合といえる事情である。さらにその事情は特例法2条によって明らかにされているのである。そのことが戸籍に記載されているか否かは結論に関係しない。多数意見は，婚姻することを認めながらその主要な効果である民法772条による嫡出推定の規定の適用を認めないことは相当ではないと述べる。しかし，民法772条の推定は妻が夫によって懐胎する機会があることを根拠とするのであるから，その機会のないことが生物学上明らかであり，かつ，その事情が法令上明らかにされている者については推定の及ぶ根拠は存在しないといわざるを得ない。Xらの指摘するように，血縁関係は存在しないが民法772条によって父と推定される場合もあるが，それは夫婦間に上記の意味の性的関係の機会のある場合つまり推定する根拠を有する場合の例外的事象といい得るのであって，本件の場合と同一に論じることはできない。以上の解釈は，原則として血縁のあるところに実親子関係を認めようとする民法の原則に従うものであり，かつ，上述した特例法の趣旨にも沿うものである。

　以上のとおり，実体法上X_1はAの父ではないところ，X_1が特例法3条1項の規定に基づき男性への性別の取扱いの変更の審判を受けた者であることが戸籍に記載されている本件においては，形式的審査権の下においても戸籍事務管掌者のした本件戸籍記載は違法とはいえない。

　なお，本反対意見は，非配偶者間人工授精によって生まれた子，配偶者の生

殖不能にもかかわらず妻の産んだ子，母の夫との間に血液型等遺伝上明らかな背馳のある子などにおける嫡出推定の可否については何ら触れるものではないことを念のため付言する。」

大谷剛彦裁判官の反対意見

「生物学的に性別が明らかである者が，自らの意思で性別取扱いの変更を受けたとしても，なお変更後の性別で自らの子を持ちたいという願望をも持つことは理解できる。夫婦間で遺伝的な子をもうけることができないとしても，生殖補助医療の一環として，夫婦以外の者の精子又は卵子を用いて，夫婦の一方の遺伝的な子を生じさせることが可能であり，実際にも相当広く行われていることは公知といえる。特例法による夫婦間においても，夫婦の一方の遺伝的な子を生じさせることは（そのことが想定されていたかどうかはともかく）この生殖補助医療として可能である。このうち，男性であった者が性別変更の取扱いを受けて女性となり妻となった場合は，夫に生殖能力があるにしても，妻の懐胎，分娩はあり得ず，民法772条の解釈及び代理懐胎に関する最高裁判例からすると，やはり法律上の母子関係を成立させることはできないと解される。性別取扱いの変更を受けた者同士の婚姻においても，同様である。一方，女性であった者が性別取扱いの変更を受けて男性となり夫となった場合は，生殖能力のある妻が夫以外の精子提供によって懐胎，分娩することにより，母子関係の成立はもちろんのこと，民法772条を文言どおりに適用すれば，法律上の父子関係（嫡出子関係）もその推定により成立すると解することが可能となる。

この場合，生殖補助医療による法律上の親子関係の形成の問題にもなるところ，この問題は，本来的には，生命倫理や子の福祉を含む多角的な検討の上，親子関係を認めるか否か，認めるとした場合の要件や効果，その際の制度整備等について立法によって解決されるべきものであることは，判例においてつとに指摘されてきたところであるが，なお，立法に向けた議論は十分に煮詰まっていないように思われる。」

「このような状況の下，本件申立ては，戸籍法113条に基づき区長の前記多数意見2(3)の取扱い〔編者注：東京法務局長の許可を得て，Aの「父」の欄を空欄とし，X_2 の長男とし，「許可日　平成24年2月△日」，「入籍日　平成24年3月△日」とする旨の戸籍の記載をしたこと〕が法律上許されないものか否かが問われている

➡ 解説

ところ，これを許されないとする場合，現在の戸籍法制を前提とすると，子が登載される戸籍の子の欄に「父」として記載される者（実父，同法13条4号）について，同じ戸籍の父とされる者の欄には，その当否はともかくとして上記1のとおり特例法による者であることが記載されていることになり，一見するところ特例法の制度設計からは整合しない記載となるのであって，身分関係を公証する戸籍事務を管掌する者としては，そのような取扱いを容認し難く，また黙認し難いことも理解できるところである。」

「民法772条以下の父性の推定規定は，父子の血縁関係を客観的又は外形的に判定することが困難であることが前提にあって，上記2のような趣旨で設けられたものであるが，遺伝的な親子の判定手段に著しい進歩が見られ，また家族観にも変化が見られる中で，嫡出推定の規定と推定の及ばない嫡出子に関する解釈とその適用について，改めて本質的な議論が提起されてきている。

特例法は，正に民法の特例を定めるが，その適用は特例法の制度趣旨や制度設計を踏まえた民法の解釈に委ねられているところ，上記のような制度設計の理解からすると，特例法による婚姻関係において，性別取扱いの変更を受けた夫の妻が夫以外の精子提供型の生殖補助医療により懐胎，出産した子について，法律上の父子関係を裁判上認めることは，現在の民法の上記解釈枠組みを一歩踏み出すことになり，また，本来的には立法により解決されるべき生殖補助医療による子とその父の法律上の親子関係の形成の問題に，その手当や制度整備もないまま踏み込むことになると思われる。多数意見の見解は，特例法の制度趣旨を推し進め，性別の取扱いの変更を受けた者の願望に応え得るものとして理解できるところであるが，この特例法の制度設計の下で，子に法律上の実親子関係を認めることにつながることが懸念され，私としては，現段階においてこのような解釈をとることになお躊躇を覚えるところである。民法772条をめぐるさらなる議論と，また生殖補助医療についての法整備の進展に期待したい。」（裁判長裁判官　大谷剛彦　裁判官　岡部喜代子　寺田逸郎　大橋正春　木内道祥）

解説

772条の嫡出推定について，判例は，200日の起算点を内縁開始時ではなく

→ 解説

法律婚の成立時とし（*41*），他方，300日の起算点は，事実上の離婚が生じていたときは，法律婚の解消時よりも遡らせることを認める（*42*）。もっとも，別居していても性交渉の機会があると，婚姻の実態が存在しないことが明らかとまではいえず同条の推定を受けない嫡出子とはいえないとしている（最判平成10年8月31日家月51巻4号33頁）。別居にまで至らなかったような場合には，なおさら，772条の推定を排除することは困難である。このことから，離婚後に再婚した女性が産んだ子について，前夫の嫡出子と推定されることを嫌って出生届をしない事例があることが問題となった。そこで，前夫の子ではないことの証明をすることで772条の推定を外せないかという問題が提起されたが，血縁上のつながりがなければ嫡出推定を排除するという処理は，772条の根本思想と抵触する側面がある。そこで法務省は，離婚後300日以内に生まれた子でも，懐胎時期が離婚後であることが証明された場合に限り，前夫の嫡出子であるとの推定を外す扱いをする旨の通達を出した（*43*）。

関連裁判例として挙げた *44* は嫡出推定の及んでいる子について，当事者の合意と血液鑑定の結果を根拠に，嫡出否認の訴えによることなく父子関係の不存在を認めた審判（合意に相当する審判）である。もっとも，科学的証明をどこまで重視してよいかについては根本的な考え方の対立がある。*45* は，772条の嫡出推定を外すことを緩やかに認めようとした原審を破棄して，いわゆる外観説（事実上の離婚のように外観上懐胎が不可能な場合に限って嫡出推定を外す説）をとる最高裁判例の立場を改めて示した事案である。さらに，*46* は，性同一性障害者として女性から男性への性別取扱いの変更を認める審判がされ，その結果男性と見なされた者の妻が，いわゆるAID（非配偶者間人工授精）による人工授精により子を出産した場合に，嫡出推定が及ぶかという極めて現代的な争点が争われた事案である。最高裁は嫡出子として戸籍に記載すべきであるとの判断を示したが，第三小法廷の意見は3対2に分かれ，法廷意見・反対意見の双方の陣営から詳細な少数意見が付されている。

[2] 非嫡出子――任意認知
47　認知者の意識喪失の間になされた認知届の効力
最(二)判昭和54年3月30日家月31巻7号54頁（百選〈5版〉68頁）

【事実】　Y女は、A男とB女の間に生まれた非嫡出子で、C男と婚姻関係にある。Aはかねて、Yを認知する旨BやCらに洩らしていたが、その後長男XにYについての認知届書の作成と提出を委託した。Xはその委託の趣旨に従って届書を作成し、その提出をYに委託し、Yが届出を実行したが、その時点でAは意識を失っており、翌日死亡した。そこでXは、本件認知が無効であると主張して本訴を提起した。争点は多岐にわたるが、重要なのは、他人が作成した認知届書であること、届出の時点で認知者が意思能力を失っていたことが認知の効力を奪うかである。原審が認知の効力を認めたので、Xから上告。
（事実関係については、『家族法判例百選［第4版］』70頁の鈴木ハツヨ教授の要約に依拠した〔未公表の1，2審判決からまとめられたもの〕。）

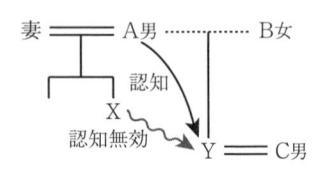

【判決理由】　上告棄却　「民法781条1項所定の認知の届出にあたり、認知者が他人に認知届書の作成及び提出を委託した場合であっても、そのことの故に認知の有効な成立が妨げられるものではなく、また、血縁上の親子関係にある父が、子を認知する意思を有し、かつ、他人に対し認知の届出の委託をしていたときは、届出が受理された当時父が意識を失っていたとしても、その受理の前に翻意したなど特段の事情のない限り、右届出の受理により認知は有効に成立するものと解するのが相当である（最高裁昭和45年(オ)第266号同年11月24日第三小法廷判決・民集24巻12号1931頁参照）。これと同旨に出た原審の判断は正当であり、原判決に所論の違法はない。」（裁判長裁判官　栗本一夫　裁判官　大塚喜一郎　本林譲）

48　父がした出生届と認知の効力

最(二)判昭和53年2月24日民集32巻1号110頁
(法協96巻5号646頁，民商79巻5号727頁，百選〈6版〉52頁，百選〈7版〉54頁)

【事実】　本件は渉外事件であり，争点は多岐にわたるが，判例法として評価されている判示事項にかかわる事実は以下の点である。A男の9名の子のうち，7名の相続資格が争われ，4名についてはAと妻Bの嫡出子としてAから出生届がされているが，実はこれらの子の母親はBではないため虚偽の出生届であること。他の3名はAとC女との間に生まれた非嫡出子としてAから出生届がされているが，Cという女性は存在しない。以上の事実から，7名についてAの相続人としての資格が否定されるかどうかが争われた。

【判決理由】　上告棄却　「嫡出でない子につき，父から，これを嫡出子とする出生届がされ，又は嫡出でない子としての出生届がされた場合において，右各出生届が戸籍事務管掌者によって受理されたときは，その各届は認知届としての効力を有するものと解するのが相当である。けだし，右各届は子の認知を主旨とするものではないし，嫡出子でない子を嫡出子とする出生届には母の記載について事実に反するところがあり，また嫡出でない子について父から出生届がされることは法律上予定されておらず，父がたまたま届出たときにおいてもそれは同居者の資格において届出たとみられるにすぎないのであるが（戸籍法52条2，3項参照），認知届は，父が，戸籍事務管掌者に対し，嫡出子でない子につき自己の子であることを承認し，その旨を申告する意思の表示であるところ，右各出生届にも，父が，戸籍事務管掌者に対し，子の出生を申告することのほかに，出生した子が自己の子であることを父として承認し，その旨申告する意思の表示が含まれており，右各届が戸籍事務管掌者によって受理された以上は，これに認知届の効力を認めて差支えないと考えられるからである。」
（裁判長裁判官　大塚喜一郎　裁判官　吉田豊　本林譲　栗本一夫）

49 認知者死亡後の認知無効

最(一)判平成元年4月6日民集43巻4号193頁
(法協108巻3号480頁, 曹時41巻11号3338頁, 百選〈6版〉60頁, 百選〈7版〉66頁)

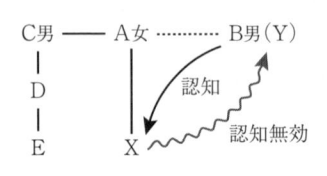

【事実】 Xは戸籍上, A女の子としてAにより出生届がなされ, B男により認知届がなされている。しかし, Xは, 自分の父親がBではなく, Xの出生当時Aが女中として働いていた旅館の客Cであると主張している。Bは昭和35年6月24日に, またCは昭和60年11月7日にそれぞれ死亡した。

```
C男 ──── A女 ········· B男(Y)
 │        │            │
 D        │     認知    │
 │        ↓            │
 E        X    認知無効 〜〜
```

Xは検察官(Y)を被告としてBに対する認知無効の訴え, Cに対する認知の訴えを提起した。本件は前者の訴訟である。訴訟にはCの子D, 孫EがY側に補助参加し, 実質的な訴訟活動をしている。1, 2審ともXの請求を認めたので, Yから上告し, 認知者死亡後の認知無効の訴えについてYには当事者適格がないと争った。

【判決理由】 上告棄却 「親子関係は身分関係の基本となる法律関係であり, 認知に係る親子関係が真実に反するときは, 認知によって生じた法律効果について存在する現在の法律上の紛争の解決のために, 被認知者には, 当該親子関係が存在しないことを確定することについて法律上の利益があるから, 認知者が死亡した後であっても, 認知無効の訴えの提起を許容することが相当であり, この場合において, 認知無効の訴えの相手方たる地位は, 婚姻の無効又は取消しにおける相手方の地位と同様に, 一身専属的なものであって承継の対象とならないので, 人事訴訟手続法2条3項の規定を類推適用して, 認知者が死亡した後は検察官をもって相手方とすべきものと解される。したがって, 認知者が死亡した後においても, 被認知者は検察官を相手方として認知無効の訴えを提起することができると解するのが相当であり, 以上の解釈と異なる大審院判例(大審院昭和16年(オ)第472号同17年1月17日判決・民集21巻1号14頁)は, 変更されるべきである。」(裁判長裁判官　大内恒夫　裁判官　角田禮次郎　佐藤哲郎　四ツ谷巖　大堀誠一)

50　父からの認知無効

最(三)判平成 26 年 1 月 14 日裁判所ウェブサイト

【事実】　Y_2 女は平成 14 年 10 月にフィリピンから来日し，勤務していた飲食店の客 X 男と交際を始め，Y_2 の在留期限直前の平成 15 年 3 月に X と Y_2 は婚姻した。Y_2 は，婚姻後，X に対し，自分にはフィリピンに子が 3 人いることを告白し，子どもを日本に呼び寄せたい旨述べた。X は，平成 16 年 5 月頃，単身でフィリピンに行き，Y_2 の親族と会った。X は，その後，Y_2 の子のうち Y_1 のみを日本に呼ぶこととし，平成 16 年 12 月に Y_1 を認知する旨の届出を提出した。これにより，Y_1 は，婚姻中である X および Y_2 の嫡出子の身分を取得した。

平成 17 年 10 月，Y_1 は来日し，X および Y_2 と同居して日本での生活を始めた。同年 12 月△日，Y_1 は日本国籍を取得している。当時 Y_1 は小学校 3 年生に相当する年齢であったが，まだ日本語が不自由であったため，2 年生に編入された。

Y_1 と X は，同居した当初から一貫して不仲であった。平成 19 年 6 月頃，X が遠方で稼働するようになったため，以後，別々に生活するようになり，Y_1 と X は，その後，ほとんど会っていない。

X は，Y_2 に対し離婚を求め，Y_1 に対し 786 条に基づいて認知の無効を主張して本訴を提起した。1，2 審ともに X の請求を認めたので，Y_1 から，認知者自身が認知の無効を主張することは許されないとして上告受理申立て。

【判決理由】　上告棄却　「所論は，認知者自身による認知の無効の主張を認めれば，気まぐれな認知と身勝手な無効の主張を許すことになり，その結果，認知により形成された法律関係を著しく不安定にし，子の福祉を害することになるなどとして，血縁上の父子関係がないことを知りながら本件認知をした X がその無効の主張をすることは許されないというのである。」

「血縁上の父子関係がないにもかかわらずされた認知は無効というべきであるところ，認知者が認知をするに至る事情は様々であり，自らの意思で認知したことを重視して認知者自身による無効の主張を一切許さないと解することは相当でない。また，血縁上の父子関係がないにもかかわらずされた認知については，利害関係人による無効の主張が認められる以上（民法 786 条），認知を受けた子の保護の観点からみても，あえて認知者自身による無効の主張を一律に制限すべき理由に乏しく，具体的な事案に応じてその必要がある場合には，

→ 50

権利濫用の法理などによりこの主張を制限することも可能である。そして，認知者が，当該認知の効力について強い利害関係を有することは明らかであるし，認知者による血縁上の父子関係がないことを理由とする認知の無効の主張が民法785条によって制限されると解することもできない。

そうすると，認知者は，民法786条に規定する利害関係人に当たり，自らした認知の無効を主張することができるというべきである。この理は，認知者が血縁上の父子関係がないことを知りながら認知をした場合においても異なるところはない。」(補足意見1，意見1，反対意見1がある)

木内道祥裁判官の補足意見

「認知者は，錯誤の有無を問わず，認知無効の主張をすることができないとの解釈は，文理上，成り立ちえないものではないが，明治の民法立法時における認知の無効・取消については十分な議論がなされていたとはいえず，立法者がこのように解していたか否かは必ずしも明らかではない。

私は，真実に反する認知は無効であり，真実に反する以上，認知者も錯誤の有無を問わず民法786条により認知の無効を主張することができ，真実である限り，詐欺強迫による認知の取消もできないと解する。その理由は以下のとおりである。

実親子関係が公益および子の福祉に深くかかわるものであり，一義的に明確な基準によって一律に決せられるべきであること（最高裁平成18年(許)第47号同19年3月23日第二小法廷決定・民集61巻2号619頁参照）は，認知による父子関係についても同様である。錯誤無効を認める場合，錯誤者に重大な過失があれば無効を主張できず，血縁関係についての錯誤ではない動機の錯誤であっても表示されていれば要素の錯誤となり無効を主張できるという錯誤についての法理が適用されないとする根拠はなく，これが，前記の一義的・一律に親子関係が決せられるべきとの要請に反することは明らかである。これと同様の理由により，詐欺強迫等の意思表示の瑕疵による取消ができるとの解釈にも賛同できない。

認知者が血縁のないことを知りながら認知した場合に認知無効の主張を許さないことは，子から法律上の父を奪わないという意味で子の福祉に資するということはできるが，民法786条は，子以外の利害関係人も認知無効の主張をす

ることを認めており，この利害関係人には，子の母，認知者の妻，認知によって相続権を害される者なども含まれる。また，同条による認知無効の主張については期間の制限も設けられてはいない。従って，認知者の無効主張を制限したことによる子の父の確保の実効性はわずかなものでしかなく，そのことをもって，被認知者の地位の不安定を除去できるものではない。本件において，Xに認知無効の主張が許されなかったとしても，Xの訴えが斥けられるにすぎず，XとY₁の間の法律上の父子関係の存在を確定するものではない。現在，認知無効を主張するのがXだけであったとしても，今後，新たに利害関係人が生ずることもありうるのであり，将来，X以外の利害関係人から認知無効の訴えが提起されると，XとY₁の間の法律上の父子関係は否定されざるをえないのである。

　法律上の父子関係の成立について，民法は，夫婦の子については同法772条によって嫡出否認の訴えによってしか覆すことができない強力な父子関係の成立の推定をするものとして，血縁関係との乖離の可能性を相当程度認め，婚姻を父子関係を生じさせる器とする制度としているということができるが，婚姻関係にない男女から出生した子については，同法786条が認知無効の主張を利害関係人に広く認め，期間制限も設けていないように血縁関係との乖離を基本的に認めないものとしていると解される。

　また，認知無効の訴えは血縁関係の不存在を原因とするものであり，嫡出推定を受けない父子関係について認められている親子関係不存在確認の訴えと法的には同様の機能のものであると解されるが，親子関係不存在確認の訴えについては，父からの提訴も認められているのであり，認知無効についてこれと異なる解釈をすることが均衡を得ているとはいえない。

　したがって，血縁関係のないことを知って認知した認知者についても認知無効の主張を許すと解することが相当であり，前記の親子関係が一義的・一律に定められるべきであるという要請を考慮すると，一般的な子の福祉という観点からもそのように解することができる。」

寺田逸郎裁判官の意見

「本件において原審の判断を是認すべきものとする多数意見の結論には賛同するものの，その理由付けの重要な部分について見解を異にするので，以下に

➡ 50

考え方を明らかにしておきたい（なお，文中の条文引用は，特別の表示のない限り，民法におけるものである。）。

1　多数意見は，いったん認知をしておきながら，後に，実際には血縁上の父子関係がないとして自らその認知が無効であると主張することについて，786条の適用により原則的にこれが許されるとする解釈に立って結論を導くのであるが，この解釈にはただちに与することができない。

(1)　嫡出でない子との父子関係は，「血縁による父子」という事実関係が存することを基礎とする関係として概念づけられているとはいえ，その確立過程に関しては，これを規律する779条から787条までの規定を通してみると，父であると主張する者が，その血縁を証明することなく，届出という方式での意思表示をすることにより「認知」という形での父子関係が生じ，これが覆るのは，子や母らの利害関係人が認知無効の訴えを提起し，そこでその旨の証明がされた場合に限られるものとする一方，認知がされない場合における子の側からの父子関係の求めは，認知の訴えでその関係の存在を証明することによって実現を図らなければならず，求められた者の側で父であることを否定したければ，この訴えにおいて争わなければならないのであって，いずれも，訴えでの決着が付けば，その結果が両者の関係を確定することとなるというのが基本構造であると解されている。この構造についての理解の下で，子その他の利害関係人が認知に対して反対事実を主張することができる旨を規定する786条を，父であると主張する者により認知がされたときに，これを覆すことができる者の範囲を定め，事実関係を基礎とすることからくる決着の付け方を明らかにしたものであると解することに全く無理なところはない。そして，785条をも併せ参照すると，唯一自らの意思のみによって父子関係の確立に向けてのイニシアティブをとることができるとされている父となる立場にある者が，認知をした後に自らの姿勢を翻し，その無効を主張することは，上記の規定が想定する場面とは異なる場面としてみて，たとえ父子関係がないことを理由とする場合でもそれ自体では許されるべきではないという考え方を起草者がとっていたと伝えられることにも十分肯ける。むしろ，嫡出子との父子関係について，妻が生んだ子との父子関係をいったん承認した後はこれを否定して嫡出否認の訴えを提起することを許さないと規定する776条をも参照するならば，親子関係を

いたずらに不安定にしないという趣旨において一貫する姿勢をそこに見いだすことができるのである。上記のような解釈は，現に，少なくとも戦前では有力であったし，大審院判例も，直接の判旨とはいえないかもしれないが，これに沿う一般論を示していたのである（大審院大正10年(オ)第857号同11年3月27日判決・民集1巻137頁）。

　(2)　これに対し，多数意見は，786条の「利害関係人」には認知者自身が含まれると解すべきであると論ずるのであるが，そこには，上記のような規定の構造や解釈をめぐる経緯に逆らってまでそのように解するについての積極的な理由が示されているとはいい難い。

　多数意見では，そのように解する理由として，認知者が認知をするに至る事情が様々であることから認知者自身による無効の主張を一切許さないとすることが相当でないこと，血縁上の父子関係がない場合には利害関係人によってそれを理由に認知無効の主張がされるから，あえて認知者自身による無効の主張を制限する理由はないこと，具体的事案に応じて無効の主張を制限したければ権利濫用の法理などによることが可能であることの3つが挙げられている。認知者自身による効力の否定が一切許されないとすることは相当でなく，また，無効の主張ができることとしてもこれを制限する法技術があり得ないことはないことには，異論はあるまい。しかし，ここでの問題は，無効の主張を許すことを原則とすべきか許さないことを原則とすべきかであって，上記のことがいえるとしても，それで認知者自身が無効を主張することができるよう配慮しなければならない積極的な理由が示されているというわけではない。また，血縁上の父子関係がない場合には利害関係人によってそれを理由に認知無効の主張がされることを考慮すべきであるとしても，ここでは，いったん認知がされた以上は子の身分関係の安定を考慮して利害関係人において認知無効の主張を控えるような場合であってすら，認知者自身が態度を翻して血縁上の父子関係がないことを明らかにして認知無効を主張することを許すべきなのかがまさに問われなくてはならないのであって，これに対する肯定的な答えなくしては納得を得るには至らないのである。

　(3)　その意味では，多数意見が実質的に考慮していることは，血縁上の父子関係がないという事実自体が大いに尊重されなければならないということにほ

➡ 50

かならないのではないかと思われる。しかし，血縁上の父子関係がないという事実自体が尊重されなければならないことはそのとおりであるとしても，そのことがここでの決め手となるべきかどうかについては異論もあろう。

認知がされたが，実際には血縁上の父子関係がなかったという場合に，認知者にそのことについての認識の誤りがあったときは，認知された結果を是正すべき何らかの手立てが用意されていて然るべきである。しかし，そのことは，認知の意思表示に瑕疵があるものとしてこれを取消し，あるいは無効とすることにより多くが解決できることであるように思われる。これに対して，木内裁判官は，補足意見の中で，意思表示に瑕疵がある場合の無効・取消しを認めるについて消極論を展開されている。本件とは直接の関わりがない部分なので詳論は避けるが，認知をしようとする者の意思表示によって認知の効力が生ずるものと構成しながら，その意思表示に瑕疵があった場合に効力を争う余地を認めないとする理由はないのではあるまいか。それでは実際には父子関係がある場合において実体的事実を軽んじすぎることになるという考え方なのかもしれないが，それは，その意思がある子の側で父子関係があると主張し，自ら認知の訴えを提起することによって対応するのが本来の在り方に沿うところであるといえよう。

他方，実際には血縁上の父子関係がないのに認知がされている場合にあっても，そもそも認知者がそのことを承知の上で認知をしていることも少なくあるまい。例えば，男性が子の母との生活実態から自らの子として育てる意思があって認知をする場合がそれである。殊に，本件のように婚姻・認知により準正嫡出子となる場合（789条）には，当該男女が協議の上，嫡出子とする目的で男性において認知をしたものとみるべき例が多いといえよう。そのような場合に，仮に認知はふさわしくないと正しく理解し，あるいはそもそも準正の仕組みが欠けていたとしたならば，当事者は養子縁組により嫡出子とする対応をとった蓋然性が高い。認知の届出が事実に反する場合に養子縁組の届出としての効力を認めるかどうかについては，認知には形式上当事者の合意という要素が欠けているし，未成年養子縁組には家裁の許可が必要であることなどを考慮すると，これを肯定することはできないであろうが（最高裁昭和54年㈹第498号同年11月2日第二小法廷判決・裁判集民事128号87頁参照），当事者の関

係を実質的にみると，このような認知について，父となった者が自ら時期を選んで一方的に親子関係を解消することを可能とするというのでは，養子縁組によった場合とあまりにも結果に差が生じてしまうことが懸念される。もっとも，逆に，このような例において，父母との関係が悪化し，解消され，養子縁組であったなら子との関係で離縁をすることを求め得る状況となった場合にも，認知無効の主張ができないとする以上，父子関係を解消することができるとは限らなくなるのであって，認知無効の主張を原則的に許すべきとする立場にあっては，この不都合に目が向いているのかもしれない。そうなると，上記のような関係が不安定であることによる子の不利益と安定すぎることによる父の不利益とが天秤にかけられることになるわけであるが，養子縁組によるのではなく認知によると決めるのは主として父となる認知者の選択によるものであるから，この天秤が結果として父側に不利に傾いてもやむを得ないといえよう。したがって，ここでも，認知者たる父側の認知無効の主張を原則的に許すべきとする立論に根拠を与える事情をはっきりと見いだせるわけではない。

(4) 以上のとおりで，多数意見のこの点に関する見解は，規定の構造などから立法当初から取られてきた有力な考え方を覆すほど実質のある根拠によるかどうかが疑わしい。認知がされたが，実際には血縁上の父子関係がなく，認知者にこのことについての認識に誤りがある場合に，その結果を是正すべき手立てとして，認知の意思表示に瑕疵があるものとしてこれを取り消し，あるいは無効とすることによるのでは解決策として十分でないことや，認知者が血縁上の父子関係が実際にはないことを承知の上で認知をしている例が極くまれであることについてより実証的な結果が示されるようであればともかく，そうでないのに解釈としてこれに従うことには躊躇をおぼえざるを得ないのである。

2 上記1で論じたところにもかかわらず，大橋裁判官と異なり，本件で認知者たるXに認知無効の主張が許されるべきであるとの結論を正当とするのは，本件には特殊な事情があると考えるからである。それは，本件では，認知者による認知があった当時から，フィリピン国籍の特定された実父があることが原審の認定で明らかにされているということである。

(1) この原審の認定は，嫡出でない子の親子関係の成立を規律する法の適用に関する通則法29条1項本文によると，被認知者であるY_1に父があったか

➡ 50

については出生当時の父（かどうかが問題となる者）の本国法によることとされ、本件では父と目される男性はフィリピン国籍との認定であるから、フィリピン法によるべきであるところ、フィリピン家族法（1988年施行）175条，172条では、「父かどうかは、認知を経ることなく、血縁上の父という事実関係が証明されるかどうかで決まる」という原則がとられているとみられるため、その旨の証明があったことにより当該男性が父（Y_1 がその嫡出でない子）とされ、平成20年頃死亡したとされていることから、Xによる認知がされた当時である平成16年において父が存在したことになるということであると解される。

(2) ところで、日本の民法下では、認知は、その性格上、現に父がある子を対象としてはすることができないと解される。父が重複することがあってはならないことは、嫡出子の場合に限られるものではなく嫡出でない子にも共通の制約であるはずで、これは親子関係の公的な秩序として許されるべきではないのである。この点については明文の規定を欠くが、より一般的に父子関係がないことを理由に無効となることが786条で明らかにされているから、ことさらに規定を置くことは避けられたのであろう。ただし、上記のとおり、この場合には、一般的に父子関係がないことを理由に無効とする場合と異なり、公的な秩序に反することが無効の根拠となるわけであるから、例外的に、認知者自身も、父が重複していたことを理由として認知が無効であることを主張することができると解すべきである。そうであるとすると、結局、本件の場合には、Xによる本件認知が無効であったことをX本人の申立てにより認めることには支障がないと解すべきことになる（注）。

 （注） 779条は、嫡出でない子は、その父又は母が認知をすることができる旨を定めるが、これは嫡出子については認知が問題とならないということを前提とした上で、認知の主体がその子と父又は母の関係に立つ者に限られることを規定したものであって、これを反対解釈して、既に他の者の「嫡出でない子」となっている子を別の者が認知することは認められるのであると解することは相当でない。また、これに反する認知が無効とされるべきかどうかについては、本文に記したとおり規定を欠くところ、婚姻の場合の重婚は無効ではなく取り消し得べきものとされていて（732条，

744条)，これを類推適用すべきとする考え方もあり得ようが，婚姻の場合には，通常存すると考えられる後婚の経過的実態を考慮して将来に向かってのみ効力を否定することとした上で関係の調整を図ろうとする関係で，特別に取消しの構成が取られていると考えられるのに対し（748条参照），認知の場合には，そのように実態を尊重すべき関係にあるとは限らない事情にある。本件のように血縁上の父子関係がないとして利害関係のある第三者からの無効主張がされる場合に当てはまることが通例でもあろうし，少なくとも，そのような場合にまで，あえて認知者からの認知無効の訴えによって効力を否定することはできないと解することもないように思われる。」

大橋正春裁判官の反対意見

「私は，多数意見と異なり，XはY₁との間に血縁上の父子関係が存在しないことを理由として認知の無効を主張することができないと考えるものであり，その理由は以下のとおりである。

XはY₁が自らの実子でないことを認識した上で自由な意思によって本件認知を行ったもので，本件は，不実であることを認識した上で自由な意思により認知をした父が反対の事実を主張して認知無効の主張をすることができるか否かが争点となっている事案であり，民法785条及び786条の解釈が問題となる。また，子その他の利害関係人が反対の事実を主張して認知の無効を主張できることは当然の前提となっているのであるから，本件で問われているのは，子その他の利害関係人のいずれもが認知の効力を争わない状況の中で，不実の認知をした父に血縁上の父子関係が存在しないことを理由に認知の無効を主張することを許すか否かという限定された問題ということになる。

大審院大正10年(オ)第857号同11年3月27日判決・民集1巻137頁は，傍論としてではあるが，民法785条及び786条と同一の内容を規定する昭和22年法律第222号による改正前の民法833条及び834条について，「民法833条は認知を為したる父又は母は其の認知を取消すことを得ずと規定し認知を為したる父又は母は任意に其の認知を取消すことを得ざると同時に認知が真実に反するの事由を以ても亦之を取消すことを得ざるものと為したり。従て同条は認知を為したる父又は母に其の認知が真実に反する事由を以て其の無効なること

→ 50

を主張することを許さざる趣旨なりと解するを得べし（片仮名を平仮名にし，原則として常用漢字表の字体とした）」と判示している（同趣旨を述べるものとして，大審院昭和 11 年(オ)第 2702 号同 12 年 4 月 12 日判決・大審院判決全集 4 輯 8 号 16 頁）。民法 786 条が認知に対して反対の事実を主張することができる者を子その他の利害関係人に限っていること，その反対解釈として認知をした父は反対の事実を主張することができないこと，したがって，同法 785 条は認知した父は認知が事実に反することを理由にその無効を主張することを許さない趣旨を定めたものであるとの上記大審院判決の解釈は，文理的にも無理のないものである。民法 786 条が反対の事実を主張できる者として父を挙げていない理由として，認知者自身が認知の無効を主張することが想定されていなかったにすぎないといわれることがあるが，同法 785 条が認知をした父自身が認知の効力を否定することがあることを前提にした規定であることを考えれば，立法者がこれを想定しなかったとは考え難く，同法 786 条が父を除いているのは立法者の明確な意思を示すものと理解すべきである。また，認知した父に反対の事実の主張を認めないことにより，安易な，あるいは気まぐれによる認知を防止し，また認知者の意思によって認知された子の身分関係が不安定となることを防止するとの立法理由には十分な合理性がある。

　私は，法律の解釈は常に文理解釈によるべきであるとの立場をとるものではないが，条文の文言から大きく離れた解釈を採る場合には，これを正当化する十分な実質的な根拠が必要であると考える。

　これを本問題についてみると，認知した父にも反対の事実を主張して認知の無効の主張をすることを認めるべきであるとする論者が根拠として述べる「最も利害関係の深い認知者にも認めるべきである」ということは十分な実質的根拠となり得ない。ここで問題になっているのは認知者の意向によって被認知者の地位を不安定にすることを許してよいかということであり，この点では認知した父は子その他の利害関係人とは全く異なる立場に立つのであるから，他の利害関係人に認められるから当然に認知した父にも認めるべきであるということにはならない。また認知した父による認知の無効の主張を認めないとしても子が認知の無効の主張をすることは妨げられないのであるから，子に対して血縁関係のない父子関係をその不利益に強制することにはならない。本件では，

Y_1 は X の認知によって平成 17 年 12 月△日に日本国籍を取得して以来今日まで長年にわたり日本人としての生活を送ってきたもので，X の請求が認められる場合には日本国籍を失いフィリピンに強制送還されるおそれがあり，Y_1 の地位が X の意思によって不安定なものとなることは明らかである。民法 785 条及び 786 条はこうした事態を避けるために，認知した父に反対の事実を主張して認知の無効の主張をすることを許さない旨定めたものであると解すべきである。

　認知した父は反対の事実を主張して認知の無効の主張をすることができないと解することに対しては，血縁上の父子関係が存しないにもかかわらず，それが法律上の父子関係として存続することを容認することになるが，法律上の父子関係は，血縁上の父子関係を基礎とするものではあるものの，民法上，血縁上の父子関係が存しなければ法律上の父子関係も存し得ないものとはされていないこと，あるいは血縁上の父子関係が存すれば必ず法律上の父子関係が存することになるものともされていないことは，嫡出否認制度や認知制度などに照らしても明らかであり，このような点からみても，上記のように解し，その結果として血縁上の父子関係の存しない法律上の父子関係の存在を容認することになったとしても直ちに不合理であるとはいえない（注）。むしろ，認知した父に反対の事実を主張して認知の無効の主張をすることを許さないことに合理性があることは前述したとおりである。

　（注）　多数意見も権利濫用の法理などにより認知した父による認知の無効の主張が制限されることがあることを認めているが，この場合には，血縁上の父子関係が存しない法律上の父子関係の存在が容認されることになる。」

（裁判長裁判官　大谷剛彦　裁判官　岡部喜代子　寺田逸郎　大橋正春　木内道祥）

51　母の認知

最(二)判昭和 37 年 4 月 27 日民集 16 巻 7 号 1247 頁
（民商 48 巻 3 号 376 頁，曹時 15 巻 2 号 231 頁，百選〈3 版〉90 頁，百選〈7 版〉58 頁）

【事実】　Y 男は戸籍上亡 A，B の子となっているが，実際は，亡 C 男とその愛人 X 女の間に出生した。しかし，Y が婚姻外の子であるため，当時家柄のやかまし

➡ 解説

い父Ｃの籍に入れず、またＸの養父母の反対により母Ｘの戸籍にも入れない事情にあった。そのため知人を介して前記ＡＢの子として出生の届出をした。Ｙは出生の翌月にＸと養子縁組を結んだが、その後父Ｃの家業を継ぐためＸとの養子関係を解消し、Ｙが14歳のときにＣと養子縁組をした。しかし、Ｙは出生時よりずっとＸのもとで養育されてきた。やがて成人して社会的地位を得たＹは、Ｘが自分の親であることを否認するようになったので、ＸはＹとの間に親子関係が存在することの確認を求める本訴を提起した。1，2審ともＸの請求を認め、最高裁もこれを維持したが、その際、次のような判示を付加した。

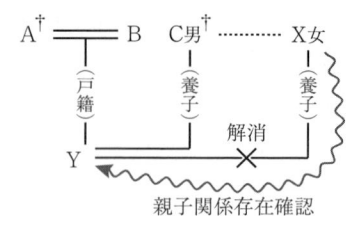

【判決理由】 上告棄却 「なお，附言するに，母とその非嫡出子との間の親子関係は，原則として，母の認知を俟たず，分娩の事実により当然発生すると解するのが相当であるから，ＸがＹを認知した事実を確定することなく，その分娩の事実を認定したのみで，その間に親子関係の存在を認めた原判決は正当である。」（裁判長裁判官　藤田八郎　裁判官　池田克　河村大助　奥野健一　山田作之助）

解　説

届出という方式を要する身分行為については，意思の存在時期が問題となる。判例は，婚姻の事案で，届出の時点での意思の存在を要求しつつ，届書の受理された当時意識を失っていたとしても，その受理前に翻意したなど特段の事情のない限り，右届書の受理により婚姻は有効に成立すると判示している（*2*）。

　47 は認知届について，同様な問題が争点となった事案であるが，婚姻の場合と同様に，届出の時点で意思能力を欠いていてもその前に翻意したことを推定させる特段の事情がなければ有効であるとした。

　任意認知に関して，判例には，比較的柔軟に真実の父子関係を反映させようという考慮がみられる。*48* は，父親が，妻以外の女性との間にできた子を，妻との間の嫡出子として出生届を行った場合に，この虚偽の出生届に認知としての効力を認めた。無効行為の転換の一例である。他方 *49* は認知者死亡後の認知無効の訴えを肯定した。

任意認知をした父自身から認知の無効を主張できるかについて，学説の多数説はこれを肯定するが異論もある。*50* ではこの点が争われ，最高裁は認知者自身からの認知無効の主張を認めたが，反対意見が付され，法廷意見についても補足意見のほか意見が付されるなど，問題の難しさが示されている。

51 は，認知権者を定めた779条の文言に反して，母子関係について原則として認知不要とした有名な判決である。しかし，例外があるのかどうかをめぐっては議論がある。

[3] 非嫡出子——強制認知・親子関係存否確認

52 認知請求期間経過後の父子関係存在確認の訴え

最(一)判平成2年7月19日家月43巻4号33頁〔百選〈6版〉50頁〕

【事実】X女は昭和20年にA女の婚外子として生まれたが，そのことが明らかになるのを避けるため，AはB夫婦に依頼してその三女として出生届をした上で，Aと養子縁組をする形をとった。Xは，自分が養母Aと亡C男との間に生まれた子であるとして，XとB夫婦の間に親子関係がないことを確認する旨の審判を昭和52年に得たが，亡C（昭和34年死亡）に対する認知の訴えの除斥期間が経過していたので，検察官（Y）を相手として親子関係の存在確認を求める本件訴えを提起した。

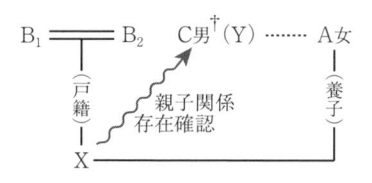

　1，2審ともにXの請求を却下したので，Xから上告して，①母子関係については，母の認知をまたず分娩の事実により当然生ずるとされ，出訴期間の制限なく，母子関係存在確認の訴えが許されるのに，父子関係について短い出訴期間の制限を課すのは「不合理な差別」にあたること。②最大判昭和45年7月15日（民集24巻7号861頁）が，「親子関係は，父母の両者または子のいずれか一方が死亡した後でも生存する一方にとって，身分関係の基本となる法律関係であり，それによって生じた法律効果につき現在法律上の紛争が存在し，その解決のために右の法律関係につき確認を求める必要がある場合があることはいうまでもなく，戸籍の記載が事実と異なる場合には戸籍法116条により確定判決に基づき右記載を訂正して真実の身分関係を明らかにする利益が認められる」。「父母の両者または子のいずれか一方が死亡した後でも，右人事訴訟手続法の各規定〔婚姻・養子縁組の無効または子

➡ 53

の認知の訴えについて当事者の一方が死亡した後でも生存する一方に対し，死亡した当事者との間の右各身分関係に関する訴を提起し，これを追行することを認めた規定〕を類推し，生存する一方において死亡した一方との間の親子関係の存否確認の訴を提起し，これを追行することができ，この場合における相手方は検察官とすべきものと解するのが相当である」と述べており，原審の判断はこれと抵触すること，を主張した。

【判決理由】 上告棄却 「嫡出でない子と父との間の法律上の親子関係は，認知によってはじめて発生するものであるから，嫡出でない子は，認知によらないで父との間の親子関係の存在確認の訴えを提起することができない。これと同旨の原審の判断は，正当として是認することができ，原判決に所論の違法はない。所論引用の判例は，右のような訴えの提起を認める趣旨を判示したものとはいえない。」(裁判長裁判官　大内恒夫　裁判官　角田禮次郎　四ツ谷巌　大堀誠一　橋元四郎平)

53　認知の訴えの出訴期間の起算点

最(二)判昭和57年3月19日民集36巻3号432頁
(法協100巻12号2313頁，民商88巻2号219頁，曹時38巻6号1425頁，百選〈4版〉84頁)

【事実】 A女とB男とは，昭和49年3月中旬から内縁関係にあったが，Bは昭和50年11月初めに出奔して行方不明となった。Aは昭和51年2月にXを出産したので，自己が保管していたBの署名，捺印のある婚姻届と自らB名義で作成したXの出生届とを京都市左京区役所に提出し，Xは戸籍上BとAとの間の嫡出子として記載された。その後，Aは，Bの親族の了解を得て協議離婚届出をし，さらに，Xにつき母の氏を称する旨の届出をしたことにより，XはAの戸籍に入籍された。ところが，昭和53年12月初め頃，新潟県警東署からの身許照会により，Bが昭和50年11月1日頃に死亡していたことが確認されたため，前記婚姻届，出生届，協議離婚届等Xに関するすべての届出の無効を理由とした戸籍訂正許可の審判に基づいて戸籍が訂正され，XとBとは戸籍上父子関係が存在しないこととなった。そこでAは，Xの法定代理人としてY(検事総長)を被告とし認知の訴えを提起した。

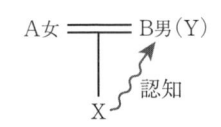

原審は，本件訴えがBの死亡後3年を経過して提起されたもので，787条ただし書の出訴期間を徒過していることを理由に却下したため，Xから上告。

【判決理由】 破棄差戻し 「Bの死亡の事実がAらに判明したのは，その死亡の日から既に3年1か月を経過したのちであり，その間，Xは戸籍上B，A夫婦間の嫡出子としての身分を取得していたのであるから，X又はAがBの死亡の日から3年以内に認知の訴えを提起しなかったことはやむをえなかったものということができ，しかも，仮に右認知の訴えを提起したとしてもその目的を達することができなかったことに帰するところ，このような場合にも，民法787条但書所定の出訴期間を徒過したものとしてもはや認知請求を許さないとすることは，認知請求権者に酷に失するものというべきである。右出訴期間を定めた法の目的が身分関係の法的安定と認知請求権者の利益保護との衡量調整にあることに鑑みると，本件の前記事実関係のもとにおいては，他に特段の事情が認められない限り，右出訴期間は，Bの死亡が客観的に明らかになった昭和53年12月初め頃から起算することが許されるものと解するのが相当である。そして，本件訴えが昭和54年5月24日に提起されたものであることは前記のとおりである。しかるに，原判決が他に特段の事情を認めるべき事実を確定しないで本件訴えにつき出訴期間を徒過した不適法なものとしてこれを却下したのは，同条但書の解釈適用を誤ったものというべく，その誤りは判決に影響を及ぼすことが明らかであって，論旨は結局理由があるから，原判決は破棄を免れない。そして，本件については，更に審理を尽くす必要があるから，これを原審に差し戻すのが相当である。」（裁判長裁判官　栗本一夫　裁判官　木下忠良　鹽野宜慶　宮﨑梧一　大橋進）

54　法定代理人による認知の訴え

最（三）判昭和43年8月27日民集22巻8号1733頁
（法協86巻9号1092頁，民商60巻4号581頁，曹時20巻12号2773頁，百選〈3版〉96頁，百選〈5版〉78頁）

【事実】 A女は旅館「如月」の女中として働いていたが，客のYと情交関係をもつようになり，Xを懐胎し分娩した。本訴は，AがXの法定代理人として提起したYに対する認知請求訴訟である。原審は，AがXを懐胎した当時Y以外の男子

→ *54*

と情交関係を結んだことのない事実や血液型の鑑定等を考慮の結果，Xの請求を認めた。これに対してYが上告し，本訴の提起当時Xはすでに満14歳9か月であり，十分意思能力を有するから，自らの意思に基づき認知の訴えをなすかどうか決定し自ら訴えをなすべきであり，その母Aがこれを代理して認知の訴えを提起することは許されないと論じた。

【判決理由】 上告棄却 「身分上の行為は，原則として法定代理人が代理して行なうことはできず，無能力者であっても意思能力があるかぎり，本人が単独でこれを行なうべきものであり，これに対応して，人事訴訟については訴訟無能力に関する民事訴訟法の規定は適用がないものとされているのである。したがって，未成年の子も，意思能力がある場合には，法定代理人の同意なしに自ら原告となって認知の訴を提起することができるものであり，このことは人事訴訟手続法32条1項，3条1項の規定に照らしても明らかである。しかし，他方，民法787条は子の法定代理人が認知の訴を提起することができる旨を規定しているのであり，その趣旨は，身分上の行為が本人によってなされるべきであるという前記の原則に対する例外として，法定代理人が子を代理して右訴を提起することをも認めたものと解すべきである。また，人事訴訟手続法も，無能力者については当事者本人が訴訟行為をすることを原則としてはいるが，法定代理人の代理行為をまったく許していないものとは解されない。そして，このような法定代理人が子を代理して認知の訴を提起することができるものとすることによって，子に意思能力がない場合でも右訴の提起が可能となるのであるが，子に意思能力がない場合にかぎって法定代理人が右訴を提起することができるものと解することは，子の意思能力の有無について紛争を生じ訴訟手続の明確と安定を害することになるおそれがあって相当でなく，他面，子に意思能力がある場合にも法定代理人が訴訟を追行することを認めたからといって，必ずしも子の利益を実質的に害することにはならないものと解されるのである。したがって，未成年の子の法定代理人は，子が意思能力を有する場合にも，子を代理して認知の訴を提起することができるものと解するのが相当である。
　してみれば，Xの法定代理人母AがXを代理して提起した本件認知の訴は，その提起当時満14才9ヶ月であったXが意思能力を有していたとしても，なお適法なものと認めるべきであって，その前提に立って本案判決をした原審の

措置に所論の違法はなく，論旨は，採用することができない。」（裁判長裁判官 横田正俊　裁判官　田中二郎　下村三郎　松本正雄　飯村義美）

55　親子関係不存在確認と権利濫用

最(二)判平成 18 年 7 月 7 日民集 60 巻 6 号 2307 頁（民商 136 巻 2 号 253 頁，曹時 61 巻 5 号 1633 頁，百選〈7 版〉52 頁）

【事実】　A男B女夫婦には長女X，次女Cがいたが，XはD男E女夫婦と養子縁組をし，以後DEの養子として養育された。その後，F男G女夫婦は，その間に生まれた子Y男をAB夫婦の子として出生の届出をするよう懇請し，Aはこれに応じてABの長男として出生の届出をし，YはABの実子として養育された。Yは高校卒業の頃，自分がABの実子ではないのではないかとの疑問を抱いたことがあったが，AB夫婦を含む周囲の者からその旨を告げられることはなく，AB夫婦の実子であると思い続けてAB夫婦およびCと生活を共にし，CはYの学費を負担するなどYの養育に協力した。その後，Aが死亡し，遺産はすべて妻であるBが相続した。

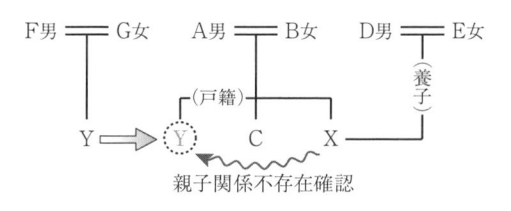

　Yが50歳頃になって，実母であるGの喜寿を祝う集まりに呼ばれ，自分が実はFG夫婦の間に生まれた子であることを認識するに至ったが，その後も，従前と同様に，B，CおよびXとの間で家族としての関係を継続し，同人らも，YがAB夫婦の間の子であることを否定したことはなかった。その後Bは死亡し，その遺産は遺言によりすべてCが相続したが，このような遺言がされたのは，遺産の主なものがBとCが居住していた自宅の土地建物であり，Bの死後もCが引き続きこれに居住できるようにBが配慮したためだった。その6年後，独りで生活していたCが自宅で死亡し，約10日後に発見された。Xは，YがCの安否の確認をしなかったためにCの死亡の発見が遅れたと思い憤りを感じていたところ，Cの法要の参列者をYがXに相談なく決めようとしたことなどに反発し，YとAB夫婦との間の実親子関係が存在しないことの確認を求める本訴を提起した。

　Yは，本訴請求は権利の濫用であると主張した。原審がXの請求を認めたので，Yから上告受理申立て。

【判決理由】　一部破棄差戻し　「実親子関係不存在確認訴訟は，実親子関係という基本的親族関係の存否について関係者間に紛争がある場合に対世的効力を

→ 55

有する判決をもって画一的確定を図り，これにより実親子関係を公証する戸籍の記載の正確性を確保する機能を有するものであるから，真実の実親子関係と戸籍の記載が異なる場合には，実親子関係が存在しないことの確認を求めることができるのが原則である。しかしながら，上記戸籍の記載の正確性の要請等が例外を認めないものではないことは，民法が一定の場合に，戸籍の記載を真実の実親子関係と合致させることについて制限を設けていること（776条，777条，782条，783条，785条）などから明らかである。真実の親子関係と異なる出生の届出に基づき戸籍上甲乙夫婦の嫡出子として記載されている丙が，甲乙夫婦との間で長期間にわたり実の親子と同様に生活し，関係者もこれを前提として社会生活上の関係を形成してきた場合において，実親子関係が存在しないことを判決で確定するときは，虚偽の届出について何ら帰責事由のない丙に軽視し得ない精神的苦痛，経済的不利益を強いることになるばかりか，関係者間に形成された社会的秩序が一挙に破壊されることにもなりかねない。そして，甲乙夫婦が既に死亡しているときには，丙は甲乙夫婦と改めて養子縁組の届出をする手続を採って同夫婦の嫡出子の身分を取得することもできない。そこで，戸籍上の両親以外の第三者である丁が甲乙夫婦とその戸籍上の子である丙との間の実親子関係が存在しないことの確認を求めている場合においては，甲乙夫婦と丙との間に実の親子と同様の生活の実体があった期間の長さ，判決をもって実親子関係の不存在を確定することにより丙及びその関係者の被る精神的苦痛，経済的不利益，改めて養子縁組の届出をすることにより丙が甲乙夫婦の嫡出子としての身分を取得する可能性の有無，丁が実親子関係の不存在確認請求をするに至った経緯及び請求をする動機，目的，実親子関係が存在しないことが確定されないとした場合に丁以外に著しい不利益を受ける者の有無等の諸般の事情を考慮し，実親子関係の不存在を確定することが著しく不当な結果をもたらすものといえるときには，当該確認請求は権利の濫用に当たり許されないものというべきである。

　そして，本件においては，前記事実関係によれば，次のような事情があることが明らかである。

　(1)　Yの出生の届出がされた昭和16年からBが死亡した平成8年までの約55年間にわたり，YとA夫婦ないしBとの間で実の親子と同様の生活の実体

があり，かつ，Xは，Cの死亡によりその相続が問題となるまで，YがA夫婦の実子であることを否定したことはない。

(2) 判決をもってYとA夫婦の実親子関係の不存在が確定されるならば，Yが受ける精神的苦痛は軽視し得ないものであることが予想され，また，土地建物を中心とするA夫婦の遺産をすべて承継したCの死亡によりその相続が問題となっていることから，Yが受ける経済的不利益も軽視し得ないものである可能性が高い。

(3) A夫婦は，Yが実の子ではない旨を述べたことはなく，Yとの間で嫡出子としての関係を維持したいと望んでいたことが推認されるのに，A夫婦が死亡した現時点において，YがA夫婦との間で養子縁組をして嫡出子としての身分を取得することは不可能である。

(4) Xは，Cの死亡の発見が遅れたことについて憤りを感じたこと，Cの法要の参列者がXに相談なく決めようとされたことなどから，YとA夫婦との親子関係を否定するに至ったというのであるが，そのような動機に基づくものであったということは，XがYとA夫婦との間の実親子関係を否定する合理的な事情とはいえない。

以上によれば，YとA夫婦との間で長期間にわたり実親子と同様の生活の実体があったこと，A夫婦が既に死亡しておりYがA夫婦との間で養子縁組をすることがもはや不可能であることを重視せず，また，Yが受ける精神的苦痛，経済的不利益，XがYとA夫婦との実親子関係を否定するに至った動機，目的等を十分検討することなく，Xにおいて上記実親子関係の存在しないことの確認を求めることが権利の濫用に当たらないとした原審の判断には，判決に影響を及ぼすことの明らかな法令の違反がある。論旨はこの趣旨をいうものとして理由があり，原判決のうち実親子関係不存在確認請求に関する部分は破棄を免れない。そして，以上の見解の下にXの上記確認請求が権利の濫用に当たるかどうかについて更に審理を尽くさせるため，上記部分につき本件を原審に差し戻すこととする。」（裁判長裁判官　今井功　裁判官　滝井繁男　津野修　中川了滋　古田佑紀）

[関連裁判例]

56 DNA鑑定と父子関係の判定

福岡高判平成10年5月14日判タ977号228頁（判タ979号40頁、ジュリ1156号141頁、戸籍737号35頁）

【事実】　A女は、昭和45年夏頃、X男と交際して性交渉を数回もったが、同時期に他の男性とも性交渉をもち、その頃Y男を身ごもった。Aは、昭和46年4月10日Yを出産したが、Aの両親であるB、Cは、Aが22歳と若く、かつ未婚であったため、Yを自分達の嫡出子（次男）として出生届をした。Yの養育はAが行った。

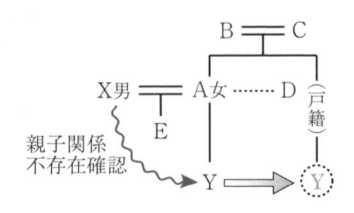

　Xは、Aとの婚姻を強く希望し、Aに対し、Yを自分の子として育てるから結婚してほしいと申し入れ、AがYはXの子かDの子か不明であると話すと、XはDに意思確認を試みたうえ、重ねてAに婚姻を申し入れた。Aは、これを受け入れ、昭和46年11月からXとの同棲を始め、昭和47年5月にXとAとは婚姻の届出をした。その際、AはXからYを自分の子として育てることを改めて確認した。Xは、Aと同棲を始めた当初から、父親としてYに接していた。

　Aは、Yが保育園に入園する前に自分達の戸籍にYを入れようと考え、昭和50年初め頃、Xに、Yを自分達の戸籍に長男として入籍させることを相談し、Xはこれを了承した。そこでAは、B、C、Yを相手方としてB、CとYとの間の親子関係不存在確認の調停を申し立て、昭和50年3月、その旨の合意に相当する審判がされた。同年5月、Aが戸籍訂正申請をし、XがYをAとの間の嫡出子とする出生届をし、YはXを筆頭者とする戸籍に長男として記入された。

　XとAとの夫婦仲は、Xが不貞行為を繰り返したこと等が原因で次第に悪化し、昭和61年頃にはほとんど気持ちが通わない関係になっていた。平成2年4月にYが就職して家を出た後、Aの不貞問題が発生し、別居を経て、平成4年5月にXとAとは協議離婚した。その後、Xは、AとAの不貞の相手を被告として損害賠償請求訴訟を提起した。その訴訟において、AはXとの関係を説明する陳述書を提出したが、その中には、YがXの子ではない旨およびこれを前提とする事実が記載されていた。そのため、Xは、Yと父子関係がないことを明確にしようと考え、平成6年12月、23歳になったYを被告として本件訴訟を提起した。

　鑑定人Fは、XとYの血液を採取し、血液型検査とDNAマイクロサテライト型検査を実施した。血液型検査では、ABO型、MNS型、RH型、HP型、TF型、

PGM1型いずれも父子関係が外見上成立するという結果が出たが，DNAマイクロサテライト型検査では，ACTBP2座で不成立，D8S320座で不成立，THO1座で外見上成立，D14S118座で不成立という結果であった。そして，2つ以上の遺伝子座で父子関係が成立しなければ，父子関係が存在しないことが証明されるから，結論として，XとYは，3つのDNA型システムにおいて，共通の遺伝子をもっておらず，遺伝学的に父子関係が成立しないとした。1審の大分地方裁判所がXの請求を棄却したので，Xから控訴。

【判決理由】　原判決取消し　「XとAは，Yの出生後に同棲を始めたのであるから，民法772条所定の嫡出推定の要件を欠くことはいうまでもなく，遺伝学的に父子関係が成立しないとする鑑定人Fに鑑定の結果の信頼性を否定すべき確たる証拠もないから（右認定につきAの協力が得られなかったのは，XとAの紛争の経緯からみて致し方のないところであり，その状況で，血液型検査の結果のみを重視することは相当ではない。），XとY間に親子関係が存在しないことは明らかである。

　YがX，Aの下で成長し，小学校，中学校，高等学校に順次進学し，高等学校卒業まで2人の下にいたこと，この間，昭和52年にXとAとの間に長女Eが出生し，XがYとEとを自分の子供と認識し，父親として2人に接し，X，A，Y，Eの4人で形成される家族の中で，XがYとEの父親として存在し，周囲の者もXとYとは父子関係にあるものと認識，行動し，Xの両親もYを自分達の孫として遇したこと，YがXを自分の父であると感じ，そのように認識しており，本件訴訟の提起に強い衝撃を受け，自分の言い分を明確に形作ることができず，裁判所に出頭することも困難で，訴訟の進行に回避的にならざるを得ないし，前記鑑定の結果を受け入れることもできず，自分とXとの父子関係を否定するかも知れない手続を認めることができない状況にあること等の事情が証拠上認められるけれども，右事実によって，右判断を左右することは相当ではない（Yは，離婚，その後の損害賠償請求訴訟というXとA間の紛争の巻き添えとなり，突然父親と信じていたXから本件訴訟を提起されたのであり，その心情は察するに余りがあり，極めて不幸な事態というべきではある。）。

　なお，嫡出子出生届が認知届としての効力を有するのは，真実の父子関係が

→ 57

存在する場合であるから，Yの主張は，その前提を欠くものとして採用し難い。

その他，本件全証拠を検討しても，Xの本訴請求を排斥すべき事情は認められず，Xの本訴請求は，これを容認すべきである。」(裁判長裁判官　稲田輝明　裁判官　田中哲郎　野尻純夫)

57　認知請求権の放棄

最(三)判昭和37年4月10日民集16巻4号693頁
(民商47巻5号818頁, 曹時14巻6号924頁, 百選〈3版〉102頁, 百選〈5版〉84頁)

【事実】Xの母Aは，Y男の妾となって肉体関係を続ける中Xを妊娠し，昭和7年3月11日に分娩した。しかし，戸籍上はXがAとB男との間に生まれ，かつ，Aがこれを養子として縁組したように虚偽の届出がなされた。Xは昭和32年11月10日，Bとの親子関係不存在確認および養母Aとの養子縁組無効の確定判決を得て，戸籍は訂正され，XはAの嫡出でない子として記載された。そこでXはYに対して認知の訴えを提起した。これに対してYは，仮にX主張の事実が認定されるとしても，Xは昭和16年当時，Yから養育料として金5千円相当の株券を受領し，これによってYに対する認知請求権を放棄していること，また，仮に放棄がなかったとしても，長年月Xは認知請求権を行使しないままに放置したから，認知を求める権利は権利失効の原則により失効したなどと主張した。

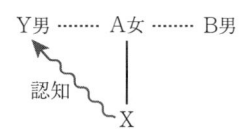

Y男 ········ A女 ········ B男
　　　　　　　｜
認知　　　　　X

1，2審ともにXの請求を認めたので，Yが上告し，「相当考慮の上双方の立場上均衡を得べき贈与を行い子の成長を保持し母子を安全の域に置く一方其恩義に報ゆるため認知請求権の放棄を為すは人道上咎むべきではありませぬ。それは十数年経過後其恩義を顧みず更に認知請求権を行うは茲に所謂信義誠実を忘れたる権利の濫用と云うて各ならざるものであります。本件に於てYは億を以て算する資産家なるが故に認知に藉口して敢て之を為すは民法第1条の精神たる法の社会性にも遵わざる逸脱行為であ」ること，Xが出生後25年もたってから「養育の必要もなく自活十分なるに相続財産を目的とし」て認知を求める本件は，権利失効の原則の適用を受けるなどと主張した。

【判決理由】上告棄却　「子の父に対する認知請求権は，その身分法上の権利

たる性質およびこれを認めた民法の法意に照らし，放棄することができないものと解するのが相当であるから，原判決の引用する1審判決の所論判断は是認することができる。」

「認知請求権はその性質上長年月行使しないからといって行使できなくなるものではない。」（裁判長裁判官　河村又介　裁判官　垂水克己　石坂修一　五鬼上堅磐）

解　説

　死後認知に課される3年の期間制限（787条）について判例は厳格に解しており，*52*は期間経過後の父子関係存在確認訴訟を不適法とした。判例は，内縁関係から生まれた子についても，この厳格な解釈を維持している（最判昭和55年12月23日判時992号47頁）。他方で*53*は，父の死亡を知らなかったという特別の事情のある事案で，3年の起算点を柔軟化することを認めた。

　認知請求は法定代理人もすることができる。*54*は子に意思能力があっても同じであると解したが，親子関係の形成が子の意思に反する場合，法定代理人からの認知請求を認めることには疑問の余地がある。

　子に嫡出推定が及ばない場合，戸籍上父とされていても親子関係の不存在確認を請求することが可能である。しかし，親子関係の有無という真実の確定は，必ずしも常に望ましい帰結をもたらすとは限らず，場合によって身分関係の安定を無益に害することもある。*55*は，確認請求が権利の濫用にあたる場合があることを認めた。

　親子関係の存否を判断する際には，今日では血液型やDNA鑑定など，科学的な手段が存在するが，どこまで科学的手法を重視すべきかについては根本的な見解の対立がある。関連裁判例として挙げた*56*は，科学的証明としてのDNA鑑定を非常に重視した事例であるが，判断の分かれうる事案であり，科学的手法をどこまで重視すべきかを検討する格好の材料を提供しているといえよう。

　認知請求権は，放棄できないとするのが判例であり（*57*），一般的な期間制限もない。しかし，対価を得て認知請求権を放棄し身分関係を安定させることを認めるべきだとの有力な学説もある。

→ *58*

[4] 生殖補助医療技術と親子関係
58 凍結精子による死後生殖

最(二)判平成18年9月4日民集60巻7号2563頁（百選〈7版〉62頁）

【事実】 A男とB女は，平成9年に婚姻した夫婦である。Aは，婚姻前から，慢性骨髄性白血病の治療を受けており，婚姻から約半年後，骨髄移植手術を行うことが決まった。Aが骨髄移植手術に伴い大量の放射線照射を受けることにより無精子症になることを危ぐし，平成10年6月，Aの精子を冷凍保存した。Aは，平成10年夏頃，骨髄移植手術を受ける前に，Bに対し，自分が死亡するようなことがあってもBが再婚しないのであれば，自分の子を生んでほしいという話をした。また，Aは，骨髄移植手術を受けた直後，同人の両親に対し，自分に何かあった場合には，Bに本件保存精子を用いて子を授かり，家を継いでもらいたいとの意向を伝え，さらに，その後，Aの弟および叔母に対しても，同様の意向を伝えた。Aの骨髄移植手術が成功して同人が職場復帰をした後の平成11年8月末頃，ABは本件保存精子を用いて体外受精を行うこととしたが，Aは，その実施に至る前の同年9月に死亡した。

Bは，Aの死亡後，同人の両親と相談の上，本件保存精子を用いて体外受精を行うことを決意し，平成12年中に，本件保存精子を用いた体外受精を行い，平成13年5月Xを出産した。Xは検察官（Y）に対し，XがAの子であることについて死後認知を求めた。原審は，「死後懐胎子からの認知請求が認められるためには，認知を認めることを不相当とする特段の事情がない限り，子と父との間に血縁上の親子関係が存在することに加えて，当該死後懐胎子が懐胎するに至った人工生殖について父の同意があることが必要であり，かつ，それで足りる」と述べて，本件請求を認容すべきものとしたので，Yから上告受理申立て。

【判決理由】 破棄自判 「民法の実親子に関する法制は，血縁上の親子関係を基礎に置いて，嫡出子については出生により当然に，非嫡出子については認知を要件として，その親との間に法律上の親子関係を形成するものとし，この関係にある親子について民法に定める親子，親族等の法律関係を認めるものである。

ところで，現在では，生殖補助医療技術を用いた人工生殖は，自然生殖の過程の一部を代替するものにとどまらず，およそ自然生殖では不可能な懐胎も可能とするまでになっており，死後懐胎子はこのような人工生殖により出生した

→ *58*

子に当たるところ，上記法制は，少なくとも死後懐胎子と死亡した父との間の親子関係を想定していないことは，明らかである。すなわち，死後懐胎子については，その父は懐胎前に死亡しているため，親権に関しては，父が死後懐胎子の親権者になり得る余地はなく，扶養等に関しては，死後懐胎子が父から監護，養育，扶養を受けることはあり得ず，相続に関しては，死後懐胎子は父の相続人になり得ないものである。また，代襲相続は，代襲相続人において被代襲者が相続すべきであったその者の被相続人の遺産の相続にあずかる制度であることに照らすと，代襲原因が死亡の場合には，代襲相続人が被代襲者を相続し得る立場にある者でなければならないと解されるから，被代襲者である父を相続し得る立場にない死後懐胎子は，父との関係で代襲相続人にもなり得ないというべきである。このように，死後懐胎子と死亡した父との関係は，上記法制が定める法律上の親子関係における基本的な法律関係が生ずる余地のないものである。そうすると，その両者の間の法律上の親子関係の形成に関する問題は，本来的には，死亡した者の保存精子を用いる人工生殖に関する生命倫理，生まれてくる子の福祉，親子関係や親族関係を形成されることになる関係者の意識，更にはこれらに関する社会一般の考え方等多角的な観点からの検討を行った上，親子関係を認めるか否か，認めるとした場合の要件や効果を定める立法によって解決されるべき問題であるといわなければならず，そのような立法がない以上，死後懐胎子と死亡した父との間の法律上の親子関係の形成は認められないというべきである。」（滝井繁男裁判官，今井功裁判官の各補足意見がある。）

裁判官今井功の補足意見

「4　厚生科学審議会生殖補助医療部会においては，生殖補助医療を適正に実施するための制度の整備に関し，医学（産婦人科），看護学，生命倫理学，法学の専門家からなる「専門委員会」の報告について，小児科，精神科，カウンセリング，児童・社会福祉の専門家や医療関係者，不妊患者の団体関係者，その他学識経験者も委員として加わり，より幅広い立場から検討が行われ，平成15年4月28日に「精子・卵子・胚の提供等による生殖補助医療制度の整備に関する報告書」を公表した。この報告書においては，「生まれてくる子の福祉を優先する，人を専ら生殖の手段として扱ってはならない，安全性に十分配慮する，優生思想を排除する，商業主義を排除する，人間の尊厳を守る」との基

→ 58

本的な考え方に立って検討が行われた。その結果，精子・卵子・胚の提供等による生殖補助医療を受けることができる者の条件，精子・卵子・胚の提供を行うことができる者の条件，提供された精子・卵子・胚による生殖補助医療の実施の条件について報告が行われた。その中で，提供者が死亡した場合の提供された精子の取扱いについては，提供者の死亡が確認されたときには，提供された精子は廃棄する旨を提言し，その理由として，提供者の死亡後に当該精子を使用することは，既に死亡している者の精子により子どもが生まれることになり，倫理上大きな問題であること，提供者が死亡した場合は，その後当該提供の意思を撤回することが不可能になるため，提供者の意思を確認することができないこと，生まれた子にとっても，遺伝上の親である提供者が初めから存在しないことになり，子の福祉という観点からも問題であること，が挙げられている。

また，法制審議会生殖補助医療関連親子法制部会が平成15年7月15日に公表した「精子・卵子・胚の提供等による生殖補助医療により出生した子の親子関係に関する民法の特例に関する要綱中間試案」においては，夫の死後に凍結精子を用いるなどして生殖補助医療が行われ，子が出生した場合については，このような生殖補助医療をどのように規制するかという医療法制の在り方を踏まえ，子の福祉，父母の意思への配慮といった観点から慎重な検討が必要になるところ，医療法制の考え方が不明確なまま，親子法制に関して独自の規律を定めることは適当ではないと考えられたため，この問題については更なる検討は行わないこととしたとされている。

以上のとおり，死後懐胎子については，医療法制の面でも，親子法制の面でも，様々な検討が行われ，意見が出されているが，法律上の手当てはされていない現状にある。

5 このような中で，ことの当否はさておき，本件のように，死亡した夫の冷凍保存精子を用いた懐胎が行われ，それにより出生した子と精子提供者との間の父子関係をどのように考えるべきかという問題が発生しているのである。

この場合に生まれてきた子の福祉を最重点に考えるべきことには異論はなかろう。そこで，死亡した父と死後懐胎子との間に法律上の父子関係を形成することにより，現行法上子がどのような利益を受けるか，関係者との間にいかな

る法律関係が生ずるのかを考えると，法律上の父と子との間において発生する法律関係のうち重要かつ基本的なものは，親権，扶養，相続という関係であるが，現行法制の下においては，認知請求を認めたとしても，死亡した父と死後懐胎子との間には，法廷意見のとおり，親権，扶養，相続といった法律上の父と子の間に生ずる基本的な法律関係が生ずる余地はなく，父の親族との関係で親族関係が生じ，その結果これらの者との間に扶養の権利義務が発生することがあり得るにすぎず，認知を認めることによる子の利益はそれほど大きなものではなく，現行法制とのかい離が著しい法律関係になることを容認してまで父子関係を形成する必要は乏しいといわざるを得ない。もっとも，親権や扶養の関係は，自然懐胎の場合の死後認知においても死亡した父との間にそのような関係を生ずる余地がない点では同様であるが，それは，懐胎の時点においては親権や扶養の関係が生ずることが予定されていたところ，その後父が死亡したという偶然の事態の発生によるものであって，懐胎の当初からそのような関係が生ずる余地がないという死後懐胎の場合とは趣を異にするものである。

　たしかに，死後懐胎子には，その出生について何らの責任はなく，自然懐胎子と同様に個人として尊重されるべき権利を有していることは疑いがなく，法の不備を理由として不利益を与えることがあってはならないことはいうまでもないのであって，この点をいうXやその法定代理人の心情は理解できるところである。しかしながら，このような子の認知請求を認めることによる子の利益は，上記のようにそれほど大きなものではない一方，これを認めることは，いまだ十分な社会的合意のないまま実施された死後懐胎による出生という既成事実を法的に追認することになるという大きな問題を生じさせることになって，相当ではないといわなければならない。

　この問題の抜本的な解決のためには，医療法制，親子法制の面から多角的な観点にわたる検討に基づく法整備が必要である。すなわち，精子提供者の死亡後に冷凍保存精子を用いた授精を行うことが医療法制上是認されるのか，是認されるとすればどのような条件が満たされる必要があるのかという根源的な問題についての検討が加えられた上，親子法制の面では，医療法制面の検討を前提とした上，どのような要件の下に父子関係を認めるのか，認めるとすればこの父子関係にどのような効果を与えるのが相当であるかについて十分な検討が

行われ，これを踏まえた法整備がされることが必要である。子の福祉も，このような法の整備が行われて初めて実現されるというべきである。そして，生殖補助医療の技術の進歩の速度が著しいことにかんがみると，早期の法制度の整備が望まれるのである。」（裁判長裁判官　中川了滋　裁判官　滝井繁男　津野修　今井功）

59　代理懐胎と親子関係

最（二）決平成19年3月23日民集61巻2号619頁（曹時62巻5号1297頁，百選〈7版〉64頁）

【事実】　X_1X_2 は，平成6年に婚姻した夫婦である。妻 X_2 は，平成12年，子宮頸部がんの治療のため，子宮摘出および骨盤内リンパ節剥離手術を受けた。この際，X_2 は，将来自己の卵子を用いた生殖補助医療により他の女性に子を懐胎し出産してもらう，いわゆる代理出産の方法によりXらの遺伝子を受け継ぐ子を得ることも考え，手術後の放射線療法による損傷を避けるため，自己の卵巣を骨盤の外に移して温存した。

　Xらは，平成15年に米国ネバダ州在住の女性Aによる代理出産を試みることとなり，X_2 の卵巣から採取した卵子に，X_1 の精子を人工的に受精させ，その中から2個の受精卵を，Aの子宮に移植した。その際，Xらは，Aおよびその夫Bとの間で，生まれた子についてはXらが法律上の父母であり，AB夫妻は，子に関する保護権や訪問権等いかなる法的権利または責任も有しないことなどを内容とする有償の代理出産契約を締結した。同年11月，Aは，ネバダ州において，双子の子を出産した。

　ネバダ州法によれば，婚姻関係にある夫婦は代理出産契約を締結することができ，この契約には，親子関係に関する規定，事情が変更した場合の子の監護権の帰属に関する規定，当事者それぞれの責任と義務に関する規定が含まれていなければならないこと，同要件を満たす代理出産契約において親と定められた者は法的にあらゆる点で実親として取り扱われること等が定められている。

　Xらは，同年11月下旬，ネバダ州ワショー郡管轄ネバダ州第2司法地方裁判所家事部に対し親子関係確定の申立てをした。同裁判所は，XらおよびAB夫妻が親子関係確定の申立書に記載されている事項を真実であると認めていることおよびAB夫妻が本件子らをXらの子として確定することを望んでいることを確認し，本件代理出産契約を含む関係書類を精査した後，同年12月1日，Xらが2004年（平成16年）1月あるいはその頃Aから生まれる子らの血縁上および法律上の実

→ 59

父母であることを確認するとともに，子らが出生する病院および出生証明書を作成する責任を有する関係機関に，Xらを子らの父母とする出生証明書を準備し発行することを命じ，関係する州および地域の登記官に，法律に準拠し上記にのっとった出生証明書を受理し，記録保管することを命ずる内容の「出生証明書及びその他の記録に対する申立人らの氏名の記録についての取決め及び命令」を出した（最高裁判所決定に引用の「本件裁判」）。

　Xらは，本件子らの出生後直ちに養育を開始し，ネバダ州は，本件子らについて，X_1を父，X_2を母と記載した出生証明書を発行した。Xらは，平成16年1月，本件子らを連れて日本に帰国し，Y（品川区長）に対し，本件子らについて，X_1を父，X_2を母と記載した嫡出子としての出生届を提出した。

　Yは，Xらに対し，X_2による出産の事実が認められず，Xらと本件子らとの間に嫡出親子関係が認められないことを理由として，本件出生届を受理しない旨の処分をしたことを通知した。これに対し，Xらは本件出生届の受理を命ずることを東京家庭裁判所に申し立てた。

　東京家庭裁判所は本件申立てを却下したが，Xらの抗告に対し，東京高等裁判所は，Xらを法律上の実父母と確認する旨のネバダ州裁判所による裁判は，日本の公序良俗に反することはないとして，外国裁判所の確定判決として民訴法118条の適用ないし類推適用により効力を有し，本件出生届は受理されるべきであるとした。Yから許可抗告の申立て。

【決定理由】　原決定破棄，原々決定に対する抗告棄却　「(1)　外国裁判所の判決が民訴法118条により我が国においてその効力を認められるためには，判決の内容が我が国における公の秩序又は善良の風俗に反しないことが要件とされているところ，外国裁判所の判決が我が国の採用していない制度に基づく内容を含むからといって，その一事をもって直ちに上記の要件を満たさないということはできないが，それが我が国の法秩序の基本原則ないし基本理念と相いれないものと認められる場合には，その外国判決は，同法条にいう公の秩序に反するというべきである（最高裁平成5年(オ)第1762号同9年7月11日第二小法廷判決・民集51巻6号2573頁参照）。

　実親子関係は，身分関係の中でも最も基本的なものであり，様々な社会生活上の関係における基礎となるものであって，単に私人間の問題にとどまらず，公益に深くかかわる事柄であり，子の福祉にも重大な影響を及ぼすものであるから，どのような者の間に実親子関係の成立を認めるかは，その国における身

→ 59

分法秩序の根幹をなす基本原則ないし基本理念にかかわるものであり，実親子関係を定める基準は一義的に明確なものでなければならず，かつ，実親子関係の存否はその基準によって一律に決せられるべきものである。したがって，我が国の身分法秩序を定めた民法は，同法に定める場合に限って実親子関係を認め，それ以外の場合は実親子関係の成立を認めない趣旨であると解すべきである。以上からすれば，民法が実親子関係を認めていない者の間にその成立を認める内容の外国裁判所の裁判は，我が国の法秩序の基本原則ないし基本理念と相いれないものであり，民訴法118条3号にいう公の秩序に反するといわなければならない。このことは，立法政策としては現行民法の定める場合以外にも実親子関係の成立を認める余地があるとしても変わるものではない。

(2) 我が国の民法上，母とその嫡出子との間の母子関係の成立について直接明記した規定はないが，民法は，懐胎し出産した女性が出生した子の母であり，母子関係は懐胎，出産という客観的な事実により当然に成立することを前提とした規定を設けている（民法772条1項参照）。また，母とその非嫡出子との間の母子関係についても，同様に，母子関係は出産という客観的な事実により当然に成立すると解されてきた（最高裁昭和35年(オ)第1189号同37年4月27日第二小法廷判決・民集16巻7号1247頁参照）。

民法の実親子に関する現行法制は，血縁上の親子関係を基礎に置くものであるが，民法が，出産という事実により当然に法的な母子関係が成立するものとしているのは，その制定当時においては懐胎し出産した女性は遺伝的にも例外なく出生した子とのつながりがあるという事情が存在し，その上で出産という客観的かつ外形上明らかな事実をとらえて母子関係の成立を認めることにしたものであり，かつ，出産と同時に出生した子と子を出産した女性との間に母子関係を早期に一義的に確定させることが子の福祉にかなうということもその理由となっていたものと解される。

民法の母子関係の成立に関する定めや上記判例は，民法の制定時期や判決の言渡しの時期からみると，女性が自らの卵子により懐胎し出産することが当然の前提となっていることが明らかであるが，現在では，生殖補助医療技術を用いた人工生殖は，自然生殖の過程の一部を代替するものにとどまらず，およそ自然生殖では不可能な懐胎も可能にするまでになっており，女性が自己以外の

女性の卵子を用いた生殖補助医療により子を懐胎し出産することも可能になっている。そこで，子を懐胎し出産した女性とその子に係る卵子を提供した女性とが異なる場合についても，現行民法の解釈として，出生した子とその子を懐胎し出産した女性との間に出産により当然に母子関係が成立することとなるのかが問題となる。この点について検討すると，民法には，出生した子を懐胎，出産していない女性をもってその子の母とすべき趣旨をうかがわせる規定は見当たらず，このような場合における法律関係を定める規定がないことは，同法制定当時そのような事態が想定されなかったことによるものではあるが，前記のとおり実親子関係が公益及び子の福祉に深くかかわるものであり，一義的に明確な基準によって一律に決せられるべきであることにかんがみると，現行民法の解釈としては，出生した子を懐胎し出産した女性をその子の母と解さざるを得ず，その子を懐胎，出産していない女性との間には，その女性が卵子を提供した場合であっても，母子関係の成立を認めることはできない。

　もっとも，女性が自己の卵子により遺伝的なつながりのある子を持ちたいという強い気持ちから，本件のように自己以外の女性に自己の卵子を用いた生殖補助医療により子を懐胎し出産することを依頼し，これにより子が出生する，いわゆる代理出産が行われていることは公知の事実になっているといえる。このように，現実に代理出産という民法の想定していない事態が生じており，今後もそのような事態が引き続き生じ得ることが予想される以上，代理出産については法制度としてどう取り扱うかが改めて検討されるべき状況にある。この問題に関しては，医学的な観点からの問題，関係者間に生ずることが予想される問題，生まれてくる子の福祉などの諸問題につき，遺伝的なつながりのある子を持ちたいとする真しな希望及び他の女性に出産を依頼することについての社会一般の倫理的感情を踏まえて，医療法制，親子法制の両面にわたる検討が必要になると考えられ，立法による速やかな対応が強く望まれるところである。

　(3)　以上によれば，本件裁判は，我が国における身分法秩序を定めた民法が実親子関係の成立を認めていない者の間にその成立を認める内容のものであって，現在の我が国の身分法秩序の基本原則ないし基本理念と相いれないものといわざるを得ず，民訴法 118 条 3 号にいう公の秩序に反することになるので，我が国においてその効力を有しないものといわなければならない。

→ 59

　そして，Ｘらと本件子らとの間の嫡出親子関係の成立については，Ｘらの本国法である日本法が準拠法となるところ（法の適用に関する通則法28条1項），日本民法の解釈上，X_2と本件子らとの間には母子関係は認められず，Ｘらと本件子らとの間に嫡出親子関係があるとはいえない。

　(4)　原審の前記判断には，裁判に影響を及ぼすことが明らかな法令の違反があり，原決定は破棄を免れない。論旨は理由がある。そして，Ｘらの申立てを却下した原々決定は正当であるから，これに対するＸらの抗告を棄却することとする。」（津野修，古田佑紀裁判官の補足意見，今井功裁判官の補足意見がある。）

津野修，古田佑紀裁判官の補足意見

　「生殖補助医療の発達によって今後も同様の問題が生ずることが予想されることから，代理出産やそれに伴う親子関係等の問題については，法廷意見の指摘する様々な問題点について検討をした上，早急に立法による対応がなされることを強く望みたい。

　諸外国の事情をみても，米国の一部の州やイギリスでは代理出産が認められているが，その中でも，出産した女性を母とした上で，依頼した夫婦を親とする措置を出生後にとることとしているものと，出生時から依頼した者を親とするものとがあり，また，代理出産契約を有効とする要件についても所によって異なる。一方，ドイツ，フランスや米国の一部の州などにおいては，代理出産がおよそ禁止されているとともに，代理出産による子があった場合でも出産した女性を母とすることとされているが，その子と依頼者との間で養子縁組を認めるものと養子縁組も認めないものとがあるなど，代理出産に関しては，それぞれの国の国情を踏まえ，多様に法制が分かれている。このことは，代理出産に関しては，様々な面において考え方が多様に分かれるものであることを示しているといえ，立法による対応が強く望まれるゆえんである。

　なお，本件において，Ｘらが本件子らを自らの子として養育したいという希望は尊重されるべきであり，そのためには法的に親子関係が成立することが重要なところ，現行法においても，Ａらが，自らが親として養育する意思がなく，Ｘらを親とすることに同意する旨を，外国の裁判所ではあっても裁判所に対し明確に表明しているなどの事情を考慮すれば，特別養子縁組を成立さ

せる余地は十分にあると考える。」(裁判長裁判官　古田佑紀　裁判官　津野修　今井功　中川了滋)

解説

　今日では，生殖補助医療の技術を用いて子をもうけることが可能になっており，自然な懐胎・分娩が困難な夫婦にも子をもつことを可能にしている。その一例は，前出 46 にも見ることができるが，技術の進展は著しく，法的対応が追いついていない。58 は凍結精子を用いて夫の死亡後に子を懐胎した事案で，死後懐胎子から死亡した父に対する認知請求を認めなかった。59 は代理懐胎の事案であるが，X 夫婦が著名人であったこともあり，社会的に大きな注目を集めた。代理母から生まれた子と卵子・精子を提供した夫婦との親子関係を認めなかった。最高裁は，代理出産の場合の出生した子の母は，その子を懐胎し出産した女性であるとしている。59 の X 夫婦は，その後，津野・古田両裁判官の補足意見に示唆されたように，特別養子縁組を行ったと報じられている。後掲の 65 は，当事者を異にするが，同様な趣旨の特別養子縁組の事案である。

　生殖補助医療により出生した子の親子関係については，58 の今井裁判官の補足意見に触れられているとおり，法制審議会の生殖補助医療関連親子法制部会が中間試案を出しているが，その後審議は中断している。

第2節　養　子

60　過去の情交関係の存在と縁組意思

最(二)判昭和 46 年 10 月 22 日民集 25 巻 7 号 985 頁
(法協 90 巻 7 号 1059 頁，民商 66 巻 6 号 1130 頁，
曹時 24 巻 7 号 1304 頁，百選〈4 版〉90 頁)

【事実】　X は AB 夫婦の独り息子であり，Y は A の姪にあたる関係にある。A は，長年建築請負業（大工）に従事し，妻 B の死後，内縁の妻 C と同居していた。他方，X は A の跡を継ぐことを嫌い，A の勧めで結婚した後も A と同居しようとしなかった。A は，X に自分の仕事の跡継ぎをさせることを強く望んでいたが，X がその期待にこたえようとしないことから，満たされない気持を抱いていた。

→ 60

Yは、結婚後長女D長男Eの2子を儲けたが、間もなく離婚し、人手が足りない状態にあったACのもとに子供とともに身を寄せ、家事や建築請負業の事務の手伝いに従事することとなった。その後Cは事故で負傷したあと病を得て死亡したが、Cが負傷して床につくようになって以後は、Yは熱心にCの看護にあたるとともに、A方の家計を取り仕切ることとなり、Cの死亡後もYは2子とともにAとの同居生活を続けた。

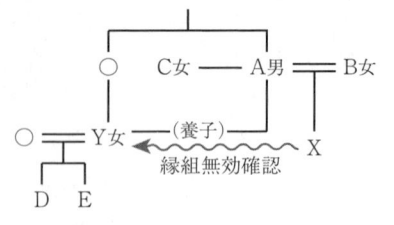

　やがてAは高血圧症と急性胆嚢炎のため建築請負業ができなくなったが、その療養中、それまでCや自分が長い間世話になったことの謝意と、自分の死後におけるA家の先祖および自身の祭祀をYに託したいというかねてからの意図のしるしとして、Yに自己の財産を贈与することを決意し、知り合いの司法書士Fに相談したところ、税金対策や手続上からみて生前贈与や遺贈よりも養子縁組の方が難点が少ないという趣旨の示唆を受け、YもまたAの前記意思に従って養子縁組に同意したので、縁組届が出された。

　その翌年、Aは死亡したが、そこで初めてAYの養子縁組を知ったXは、縁組の無効確認を求める本件訴えを提起した。そして、AYには親子としての生活の実態はなく、そもそも縁組意思があったとはいえないこと、特に、AYの間に情交関係があったという事実があり、これは、親子関係を成立させる意思と両立しないから、養子縁組は無効というべきだと主張した。

　1、2審ともXの請求を認めなかったので、Xから上告。

【判決理由】　上告棄却　「Y（大正10年生）は、Aの姪で、昭和29年終り頃から、二児を連れ、Aおよびその内縁の妻Cと同居して、A方の家事や建築請負業の事務の手伝に従事し、同31年8月頃Cが病臥してからは、同人の看護にあたるとともに、A方の家計をとりしきるようになり、同33年1月にCが死亡した後もAとの同居生活を続けていたこと、Aは、明治29年生れで、昭和39年7月10日に本件養子縁組の届出をした当時は、すでにかなりの高令に達していたばかりでなく、病を得て、建築請負業をもやめ、療養中であったものであり、Yに永年世話になったことへの謝意をもこめて、Yを養子とすることにより、自己の財産を相続させあわせて死後の供養を託する意思をもって、本件縁組の届出に及んだものであること、なお、縁組前にAとYとの間

にあったと推認される情交関係は，偶発的に生じたものにすぎず，人目をはばかった秘密の交渉の程度を出なかったものであって，事実上の夫婦然たる生活関係を形成したものではなかったこと，以上の事実が認められるというのであって，この事実認定は，原判決挙示の証拠に照らして，肯認することができる。そして，かかる事実関係のもとにおいては，養子縁組の意思が存在するものと認めることができ，かつ，右の過去の一時的な情交関係の存在は，いまだもって，あるべき縁組の意思を欠くものとして，縁組の有効な成立を妨げるにはいたらないものであるとした原判決の判断は，正当として是認することができる。」(裁判長裁判官　小川信雄　裁判官　色川幸太郎　村上朝一　岡原昌男)

61　虚偽の嫡出子出生届の養子縁組の成否

最(三)判昭和50年4月8日民集29巻4号401頁
(法協93巻8号1307頁，民商74巻1号104頁，曹時30巻11号1830頁，百選〈6版〉66頁，百選〈7版〉72頁)

【事実】　A男とX女夫婦には子ができなかったため，BC夫婦間に生まれたYを貰い受けて自分達の子として育てようと考え，YをAXの嫡出子として出生届をした。YはAXの子として育てられ，商業学校を卒業し結婚したのちも，AXと同居し，Aの営む自転車製造販売業を手伝った。しかし，その後，XとYの関係が不和となり，Aの死亡後は，XはYから追い出されるようにして家を出ざるをえなくなった。そこで，XはYを相手に親子関係不存在確認の訴えを提起し，その勝訴判決が確定した(この時点までに出生届から約46年が経過している)。

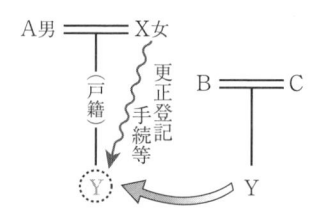

その後，Aが所有していた本件不動産について相続を原因とするXYの共有登記がされたので，Xは共有名義をXの単独名義に更正する登記手続をすること，およびYの本件建物の明渡と本件土地の引渡を求める本訴を提起した。

これに対してYは，仮に亡AとYとの間に実親子関係が存在しないとしても，両名間には養親子関係が成立していると主張し，Yを嫡出子とする出生届は本来無効というべきであるが養子縁組届としての効力を認めるのが相当であり，出生届の日に養子縁組が成立していると主張した。

1，2審はXの請求を認めた。2審は，以下のように述べている。「当事者間に縁

→ 62

組意思があるからといって，嫡出子出生届に養子縁組届としての効力を認めると，未成年者の保護ないし福祉を目的とし，このため，自己又は配偶者の直系卑属を養子とする場合のほかは未成年者を養子とするにつき家庭裁判所の許可を得ることを要求している民法798条の規定を潜脱する結果を招来し，右許可のない未成年養子の発生を肯定することになり，そのために未成年者の保護に欠ける場合も生じて，不都合である。この点からいっても，嫡出子出生届に養子縁組届としての効力を認めることは相当でない。」

Yから上告して，本件出生届においては，「まず真実の親であるBがYをX夫婦の養子とする縁組の意思を有しており，それをYに代って代諾し，その上戸籍上の親たるべきものは，Yを養子とする縁組意思が存在している。そして養子縁組届に対応する届がなされている。よって右は実体的には縁組が有効に成立しているとみるべきである」などと主張した。

【判決理由】 上告棄却 「原審の適法に確定したところによれば，Xとその夫Aは，大正11年1月ころ訴外B・C夫婦間の子として出生したYを同年3月13日引き取って実子同様に養育し，Aから戸籍上の届出手続の依頼を受けた訴外某が同年9月22日YをA・X間の嫡出子として出生届をして，それが受理されたというのである。

所論は，右の場合には嫡出子出生届は養子縁組届として有効と解すべきであるというが，右届出当時施行の民法847条，775条によれば，養子縁組届は法定の届出によって効力を生ずるものであり，嫡出子出生届をもって養子縁組届とみなすことは許されないと解すべきである（最高裁昭和25年12月28日第二小法廷判決・民集4巻13号701頁参照）。」（裁判長裁判官 関根小郷 裁判官 天野武一 坂本吉勝 江里口清雄 裁判官 髙辻正己）

62 他人の子を嫡出子として届出した者の代諾による養子縁組の効力

最（三）判昭和39年9月8日民集18巻7号1423頁
(法協91巻7号1129頁，民商52巻4号602頁，曹時16巻11号1743頁，百選〈6版〉68頁，百選〈7版〉74頁)

【事実】 Y_1男は戸籍上AB夫婦の間に生まれた二男として記載され，その後Y_2およびその妻Cと養子縁組をしたが，当時Y_1は15歳未満であったためAB夫婦が，Y_1に代わって縁組の承諾をした。しかし，Y_1は，真実はAB夫婦間の子ではなく

て、E女の子であった。しかし、Y₁はY₂の子として育てられ、その間Y₂がCと離婚してD女と再婚した際およびDとの間にXが生まれた際に、EはY₂に対し、後日紛争が起きることを心配して

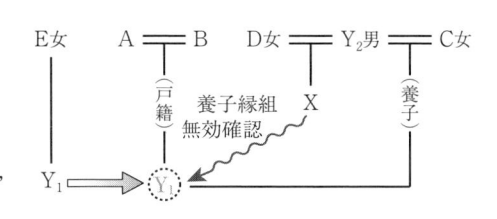

```
E女   A━┳━B   D女━┳━Y₂男━┳━C女
         │         │       │
       (戸籍)  養子縁組  X   (養子)
              無効確認
         Y₁━━━━━━▶ Y
```

Y₁を離縁してほしいと申し入れたが、Y₂はY₁を今まで通り可愛がるからと言ってこの申出を拒んだ。そして、Y₁の大学時代、出征、結婚などを通じ、Y₁とY₂が「終始実親子同様の心情によって結ばれ、世間並の親子としての生活が営まれ、その間風波らしいものは起らなかった」と認定されている。

ところが、その後、Y₁が商売上の必要からY₂に財産の分与を求めたことなどからY₁とY₂の関係が悪化し、Y₁はY₂に対し養子縁組を追認する旨の意思表示をし、他方で、Y₂の実子であるXから養子縁組の無効確認を求める本訴が提起された。

1、2審ともXが勝訴したが、最判昭和27年10月3日民集6巻9号753頁は、15歳未満の子の養子縁組に関する父母の代諾は法定代理に基づくものであり、「その代理権の欠缺した場合は一種の無権代理と解するを相当とするのであるから、……養子は満15歳に達した後は、父母にあらざるものの自己のために代諾した養子縁組を有効に追認することができる」と述べて、追認の余地を否定した原審判決を破棄し差し戻した。

差戻審が、「Y₁はC死亡後においてY₂に対し黙示的明示的に本件縁組を追認したものと認められる」としてXの請求を棄却したため、Xから上告して、追認が認められるとしても、116条ただし書によりXの権利を害することはできないと主張した。

【判決理由】 上告棄却 「所論は、養子縁組の追認についても民法116条但書の規定が適用されることを前提とするものであるが、本件養子縁組の追認のごとき身分行為については、同条但書の規定は類推適用されないものと解するのが相当である。けだし事実関係を重視する身分関係の本質にかんがみ、取引の安全のための同条但書の規定をこれに類推適用することは、右本質に反すると考えられるからである。

したがって、原判決が本件養子縁組の追認について、同条但書の規定を類推適用しなかったのは、相当というべく、原判決には、所論のような違法はない。」(裁判長裁判官 横田正俊 裁判官 柏原語六 田中二郎)

63 養子縁組と家裁の許可

新潟家審昭和57年8月10日家月35巻10号79頁（百選〈6版〉70頁）

【事実】 Y男はAB夫婦の三男として出生した。Yの父Aは交通事故および稼働中の事故により健康を害し無職の状態が続いており、現在も就労できる見込みがついていない。そのため、母Bが工員として働いて一家の生計を支えてきたが、AB夫婦の間にはすでに2人の息子がおり、これ以上は子を養育する経済的余裕がないとして妊娠中からすでにYを養子に出すことを決め、養親捜しを担当の婦人科医に依頼していた。

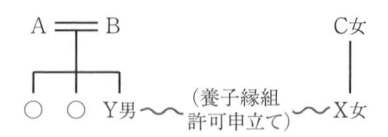

　X女は6歳のときに僧侶C女の養子となったが、尼僧学校卒業後僧侶となり、D寺（曹洞宗）で養母Cとともに生活してきたが、寺の後継者のことやXの老後のことを考えて養子となる者を捜していたところ、Yの親を紹介され、Yの出生前に両親との間で話し合いYをXの養子にすることを決め、Yを引き取り、以来Xのもとで養育している。

　D寺ではX、Xの養母C、Yの3人が暮らしており、寺の近くに寺の世話人をしているE（仕出屋経営）の住居があり、Xは幼少期E家で家族同様の扱いを受けていたこともあって、Yがある程度成長したらXの多忙のときなどはE家にYの世話をしてもらう予定でいる。XはYに対し愛情を感じており、Yの意思を尊重し寺の後継ぎにすることを強制するつもりはない旨言明している。

　なお、D寺は以前尼寺であったが今は寺に昇格しており、男子が住職になることはさしつかえない。

　Yの両親は、Yの養子先が寺と聞き初めは戸惑いを感じたが、Xの人柄をみて養子に出すことを決意し、すでにXのもとで養育してもらっていることもあり、他の養親を捜す気持ちはない。

　以上の事実関係の下で、XはYを養子とすることの許可を家庭裁判所に求めた。

【審判理由】 申立却下 「未成年者養子縁組について家庭裁判所の許可を要するものとした理由は、未成年者の福祉に合致しない養子縁組を防止しようとするところにあり、家庭裁判所としては縁組の動機、実親及び養親となるべき者の各家庭の状況等を十分検討したうえで、縁組が子の利益になるとの心証を得たうえで許可をなすべきであると思料するところ、本件のように未成年者が生後まもない幼児であって当該養子縁組について何らの意思表明もできない状態

にあるときは，家庭裁判所がその申立ての当否を決するにあたっては一層慎重な判断を要するといわなければならない。

　そこで，検討するに，一般に未成年者はその実親のもとで監護養育されることが子の福祉に最も合致するといえようが，本件の場合のように家庭の事情等でそれが困難な場合には次善の方法として子の監護を他人に託することもまたやむをえないものと思われる。しかし，その際には子の利益になるようにできるだけ条件の良いところを捜すべく最大限の努力を尽すことが実親の責務であるといえよう。そして，本件のように生後すぐに養子に出すというような場合には，特段の事情のない限り養親の条件としてまず第一に夫婦そろっているということが考えられるべきであろう。けだし，幼児の場合には特に父母の愛情がその健全な育成のために大切であると思われるからである。これを本件についてみるに，事件本人〔Y〕の両親はわが子を僧侶の養子にして寺に入れることを別段希望していたわけではなく，たまたま紹介された相手が僧侶であったというのであり，実際初めはこれを知って戸惑いを感じていたのである。ちなみに，前記調査報告書によると，新潟県F児童相談所においては現在養子縁組を希望する里親の数の方が子のそれを上回っている状態であり，生後まもない男児であれば里親を見つけるのは比較的容易であろうというのである。してみると，本件の場合Yの実親が前記のような努力を十分に尽したかどうか疑問が残るといわざるをえない。

　他方，申立人〔X〕についてみると，その職業，収入，住居の状態，人柄等については別段問題は認められないところ，本件申立ての動機としてYを寺の後継者にしたいこと，YにXの老後の面倒をみてもらいたいことをあげており，若干養親の利益に走り過ぎるきらいがないことはないが，実際XはYに愛情を感じており，自分の子として養育することに生きがいを見出していることもうかがわれるので，前記動機をもってこれをいちがいに不当とみることはできない。ただ，ここで危惧の念を抱かせるのは，本件養子縁組によってYが将来僧侶となるべく運命づけられ，その結果Yの職業選択の自由を侵害することになるのではないかという問題である。この点につき，XはYを養子にしても寺を継がせることを強制するつもりはないと言明しているし，もとよりこれはYの気持しだいであり，同人が寺の後継者になることを承諾しな

➡ 63

い以上Xとしてもいかんともすることはできないであろう。しかしながら、XがYを寺の後継ぎにしたいという希望を持っていることは事実であり、本件養子縁組が認められた場合、Yがこれから先養育される環境、XとYとが母と子という強いきずなで結ばれ、かつXにYが監護教育されることなどを考慮すると、前記の危惧の念を完全に払拭することはできない。

さらに、Xの住んでいるD寺は寺に昇格したとはいえX及び同人の養母の二人の尼僧が住んでおり、実質的には未だ尼寺であって一般的な家庭とは相当に趣きを異にすると思われ、幼児（特に男児）の生育する環境として適当であるかどうかについても疑問の残るところである。もっとも、前認定のとおり、X自身幼少期E家（いわゆる一般家庭に該当すると思われる。）の世話になったというのであり、またYがもう少し成長したらXと同様にE家の世話になるつもりでいることが認められ、したがって、Yが一般的な家庭の雰囲気に接する機会をもちうることになるとはいえるが、このような形で他人の援助が必要であるということは、幼児を育ててゆく場所として尼寺という生活環境自体に不十分な点があるのではないかとの疑問を抱かせる。」

「以上検討した結果によると、本件養子縁組については未成年者の福祉に合致するか否かについて前記のとおりの懸念をさしはさむ余地があり、本件申立てを認容することに対しては消極的にならざるをえない。

ところで、Yは既に3カ月余りXのもとで現に養育されてきているのであり、またYの実親も改めてX以外の養親を捜す気持はないと述べているから、本件養子縁組を許可しないことによりかえってYの利益を害することになりはしないかという点については検討を要するところではある。しかしながら、既成事実を先行させることによって、家庭裁判所が未成年者養子縁組について与えられている審査権を弱められる結果になるのは好ましいこととはいえないし、また前記のとおりYの実親にしても児童相談所等の援助を求める余地は残されているはずである。そして、仮にこのままYがXのもとで養育されることになったとしても、XとYとの養子縁組の問題は、せめてYがXの身分、職業及び自己の置かれている生活環境等についておおよその認識ができ、養子縁組についても一応の意思表明が可能な年齢に達するまで留保しておき、Yにその選択をさせる道を残しておくべきものと思料する（本件の場合、Y

がこのままXの寺で養育されることになれば，Yは比較的早い時期に友人や同級生らの家庭環境と自己のそれとの違いに気づいてこれに疑問をもつことが予想されるから，Xとしても早晩Yに対しこの間の事情を説明する必要が生じてこよう。）。」

「よって，前記説示したとおり，本件養子縁組を許可するのは相当でないから，参与員Gの意見を聴いたうえ，本件申立てを却下することとし，主文のとおり審判する。」（家事審判官　井上哲男）

64　夫婦共同縁組の成否

最（一）判昭和48年4月12日民集27巻3号500頁（民商70巻2号327頁，百選〈新版・増補〉310頁，百選〈3版〉118頁）

【事実】　X女は，夫AがB女を妾として近所に住まわせるようになったことが原因となって，養子C（戸籍上はAのみの養子）を連れてAと別居し，以後，離婚届を出すには至らなかったものの，Aが死亡するまで事実上の離婚状態が続いた。

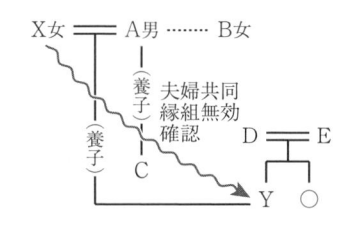

Aは，Xが別居して間もなく，Bを自宅に住まわせて事実上の夫婦として同居生活をしていたが，C以外には子がなかったため，老後のことをも考え，Bの希望を容れて，近隣に住むDE夫婦の代諾により，その二女のYを養子とする本件縁組をした。その際，BはYをAと自分との養子としたものと考え，縁組を世話した者にもAにもXとの縁組という考えは毛頭なく，そのような趣旨で縁組の披露も行われたのであるが，Aとしては，事実上の妻Bとの家庭においてYを養子とするには，法律上ほかに方法がないため，Xとの共同縁組の形式をとり，Xおよびその夫AとYとの養子縁組の届出がXには全く無断でなされた。この縁組当時，AとXとの婚姻共同生活の実体は少なくとも10年間は失われていた。Yは，Xと生活をともにしたことはなく，縁組以後もっぱらAおよび事実上の養母のBの2人に養育され，Aが死亡するまで10年間親子として生活をともにした。

その後Xは，自己が戸籍上Yの養母となっていることを知り，Aにその理由をただしたが，同人がいずれうまく始末するというので，それ以上あえて追及しなかった。しかし，Xとしては，Yが自己の養子とされることは承諾せずその是正を求めたものの，Aの養子とされることは黙認していた。

→ 64

　Aの死亡後，その相続をめぐって争いが生じ，XからYに対し，夫婦共同縁組全体の無効確認を求める本訴を提起した。これに対してYは，Xとの関係で縁組が無効となったとしても，Aとの関係では有効な養親子関係が成立していると争った。

　原審がYの主張を認めたので，Xから上告。

【判決理由】　上告棄却　「民法795条本文は，配偶者のある者は，その配偶者とともにするのでなければ，養子縁組をすることができない旨を規定しているが，本来養子縁組は個人間の法律行為であって，右の規定に基づき夫婦が共同して縁組をする場合にも，夫婦各自について各々別個の縁組行為があり，各当事者ごとにそれぞれ相手方との間に親子関係が成立するものと解すべきである。しかるに，右の規定が夫婦共同の縁組を要求しているのは，縁組により他人との間に新たな身分関係を創設することは夫婦相互の利害に影響を及ぼすものであるから，縁組にあたり夫婦の意思の一致を要求することが相当であるばかりでなく，夫婦の共同生活ないし夫婦を含む家庭の平和を維持し，さらには，養子となるべき者の福祉をはかるためにも，夫婦の双方についてひとしく相手方との間に親子関係を成立させることが適当であるとの配慮に基づくものであると解される。したがって，夫婦につき縁組の成立，効力は通常一体として定められるべきであり，夫婦が共同して縁組をするものとして届出がなされたにもかかわらず，その一方に縁組をする意思がなかった場合には，夫婦共同の縁組を要求する右のような法の趣旨に反する事態を生ずるおそれがあるのであるから，このような縁組は，その夫婦が養親側である場合と養子側である場合とを問わず，原則として，縁組の意思のある他方の配偶者についても無効であるとしなければならない。しかしながら，夫婦共同縁組の趣旨が右のようなものであることに鑑みれば，夫婦の一方の意思に基づかない縁組の届出がなされた場合でも，その他方と相手方との間に単独でも親子関係を成立させる意思があり，かつ，そのような単独の親子関係を成立させることが，一方の配偶者の意思に反しその利益を害するものでなく，養親の家庭の平和を乱さず，養子の福祉をも害するおそれがないなど，前記規定の趣旨にもとるものでないと認められる特段の事情が存する場合には，夫婦の各縁組の効力を共通に定める必要性は失われるというべきであって，縁組の意思を欠く当事者の縁組のみを無効とし，

縁組の意思を有する他方の配偶者と相手方との間の縁組は有効に成立したものと認めることが妨げないものと解するのが相当である。」

「Yの代諾権者であるD、Eにおいても、Aにおいても、Xとの縁組の成否いかんにかかわらず、AとYとの間に縁組を成立させる意思を有し、現実にもその間に親子関係の実体が形成されたものであり、AとYとの間に単独に親子関係が成立することは、Xの意思に反せず、AもしくはXの家庭の平和を乱しまたはYの福祉に反するものでもなかったと解されるのであって、Aについてのみ縁組を有効とすることを妨げない前示特段の事情が存在するものと認めるのが相当である。したがって、本件養子縁組がAとYとの間においては有効であると認めた原審の判断は、正当として是認することができる。」
（裁判長裁判官　大隅健一郎　裁判官　藤林益三　下田武三　岸盛一）

65　代理出産と特別養子縁組

神戸家姫路支審平成20年12月26日家月61巻10号72頁（民商141巻6号660頁）

【事実】 A男とB女はいずれも25歳以上の夫婦であるが、Bは罹患している病気のために子を産むことができなかった。D男E女はBの両親であるが、EはABおよびD等の了解を得て、Bの卵子とAの精子を受精させた胚の移植を受けて妊娠し、Cを出産した。

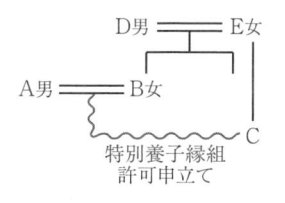

Bは、Cの出生に合わせて母乳を出すための薬を飲んでCに与えABはCを引き取って監護養育している。Eは、CをAB夫婦のために妊娠、出産したと考えている。DE夫婦は、いずれも稼動して収入を得ており、経済的な不安はないが、AB夫婦がCを責任をもって育てるべきであると考えており、Cを自身らの子として育てる意思はなく、特別養子縁組を希望している。

AB夫婦は、Cの血縁上の親であり、Cを責任をもって育てる意向である。AB夫婦は、仲が円満で、愛情をもってCを監護養育しており、その心身の健康状態、居住環境、経済状態等も安定している。AB夫婦によるCの監護養育は、約10か月が経過し、良好に推移しており、Cの発育・発達状況も順調である。家庭裁判所調査官の調査においても、AB夫婦に養親としての適格性が認められることおよびAB夫婦とCとの間の適合性が良好であることが確認されている。

➡ 解説

以上のような事実関係の下で、ABがCとの特別養子縁組許可の申立てを行った。

【審判理由】 特別養子を認める審判 「いわゆる代理出産については、医学的、倫理的・社会的、法的各側面から、その是非を含めた様々な議論がされ、上記最高裁判所決定（59）においても、法制度としてどう取り扱うか改めて検討されるべき状況にあり、医療法制、親子法制の両面にわたる検討を経て、立法による速やかな対応が強く望まれるとされている（なお、いわゆる代理出産の検討状況について、日本学術会議生殖補助医療の在り方検討委員会平成20年4月8日報告「代理懐胎を中心とする生殖補助医療の課題―社会的合意に向けて―」参照）。しかし、出生した子と、血縁上の親との間にどのような関係を成立させるかについては、代理出産の是非と必然的に連動するものではなく、出生した子の福祉を中心に検討するのが相当であり、上記最高裁判所決定の補足意見においても、事案によっては、法的に親子関係を成立させるため、現行法において、特別養子縁組を成立させる余地がある旨が指摘されている。」

「そうすると、本件においては、申立人ら夫婦〔AB〕の養親としての適格性及び事件本人〔C〕との適合性にはいずれも問題がない上、AB夫婦は、Cの血縁上の親であり、Cを責任を持って監護養育していく真摯な意向を示していること、他方、E及びD夫婦は、AB夫婦がCを責任を持って育てるべきであると考えており、Cを自身らの子として監護養育していく意向はなく、かかるE及びD夫婦にCの監護養育を委ねることは、その監護が著しく困難又は不適当であることその他特別の事情があると認められるから、CをAB夫婦の特別養子とすることが、その利益のために特に必要があるというべきである。」
（家事審判官　菊池絵理）

解　説

養子は法的親子関係を人為的に発生させる制度であるが、そのために必要とされる縁組意思とはいかなるものかについて、親子関係の形成とは別の目的を達するために行われた養子縁組をめぐって問題とされてきた。情交関係を隠蔽するための養子などは無効と解されるが、60は、過去において情交関係があった事案について、縁組意思が欠けるとはいえないと判断した事例である。

虚偽の届出によって実親子関係の外観を作ろうとした場合に、無効行為の転

➡ 解説

換として，養子縁組が認められるかどうかが争われる。判例は，養子縁組の方式を重視しており，*61* は虚偽の嫡出子出生届を養子縁組とみることを否定し，最判昭和 54 年 11 月 2 日判時 955 号 56 頁は虚偽の認知届（自分の子でないことを知りながら養子とする意図でなされた認知届）を養子縁組の届出とみることはできないとしている。もっとも，*62* は，他人の子を実の子として代諾養子縁組をした場合については，子本人による追認を認めた。また，虚偽の届出に基づく親子関係が長期にわたって継続している場合に，親子関係の不存在確認の請求が退けられる場合があることは前掲 *55* が判示している。

未成年養子には家庭裁判所の許可がいるが（798 条），そこでは子の福祉を害しないかが考慮される。*63* は僧侶にするための養子縁組について，子が意思表明できる年齢になるまで許可を留保する判断を行った例である。

夫婦が未成年者を養子とするときは，夫婦共同縁組が要求されている（795 条）。これは子の福祉の観点から課せられる要件なので，すでに養親子関係が形成され時間が経過した後では，柔軟な判断がなされる。*64* はその例である（795 条の昭和 62 年改正前の事件であるが，改正後も妥当するルールに関する事例）。

65 は昭和 62 年改正で導入された特別養子縁組の事例であるが，事案は，*59* で扱った代理懐胎に関わる。

第4章 親　権

[1] 利益相反

66 連帯保証等と利益相反行為

最(三)判昭和43年10月8日民集22巻10号2172頁 （百選〈3版〉134頁, 百選〈7版〉88頁）

【事実】　X_1は夫Aと協議離婚する際に、X_1と4人の子供X_2〜X_5がAの所有する甲不動産の贈与を受けてそれぞれ5分の1ずつの共有持分を取得した。X_1はX_2〜X_5およびDEの6名の子の親権者となって子供を引き取り、新聞の配達員として勤めていたが、同勤者Fの夫で医院を経営しようとしていたBと知り合い、同人が経営資金の一部としてCから金35万円を借り入れるにあたり、その連帯保証人となって本件不動産に抵当権を設定することを懇願され、ついに断わり切れなくなってこれを承諾し、自らは共有者の一員として、また、未成年者であったX_3、同X_4、同X_5の親権者としてこれらを代理し、さらに長男X_2の代理人名義を兼ねて、債務につき各連帯保証契約を締結するとともに、同一債務を担保するため、本件不動産全部につき抵当権を設定することを約し、抵当権設定登記が経由された。当時X_2は他県で勤務しており、X_1はX_2から前記行為をすべき代理権を与えられていなかったにもかかわらず、同人の代理人と称して各契約を締結した。

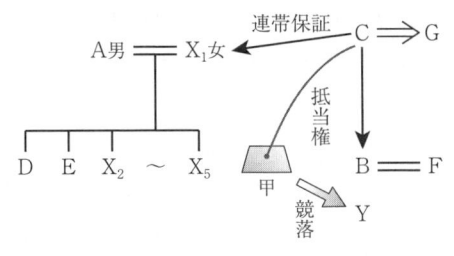

その後Cの債権はGに譲渡され、Gが抵当権を実行してYが競落人となった。そこで、Xらから Yに対し、X_1の代理行為には代理権が欠けており、抵当権は有効に成立しておらず、Yの競落は無効であるとして、所有権移転登記の抹消を求める本件訴訟が提起された。

原審は、X_1の代理行為が、X_2については無権代理、X_3〜X_5については利益相反行為にあたるとして、X_2〜X_5の持分に関してXらの請求を認めたので、Yから上告。以下はX_3〜X_5の請求に関する判示部分である。

【判決理由】　上告棄却　「原判決がその挙示の証拠のもとにおいて確定した事

実，とくに昭和35年3月10日CからBに対する金35万円の貸付について同人の懇望により，X_1 が，みずからは共有者の一員として，また，未成年者であった X_3，X_4，X_5 の親権者としてこれらを代理し，さらに，長男 X_2 の代理人名義をかねて，右債務について各連帯保証契約を締結するとともに，同一債務を担保するため，いわゆる物上保証として本件不動産全部について抵当権を設定する旨を約しその旨の設定登記を経た等の具体的事実関係のもとにおいては，債権者が抵当権の実行を選択するときは，本件不動産における子らの持分の競売代金が弁済に充当される限度において親権者の責任が軽減され，その意味で親権者が子らの不利益において利益を受け，また，債権者が親権者に対する保証責任の追究を選択して，親権者から弁済を受けるときは，親権者と子らとの間の求償関係および子の持分の上の抵当権について親権者による代位の問題が生ずる等のことが，前記連帯保証ならびに抵当権設定行為自体の外形からも当然予想されるとして，X_3・X_4・X_5 の関係においてされた本件連帯保証債務負担行為および抵当権設定行為が，民法826条にいう利益相反行為に該当すると解した原判決の判断は，当審も正当として，これを是認することができる」（裁判長裁判官　横田正俊　裁判官　田中二郎　下村三郎　松本正雄　飯村義美）

67　遺産分割と利益相反行為

最（一）判昭和49年7月22日家月27巻2号69頁（百選〈6版〉82頁／百選〈7版〉90頁）

【事実】　Aが死亡し，その長男Y，三男 X_1，四男 X_2，五男 X_3，二女 X_4 ならびに二男亡Bの代襲相続人である X_5，X_6 および X_7 のため相続が開始した。昭和28年7月頃，当時未成年者であった X_6 および X_7 の親権者であるCと $X_6 X_7$ を除くその余の相続人らとの間に，Aの遺産を全部Yに取得させる旨の遺産分割の協議が成立した。その後，Yを除く共同相続人が，Cの行為は利益相反行為であり，遺産分割協議は無効であると主張して，Y名義の不動産登記の抹消を求める本件訴訟を提起した。

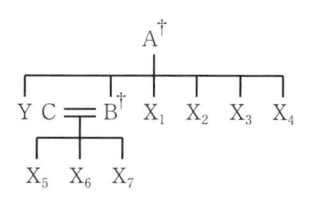

原審が，X_6 および X_7 は本件遺産分割の協議により何も財産を取得しないのであるから，本件協議についてはその間で利益が相反することはなく，Cが両名の親権

→ 68

者として両名を代理して協議に加わっても利益相反行為にならないとして，Xらの請求を退けたので，Xらから上告。

【判決理由】 破棄差戻 「民法826条2項所定の利益相反行為とは，行為の客観的性質上数人の子ら相互間に利害の対立を生ずるおそれのあるものを指称するのであって，その行為の結果現実にその子らの間に利害の対立を生ずるか否かは問わないものと解すべきであるところ，遺産分割の協議は，その行為の客観的性質上相続人相互間に利害の対立を生ずるおそれのある行為と認められるから，前記条項の適用上は，利益相反行為に該当するものといわなければならない。したがって，共同相続人中の数人の未成年者が，相続権を有しない一人の親権者の親権に服するときは，右未成年者らのうち当該親権者によって代理される一人の者を除くその余の未成年者については，各別に選任された特別代理人がその各人を代理して遺産分割の協議に加わることを要するのであって，もし一人の親権者が数人の未成年者の法定代理人として代理行為をしたときは，被代理人全員につき前記条項に違反するものというべきであり，かかる代理行為によって成立した遺産分割の協議は，被代理人全員による追認がないかぎり，無効であるといわなければならない（最高裁昭和47年(オ)第603号同48年4月24日第三小法廷判決・裁判集民事109号183頁参照）。

してみると，CがX₆及びX₇両人の親権者として加わって成立した本件遺産分割の協議は，Xらによる追認がないかぎり，無効と解すべきところ，その追認の事実を確定することなく右の協議を有効とした原判決には，民法826条2項の解釈適用を誤った違法があり，その違法は原判決の結論に影響を及ぼすことが明らかである。論旨はこの点において理由があるから，原判決は破棄を免れず，更に審理を尽くさせるため，本件を原審に差し戻すのを相当とする。」（裁判長裁判官　大隅健一郎　裁判官　藤林益三　下田武三　岸盛一　岸上康夫）

68　特別代理人と未成年者との利益相反行為

最(一)判昭和57年11月18日民集36巻11号2274頁
(法協106巻8号1527頁，民商89巻3号383頁，曹時37巻9号2459頁，百選〈6版〉84頁)

【事実】 親権者である父Y₁は，裁判上の和解において，自分が事実上経営するA

興業株式会社のXに対する債務を担保するために，自ら連帯保証人となり，その所有する甲不動産について代物弁済の予約をして担保として提供するとともに，未成年者である子Y_2の法定代理人としてY_2所有名義の乙不動産についても同様に担保として提供した。しかし，Y_1とY_2の間に利益相反の関係があることから，家庭裁判所にY_2のための特別代理人の選任を求める審判が申し立てられ，特別代理人Bが選任され，Bは上記担保提供を追認した。その後，Aが和解で定められた債務を履行しなかったため，債権者Xが甲乙不動産の所有権を取得し，Yらに対して明渡し等を求めた。これに対してY_2は，Bもまた同じ裁判上の和解においてY_2が担保提供したのと同じ債務について連帯保証人となり，所有不動産を担保提供していたことから，Y_2と利益相反の関係にあり，特別代理人がした追認は無効であると争った。

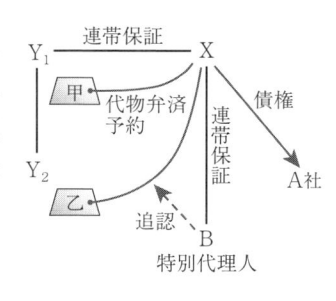

原審は，家庭裁判所が特別代理人を選任するには代理権を授与される事項の意義と本人および特別代理人との関係等諸般の事情を考慮して裁判するものであって，「前記事情があるからといって，家庭裁判所が特に代理権を授与したB選任の審判の効力が左右されるわけのものではない」などと述べて，Xの請求を認めたので，Yらから上告。

【判決理由】 破棄差戻し 「家庭裁判所が民法826条1項の規定に基づいて選任した特別代理人と未成年者との間に利益相反の関係がある場合には，特別代理人は選任の審判によって付与された権限を行使することができず，これを行使しても無権代理行為として新たに選任された特別代理人又は成年に達した本人の追認がない限り無効である，と解するのが相当である。けだし，特別代理人は親権者と未成年者との間に利益相反の関係がある場合に親権者に代わる未成年者の臨時的保護者として選任されるもので，右選任は，特別代理人に対し当該行為に関する限りにおいて未成年者の親権者と同様の地位を付与するものにとどまり，右行為につき事情のいかんを問わず有効に未成年者を代理しうる権限を確定的に付与する効果まで生ずるものではなく，したがって，右のようにして選任された特別代理人と未成年者との間に利益相反の関係がある場合には，右特別代理人についても親権の制限に関する民法826条1項の規定が類推適用されるものと解すべきだからである。

→ 69

しかるに、原審は、当時未成年者であったY_2の特別代理人に選任されたBとY_2との間に利益相反の関係があるとしながら、家庭裁判所は代理権を付与される事項の意義及び本人と特別代理人との関係等諸般の事情を考慮して選任の審判をするものであることを理由にして、右のような利益相反の関係があるからといってBを特別代理人に選任した審判の効力が左右されるものではないとし、Y_2所有不動産の担保提供につきBがY_2の特別代理人としてした追認をその適法な代理権の行使として有効であると判断しているのであって、右判断には特別代理人の権限に関する民法の解釈適用を誤った違法があるといわなければならず、右違法が原判決に影響を及ぼすことは明らかである。論旨は右の点で理由があり、原判決は、その余の点について判断するまでもなく、破棄を免れない。」（裁判長裁判官　団藤重光　裁判官　藤﨑萬里　中村治朗　谷口正孝　和田誠一）

69　親権者の一方に利益相反関係がある場合における代理方法

最（一）判昭和35年2月25日民集14巻2号279頁
(法協78巻2号239頁，民商43巻1号133頁，曹時12巻4号468頁，百選〈5版〉116頁，百選〈7版〉92頁)

【事実】　A男はその事業が破綻したため、Y_1に対する債務について、未成年の子X所有の本件不動産を、妻BとともにXを代理してY_1に代物弁済として譲渡し移転登記を経由した。その後Y_2銀行はY_1名義となった本件不動産に根抵当権の設定を受けている。Xは、代物弁済による本件不動産所有権譲渡は、父Aについては利益相反行為であり、母Bも特別代理人と共同して代理していないから、無効であるとして、Y_1に対して所有権移転登記の抹消を、Y_2に対しては根抵当権設定登記の抹消を求めた。

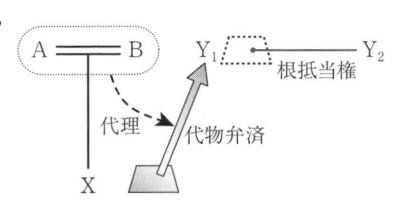

原審は、民法826条は、一方の親権者のみがその子と利益が相反する場合にも適用があるかどうかについて疑問の存しないわけではないが、「本条が専ら子の保護を目的としている点と、後述のように、両親権者間の情愛と子の利益を代表するとの関係は微妙なもので、他の一人のみによっては必ずしも子の利益が十分に保護さ

れないおそれがないと断定できない現状とを考慮して，条文の立言を考えれば本条は，親権者の一方がその子と利益相反し，他の親権者が利益相反関係にない場合にもその適用があり，利益相反の関係にある親権者は特別代理人の選任を求め，特別代理人と，利益相反の関係にない親権者と共同して，代理行為をなすべきものと解するを相当とする」とし，現に，本件の場合も，「特に親権者においてX個人の利益を考慮した事情はなにも認められない」と述べて，Xの請求を認めた。Yらから上告し，民法826条第1項は「一方の親権者の親権が制限されても，他方の親権者が親権を行使し得る場合にまで特別代理人の選任を要するものとする趣旨ではない」と主張して，その旨を判示した東京高決昭和33年1月23日東京高裁判決時報9巻1号6頁を引用した。

【判決理由】 上告棄却 「当裁判所は，本件のような場合には，利益相反の関係にある親権者は特別代理人の選任を求め，特別代理人と利益相反の関係にない親権者と共同して代理行為をなすべきものとする原判決の見解を正当としてこれを支持し，所論引用の判例の見解をとらない。それ故，所論は採用できない。」（裁判長裁判官　斎藤悠輔　裁判官　入江俊郎　下飯坂潤夫　高木常七）

70　利益相反行為の効力

最（三）判昭和46年4月20日家月24巻2号106頁（百選〈3版〉140頁，百選〈5版〉118頁）

【事実】 Y_1はXに対して負っていた債務の担保のため，Y_1が4人の子（Y_2，A，B，C）と共同所有する本件土地について，Xのための売買一方の予約がなされた。この売買予約は，Y_2についてはY_1が代理人として，またて未成年であったABCについてはY_1が法定代理人としてなしたものである。当時Y_1はY_2の代理権を有していなかったが，のちにY_2はY_1の代理行為を追認した。またABCも成年に達したのち，それぞれ売買予約を追認した。Y_1が債務を履行しなかったためXは予約完結の意思表示をし，Yらに対して建物収去土地明渡し等を請求した。

これに対して，Y_2は追認したことを否認し，ABCは親と子の利益相反行為であるから無効であり，また追認により有効となる旨の規定はないから，追認によって有効となる余地はないと主張した。1，2審ともXが勝訴したので，Yらが上告。

【判決理由】 上告棄却 「Y_2，A，B，Cは，名古屋地方裁判所昭和38年(ワ)第

➡ 71

542号，その控訴審である名古屋高等裁判所昭和40年(ネ)第60号，その上告審である最高裁判所昭和40年(オ)第1379号事件の係属中，Xまたはその訴訟代理人に対し，Y₁による本件土地の売買予約に関する無権代理行為を追認したものであり，これにより，右売買予約中右4名の共有持分に関する部分は，その成立の時に遡って効力を生じたものである旨，および親権者が民法826条に違反して，親権者と子の利益相反行為につき法定代理人としてなした行為は民法113条所定の無権代理行為にあたる旨の原審の認定判断は，原判決挙示の証拠関係に照らして首肯できる。原判決に所論の違法はなく，論旨は採用できない。」（裁判長裁判官　飯村義美　裁判官　田中二郎　下村三郎　松本正雄　関根小郷）

71　物上保証行為と親権者の法定代理権濫用

最(一)判平成4年12月10日民集46巻9号2727頁（⇒総則・物権68事件）
（法協111巻3号400頁，民商108巻6号911頁，曹時45巻12号2767頁，百選〈7版〉94頁）

【事実】　B男の死亡後，Bの弟Cは，相続に関する手続をはじめ諸事にわたりBの妻Aとその子Xの面倒をみていた。その後，Cの経営するD会社が，銀行から事業資金を借り受けるについて，その保証をするY信用保証協会がD会社に対して取得する債権を担保するため，Aは未成年の子Xの親権者として，Xが相続により取得した本件土地に根抵当権を設定した。その後成人に達したXは，AがXの親権者として根抵当権設定契約を締結した行為はもっぱら第三者であるD会社の利益を図るものであり，親権の濫用にあたること，Yは契約締結の際これを知っていたから，民法93条ただし書の類推適用により本件契約の効果はXに及ばないと主張して，根抵当権設定登記の抹消を求めた。原審がXの請求を認めたので，Yから上告。

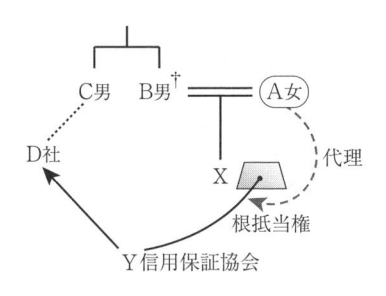

【判決理由】　破棄差戻し　「1　親権者は，原則として，子の財産上の地位に変動を及ぼす一切の法律行為につき子を代理する権限を有する（民法824条）ところ，親権者が右権限を濫用して法律行為をした場合において，その行為の相手方が右濫用の事実を知り又は知り得べかりしときは，民法93条ただし書の

規定を類推適用して，その行為の効果は子には及ばないと解するのが相当である（最高裁昭和39年㈺第1025号同42年4月20日第一小法廷判決・民集21巻3号697頁参照）。

　2　しかし，親権者が子を代理してする法律行為は，親権者と子との利益相反行為に当たらない限り，それをするか否かは子のために親権を行使する親権者が子をめぐる諸般の事情を考慮してする広範な裁量にゆだねられているものとみるべきである。そして，親権者が子を代理して子の所有する不動産を第三者の債務の担保に供する行為は，利益相反行為に当たらないものであるから，それが子の利益を無視して自己又は第三者の利益を図ることのみを目的としてされるなど，親権者に子を代理する権限を授与した法の趣旨に著しく反すると認められる特段の事情が存しない限り，親権者による代理権の濫用に当たると解することはできないものというべきである。したがって，親権者が子を代理して子の所有する不動産を第三者の債務の担保に供する行為について，それが子自身に経済的利益をもたらすものでないことから直ちに第三者の利益のみを図るものとして親権者による代理権の濫用に当たると解するのは相当でない。

　3　そうすると，前記一1の事実〔遺産分割協議でAが取得した集合住宅の管理をするなど，Cが諸事にわたりAら母子の面倒をみていた事実〕の存する本件において，右特段の事情の存在について検討することなく，同一5の事実〔D会社の銀行からの借入れは，その使途がDの事業資金であって，Xの生活資金，事業資金その他Xの利益のために使用されるものではなかったこと，また，XとDとの間には格別の利害関係はなかった事実〕のみから，AがYの親権者として本件各契約を締結した行為を代理権の濫用に当たるとした原審の判断には，民法824条の解釈適用を誤った違法があるものというべきであり，右違法が判決に影響することは明らかである。」（裁判長裁判官　橋元四郎平　裁判官　大堀誠一　味村治　小野幹雄　三好達）

解　説

　親権者は子との利益が相反する行為をすることができない（826条）。判例は利益相反の有無を行為の外形から判断する外形説を採っているが，利益相反行為のひとつの典型例が**66**の抵当権設定である。**67**は1人の親権者が複数の

→ 72

子を代理して遺産分割協議をすることも利益相反行為になるとした。

利益相反行為となる行為をするためには，子のために特別代理人の選任が必要である。では，家庭裁判所の選任した特別代理人と子との利益が相反するとき，特別代理人は審判によって付与された権限を行使できるだろうか。**68** は特別代理人との関係においても 826 条 1 項が類推適用されるとした。では，夫婦が共同して親権を行使する場合において（818 条 3 項），一方の親と子との間に利益相反関係が生じたときは，どうすればよいだろうか。他方の親が単独で親権を行使できると解する余地もあるが（818 条 3 項ただし書），**69** は利益相反の関係にある親に代わる特別代理人を選任し，その特別代理人ともう一方の親との共同代理になる旨判示した。

利益相反となる親権の行使が行われたときの効果については，代理人の法律行為が無効となるとの理解もあった中で，**70** は，無権代理と同様であることを判示し，行為能力者となった子が追認することも可能であるとした。

外形説の下で利益相反とされない行為であるが，実質的に子の利益を害する行為を親権者が行ったとき，通常の代理の場合のように，代理権濫用の法理は適用されるだろうか。**71** はこれを認めた上で，広範な裁量が認められる親権の特性に配慮して，代理権濫用にあたる場合に限定を加えた。

[2] 子の引渡し

72 人身保護法による子の引渡し（1）——明白性の基準

最（三）判平成 5 年 10 月 19 日民集 47 巻 8 号 5099 頁 （法協 112 巻 8 号 1162 頁，曹時 47 巻 2 号 247 頁，百選〈5 版〉106 頁）

【事実】 Y_1 男と X 女は昭和 63 年に婚姻し，同人らの間には同年 7 月に A が，平成元年には B が出生した。しかし，夫婦関係は次第に円満を欠くようになり，Y_1 は平成 4 年 8 月，AB を連れて岡山県の伯母の家に墓参に行き，帰途そのまま AB とともに Y_1 の実家である Y_2（Y_1 の父）宅で生活するようになった。

X は，同年 9 月，その母とともに Y_2 宅に赴いて AB の引渡しを求めたが，これを拒否されたため AB を連れ出したところ，追いかけてきた Y_1 および Y_3（Y_1 の母）と路上で AB の奪い合いとなり，結局，AB は Y らによって Y_1 宅に連れ戻された。

X は，同年 9 月末ころ，神戸家庭裁判所に対して Y_1 との離婚を求める調停を申し立てたが，親権者の決定等について協議が調わず，調停は不調に終わった。そこ

で，XからYらに対して人身保護法に基づく子の引渡し請求がなされた。

ABの日常の世話は主にY₃がしている。ABらは外で近所の子供らと遊ぶことも多く，健康状態は良好である。しかし，両親の微妙な関係を理解しているらしく，Yらの面前でXのことを口にすることはない。Y₁は，なるべくABとの接触に努め，ABと一緒に夕食をとるようにするなどしている。Yらは，愛情ある態度でABらに接しており，今後もABを養育することを望んでいる。

他方，Xが居住する県営住宅はY₁名義で賃借しているが，離婚した場合でも，Xに居住が許可される見通しである。Xの両親は，県営住宅から徒歩5分くらいの所にXの兄とともに居住しているが，両親の住宅は2DKの広さであるため，Xは実家に戻ることを考えていない。

Xは，平成4年10月から近くの外食店でアルバイトをしている。生活費の不足分はXの両親が援助している。ABを引き取った場合，Xは，ABが幼稚園に通うようになるまでは育児に専念し，Xの両親は，その間の生活費の援助およびその他の協力をすることを約束している。

以上の事実関係の下で，原審は，ABのように3，4歳の幼児は，母親がその監護・養育をする適格性，育児能力等に著しく欠けるなど特段の事情がない限り，父親よりも母親の下で監護・養育されるのが適切であり，子の福祉に適うものとする前提に立った上で，(1) ABに対する愛情，監護意欲，居住環境の点でXとYらとの間に大差は認められないが，Y₁は仕事のため夜間および休日しかABと接触する時間がないのに対し，XはABが幼稚園に通うようになるまで育児に専念する考えをもっていることからすれば，ABは，Xの下で監護・養育される方がその福祉に適する，(2) 経済的な面でXの自活能力は十分でないが，Xの両親が援助を約束していることからすれば，Y側と比べて幾分劣るとはいえさしたる違いはないとし，本件においては，ABをXの下で養育することがABの福祉に適うものと考えられるから，本件拘束（YらがABを監護・養育していることをいう）には顕著な違法性があるといわざるをえないと判断して，Xの本件人身保護請求を認容した。

【判決理由】 破棄差戻し 「1　夫婦の一方（請求者）が他方（拘束者）に対し，人身保護法に基づき，共同親権に服する幼児の引渡しを請求した場合には，夫婦のいずれに監護させるのが子の幸福に適するかを主眼として子に対する拘束状態の当不当を定め，その請求の許否を決すべきである（最高裁昭和42年(オ)第1455号同43年7月4日第一小法廷判決・民集22巻7号1441頁）。そして，この場合において，拘束者による幼児に対する監護・拘束が権限なしにされて

→ *72*

いることが顕著である（人身保護規則4条参照）ということができるためには，右幼児が拘束者の監護の下に置かれるよりも，請求者に監護されることが子の幸福に適することが明白であることを要するもの，いいかえれば，拘束者が右幼児を監護することが子の幸福に反することが明白であることを要するものというべきである（前記判決参照）。けだし，夫婦がその間の子である幼児に対して共同で親権を行使している場合には，夫婦の一方による右幼児に対する監護は，親権に基づくものとして，特段の事情がない限り，適法というべきであるから，右監護・拘束が人身保護規則4条にいう顕著な違法性があるというためには，右監護が子の幸福に反することが明白であることを要するものといわなければならないからである。

2　これを本件についてみるのに，原審の確定した事実関係によれば，被拘束者ら〔AB〕に対する愛情，監護意欲及び居住環境の点においてXとYらとの間には大差がなく，経済的な面ではXは自活能力が十分でなくYらに比べて幾分劣る，というのである。そうだとすると，前示したところに照らせば，本件においては，ABがYらの監護の下に置かれるよりも，Xに監護されることがその幸福に適することが明白であるということはできない。換言すれば，YらがABを監護することがその幸福に反することが明白であるということはできないのである。結局，原審は，右に判示した点を十分に認識して検討することなく，単にABのように3,4歳の幼児にとっては父親よりも母親の下で監護・養育されるのが適切であるということから，本件拘束に顕著な違法性があるとしたものであって，右判断には人身保護法2条，人身保護規則4条の解釈適用を誤った違法があり，右違法が判決の結論に影響を及ぼすことは明らかである。」

「以上によれば，論旨は右の趣旨をいうものとして理由があり，原判決は破棄を免れず，前記認定事実を前提とする限り，Xの本件請求はこれを失当とすべきところ，本件については，幼児であるABの法廷への出頭を確保する必要があり，この点をも考慮すると，前記説示するところに従い，原審において改めて審理判断させるのを相当と認め，これを原審に差し戻すこととする。」

（補足意見2がある）

可部恒雄裁判官の補足意見（園部逸夫裁判官同調）

法廷意見の趣旨を詳細に敷衍したあとで，次のように述べている。

「最後に言及を要するのは，昭和 55 年法律第 51 号による家事審判法の一部改正についてである。右改正により執行力を有する審判前の保全処分の制度が新設され（家事審判法 15 条の 3），これを承けて家事審判規則 52 条の 2 は，子の監護者の指定その他子の監護に関する審判の申立てがあった場合に，家庭裁判所は，申立てにより必要な保全処分を命ずることができる旨を明定した。この保全処分が審判前における子の引渡しを含むことは，同規則 53 条の規定に徴しても疑問の余地がない。

本件にみられるような共に親権を有する別居中の夫婦（幼児の父母）の間における監護権を巡る紛争は，本来，家庭裁判所の専属的守備範囲に属し，家事審判の制度，家庭裁判所の人的・物的の機構・設備は，このような問題の調査・審判のためにこそ存在するのである。しかるに，幼児の安危に関りがなく，その監護・保育に格別火急の問題の存しない本件の如き場合に，昭和 55 年改正による審判前の保全処分の活用（注）を差し置いて，「請求の方式，管轄裁判所，上訴期間，事件の優先処理等手続の面において民事刑事等の他の救済手続とは異って，簡易迅速なことを特色とし」「非常応急的な特別の救済方法である」人身保護法による救済を必要とする理由は，とうてい見出し難いものといわなければならない。

注，昭和 55 年法律第 51 号による家事審判法の一部改正は，実務担当者の要望を実現したもので，当時の執務資料も，「子の監護をめぐる紛争の処理は科学的な調査機構を有する家庭裁判所の審判手続により行うことが望ましく，この度，本案審判の先取りとして子の引渡しの仮処分を命ずることが可能となったことから，この種の問題の解決に相当の威力を発揮するものと期待される」としている（最高裁事務総局「改正民法及び家事審判法規に関する執務資料」家庭裁判資料 121 号（昭 56）86 頁）。

このような審判ないし審判前の仮処分は，正しく家庭裁判所の表芸ともいうべきものであり，制度改正にもかかわらず，なおこれが活用されることなく，地方裁判所による人身保護請求が頻用されるとすれば，一面その安易な運用につき反省を要するとともに，他面，家庭裁判所の存在理由にかかわる底の問題

→ 73

として認識されることを要するものと私は考える。」（裁判長裁判官　可部恒雄　裁判官　園部逸夫　佐藤庄市郎　大野正男　千種秀夫）

［関連裁判例］

73　人身保護法による子の引渡請求と拘束の顕著な違法性

最（三）判平成6年4月26日民集48巻3号992頁（民商113巻2号276頁，曹時49巻3号774頁，百選〈7版〉84頁）

【事実】　Y男とX女は昭和56年に婚姻し，同人らの間には，昭和59年12月に長女Aが，昭和62年2月に次女Bがそれぞれ出生した。Xは，昭和62年3月にくも膜下出血で倒れ，病院を退院後も身体障害者障害程度等級表上2級に相当する右上下肢不全麻ひおよび失語症の障害が残った。Xは，Yが家事等について協力してくれないことに不満をもち，次第にYとの仲が円満を欠くようになり，平成5年3月，ABを連れて両親宅に帰った。

　ところが，Yは，同年11月，ABが通学する小学校付近で，登校してきた同人らを車に同乗させてY宅に連れて行き，以後，同人らと生活している。そこで，Xは人身保護法に基づき，ABの引渡しをYに請求した。

　なお，Yは，歯科技工士を職業とし，自宅内で仕事をすることが可能であり，Y宅の近くに義父と実母夫婦が居住していて，ABの日常生活の面倒を実母にみてもらっている。ABは，Y宅に移った後，近くの小学校に通って普通の生活を送っている。他方，Xは，いずれも小学校の教諭を定年退職した両親宅に居住し，身体障害者として年金を受給している。両親宅は，その居住空間も広く，Xの入院期間中にABが引き取られていたところでもあり，同人らにとってなじみのあるところである。同人らは気管支ぜん息にかかっているが，Xの両親宅に移ってからはその発作が軽減し，病状が改善された。Y，Xとも，ABに対する愛情に欠けるところはない。

　原審は，(1) ABはXの両親宅に移ってから地元の小学校に通学し，教育上十分に配慮の行き届いた安定した生活を送っていたところ，Y宅に移るとこれらがすべて失われること，(2) ABの気管支ぜん息がXの両親宅への転地により改善されたが，Y宅のある地域は，環境的にはABの気管支ぜん息を悪化させるおそれがあること，(3) ABらは幼女であって母親であるXの監護を欠くことは適当でないことを考慮し，ABがYの監護の下に置かれるよりもXの監護の下に置かれる方がその幸福に適すること，すなわち，ABがYの監護の下に置かれる方がXの監護の下に置かれるよりもその幸福に反することが明白であるとし，YによるAB

の監護・拘束は，人身保護規則4条にいう権限なしにされた違法なものにあたるとの判断に立って，Xの本件人身保護請求を認容した。Yから上告。

【判決理由】 破棄差戻し 「夫婦の一方（請求者）が他方（拘束者）に対し，人身保護法に基づき，共同親権に服する幼児の引渡しを請求した場合において，拘束者による幼児に対する監護・拘束が権限なしにされていることが顕著である（人身保護規則4条）ということができるためには，右幼児が拘束者の監護の下に置かれるよりも，請求者の監護の下に置かれることが子の幸福に適することが明白であること，いいかえれば，拘束者が幼児を監護することが，請求者による監護に比して子の幸福に反することが明白であることを要すると解される（最高裁平成5年(オ)第609号同年10月19日第三小法廷判決・民集47巻8号5099頁）。そして，請求者であると拘束者であるとを問わず，夫婦のいずれか一方による幼児に対する監護は，親権に基づくものとして，特段の事情のない限り適法であることを考えると，右の要件を満たす場合としては，拘束者に対し，家事審判規則52条の2又は53条に基づく幼児引渡しを命ずる仮処分又は審判が出され，その親権行使が実質上制限されているのに拘束者が右仮処分等に従わない場合がこれに当たると考えられるが，更には，また，幼児にとって，請求者の監護の下では安定した生活を送ることができるのに，拘束者の監護の下においては著しくその健康が損なわれたり，満足な義務教育を受けることができないなど，拘束者の幼児に対する処遇が親権行使という観点からみてもこれを容認することができないような例外的な場合がこれに当たるというべきである。

これを本件についてみるのに，前記の事実関係によると，原判決が判示する前記二(二)の事情〔【事実】の(2)の事情〕は，ABがYの下で監護されると，環境的にみてその気管支ぜん息を悪化させるおそれがあるというにとどまり，具体的にその健康が害されるというものではなく，また，その余の事情もABの幸福にとって相対的な影響を持つものにすぎないところ，Y，Xとも，ABに対する愛情に欠けるところはなく，ABはYの監護の下にあっても，学童として支障のない生活を送っているというのであるから，ABのYによる監護が，Xによるそれに比してその幸福に反することが明白であるということはできない。結局，原審は，ABにとってはYの下で監護されるよりXの下

で監護される方が幸福であることが明白であるとはしているものの、その内容は単に相対的な優劣を論定しているにとどまるのであって、その結果、原審の判断には、人身保護法2条、人身保護規則4条の解釈適用を誤った違法があり、右違法は判決の結論に影響を及ぼすことが明らかである。」

「以上によれば、論旨は理由があり、原判決は破棄を免れず、前記確定事実を前提とする限り、Xの本件請求はこれを失当とすべきところ、本件については、幼児であるABの法廷への出頭を確保する必要があり、この点をも考慮すると、前記説示するところに従い、原審において改めて審理判断させるのを相当と認め、これを原審に差し戻すこととする。」（裁判長裁判官　大野正男　裁判官　園部逸夫　可部恒雄　千種秀夫　尾崎行信）

74　人身保護法による子の引渡し（2）——拘束開始の態様の違法性

最（一）判平成11年4月26日家月51巻10号109頁（判評492号188頁）

【事実】　X女とY男は平成6年に婚姻し、同人らの間には、同8年Aが、同9年Bがそれぞれ出生した。XとYとは、婚姻後、Y宅で生活していたが、XとYの両親および姉との折り合いが良くなかったことから、次第に夫婦の仲も悪化し、Xは、同10年7月、2人の子を連れてY宅を出て、広島県所在の婦人保護施設であるC寮に2人の子とともに入寮した。

平成10年9月に、XはYを相手方として家庭裁判所に離婚調停を申し立て、YはXを相手方として夫婦関係円満調整の調停を申し立てた。さらに、同年10月、YがABとの面接交渉を求める調停を申し立てたので、以上の調停事件は全部併せて行われることとなった。

Yは、平成10年11月12日の調停期日において、ABと面接することを要望した。Xは、調停を円滑に進めるためには、Yの要求に応じることが必要であると考えたことから、これを了承した。そして、XとYの間で、同年12月10日に広島市所在の児童相談所においてYと2人の子が面接することの合意が成立した。しかし、予定された面接はBが発熱したために中止され、XとYは改めて協議し、平成10年12月19日にXの代理人である弁護士の事務所で面接することを合意した。そして、同日午後3時から事務所の打合せ室においてYと2人の子との面接が行われた。打合せ室は、外部に通じる扉を机で封鎖してあったが、Yは、同日午後3時30分頃、ひそかに机を除去して扉を開け、2人の子のうちAを強引に連

れ去った。そこで，XからYに対して，人身保護法に基づいてAの引渡しを求める本件訴訟が提起された。

Yは，医師であり，Yおよびその親族の共有する4階建てビルの1階において眼科を開業している。Yの住居は，ビルの4階にあり，2階にYの両親，3階にYの姉夫婦がそれぞれ居住し，Yとその両親および姉がAの監護養育にあたっており，監護養育状況は良好である。

Xは，現在，無職であって，Bとともに両親宅で生活しているが，将来は経理関係の職に就くことを希望している。Xは，Aの引渡しを受けた場合，当面，C寮において監護養育することを予定しているが，将来，両親宅に隣接するXの父所有の建物に居住する予定である。

原審は，以上の事実関係の下において，YがAを連れ去った行為の態様は悪質であるが，Yならびにその両親および姉によるAの監護養育状況は良好であり，XがAの引渡しを受けた場合に同人を監護養育することを予定しているC寮は同人の監護養育にとって必ずしも良好な環境であるとはいえないことからすると，YによるAの監護が同人の幸福に反することが明白であるということはできず，YによるAの拘束が権限なしにされていることが顕著であるとは認められないと判断して，Xの本件人身保護請求を棄却した。Xから上告。

【判決理由】　破棄差戻し　「XとYは，本件調停の期日において，調停委員の関与の下に，現にXが監護している2人の子を日時場所を限ってYと面接させることについて合意するに至ったものであり，Yは，右の合意によって2人の子との面接が実現したものであるにもかかわらず，その機会をとらえて，実力を行使して被拘束者〔A〕を面接場所からY宅へ連れ去ったのである。Yの右行為は，調停手続の進行過程で当事者の協議により形成された合意を実力をもって一方的に破棄するものであって，調停手続を無視し，これに対するXの信頼を踏みにじったものであるといわざるを得ない。一方，本件において，XがAを監護することが著しく不当であることをうかがわせる事情は認められない。右の事情にかんがみると，本件においては，YによるAに対する拘束には法律上正当な手続によらない顕著な違法性があるというべきである。Aが，現在，良好な養育環境の下にあることは，右の判断を左右しない。」

「そうすると，原審の判断には人身保護法2条，人身保護規則4条の解釈適用を誤った違法があり，右違法は原判決の結論に影響を及ぼすことが明らかである。論旨は理由があり，上告理由について判断するまでもなく，原判決は破

→ 75

棄を免れない。そして，前記認定事実を前提とする限り，Xの本件請求はこれを認容すべきところ，本件については，幼児であるAの法廷への出頭を確保する必要があり，この点をも考慮すると，前記説示するところに従い，原審において改めて審理判断させるのを相当と認め，これを原審に差し戻すこととする。」（裁判長裁判官　藤井正雄　裁判官　小野幹雄　遠藤光男　井嶋一友　大出峻郎）

75 審判手続による子の引渡し──別居中の夫婦の場合

東京高決平成17年6月28日家月58巻4号105頁（民商136巻1号140頁）

【事実】　X女は，前夫と平成2年2月に婚姻したが，同年5月ころにはYと同棲し，平成4年に前夫と離婚した後，平成5年にYと婚姻した。平成10年には，長男Aが生まれた。Aが2歳になって保育園に通うようになったころ以降，XはYが家事や育児に非協力的であるとの不満を抱くようになり，他方，YはXの異性関係についてさい疑心が強くなり，たびたび口論を繰り返す等の不和状態を生じるようになった。Xは，YがXの異性関係をせん索し，暴言，精神的暴力でXを威圧することに耐えられないとして，平成16年11月8日，Aを連れてXの実家（両親の自宅）に行き，以後，Yと別居するに至った。

その後，Yは，Xの実家を訪れる等してXに帰宅を促し，Aと面会しようとしたが，いずれもXに拒否されたこと等から，平成16年11月，家庭裁判所にXとの夫婦関係を円満に調整することを求める調停の申立てをするとともに，Aの監護者をYと定める審判（決定理由に引用の甲事件）および審判前の保全処分の申立てをした。

Xは，実家に帰ってから主にXの実母の協力の下にAを実家近くの幼稚園に入園させ，バス通園をさせる一方，実家から勤務先会社に通勤しており，平穏な生活を営んでいた。ところが，平成16年12月，Aは，Xの実母とともに通園バスを待っていたところ，Yが両親とともに自動車で待ち伏せをし，AをYが強引に抱きかかえて，同車に乗せ奪取した。このAの奪取というYの行動は，調停委員等から自力救済を禁ずる指導を受けている状況の下で行われたものである。Yは，それ以降，Yの自宅で，その両親の協力の下にAを監護養育し，地元の保育園に通園させ，平成17年に地元の小学校に入学させた。

そこで，Xは，家庭裁判所にAの監護者をXと定める審判（決定理由に引用の

乙事件）および審判前の保全処分の申立てをし，平成17年2月，Yとの離婚等を求める調停の申立てをした。

調停では，XYともに相互に譲らず，調停はいずれも不成立で終了した。

1審調査官が調査の際にAに面接し，Yから自力救済されたときの様子を聞き出したとき，Aは，当時を思い出すように興奮し，抱きかかえられたときに「ウオー」と叫んだと大声を出し，体を震わせて表現をしたことから，そのときのYらの行動がAに相当の衝撃を与えたことが窺われた。

1審家庭裁判所がAの監護者をYとする審判をしたので（Yからの監護者指定申立てを認容し，Xからの申立てを却下），Xから即時抗告。

【決定理由】　原審判取消し　「Aの監護者をXと定めるかそれともYと定めるかについては，いずれに指定するのがAの福祉により適合するかどうかという観点から決定されるべきである。

そこで，この観点に立って本件について検討するに，Aは現在7歳とまだ幼少の年齢であり，出生以来主に実母であるXによって監護養育されてきたものであって，本件別居によりXの実家に移ったが，YらによるAの本件奪取時までのX側のAに対する監護養育状況に特に問題があったことをうかがわせる証拠はない（原審判は，Xが職業を有しているから，その勤務の都合上，日常的にAに対し母性を発揮できる状況にないと判示しているが，何ら合理的根拠を有するものではない。また，原審判は，Xが審問の際，「Aが生まれたのは，脅されて関係を持ったからです。」と供述していることを挙げて，Xが果たしてAに対し母性を発揮することができるか疑わしいと判示しているが，これはYに対する思いから出た発言にすぎないとみられ，XがAに対し不当な扱いをしたり，監護養育を軽視している等同人の福祉を害する行為をしているとの事実をうかがわせる証拠はまったくないから，かかる判示も合理的根拠を欠くものといわざるを得ない。）。また，Xによる本件別居を明らかに不当とするまでの事情は見当たらないから，Aの年齢やそれまでの監護状況に照らせば，Xが別居とともにAを同行することはやむを得ないものであり，これを違法又は不当とする合理的根拠はないといわざるを得ない。そうすると，このような経緯でAの監護養育状況がX側にゆだねられることになったことがAの福祉を害するということはできない。ところが，その後にされたY及び同人の実父母によるAの実力による奪取行為は，調停委員等からの

→ 75

事前の警告に反して周到な計画の下に行われた極めて違法性の高い行為であるといわざるを得ず，この実行行為によりAに強い衝撃を与え，同人の心に傷をもたらしたものであることは推認するに難くない。Yは，前記奪取行為に出た理由について，XがAとの面会を求めるYの申し出を拒否し続け，面会を実現する見込みの立たない状況の下でいわば自力救済的に行われた旨を主張しているものと解せられるが，前記奪取行為がされた時点においては，YからXとの夫婦関係の調整を求める調停が申し立てられていたのみならず，Aの監護者をYに定める審判の申立て及び審判前の保全処分の申立てがされており，これらの事件についての調停が続けられていたのであるから，その中でYとAとの面接交渉についての話合いや検討が可能であり，それを待たずに強引にAに衝撃を与える態様で同人を奪取する行為に出たことには何らの正当性も見い出すことはできない（原審判は，前記奪取行為が違法であることを認めながら，子の福祉を判断する上で必要な諸事情の中の一要素として考慮すべきであると判示するが，それまでのXによる監護養育状況に特段の問題が見当たらない状況の下で，これを違法に変更する前記奪取行為がされた場合は，この事実を重視すべきは当然のことであり，諸事情の中の単なる一要素とみるのは相当ではない。）。そうすると，このような状況の下でAの監護者をYと定めることは，前記明らかな違法行為をあたかも追認することになるのであるから，そのようなことが許される場合は，特にそれをしなければAの福祉が害されることが明らかといえるような特段の状況が認められる場合（たとえば，XにAの監護をゆだねたときには，同人を虐待するがい然性が高いとか，XがAの監護養育を放棄する事態が容易に想定される場合であるとか，Xの監護養育環境がYのそれと比較して著しく劣悪であるような場合）に限られるというべきである。しかるに，本件においては，このような特段の事情を認めるに足りる証拠はない。

　そうすると，Aの監護者はXと定めるのが相当であり，したがって，その監護者をYと定める申立ては理由がない。しかるに，甲事件についてAの監護者をYと定め，乙事件についてAの監護者をXと定めるXの本件申立てを却下した原審判は不当であり，取消しを免れない。」（裁判長裁判官　秋山壽延　裁判官　堀内明　志田博文）

解 説

　子の引渡しが夫婦間で人身保護法に基づいて争われる場合について，かつての判例は，夫婦のいずれに監護させるのが子の幸福に適するかという比較考量の基準を採用していたが（最判昭和 43 年 7 月 4 日民集 22 巻 7 号 1441 頁），*72* は，子の幸福に反することが明白であるかどうかという明白性の基準を採用した。その背景事情については，可部裁判官の補足意見に述べられている。関連裁判例として挙げた *73* は明白性の基準が満たされる場合を具体的に述べている。これにより人身保護法による引渡しが認められる場面は極めて限定されることになったが，子の拘束を開始したときの態様の違法性が強い場合には，明白性の基準を問題とせずに引渡請求を認めている。*74* はその事例であり，人身保護法の本来の機能に沿った運用といえる。

　別居中の夫婦間で，審判手続による子の引渡しが認められた一例として *75* を取り上げた。

　別居中の夫婦間では，子の引渡しのほか，面接交流も争いになる。最決平成 12 年 5 月 1 日民集 54 巻 5 号 1607 頁（*20*）は，この問題について初めて判断を示し，「婚姻関係が破綻して父母が別居状態にある場合であっても，子と同居していない親が子と面接交渉することは，子の監護の一内容であるということができる。そして，別居状態にある父母の間で右面接交渉につき協議が調わないとき，又は協議をすることができないときは，家庭裁判所は，民法 766 条を類推適用し，家事審判法 9 条 1 項乙類 4 号により，右面接交渉について相当な処分を命ずることができると解するのが相当である。」と述べて家庭裁判所の実務を追認した。そして，平成 23 年の民法改正で 766 条が定める離婚後の子の監護に関する事項として，子との面会交流が明示された。同条については，本書 45 頁の解説を参照。

[3] 子 の 氏 名

76 子の命名権──悪魔ちゃん事件

東京家八王子支審平成 6 年 1 月 31 日判時 1486 号 56 頁（百選〈7 版〉80 頁）

【事実】　(1)　X と妻 A の間に，長男が出生し，X は，「悪魔」と命名し，最寄りの

→ 76

昭島市役所戸籍課に本件名の受理の可能性につき電話照会したところ，「人名漢字表」にあるので受理されるとの回答を受け，平成5年8月11日同市役所に「悪魔」と命名された長男の出生届を提出して受け付けられた。そして，このとき，戸籍課係員からは，本件名につき，特に疑問，質問等を受けることもなく，出生届が受理されたこともあって，長男の名が「悪魔」として戸籍上適式に受理，記載がなされ，手続は完了したものと認識し，親戚等周囲にも「悪魔」の命名を報告する等していた。

(2) 昭島市役所においては，出生届受理に伴う手続として，通常，受理した翌日，戸籍の該当欄に所要事項をタイプで記載するが，本件出生届出日の平成5年8月12日，戸籍への記載前に戸籍課職員の間で「悪魔」の名の受理につき疑問が出されたことから，戸籍課より，上級監督官庁（戸籍事務は国の事務であり，地方自治体のなす戸籍事務は機関委任事務である）にあたる法務局八王子支局に対し，「悪魔」の名の受理の許否につき問い合わせたところ，同支局の回答は，受理は問題がないというものであった。かくて，同日，筆頭者Xの戸籍の該当欄に，Xと妻Aの長男「悪魔」として記載された。もっとも，このときは，事項欄文末の市長印の押捺はしなかった（慣例で，記載の翌日なすこととなっていた）。

(3) 翌同月13日，法務局八王子支局より，事項欄文末の市長印の押捺をしないようにとの趣旨の連絡があったことから，昭島市役所戸籍課では，再度，協議の結果，「悪魔」の名の受理手続の完成を留保，正式に法務局に処理伺いをすることとし，受理手続事務停止の状態となった。そして，昭島市長から，同支局の支局長宛てに，同月17日付「出生届処理伺い」（文書）により，当該出生届の処理につき指示を求めた。

(4) 上記「伺い」に対する回答として，同年9月28日，同支局長より，同月27日付文書で，子の名を「悪魔」としたまま処理することは妥当でなく，届出人に新たな出生子（長男）の名を追完させ，追完に応じるまでの間は，名未定の出生届として取り扱うように，との指示が届いた。そこで，即日，同市長は，その指示に従って，本件出生届書中，「その他」欄に，「子の名については，東京法務局八王子支局長の指示により「名未定」とする。」旨の付箋処理をし，本件長男の戸籍につき，記載されている出生事項に「名未定」の文字を加入し，また，同戸籍の「名欄」に記載された「悪魔」の文字について，誤記を原因として朱線を施し抹消するといった各手続を施した（このとき，市長印の押捺もなされた）。

(5) 同年10月4日，Xは，同市役所から，昭島市長名で，出生届の子の名に不備があり，戸籍の記載ができないので，同年10月22日までに，名を追完するようにとの，「追完催告書」と「追完届用紙」の送付を受けるとともに，同年10月中旬

東京法務局八王子支局において，改めて，「悪魔」という名の届出は受理できないとの説明を受けたが，本件不受理処分に納得がいかず，同月20日，昭島市長に対し，長男の出生届出に基づき「悪魔」の名を長男の戸籍（名欄）に記載し，長男の身分事項欄の「名未定」との記載を抹消し，長男の名の受理手続を完成することを求めて，戸籍法に基づき本件不服申立てを行った。

【審判理由】 申立認容 「1 本件名の届出を受理すべきか否か（本件命名の適法性）」

「出生子の命名権の本質については，①親権の一部であり，親は自由に子の名を選択し，命名できる，と解する説と，②子自身の固有の権利であるが，子はその権利を行使できないので，親が子のために事務管理的にこれを代位行使するに過ぎない，との説があるが，何れにしても，民法1条3項により，命名権の濫用と見られるようなその行使は許されない。即ち，②説によったときは勿論，①説を取ったとしても，被命名者である子の利益を著しく損なうものとか，子の人格を冒瀆するような名は避けるべく，命名に当たっては，この点に対する配慮が必要である。」

「以上のように，命名権の行使は，全く自由であり，一切の行政による関与が許されず，放置を余儀なくされるとするのは相当でなく，その意味で，規制される場合のあることは否定できない。前記のように戸籍法上，出生子の命名については一定の文字の使用を禁ずる以外は，直接の法的規制が存しないことに鑑みれば，親（父母）の命名権は原則として自由に行使でき，従って，市町村長の命名についての審査権も形式的審査の範囲にとどまり，その形式のほか内容にも及び，実質的判断までも許容するものとは解されないが，例外的には，親権（命名権）の濫用に亙るような場合や社会通念上明らかに名として不適当と見られるとき，一般の常識から著しく逸脱しているとき，または，名の持つ本来の機能を著しく損なうような場合には，戸籍事務管掌者（当該市町村長）においてその審査権を発動し，ときには名前の受理を拒否することも許されると解される。その意味では，戸籍法の基本精神に照らして，同法5条の「常用平易の文字」の意味を杓子定規に解するのではなく，事案によっては，若干解釈の幅を広げること（類推解釈）もやむを得ないというべきである」。

「そこで，本件「悪魔」の命名が上記例外の場合に該当するか否かを検討す

→ 76

る。〔中略〕Xは，本件命名の理由につき縷々述べるが，要するに，長男は，この命名により，人に注目され刺激を受けることから，これをバネに向上が図られる，本件命名は，マイナスになるかも知れないが，チャンスになるかも知れない，というものである。」

「妻Aは，初めは悪魔の命名に反対であったが，現在では，Xの勤労意欲を高める意味もあるとして，本件命名に賛成している。Xの実母，Aの実父，継母は本件命名に強く反対している。」

「Xの上記命名の意図については理解できない訳ではないが，Xのいう本件命名に起因する刺激（プレッシャ）をプラスに跳ね返すには，世間通常求められる以上の並々ならぬ気力が必要とされると思われるが，長男にはそれが備わっている保証は何もなく，X自身が，上記のとおり本件命名に起因する刺激のために，勤務先を退職していること等よりしても，本件命名がXの意図とは逆に，苛めの対象となり，ひいては事件本人の社会不適応を引き起こす可能性も十分ありうるというべきである。

即ち，本件「悪魔」の命名は，本件出生子の立場から見れば，命名権の濫用であって，前記の，例外的に名としてその行使を許されない場合，といわざるを得ない。従って，本件命名につき昭島市長が戸籍管掌者として疑問を呈し，「悪魔」をやめて他の名にすることを示唆（所謂窓口指導）しても，命名者がこれに従わず，あくまでも受理を求めるときには，本件命名は不適法として受理を拒否されてもやむを得ない事案である。」

「2　本件名の届出及びその受付ないし受理に関する事実経過とその法的評価（受理は完了しているか否か）」

「一般に，受理とは，市町村長が当該書類を適法なものと判断してこれの受領を認容する行政処分であって，単なる書類受領の事実たる受付の概念と区別する必要があり（……），出生届の場合も，受理に際しては，①届書に受付の番号，年月日を記入し（戸籍法施行規則20条1項），次いで，②受付帳に届書等に基づいて，所要事項を記載することとなっている（同規則21条1項）ところ，遅くとも後者②の段階で受理は完了し（むしろ，多くの場合，関係書類を審査し，届出を適法と認めて受け付けたとき，即ち，前者①の段階で，受理は完了していると見てよいであろう），その後遅滞なく，受理に伴う手続とし

「本件出生届出の受付ないし受理前後の事実経過に鑑みると，本件出生届のうち「悪魔」の名の部分だけ分離して，未受理と見ることは不可能というべく，遅くとも，出生届の受付（受理）がなされた翌日，即ち，本件出生子の名欄に本件名を，また，身分事項欄にも所要事項をタイプライターにより記載した日である，同月12日には，本件名の届出の受理も終了しているというべきである。上記市長印の未押捺をもって，不受理の徴表ないし証拠とすることはできない。これは受理後の内部の事務手続の一部に過ぎず，出生届をした者（国民）からは窺い知れないことであり，かかる一事をもって，受理，不受理を決定することは到底できない。」

「本件「悪魔」の命名は，命名権の濫用に当たり，戸籍法に違反するところ，本件名の届出を受理する前であれば，本件戸籍管掌者としての昭島市長において，受理を拒否すべき場合といえるが，本件昭島市長は，誤って，本件名を戸籍面に記載する等して，その届出を受理した。従って，当該記載を訂正（抹消）するには，法定の手続（戸籍訂正）をとらねばならないところ，昭島市長は，法定の手続を経ないで，本件名の戸籍の記載を抹消したものであって，これは，違法，無効のものといわざるを得ない。従って，抹消された本件名の記載を復活させ，本件受理に伴う手続を完成させる必要がある。そこで，具体的には，改めて，本件名を戸籍に記載し，且つ，身分事項欄の「名未定」の挿入部分の記載を抹消すべきである。」（家事審判官　東條宏）

77　非嫡出子の氏の変更（1）——認容例

大阪高決平成9年4月25日家月49巻9号116頁（百選〈7版〉68頁）

【事実】　A男はB女と婚姻し，長女Cおよび長男Dをもうけたが，Aの不貞が度々発覚したこともあり，やがてAは自宅に戻らなくなり，以来，AとBは別居状態にある。

Aは，Bと別居した頃からE女と親しく交際するようになって同棲を始め，Xが出

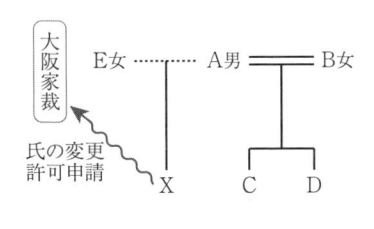

→ 77

生した。Aは，Xを認知し，その後Xの親権者となる届出をした。

Xは，出生以来AEと生活しているが，通園していた幼稚園での生活を含め，Eとともに，社会生活全般でAの氏である「甲川」を通称として使用している。そのため，Xは，病院等で戸籍名で呼ばれる都度けげんな表情をするようになり，Eはこのような事態を苦にし，Xから氏について説明を求められるため精神的に混乱したこともあって，体調を崩した。そのため，AEは，XをAの戸籍に入籍させ，小学校でもAの氏を名乗らせることを切望し，大阪家庭裁判所に氏の変更許可の申立てをした。

なお，AはBに対して，平成7年5月に離婚調停を申し立て，同年9月には離婚訴訟を提起して，同訴訟では和解期日が進行しているが，双方が提示している離婚給付の差が大きいこともあり，現時点で合意の目処は立っていない。

これに対して，Bは以下のような主張をして，本件が認容されることに強く反対した。まず，長男DがAが別居した直後の平成元年春に大学受験に失敗し，以来他人との交流を絶って家に閉じこもるようになり，身体的不調もあり内科を受診したところ精神科の受診を勧められた。Xが同籍すれば，Xの存在に衝撃を受けてDの精神状態が悪化するおそれがある。長女Cは，Xが同籍すれば，Xの存在に衝撃を受けたり，結婚相手の親族に知れて結婚生活に支障が生じるおそれがある。さらに，本件が認容されればAが満足し，現在係属中のAとBとの間の離婚訴訟に対するAの熱意が薄れ，離婚条件等の折衝でBが不利な立場におかれるおそれがある。

1審の大阪家庭裁判所は，Aの別居の主たる原因がAの不貞行為にあることなどを総合考慮し，「少なくともAとBとの間の離婚訴訟が決着するなどして婚姻関係の帰趨が定まるまでの間は，従前どおり，Aの氏をXの通称として使用するのが相当」だとしてXの申立てを棄却した。Xから即時抗告。

【決定理由】 原審判取消し 「Xは，出生以来約6年間余Aと同居してAの氏を通称として使用し続けており，小学校においては，教育的配慮からAの氏を通称として使用することを受け入れる見込みであり，その結果さしあたっては不都合を来していないように窺われるものの，戸籍上と異なる氏を使用していくことが今後の生活上さまざまな支障をきたす可能性があり，また，日常使用している氏が戸籍上の氏と異なることを知り，しかもその変更が認められないまま推移することがXに重大な精神的負担を与え，その健全な人格の形成に悪影響を及ぼす可能性もあることは否定できないのであって，XがAの戸籍に入籍する利益は大きいものというべきである。また，Aの戸籍の身分

事項欄には，Xを認知した旨の記載が既にされており，現在でも戸籍を確認すればXの存在は容易に認識することができるのであるから，XがAの戸籍に入籍されること自体で，Dの将来の就職や婚姻に支障をきたす可能性は少ないし，既に無事結婚式を済ませたCの婚姻生活に支障をきたす可能性も少ないのであって，DやCに重大な心理的影響を与える可能性も少ないというべきである。

もっとも，Aの別居の主たる原因は，Aの不貞行為であり，DがAの別居後精神的に不安定な状態に陥ったことに対するAとしての積極的な関わりはほとんどなく，Dとの対応をBに任せる結果となり（特に，Dが精神的に不安定な状態に陥った直後にAが関わりを持たなかったことは大いに非難されるべきである。），その間，Aは，Bとの婚姻関係を修復する努力を惜しんだこと等の事情に鑑み，Bの反対を単なる主観的感情に基づくものということはできない。

しかし，AとBの関係が修復される可能性は現時点ではとうてい期待できず，AとE及びXの共同生活関係はさらに定着していくものと推認される。また，AとBの間では，離婚訴訟が係属しているが，和解の目処が立っておらず，早晩決着する見込みが乏しいし，本件申立てを認容しても，Aは，Bと離婚することはできず，したがって，Eと婚姻することもできないのであるから，本件申立てを認容することが上記離婚訴訟や和解に影響を与える可能性も大きくはないというべきである。

以上によれば，現段階に至っては，子の福祉，利益を尊重する観点から，Xの氏をAの氏に変更することを許可するのが相当というべきである。」（裁判長裁判官　中田耕三　裁判官　高橋文仲　中村也寸志）

[関連裁判例]

78　非嫡出子の氏の変更（2）──否定例

東京高決昭和60年9月19日家月38巻3号69頁（百選〈5版〉86頁）

【事実】　A男は妻Bと別居し，D女と同居してその間にできた子X男（当時1歳）とともに生活しており，XがAの氏に変更することを申し立てた。他方，

→ *78*

ABの間には子C（長女・中学生）がいる。なお、ABの離婚交渉は、Cが離婚に反対していることもあって決着していない。1審ではXの申立てが却下されたのでXが即時抗告。

【決定理由】　抗告棄却　「民法791条による子の氏の変更に関する審判においては、あくまで氏の変更による子の福祉の観点を中心に据えてその許否を決するべきであって、本件の如く、子が非嫡出子であってその父の妻と嫡出子とが右の子の氏の変更に強く反対しているような場合であっても、それは、子の福祉を制約する諸般の事情の一要素として考慮するにとどめるべきである。

即ち、本件のような場合においては、氏の変更により非嫡出子が同一戸籍に入れば妻や嫡出子が反発を示すことには無理からぬことがないではなく、家事審判法1条に定められた「家庭の平和と健全な親族共同生活の維持」という同法の目的に徴しても、これを無視したり、余りに軽視したりすることは相当ではない。しかしながら、氏の変更の許可により、家庭ないし親族共同生活の実態にとかくの変動を及ぼす場合はともかく、そうでなければ、親権、扶養、相続等の権利関係にはもともと何らの異同も生じないばかりか、戸籍面上においても子の認知の点はすでに記載されているのであるから、右関係者の反発は所詮感情的なものと断じられてもやむをえないということができる。それにもかかわらず、このいわば感情利益を子の福祉という法益と同列に置き、あるいは期せずして同列に置いたと同じ立場に立って、彼此比較衡量した上、子の氏の変更の許否を決するというのは、到底首肯しえないところである。

ところでしかし、本件の場合は、Xの年齢等に鑑み、現在直ちに氏の変更を許さなければ、その福祉が保たれないという必然性に乏しく、むしろ、これを許した場合は、Bの強固な反発、Cへの微妙な影響等を考慮するとXの福祉は却って危うくされるおそれがないとはいえない状況にあることが看取されるのであって、Xの今暫らくの成長と共にX、A、Dの共同生活及びA、B、Cの婚姻共同生活のそれぞれの帰趨、更にはB、Cの感情の変化等をもなお少しく見定めて、その時点でXの福祉の観点からこの氏の変更の問題に結着をつけるのが相当であると考える。」（裁判長裁判官　高野耕一　裁判官　根本眞　成田喜達）

解説

　子の氏名をめぐっては，まず子に名をつけることが親権の一部といえるかどうか（命名権），また仮に命名権があるとして，そこには限界がないのかが問題となる。これが争われた著名な事件が 76 である。東京家裁八王子支部は「悪魔」という名を命名権の濫用としたが，すでに受理されて戸籍に記載された場合は職権で抹消することは許されないとした。この事件は，昭島市長が東京高裁に即時抗告したが，X がその後不服申立てを取り下げ，別の漢字を使った名を届け出たことで落着した。

　子の氏については，非嫡出子の氏を，認知した父の氏に変更するための家庭裁判所の許可（791条）の判断基準が問題となる。氏の変更が父の側の家庭を破壊する場合もあるからである。791条1項はその判断基準を明らかにしていないが，非嫡出子側の事情と氏の変更に反対する婚姻家族側の事情の総合考慮が要請される。氏の変更を認めた例が 77 である。他方，直ちに氏を変更しなければならないだけの事情がないとして，氏の変更を否定した 78 を関連裁判例として挙げたので対比検討されたい。

［4］親権喪失
79　児童相談所長の申立て

東京家八王子支審昭和54年5月16日家月32巻1号166頁（百選〈5版〉122頁／百選〈7版〉96頁）

【事実】 A男は妻Bと裁判離婚し，長女C長男D次女Eの3児の親権者にAが指定され，離婚後Aは3児とともに生活していたが，長女Cは中学2年の時Aより性交を強要され，虐待されたため，児童福祉法28条1項1号に基づき国立F学院に措置入院となり，退院後母Bとともに行方不明となった。

　Aは病弱を理由に生業につかず，都営住宅に居住し生活保護法に基づく生活扶助，医療扶助を受けているにもかかわらず，飲酒にふけり，Eの監護を怠るばかりでなく，Eが中学1年になると暴力により性交を強要し，Eを苦しめていたが，長男Dが大工見習として埼玉県内に住込みのため自宅を離れてからはEに対する性交の強要が一層激しくなり，自室において無理にEを裸にし性交をはかったのでEは家出し，通学している中学校教諭G女に救助を求め，警察署の児童報告により東京都H児童相談所に一時保護された。これに対し，Aは親権をたてにとり同

➜ 解説

相談所に引取り方強引に要求し、Eを脅かしている。

　そこでH児童相談所長Xは、このような状態においてEをAの親権に服せしめることは、Eの福祉を損ない、その監護、教育に悪影響を及ぼすことは明らかであり、また前記Aの行為はEの監護を著しく怠り、同人を虐待するものであるとして、児童福祉法第33条の5（現33条の7）に基づきAの親権喪失の宣告審判を求めた。なお、審判前の仮の処分として審判確定に至るまでEに対するAの親権行使が停止され、X児童相談所長が親権代行者として選任された。

【審判理由】　申立認容　「以上の事実によるとEの親権者であるAはその親権を濫用し、Eを虐待し、その福祉を著しく損っているものといわなければならないので、EをAの親権に服させることは不相当である。

　よってAの親権を喪失させ、東京都知事に対し児童福祉法第28条に基く適切な措置をとらせるため主文〔AのEに対する親権を喪失させる。〕のとおり審判する。」（家事審判官　元吉麗子）

解　説

　親権の行使が著しく困難または不適当であることにより子の利益が著しく害されるときは、親権喪失の審判をすることができる（834条）。これが認められた著名な例が79である（ちなみに、当時の834条が定める親権喪失の要件は「親権を濫用し、又は著しく不行跡であるとき」となっていた）。しかし、申立権者が子の親族と検察官に限られていたこと（ただし、当時から、児童福祉法により児童相談所長にも申立権が与えられていた）、また効果が親権喪失と重大であることから、機動的な運用ができないなどの問題が指摘されていた。そこで、児童虐待が社会問題化するのを受けて、平成23年に民法が改正され、子自身による申立てを認めるなど申立権者を拡大し、また、親権停止の制度を導入して、2年を超えない範囲内で親権を停止することを可能にした（834条の2）。

第5章 後　　見

80　相続放棄と後見人の利益相反行為

最(二)判昭和53年2月24日民集32巻1号98頁（曹時34巻5号1123頁，百選〈5版〉128頁，百選〈7版〉98頁）

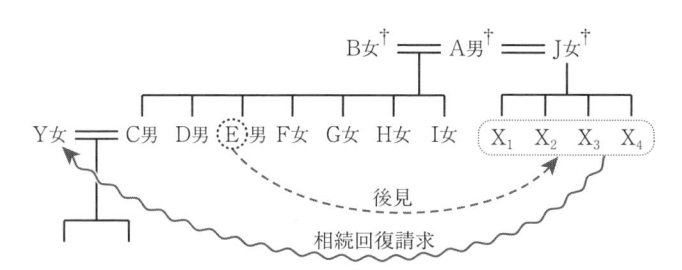

```
              B女† ══ A男† ══ J女†
              ┌──┴──┬──┬──┬──┬──┐  ┌──┬──┬──┐
    Y女─C男  D男 (E男) F女 G女 H女 I女  X₁ X₂ X₃ X₄
      │                         後見
      └────── 相続回復請求 ──────────┘
```

【事実】　本件不動産は亡Aの所有であった。Aには先妻Bとの間に生まれた7名の子（C〜I）と，後妻Jとの間に生まれた4名の子（X_1〜X_4）がいたが，先妻Bと後妻Jともすでに死亡していたので，前記子らがその遺産を相続することになった。A死亡当時，先妻の子である長男Cと三男Eは社会人として仕事をもっており，FGHIの四姉妹はいずれも高等女学校を卒業し，I以外のものは，すでに他家に嫁いでいた。しかし，次男Dは心身の病のため家に残っていた。また後妻Jとの間の子であるXらはいずれも未成年であった。

　そこで，兄妹らが相談し，CがAの遺産を相続した上でX_1〜X_4らの養育と次男Dの面倒をみることにし，そのかわりにXらを含む他の兄弟姉妹はそれぞれ相続を放棄することとした。そこで，未成年のXらについてはEを後見人に選任する手続をして，E名義でXらは相続を放棄する旨の申述が家庭裁判所になされて受理され，Cを除く他の成年者の相続人からも相続放棄の手続がなされ，その結果Aの所有であった遺産はすべてCが単独で相続した。

　ところが，それから1年半余りでCが死亡し，Cの6人の子はすべて相続放棄し，妻Yが単独でCを相続して，Cに代わってDやXらの面倒をみることになった。しかしYも自己の子の養育に精一杯であったため，亡Cの弟妹との間で紛議が生じた。その結果，Xらは，Eを後見人とする相続放棄は無効であったとして，Yに対し，本件不動産にそれぞれ5分の1の持分の登記をすること等を求めて本

→ 80

訴を提起した。

原審が、Eの行った後見人としての相続放棄が利益相反行為として無効であるとし、Xらの持分登記の請求を認めたので、Yから上告。

【判決理由】 破棄差戻し 「共同相続人の一部の者が相続の放棄をすると、その相続に関しては、その者は初めから相続人とならなかったものとみなされ、その結果として相続分の増加する相続人が生ずることになるのであって、相続の放棄をする者とこれによって相続分が増加する者とは利益が相反する関係にあることが明らかであり、また、民法860条によって準用される同法826条は、同法108条とは異なり、適用の対象となる行為を相手方のある行為のみに限定する趣旨であるとは解されないから、相続の放棄が相手方のない単独行為であるということから直ちに民法826条にいう利益相反行為にあたる余地がないと解するのは相当でない。これに反する所論引用の大審院の判例（大審院明治44年(オ)第56号同年7月10日判決・民録17輯468頁）は、変更されるべきである。しかしながら、共同相続人の一人が他の共同相続人の全部又は一部の者を後見している場合において、後見人が被後見人を代理してする相続の放棄は、必ずしも常に利益相反行為にあたるとはいえず、後見人がまずみずからの相続の放棄をしたのちに被後見人全員を代理してその相続の放棄をしたときはもとより、後見人みずからの相続の放棄と被後見人全員を代理してするその相続の放棄が同時にされたと認められるときもまた、その行為の客観的性質からみて、後見人と被後見人との間においても、被後見人相互間においても、利益相反行為になるとはいえないものと解するのが相当である。

ところが、原審は、後見人がその共同相続人である被後見人を代理してする相続の放棄は、自己及び被後見人全員について相続の放棄をするときであっても、常に利益相反行為にあたるとの見解のもとに、(1) 昭和23年2月26日に死亡したAの相続人は、同人と先妻亡Bとの間の子でいずれも成年に達しているC、E外5名と、後妻亡Jとの間の子でいずれも未成年のXら4名との11名であった、(2) Xらの後見人に選任されたEの名義で、同年5月10日宇都宮家庭裁判所に、Xらは相続の放棄をする旨の申述があり、右申述は同月17日受理された、(3) Bとの間の子も、Cを除き、E外5名が相続の放棄をした、との事実を確定したのみで、Eの相続の放棄とXらの相続の放棄との各

時期について触れることなく，EがXらを代理してした相続の放棄は利益相反行為にあたり無効であるとして，XらのYに対する本訴請求を認容した。この原審の判断は，民法860条によって準用される同法826条の解釈を誤ったものといわなければならず，この違法は原判決に影響を及ぼすことが明らかであるから，論旨は理由があり，原判決は破棄を免れない。そして，Eの相続の放棄とXらの相続の放棄の各時期等についてさらに審理を尽す必要があるから，本件を原審に差し戻すこととする。」(裁判長裁判官　吉田豊　裁判官　大塚喜一郎　本林讓　栗本一夫)

81 後見人の追認拒絶

最(三)判平成6年9月13日民集48巻6号1263頁⇒総則・物権90事件
(曹時48巻6号1433頁，百選〈7版〉106頁)

【事実】Yは，AB夫婦の三女であるが，生まれつき聴覚等の障害があり，成長期に適切な教育を受けられなかったため，精神の発達に遅滞があり，読み書きもほとんどできず，6歳程度の知能年齢にある。

Yの父Aが死亡し，相続人は妻B，長女C，二女D，三女Yおよび長男Eであったが，Yを除く相続人らは，Aの遺志に従い，Yの将来の生活の資に充てるため，遺産に属していた木造2階建店舗（甲建物）の所有権およびその敷地の借地権をYが取得するとの遺産分割協議が成立したこととしてYに対し甲建物の所有権移転登記手続をした。そして，Yと同居していたBとCがYの身の回りの世話をし，主としてCが甲建物を管理することとした。甲建物についてYを賃貸人とするXとの間の賃貸借契約の締結，その後の賃料の改定，契約の更新等の交渉にはCがあたった。

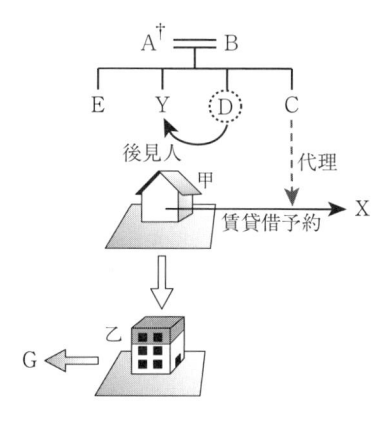

その後，地産トーカン株式会社において甲建物の敷地およびそれに隣接する土地上に等価交換方式によりビルを建築する計画が立てられ，その計画を実施するためには甲建物を取り壊すことが必要になった。このビル建築をめぐるXとの間の交

→ *81*

渉には主としてCがあたり，Xが甲建物からいったん立ち退き，ビルの完成後にYが取得する区分所有建物を改めてXに賃貸する旨の合意書が作成されて，CがYの記名および捺印をした。

その後，CとDは，市の法律相談で知ったF弁護士に対し，新築後のビルの中にYが取得することになる専有部分の建物（乙建物）についてのXとの間の賃貸借契約の条項案の作成等を依頼し，同弁護士は，契約条項案を作成した。そして，X，CおよびDがF弁護士の事務所に集まり，Xが自己の署名および捺印をし，CがYの記名および捺印をして，本件建物についての賃貸借の予約がされた。同予約には，Yの都合で賃貸借の本契約を締結することができないときは，YはXに対し4,000万円の損害賠償金を支払う，という違約金条項が含まれていた。

Yを含む土地の権利関係者と地産トーカンとの間で等価交換契約が締結され，Xは，甲建物を明け渡し，その後ビルが完成した。ところが，ビルが完成する前に，CがXに対して賃貸借の本契約の締結を拒む意思を表明したため，XはYにあてて乙建物を賃貸するよう求める旨の書面を送付したが，Y側はこれに対する回答をしないで，Gに対し乙建物を借入金の担保として譲渡した。そこでXからYに対し，本件予約中の違約金条項に基づき，4,000万円の損害賠償等を求める訴えが提起された。

1審はXの請求を認めたが，2審は，Yによる訴状等の送達の受領および訴訟代理権の授与が意思無能力者の行為であり無効であるとして1審判決を取り消した上，1審に差し戻した。差戻し後の1審がXの請求を棄却したので，Xが控訴した。

この間，Cは家庭裁判所に対しYを禁治産者とし，後見人を選任することを求める申立てをしたところ，家庭裁判所はYを禁治産者としDを後見人に選任する旨の決定をした。そこで，DはCがYを代理して行った本件予約について，追認を拒絶し，予約は無効であると主張した。

原審は，本件予約はYの利益を害するものではなく，Y側には本契約の締結を拒む合理的理由がないこと，また，後見人に選任されたDは，本件予約の成立に関与し，その内容を了知していたのであるから，本件予約の追認を拒絶してその効力を争うことは信義則に反し許されない，と判示してXの請求を認めた。Yから上告。

【判決理由】 破棄差戻し 「禁治産者の後見人は，原則として，禁治産者の財産上の地位に変動を及ぼす一切の法律行為につき禁治産者を代理する権限を有するものとされており（民法859条，860条，826条），後見人就職前に禁治産者の無権代理人によってされた法律行為を追認し，又は追認を拒絶する権限も，

その代理権の範囲に含まれる。後見人において無権代理行為の追認を拒絶した場合には，右無権代理行為は禁治産者との間においては無効であることに確定するのであるが，その場合における無権代理行為の相手方の利益を保護するため，相手方は，無権代理人に対し履行又は損害賠償を求めることができ（民法117条），また，追認の拒絶により禁治産者が利益を受け相手方が損失を被るときは禁治産者に対し不当利得の返還を求めることができる（同法703条）ものとされている。そして，後見人は，禁治産者との関係においては，専らその利益のために善良な管理者の注意をもって右の代理権を行使する義務を負うのである（民法869条，644条）から，後見人は，禁治産者を代理してある法律行為をするか否かを決するに際しては，その時点における禁治産者の置かれた諸般の状況を考慮した上，禁治産者の利益に合致するよう適切な裁量を行使してすることが要請される。ただし，相手方のある法律行為をするに際しては，後見人において取引の安全等相手方の利益にも相応の配慮を払うべきことは当然であって，当該法律行為を代理してすることが取引関係に立つ当事者間の信頼を裏切り，正義の観念に反するような例外的場合には，そのような代理権の行使は許されないこととなる。

　したがって，禁治産者の後見人が，その就職前に禁治産者の無権代理人によって締結された契約の追認を拒絶することが信義則に反するか否かは，(1) 右契約の締結に至るまでの無権代理人と相手方との交渉経緯及び無権代理人が右契約の締結前に相手方との間でした法律行為の内容と性質，(2) 右契約を追認することによって禁治産者が被る経済的不利益と追認を拒絶することによって相手方が被る経済的不利益，(3) 右契約の締結から後見人が就職するまでの間に右契約の履行等をめぐってされた交渉経緯，(4) 無権代理人と後見人との人的関係及び後見人がその就職前に右契約の締結に関与した行為の程度，(5) 本人の意思能力について相手方が認識し又は認識し得た事実，など諸般の事情を勘案し，右のような例外的な場合に当たるか否かを判断して，決しなければならないものというべきである。」

　「そうすると，長年にわたってＹの事実上の後見人として行動していたのはＣであり，そのＣが本件予約をしながら，その後Ｇに対して本件建物を借入金の担保として譲渡したなどの事実の存する本件において，前判示のような諸

➡ 解説

般の事情，特に，本件予約における4000万円の損害賠償額の予定が，Gに対する譲渡の対価（記録によれば，実質的対価は2000万円であったことがうかがわれる。）等と比較して，Xにおいて甲建物の賃借権を放棄する不利益と合理的な均衡が取れたものであるか否かなどについて十分に検討することなく，後見人であるDにおいて本件予約の追認を拒絶してその効力を争うのは信義則に反し許されないとした原審の判断には，法令の解釈適用を誤った違法があるものというべきであり，右違法は判決に影響することが明らかである。」（裁判長裁判官　尾崎行信　裁判官　園部逸夫　可部恒雄　大野正男　千種秀夫）

解　説

　後見人は，被後見人との利益が相反する行為について有効に代理行為をすることができない（860条による826条の準用）。後見人自身が相続人として相続放棄している事案で，後見人が代理人として行った被後見人の相続放棄が利益相反にあたるか否かが争われたのが *80* である。判例は外形説に基づいて利益相反行為にならないとしたが，学説には有力な反対説もある。

　同じく，後見人と被後見人の関係が複雑な問題を提起したのが *81* である。同事件では，後見が開始する前に，後見人の姉が行った無権代理行為について，後見人として追認を拒絶するのが信義則に反するかが争われた。同事件では信義則に反しないとの判断が示されているが，過去には，無権代理人が未成年者の後見人に就任した事例で追認拒絶を認めなかった判決もある（最判昭和47年2月18日民集26巻1号46頁⇒総則・物権 *91*）。しかし，いずれの判断も被後見人の利益保護という観点から説明することができそうである（前掲書180頁〔解説〕参照）。

第6章　保佐及び補助　（取り上げる裁判例はない）

第7章　扶　　養

82　扶養義務者間の求償

最(二)判昭和42年2月17日民集21巻1号133頁
(法協85巻2号262頁，民商57巻2号285頁，百選〈新版〉178頁，百選〈3版〉160頁)

【事実】　X女とY男は昭和26年頃から事実上の夫婦となり，昭和27年にAが生まれたが，婚姻届は昭和30年1月6日になされ，同時にYのAに対する認知届がされた。その約7か月後にXYは協議離婚をしたが，XとYの夫婦関係は直ちには断絶せず，昭和31年4月頃，XはYと別れてAを連れて実家に帰った。Xは実家でAを養育したが，Yは従来からAは自己の子でないと主張していたので扶養の手をさしのべることはなかった。Xは近くの工場に織工として働きに出たが，その収入はAの養育費をまかなうに十分ではなく，Xの父BがAを養育するに必要な生活費をXのため立て替えた。そこで，XはYを相手方としてAの扶養料請求の審判を申し立てたが，YがAの認知無効確認の訴えを起こして係争中であったため，係の勧めもあって申立てを取下げた。Yの認知無効確認訴訟でYの敗訴が確定した後，XはYに対して，養育料の償還を求める本訴を提起した。なお，XYは離婚届出の際Aの親権者を定めなかったので，Xの審判申立てにより，XをAの親権者と定める家庭裁判所の審判が出されている。

　1審はAの扶養料を支出したのはBであってXではないという理由でXの請求を退けたが，2審は，「Aの扶養につき，扶養すべき者の順序，扶養の程度又は方法につき家庭裁判所の審判を経ていないが」，YがAの養育費の3分の2を負担すべきで，それを立て替えたBにXは償還の債務を負っているから，Yはその分をXに支払う義務があるとした。

　Yから上告して，扶養すべき者の順序，扶養の程度または方法は，家庭裁判所の審判事項であり，原審の判断は違法だと主張した。

→ 83

【判決理由】 破棄自判 「民法878条・879条によれば，扶養義務者が複数である場合に各人の扶養義務の分担の割合は，協議が整わないかぎり，家庭裁判所が審判によって定めるべきである。扶養義務者の一人のみが扶養権利者を扶養してきた場合に，過去の扶養料を他の扶養義務者に求償する場合においても同様であって，各自の分担額は，協議が整わないかぎり，家庭裁判所が，各自の資力その他一切の事情を考慮して審判で決定すべきであって，通常裁判所が判決手続で判定すべきではないと解するのが相当である。本件において通常裁判所である原審が分担の割合を判定したのは違法であって，この点に関する論旨は理由があり，原判決の求償請求を認容した部分は破棄を免れない。そして，原審の認定したところによると，未だ分担についての審判はないというのであるから，Yの扶養義務は具体的に確定していないものというべく，Xの求償請求は理由がない。よって該請求を棄却した一審判決は，理由は異なるが結論において正当であり，この部分についての控訴は棄却すべきものとする。」（裁判長裁判官　奥野健一　裁判官　城戸芳彦　石田和外　色川幸太郎）

[関連裁判例]

83　過去の扶養料の求償と寄与分

大阪高決平成15年5月22日家月56巻1号112頁（民商131巻3号512頁，戸時570号49頁，判タ1150号109頁）

【事実】 A女は，四男のY₁の世話になりながら生活していたが，Y₁夫婦が病身となったことから，Aが満80歳のとき，五男Xの自宅の近くのアパートに単身で転居し，冬場4か月はXの自宅に居住し（暖房器具の火の始末に不安があったためであろうと推測される），Xに世話になりながら生活するようになった。

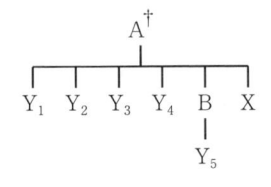

その後Aは病院に入院し，退院しないまま満94歳で死亡した。実際にXがAの日常の世話をしたのは，Aが近所に転居してきてから入院するまでの14年2か月であった。Aの相続人は，Xのほか，Y₁，次女Y₂，六男Y₃，三女Y₄，および代襲相続人となった長女Bの子Y₅の6名である。

Xは家庭裁判所にAの遺産の分割を求める調停を申し立て，Aに対する扶養を理由として寄与分を定める調停を申し立てた。家庭裁判所は，Xが行った扶養は

「親族としての身分関係から当然行われる行為の範疇に属するものであり」、民法904条の2第1項所定の特別の寄与に該当しないと判断して寄与分についての申立てを却下し、Aの遺産である郵便貯金950万円余および現金17万円余を法定相続分に応じ、XおよびY₁～Y₅に6分の1ずつ取得させる旨の審判をした（「先行審判」）。

そこでXは、Aを扶養するため余儀なくされたAに対する生活費の支給その他の2,000万円余の出捐について他の兄弟に対し求償を求める調停を家庭裁判所に申し立て、調停が不成立となったため、求償を求める趣旨の審判を家庭裁判所に申し立てた。

原審裁判所は、Yらが本件出捐に関する求償義務を負わないことは、すでに、Xの寄与分に関する申立てを却下した先行審判によって判断されており、本件申立ては、紛争の蒸し返しであるから信義則上許されず、仮にそうでないとしても、相手方らも相応の扶養義務を履行しているので、本件出捐に関する求償義務を負わないと判断し、本件申立てを却下する旨の審判をした。Xから控訴。

【決定理由】　原審判取消し、差戻し　「先行審判と本件申立ての関係について
　(1)　扶養義務者の一人が自己の分担義務の限度を超えて扶養義務を履行した場合、家事審判法9条1項乙類8号所定の審判（以下「扶養審判」という。）を申し立て、過去の扶養料につき他の扶養義務者に求償を求めることができる。この場合、家庭裁判所は、各扶養義務者の資力その他一切の事情を考慮して各人の扶養義務の分担の割合を定めることになる（最高裁判所第二小法廷昭和42年2月17日判決・民集21巻1号133頁）。

すなわち、過去の扶養料の求償権は、具体的な財産上の権利であって、扶養審判を通じて行使が可能な権利であるから、その求償権を、敢えて、具体的な財産上の権利ではない「寄与分」とみたうえで、家事審判法9条1項乙類9号の2所定の審判（以下「寄与分審判」という。）を通じて行使させる必要は原則として認められない。

　(2)　実質的に検討しても、寄与分審判を通じて過去の扶養料の求償を求めることは、必ずしも適切ではない。

被相続人に生活費を渡す、あるいは扶養家族の一員として被相続人を引き取るという通常の扶養は、民法904条の2所定の「その他の方法」に該当するが（同条にいう「療養看護」とは、病気や障害のため日常の起居動作が不自由な

➡ 83

被相続人を看護・介護する行為を指す。)，これが特別の寄与と認められるためには，この行為によって被相続人の財産が減少を免れ，相続開始時まで遺産が維持されたという関係が必要となり，この関係が認められた場合に限り，維持されたとみられる遺産の価額が寄与分として評価されるのである。

したがって，遺産総額が少ない場合には，そもそも寄与分制度を通じて過去の扶養料を回収することはできないし，寄与分審判の審理においては，一般に，過去の扶養料の求償権の有無及び金額を定める上で極めて重要な要素となる同順位扶養義務者の資力が調査されることはなく，その資力を考慮して寄与分が定められることもない。

そうすると，寄与分審判によっては，過去の扶養料の求償に関する適切な紛争解決が必ずしも保障されているとはいえないから，過去の扶養料の求償を求める場合には，原則として，扶養審判の申立てがされるべきであるといわなければならない。

(3) もっとも，遺産分割の機会に，遺産分割に関する紛争と過去の扶養料に関する紛争を一挙に解決するため，過去の扶養料の求償を求める趣旨で寄与分審判を申し立てることが許されないわけではなく，実務上はそのような寄与分審判の申立ても許容されている（先行審判もXの寄与分審判の申立てを不適法とはしていない。)。

しかしながら，この場合であっても，寄与分の認定手法が上記(2)のとおりであることからすれば，寄与分審判と扶養審判は二者択一の関係に立つとか，寄与分審判の申立てをした以上は扶養審判の申立てが許されなくなると解すべきではない。

すなわち，過去の扶養に関して寄与分審判で何らかの判断がされたとしても，寄与分としては認定されなかった過去の扶養に関し，本来的な権利行使の手段である扶養審判が申し立てられれば，家庭裁判所は，各扶養義務者の資力その他一切の事情を考慮して各人の扶養義務の分担の割合を定める必要があるといわなければならない（もちろん，寄与分が認められた分についてまで，重ねて過去の扶養料の求償が許されることにならないことはいうまでもない。)。

(4) これを本件についてみると，先行審判の説示は必ずしも明確ではないが，先行審判は，要するに，Xの扶養は「療養看護」に該当しないか，Aの遺産

の形成に特別の寄与をしたとは認められないから，これを「寄与分」とするのは相当ではないと判断したものと解される。少なくとも，先行審判においては，Xと同順位の扶養義務者に求償に応じる資力があるか等の，過去の扶養料の求償の可否を判断するための事実の有無を判断していないし，先行審判の手続において，その事実の調査が行われたとは到底考えられない。

　したがって，先行審判が存在するとしても，過去の扶養料の求償の可否について，既に裁判所の公権的判断がされたとみるわけにはいかないのであり，その求償に関する原則的権利行使手段である本件申立てが紛争の蒸し返しであるとか，信義則に反する不適法な申立てであると解することはできないのであって，この点に関する原審判の説示は相当ではない。」

「求償の可否に関する事実の調査について
　(1)　原審判は，本件出捐に関する求償の可否を判断するために必要な事実の調査を殆ど行って」いない。

「(2)　本件の求償の可否を判断するためには，まず最初に，本件期間〔XがAの世話をした期間のこと〕中のAの収入及び生活状況を調査する必要があり，次に，X主張の本件出捐の有無及び金額を調査する必要がある。

　本件の大きな疑問は，Aが要扶養状態（Xが毎月生活費を渡すことが必要な状態）にあったとすれば，なぜ，Aに本件遺産があったのかという点である。もし，本件遺産が，Y_1〜Y_4がAに贈与した金銭によって形成されたとすれば，Y_1〜Y_4の贈与は生活費に使用されず貯蓄に回されたことになり，Y_1〜Y_4の贈与には扶養義務の履行という意味合いがないことになる。しかも，本件遺産は，結局は，Aの相続人に均等に取得されているから，Y_1〜Y_4は，本件出捐に関する求償義務の全部又は一部を履行したという関係も認められないことになる。

　したがって，本件遺産の形成過程についても可能な限り調査がされる必要がある。

　(3)　さらに，本件の求償は，Y_1〜Y_4各人の扶養能力（資力）の限度で許されることになるから，Y_1〜Y_4の生活状況を調査する必要があることは当然である。

　(4)　以上のような事実の調査は，抗告審である当裁判所で行うことはできな

いから，本件においてはこれを原審裁判所に差し戻すほかないことになる。」
（裁判長裁判官　下方元子　裁判官　水口雅資　橋詰均）

＊なお Y_5 に対する請求は，Y_5 は X と同順位で扶養義務を負うものではないとして棄却されている。

84 扶養に関する合意とその請求

名古屋高判平成 10 年 7 月 17 日判タ 1030 号 259 頁

【事実】　XY 夫婦には長男 A がいる。XY は婚姻当時，夫 Y の会社員としての給与収入と妻 X の実家からの経済的援助により生活していたが，婚姻生活を続けるうちに X は Y が多額の借金を抱えていることを知った。X が Y にその借金の使途の説明を求めるなかで，両名は不和となったが，その後その返済計画についても話し合い，Y の車を売却する，携帯電話は売却する，XY の親から援助を受ける等の方法によりその借金を返済していく旨の約束をして夫婦で再出発をはかろうとした。ところが，Y がすぐにでも実行できる車の処分や携帯電話の売却さえ実行しないこと等から，X は Y に対する信頼を失い，離婚もやむをえないと考え，XY 間で離婚について話し合った。そして，A の親権者を X として協議離婚することとし，Y は X に対し慰謝料として 500 万円を，Y の賞与時である毎年 6 月と 12 月に 30 万円ずつ分割して支払うこと，A の養育費は同人が 20 歳になるまで毎月 5 万円ずつ支払うことで合意した。そこでこれを書面化することとし，合意書を作成して XY が各々署名押印し，その上で XY は協議離婚の届出をした。ところが，Y は離婚後これらの支払を全く実行しないため，合意された慰謝料および扶養料の支払を求めて，X は本訴を提起した。

原審は慰謝料についての X の請求を認めたが，子の養育料については，協議が執行力のない書面または口頭により成立している場合であって，相手方がその協議の成否ないし効力を争い，協議に基づく履行をしないときは，審判手続によるべきだとして却下した。Y が控訴，X は附帯控訴した。

【判決理由】　原判決変更　「養育料の請求は，民法上の扶養請求権に基づくものであるから，その程度又は方法については，まず当事者間で協議をして定め，当事者間の協議が調わないとき，又は協議をすることができないときは，扶養権利者の需要，扶養義務者の資力その他一切の事情を考慮して，家庭裁判所がこれを定めることになる（民法 879 条）が，更に，右当事者間だけではなく，

→ 解説

 本件のように，扶養権利者であるAの親権者として同人を養育する立場にあるX（母）とY（父）とが，右両者間において，XがAを養育するために要する費用の給付について合意をしたときは，その合意は私法上の合意として有効であり，これに基づいて民事訴訟によりその給付を請求することを否定する理由はない。もちろん，扶養に関する処分は家事審判事項であるから（家事審判法9条1項乙類8号），右の合意がされた場合であっても，事情の変更があったときは，Aからの又はAに対する申立てにより，その取消し，変更をすることが可能である（民法880条）が，そうだからといって，YとXとの間の養育料に関する合意を民事訴訟において実現できないとする理由にならないことは明らかである。
 したがって，養育料の請求にかかる訴えを不適法であるとして，これを却下した原判決は，これを取り消すべきであるが，本件につき更に弁論をする必要はないものと認める。」（Xの請求を認容した。）（裁判長裁判官 渋川満 裁判官 河野正実 佐賀義史）

親族
扶養

解説

 親族間の扶養義務の有無や程度は，諸事情を総合考慮した裁量的評価の側面もあるが，他方で，不当利得や事務管理と性質を同じくする財産法上の権利義務の問題でもある。このことが，紛争解決の手続に複雑な問題を提起する。
 扶養権利者から扶養義務者に対して，過去の扶養料を請求することは，生活保持義務か生活扶助義務かで要件に差があるとはいえ，扶養義務の履行請求そのものとして認められており，家庭裁判所の審判事項である。では，扶養義務を履行した者からの他の扶養義務者に対する求償請求はどうだろうか。本来は，不当利得の返還請求ともいえるが，他方で，具体的な求償額は協議が調わなければ家庭裁判所の審判で決定されるべきものである。そこで，*82* は，地方裁判所ではなく家庭裁判所が管轄権を有すると判示した。もっとも，扶養義務者間に扶養に関する合意が成立している場合は，その合意の不履行は通常の債務不履行といえるので，民事訴訟で争うことが可能である。*84* はこの点を判示した高裁判決である。
 では，遺産分割の審判において，ある相続人が被相続人を扶養した事実につ

➡ 解説

いて寄与分として考慮すべきか否かが判断されたとき，改めて，過去の扶養料の求償を求めることができるだろうか。関連裁判例として挙げた 83 でこれが争われ，寄与分として考慮されていない部分の求償を求めることを認めた。寄与分と扶養との性質の違いを考えさせる事例といえる。なお，同決定に引用されている家事審判法は平成 23 年の改正で廃止され，平成 25 年から家事事件手続法が施行されている。

第5編　相　続

➡ 85

第1章　総　　則

85　共同相続人間における相続回復請求

最(大)判昭和53年12月20日民集32巻9号1674頁
(法協98巻1号123頁，民商81巻3号387頁，)
(曹時33巻10号2782頁，百選〈7版〉124頁)

【事実】㈠，㈡，㈢の各不動産は，Aの所有であったが，同人は昭和28年12月15日に死亡し，妻であるBが3分の1，亡長男の子Y_1が6分の1，二男の子Cおよびxが各12分の1，三男Y_2および四男Y_3が各6分の1の割合でAの権利義務を相続した。

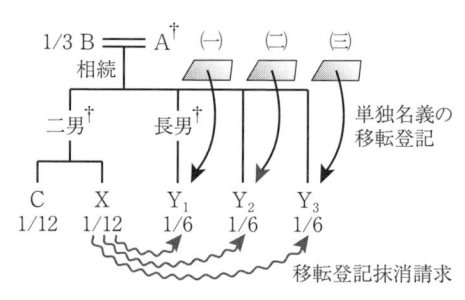

ところが，Y_1，Y_2，Y_3は，Xの同意を得ないで，それぞれ㈠，㈡，㈢の不動産について，相続を原因として，昭和29年4月23日に単独名義の所有権移転登記を行った。

そこで，昭和38年にXは，Yらを相手取って，㈠から㈢の不動産につき，移転登記の抹消と処分禁止とを求めて，訴えを提起した。

これに対して，Yらは，次のように主張した。昭和29年にXはYらを相手方として家事調停の申立てをし，また，昭和30年には遺産分割の調停申立てをした。これらはいずれも取り下げられたが，Xの権利行使はいわゆる相続回復請求であるところ，昭和29年にはXは自らの相続権が侵害されたことを知っていたのであり，その時点からすでに5年を経過しているのだから，884条により相続回復請求権は時効により消滅している。

移転登記の抹消請求については，1，2審ともXの勝訴。2審は，「共同相続人が遺産分割の前提として相続財産について他の共同相続人に対し共有関係の回復を求める請求は，相続回復請求ではなく，通常の共有権に基づく妨害排除請求と解するのが相当」だから，Yらの主張には理由がない，としている。Yらがさらに上告。

【判決理由】上告棄却　「思うに，民法884条の相続回復請求の制度は，いわ

→ 85

ゆる表見相続人が真正相続人の相続権を否定し相続の目的たる権利を侵害している場合に，真正相続人が自己の相続権を主張して表見相続人に対し侵害の排除を請求することにより，真正相続人に相続権を回復させようとするものである。そして，同条が相続回復請求権について消滅時効を定めたのは，表見相続人が外見上相続により相続財産を取得したような事実状態が生じたのち相当年月を経てからこの事実状態を覆滅して真正相続人に権利を回復させることにより当事者又は第三者の権利義務関係に混乱を生じさせることのないよう相続権の帰属及びこれに伴う法律関係を早期にかつ終局的に確定させるという趣旨に出たものである。

1 そこで，まず，右法条が共同相続人相互間における相続権の帰属に関する争いの場合についても適用されるべきかどうかについて，検討する。

㈠ 現行の民法884条は昭和22年法律第222号による改正前の民法のもとにおいて家督相続回復請求権の消滅時効を定めていた同法966条を遺産相続に準用した同法993条の規定を引き継いだものであると解されるところ，右993条は遺産相続人相互間における争いにも適用があるとの解釈のもとに運用されていたものと考えられ，(大審院明治44年㈱第56号同年7月10日判決・民録17輯468頁，最高裁昭和37年㈱第1258号同39年2月27日第一小法廷判決・民集18巻2号383頁の事案参照)，また，右法律改正の際に共同相続人相互間の争いについては民法884条の適用を除外する旨の規定が設けられなかったという経緯があるばかりでなく，㈡ 相続人が数人あるときは，各相続財産は相続開始の時からその共有に属する（民法896条，898条）ものとされ，かつ，その共有持分は各相続人の相続分に応ずる（民法899条）ものとされるから，共同相続人のうちの一人又は数人が，相続財産のうち自己の本来の相続持分をこえる部分について，当該部分についての他の共同相続人の相続権を否定し，その部分もまた自己の相続持分であると主張してこれを占有管理し，他の共同相続人の相続権を侵害している場合は，右の本来の相続持分をこえる部分に関する限り，共同相続人でない者が相続人であると主張して共同相続人の相続財産を占有管理してこれを侵害している場合と理論上なんら異なるところがないと考えられる。さらに，㈢ これを第三者との関係においてみるときは，当該部分の表見共同相続人の真正共同相続人との間のその部分についての相続

→ 85

権の帰属に関する争いを短期間のうちに収束する必要のあることは，共同相続人でない者と共同相続人との間に争いがある場合と比較して格別に径庭があるわけではない（たとえば，共同相続人相互間の争いの場合に民法884条の規定の適用がないものと解するときは，表見共同相続人からその侵害部分を譲り受けた第三者は相当の年月を経たのちにおいてもその部分の返還を余儀なくされ，また，相続債権者は共同相続人の範囲又はその相続分が相当の年月にわたり確定されない結果として債権の行使につき不都合を来すこと等が予想される。）。

以上の諸点にかんがみると，共同相続人のうちの一人又は数人が，相続財産のうち自己の本来の相続持分をこえる部分について，当該部分の表見相続人として当該部分の真正共同相続人の相続権を否定し，その部分もまた自己の相続持分であると主張してこれを占有管理し，真正共同相続人の相続権を侵害している場合につき，民法884条の規定の適用をとくに否定すべき理由はないものと解するのが，相当である。

なるほど，民法907条は，共同相続人は被相続人又は家庭裁判所が分割を禁じた場合を除くほか何時でもその協議で遺産の分割をすることができ，協議が調わないとき又は協議をすることができないときはその分割を家庭裁判所に請求することができる旨を定めている。しかしながら，㈠ 右は，共同相続人の意思により民法の規定に従い各共同相続人の単独所有形態を形成確定することを原則として何時でも実施しうる旨を定めたものであるにとどまり，相続開始と同時に，かつ，遺産分割が実施されるまでの間は，可分債権（それは，相続開始と同時に当然に相続分に応じて分割されて各共同相続人の分割単独債権となり，共有関係には立たないものと解される。したがって，この場合には，共同相続人のうちの一人又は数人が自己の債権となった分以外の債権を行使することが侵害行為となることは，明白である。）を除くその他の各相続財産につき，各共同相続人がそれぞれその相続分に応じた持分を有することとなると同時に，その持分をこえる部分については権利を有しないものであり，共同相続人のうちの一人又は数人による持分をこえる部分の排他的占有管理がその侵害を構成するものであることを否定するものではないというべきである。（もっとも，遺産の分割前における共同相続人の各相続財産に対する権利関係が上述のように共有であるとする以上，共同相続人のうちの一人若しくは数人が相続

財産の保存とみられる行為をし，又は他の共同相続人の明示若しくは黙示の委託に基づき，あるいは事務管理として，自己の持分をこえて相続財産を占有管理することが，ここにいう侵害にあたらないことはいうまでもない。）また，
㈡　遺産の分割が行われるまで遺産の共有状態が保持存続されることが望ましいとしても，遺産の分割前に共同相続人のうちの一人又は数人による相続財産の侵害の結果として相続財産の共有状態が崩壊し，これを分割することが不能となる場合のあることは，共同相続人のうちの一人又は数人が侵害した相続財産を時効により取得し又は侵害した相続動産を第三者に譲渡した結果第三者がこれを即時取得した場合において最も明らかなように，事実として否定することのできないところである。民法907条は，遺産の共有状態が崩壊したのちにおいてもその共有状態がなお存続するとの前提で遺産の分割をすべき旨をも定めていると解すべきではない。

2　次に，共同相続人がその相続持分をこえる部分を占有管理している場合に，その者が常にいわゆる表見相続人にあたるものであるかどうかについて，検討する。

思うに，自ら相続人でないことを知りながら相続人であると称し，又はその者に相続権があると信ぜられるべき合理的な事由があるわけではないにもかかわらず自ら相続人であると称し，相続財産を占有管理することによりこれを侵害している者は，本来，相続回復請求制度が対象として考えている者にはあたらないものと解するのが，相続の回復を目的とする制度の本旨に照らし，相当というべきである。そもそも，相続財産に関して争いがある場合であっても，相続に何ら関係のない者が相続にかかわりなく相続財産に属する財産を占有管理してこれを侵害する場合にあっては，当該財産がたまたま相続財産に属するというにとどまり，その本質は一般の財産の侵害の場合と異なるところはなく，相続財産回復という特別の制度を認めるべき理由は全く存在せず，法律上，一般の侵害財産の回復として取り扱われるべきものであって，このような侵害者は表見相続人というにあたらないものといわなければならない。このように考えると，当該財産について，自己に相続権がないことを知りながら，又はその者に相続権があると信ぜられるべき合理的事由があるわけではないにもかかわらず，自ら相続人と称してこれを侵害している者は，自己の侵害行為を正当行

→ *85*

為であるかのように糊塗するための口実として名を相続にかりているもの又はこれと同視されるべきものであるにすぎず，実質において一般の物権侵害者ないし不法行為者であって，いわば相続回復請求制度の埒外にある者にほかならず，その当然の帰結として相続回復請求権の消滅時効の援用を認められるべき者にはあたらないというべきである。

　これを共同相続の場合についていえば，共同相続人のうちの一人若しくは数人が，他に共同相続人がいること，ひいて相続財産のうちその一人若しくは数人の本来の持分をこえる部分が他の共同相続人の持分に属するものであることを知りながらその部分もまた自己の持分に属するものであると称し，又はその部分についてもその者に相続による持分があるものと信ぜられるべき合理的な事由（たとえば，戸籍上はその者が唯一の相続人であり，かつ，他人の戸籍に記載された共同相続人のいることが分明でないことなど）があるわけではないにもかかわらずその部分もまた自己の持分に属するものであると称し，これを占有管理している場合は，もともと相続回復請求制度の適用が予定されている場合にはあたらず，したがって，その一人又は数人は右のように相続権を侵害されている他の共同相続人からの侵害の排除の請求に対し相続回復請求権の時効を援用してこれを拒むことができるものではないものといわなければならない。

　3　このようにみてくると，共同相続人のうちの一人又は数人が，相続財産のうち自己の本来の相続持分をこえる部分について，当該部分の表見相続人として当該部分の真正共同相続人の相続権を否定し，その部分もまた自己の相続持分であると主張してこれを占有管理し，真正共同相続人の相続権を侵害している場合につき，民法884条の規定の適用をとくに否定すべき理由はないものと解するのが相当であるが，一般に各共同相続人は共同相続人の範囲を知っているのが通常であるから，共同相続人相互間における相続財産に関する争いが相続回復請求制度の対象となるのは，特殊な場合に限られることとなるものと考えられる。

　四　そこで，本件についてみると，前に判示した事実関係のもとにおいては，共同相続人の一部であるＹらは，相続財産に属する前記各不動産について，他に共同相続人としてＸがいることを知りながらそれぞれ単独名義の相続による所有権移転登記をしたものであることが明らかであり，しかも，Ｙらの

本来の持分をこえる部分につき Y らのみに相続による持分があるものと信ぜられるべき合理的な事由があることは，何ら主張立証がされていない。

　五　そうすると，X から Y らに対し右各不動産についてされた Y らの単独名義の相続登記の抹消を求める請求は民法 884 条所定の消滅時効にかからないと解したうえ，右請求は，右各登記について現に登記名義を有している Y らの持分の割合を 12 分の 1，X の持分の割合を 12 分の 1 とする更正登記を求める限度で理由があるとしてこれを認容した原審の判断は，結論において相当として是認することができる。論旨は，採用することができない。」（裁判官髙辻正己，同服部髙顯，同環昌一，同藤崎萬里の各補足意見，裁判官大塚喜一郎，同吉田豊，同団藤重光，同栗本一夫，同山本亨，同戸田弘の意見がある）

裁判官髙辻正己，同服部髙顯の補足意見

「一　相続財産につき自己に相続権がないことを知りながらあえてこれを占有管理して侵害している者は，当該相続財産についての相続権が自己以外の者，すなわち結局のところその真正相続人に属することを承認しているものにほかならないというべきであるから，たとえこのような侵害者が相続人であると自称している場合であっても，自己に相続権がないことを知っていることがひとたび明らかにされた以上は，もはや当該相続財産についての相続権の帰属について真に争いがあるとはいえないこととなる筋合いである。したがって，このような侵害者は，相続回復請求制度の適用を主張しうる資格者とはいえないものと解するのを相当と考える。

　二　もっとも，右一に述べたような侵害者が，不正虚構の手段等を用いて当該相続財産につきその者に相続権があると信ぜられるべき外観を作り出し，又は不正虚構の手段等を用いて作り出された，その者に相続権があると信ぜられるべき外観を利用し，相続人であると称して当該相続財産を占有管理している場合については，更に検討を加える必要がある。

　けだし，そのような場合にあっては，侵害者本人の主観的意図及び当該外観の基本となる事実関係が不正虚構の手段等によって作り出されたものであることはともかくとして，少なくとも対外的・対社会的には客観的な外観が存在しているからである。しかしながら，このような場合は，事が相続に関する点を除外して考えれば，一般の無権利者が不正虚構の手段等を用いて権利者である

→ 85

かのような外観を作り出し又は不正虚構の手段等を用いて作り出された外観を利用して行動する場合と格別に異なるところはない。問題は，このような場合について，外観の存在と静的安全のいずれを重視するのが妥当かにある。われわれは，法の理念とするところにかんがみ，かつ，一般の無権利者がいかに権利者であるかのような外観を呈していても，その外観が不正虚構の手段等によって作り出されたものであるときは，静的安全が重視されるものとされている場合との権衡上，相続に伴う法律関係の早期安定の要請の存在にもかかわらず，自己に相続権のないことを知りながら相続財産を占有管理して侵害している者は，たとえ相続人らしい外観を呈している場合であっても，これを一般の財産権の悪意の侵害者の場合と別異に取り扱うべきではなく，したがって，相続回復請求制度が対象として考えている者にはあたらないとすべきであると考えるのである。

　　三　また，相続財産につきその者に相続権があると信ぜられるべき合理的事由があるわけではないにもかかわらず自らその相続人と称している者は，相続回復請求制度の運用に関し，実質上，相続人でないことを知りながら相続財産を侵害している者と同視して差しつかえがない場合が少なくないであろう。のみならず，一般に，そのような者は，自らは相続人であると信じ，かつ，相続人と自称している場合であっても，それは単にその者の主観ないし独断であるにとどまり，客観的には，そもそも「その者に相続権があると信ぜられるべき合理的事由」があるわけではないのであるから，このような合理的事由に基づく外観，換言すれば，対外的・対社会的に相続人らしい外観を呈している者とはいえないものである。したがって，われわれは，このような者を相続回復請求制度が対象として考えている者からはずれる者とみることは法の趣意に反するものではないと考えるのである。」

裁判官環昌一の補足意見

「昭和22年法律第222号による改正前の民法（以下旧法という。）のもとでは，家ないし戸主の制度が定められ，財産の相続とは直接関係のない戸主の地位に伴う権利（いわゆる家族に対する居所指定権，家族の婚姻等についての同意権など）の相続が重要な意義をもっていたが，この制度が廃止された今日では相続人としての「地位」の実質は，もっぱら被相続人の財産に属した一切の

権利義務を承継するという財産権に関する資格にほかならないというべきであり，また，二人以上の相続人による共同相続の結果として生ずる相続財産の共有の法的性質は，その分割手続や分割の態様などの点を除いては持分主義に立つ一般の共有関係と異なるものとは解せられないから，前述の相続人の地位ないし相続資格の観点からすれば，共同相続人は，それぞれ自己の相続分に応じて有する正当な相続持分については右にいう地位を有するが，右の持分をこえる部分についてはこのような地位を有しないものといわなければならない。そして共同相続人相互間において相続権の帰属をめぐって紛争を生ずるのは後者の場合であり，それもまた相続人の争いとするに妨げないから，このような紛争にも相続回復請求の制度の働く余地があると解するのが相当である（この見地から以下にいう「表見相続人」にはそれが共同相続人の一人である場合もそうでない場合もともに含むものとする。）。

　二　すでにのべたように相続回復請求の制度は当事者及び第三者の権利義務の関係の混乱を防ぐため早期かつ終局的に相続権の帰属者を確定することをねらいとするものであり，表見相続人の勝訴が確定すると結果的には本来真正な相続人たる地位を有しない表見相続人に相続権が帰属するという効果を生ずることとなると解せられるから，前述した法の一般理念のうちでも関係者の間の利害の衡量が別して重要であると考えられるので，以下この観点を中心に検討する。少数意見も第三者の利益の保護の問題については利益衡量の必要なことに言及されるが，私の理解するところによると多数意見は，一方に真正相続人が相続権を回復して相続財産を取りもどすことのできる利益を，他方に表見相続人自身及び第三者の立場において事実状態が法秩序としてみとめられることにより享受する利益を置き，この両者についての比較衡量がされなければならないことを基底として，このような衡量の結果真正相続人の利益が必ずしも常に表見相続人や第三者のそれに優越するものとはいえないとの立場をとるものと考えられる。私は，家や戸主の制度ひいては真正な地位に在る者による家督相続を極めて重要視していた旧法のもとで，その966条が真正な家督相続人の地位さえも一定の安定した事実状態の前にはその席を譲らなければならない場合のあることを定めていた事実を想起するだけでも，右の多数意見の見解を納得することができると思う。たしかに戸主権の相続ということがなくなった今

→ 85

日，旧法下の制度と同一の内容の規定を存置した現行制度のもとで真正相続人のこれによって受ける実益が少ないことはみとめないわけにはいかないが，旧法のもとでも前記966条が財産権の共同相続であった遺産相続に準用されていたことにかんがみ，また，現行制度においても回復請求権を行使する者としては，返還を求める財産の取得原因について，それが被相続人の占有に属したものであり自己が真正な相続資格を有することを主張立証すれば足りるという訴訟上の利益を享受するものと解されることなどに徴すると，実益が全くないとするのも相当でない。更にまた，共同相続人にとって，公平円満な遺産の分割が行なわれること，ひいてはこのような分割が行なわれるまで相続財産共有の状態が保持されることが利益であるとしても，このような利益は真正相続人の利益として前述のように改めて表見相続人及び第三者の利益との比較衡量に服すべきものであり，このような衡量を不必要とするほど優越する利益であるとはみられない。もし共同相続人の右利益を重視する立場から共同相続人相互間には民法884条の働く余地がないとすると，同じく表見的に相続権を主張する者でありながら，共同相続人の一人（それは被相続人と身分上の関係を有するから第三者からも真正な相続人とみられ易いといえよう。）の方が，このような身分関係にないのに同条の時効援用権をもつ無縁故者よりも不利益を受ける結果となるが，このような結果は，真正な相続権擁護の立場と矛盾するとまではいえないにしても少なくとも調和するものとはいい難いと思う。」

裁判官大塚喜一郎，同吉田豊，同団藤重光，同栗本一夫，同本山亨，同戸田弘の意見
「問題は，共同相続人相互間における持分権侵害の排除を求める請求に同条を適用することが相当かどうかである。多数意見は，これを積極に解したうえでその適用がある場合をなるべく限定しようとするのであるが，われわれは，はじめからその適用がないものと解するのである。
　二　思うに，相続回復請求の制度は，もともと昭和22年法律第222号による改正前の民法（旧法）の規定，さかのぼってはボワソナード草案に基づく旧民法の規定に由来するものであって，その制度の沿革・本質に徴すると，本来真正相続人が表見相続人から相続人の地位を回復することを目的とするものである。すなわち，旧民法証拠篇1555条が「遺産請求ノ訴権」を「相続人又ハ包括権原ノ受贈者若クハ受遺者ノ権原ニテ占有スル者」に対する権利として規

定し，かつ，同規定について個々の相続財産の買主，特別受遺者その他特定権原に基づきその占有を取得した者は右訴権の対象とはならないとの解釈がおこなわれていたことに徴すれば，旧民法は相続回復請求権を相続人の地位を包括的に回復することを目的とする権利として定めていたことが明らかである。家督相続回復請求権について定めた旧法966条は，右旧民法の規定の趣旨を引き継いだものであるから，真正家督相続人が表見家督相続人から家督相続人の地位を回復すべき場合について規定したものである。そして，遺産相続回復請求権について定めた旧法993条は，右966条を単に準用したものであるから，真正遺産相続人が表見遺産相続人（遺産相続人でないのにかかわらず遺産相続人であるように見られる地位に在る者）から遺産相続人の地位を回復すべき場合について規定したものであって，遺産相続人相互間の関係について規定したものではないと解すべきである。けだし，遺産相続人はすべて真正な相続人の地位を有する者であり，遺産相続人相互間で相続権侵害が生じても，相続人の地位の回復ということは考えられないからである（旧法下の遺産相続回復請求権についての判例のうちに，多数意見の引用する遺産相続人相互間の相続権に関する争いの事案に関するものがある。右判例は，遺産相続人相互間の右争いに同法993条が適用されるかどうかについてなんら言及していないが，かりに右争いに同規定が適用されるとの判断を前提としてその事件の結論を導いたとすれば，右前提たる判断はこれを改めるべきものと考える。）。現行民法884条は旧法993条をそのまま引き継いだものであるから，真正共同相続人が表見共同相続人（相続人の地位を有しないのにかかわらず共同相続人であるように見られる地位に在る者）から相続人の地位を回復すべき場合について規定したものであって，共同相続人相互間の関係について規定したものではないと解すべきであり，そう解するのが，相続人の包括的な地位の回復を目的とする相続回復請求権の制度の趣旨にそうゆえんである。

　なるほど，相続人の地位の回復のため裁判で相続財産全体について抽象的・包括的に相続権の確定・帰属を求めてみても，個々の相続財産については裁判の効力が及ばず，かつ，現在では戸主の制度もないから，右のような包括的請求（地位の回復請求）をする実益がなく，訴訟上は相続財産を構成する個々の不動産，動産等について相続権の侵害排除，回復を求めるという方法によるほ

→ *85*

かないのであるが，この請求も相続人の地位の回復を目的としたものであることに変りはない。ところが，共同相続人はすべて真正な相続人の地位を有する者であるから，これらの者の間に相続人の地位の回復ということは考えられない。相続人の地位と相続権とは別個の観念であって，共同相続人は自己の相続分をこえる部分については相続権を有しないだけであり，そのため相続人の地位がないものということはできない。したがって，共同相続人の一人が他の共同相続人の相続持分権を侵害した場合でも，相続人の地位の回復ということが本来考えられないこれらの者の間においては，持分権の侵害排除，回復を求めるために相続回復請求権によることはできないのであって，この請求に民法884条を適用することは，相続回復請求制度の沿革・本質にそぐわないものである。

三　さらに，右のような相続権の侵害排除，回復を求める個別的請求は，相続回復請求という特別の請求であるといってみても，その実質は，相続財産を構成する個々の不動産，動産等の所有権（共有持分権）その他に基づく妨害排除請求（物権的請求）であることを否定することはできない。したがって，右のような請求に民法884条を適用するとすれば，実質上，本来消滅時効にかかることのない物権的請求権を時効で消滅させる結果を招くこととなる。

また，かりに右のような侵害排除，回復を求める請求をとくに相続回復請求として取り扱う実益があるとすれば，それは相手方がその請求について同条所定の短期消滅時効を援用してこれを防ぐことができる点のみに存するのであり，侵害排除，回復を求める者にとって実益は考えられない。

以上のように，相続権に対する侵害排除，回復を求める請求に同条を適用すると，本来消滅時効にかかることのない物権的請求権を実質的に時効で消滅させる結果となり，かつ，もっぱら請求の相手方にのみ利益をもたらす結果となることを考えれば，同条は，もともと，前記相続関係早期安定の要請にそのまま従って弊害を生じない場合に限って適用される規定というべきである。表見相続人が真正相続人の相続権を侵害した場合は，共同相続人相互間における公平円満な遺産分割を考慮する必要はなく，相続財産を，真正相続人に帰属させるか，あるいは表見相続人のもとに形成された事実状態（相続の外観）を尊重して表見相続人に帰属させるかだけを決めれば足りるから，相続関係早期安定

→ 85

の要請をそのまま容れても他に弊害を生じないのであって，ここに同条の存在意義を見出すことができるのである。ところが，共同相続人相互間においては，後記の共同相続制度の趣旨に従ってまず相続財産の公平円満な分配を実現しなければならないのであるから，右のような相続関係早期安定の要請をそのまま容れるべきでなく，同条を適用することは相当ではない。」

「多数意見のいうように，共同相続人の一人による他の共同相続人の持分権に対する侵害が生じた場合に，その侵害排除を求める請求について民法884条を適用する余地があるとすれば，持分権を侵害された共同相続人は，将来の遺産分割に備えて，同条による時効を中断するために，かつ，その目的のためにのみ，持分権を侵害した共同相続人を相手方として，侵害排除を求める訴を提起する必要があり，この手続をとらない限り遺産分割に加われない危険を負わなければならない（もっとも，遺産分割の調停又は審判の申立によっても時効は中断すると解されるが，右の申立が却下されると，時効中断はその効力を失い，申立人がさらに既判力をともなう裁判によって相続資格の有無等の確定を求めるため右のような訴を提起しなければならず，その時にはすでに時効が完成し，結局遺産分割に加われなくなるおそれがある。）。このようなことは，結局，公平円満な遺産分割を目的とする共同相続制度の趣旨にそわないものというべきである。」

「一般的な法理論からすれば，権利の侵害排除，回復の請求は，善意・無過失の侵害者又はその者に権利があると信ぜられるべき合理的な事由がある侵害者に対してもすることができるのであり，まして，悪意・有過失の侵害者又は右のような合理的な事由のない侵害者に対してはなおさらというべきである。しかるに，多数意見が相続回復請求の場合には相続権侵害につき悪意の者又はその者に相続権があると信ぜられるべき合理的な事由のない者に対してその行使を否定するのは，多数意見のいう相続の回復を目的とする制度の本旨に照らしても，理論的根拠を欠くものといわなければならない。のみならず，一般に請求権の消滅時効については，被請求者は，その者が善意・無過失であるかどうか故意・過失があるかどうかといった主観的事情又はその者に権利があると信ぜられるべき合理的な事由があるかどうかといった事情を問わず，請求者の一定期間の請求権不行使の事実状態を理由に消滅時効を援用することができる

相続
総則

→ 85

というのが，民法が規定する消滅時効に関する原理であって，被請求者が多数意見のいう物権侵害者ないし不法行為者にあたる者であるとしても，時効の援用を妨げられることはないはずである。しかるに，多数意見の見解に従えば，相続回復請求権に関してのみ，被請求者に存する右のような事情によって消滅時効の援用資格の有無を区別する結果になるのであって，民法の消滅時効制度の原則をそこなうものといわなければならない。さらに，共同相続人が他に相続持分権を有する共同相続人がいることを知らずに相続財産を独占支配しているという場合は，かなりひろく考えられる。たとえば，共同相続人の一人が，ほかに，他人の戸籍に実子として届け出られた共同相続人，被相続人に認知された共同相続人，被相続人の死後親子関係が確定された共同相続人，相続開始時に胎児であった共同相続人，被相続人の死後被相続人との協議離婚又は協議離縁が取り消された共同相続人，被相続人の死後廃除が取り消された共同相続人等のいることを知らずに相続財産を独占している場合，また，共同相続人の一人が，他の共同相続人の無効の相続放棄の申述，無効の持分権譲渡の意思表示等につきその無効原因のあることを知らずに相続財産を独占している場合などは，いずれも他に相続持分権を有する共同相続人のいることを知らなかったものといいうるのであるから，多数意見のいうように共同相続人相互間における相続財産に関する争いが相続回復請求制度の対象となるのは特殊な場合に限られるものではない。そして，これらのうち，たとえば他人の戸籍に実子として届け出られた者などは，自己がまったく関知しない事由によって共同相続人であることが他の共同相続人に知られなかった者であって，このような者が民法884条所定の期間が経過したという理由で共同相続から排除されることは妥当を欠くものというべきである。」

「第三者保護の問題は，右の争いにおいて相続持分権を侵害された共同相続人の利益と第三者のそれとを比較衡量して解決されるべきであり，共同相続制度の趣旨に徴するときは，第三者の利益を共同相続人のそれより優先させるのは相当でなく，したがって，第三者保護をもって民法884条を適用すべき理由としてはならない。しかも，第三者は取得時効，即時取得の制度によって保護されることがあるのであるから，われわれの見解によっても，第三者の利益が全くそこなわれるわけではないのである。

のみならず，多数意見によると，結局，他の共同相続人の持分権を侵害した共同相続人が自己の持分をこえた部分について相続権を有しないことを知っているかどうか，又はその者に相続による持分権があると信ぜられるべき合理的な事由があるかどうかという共同相続人に存する事情によって第三者が保護されるかどうかが決せられるのであり，したがって，多数意見のいうところは，真の第三者保護にはならないのである。」

「要するに，共同相続人相互間における相続持分権の侵害排除，回復を求める請求に民法884条は適用されないというべきであり，これと同旨の原審の判断は正当として是認することができる。」（裁判長裁判官　岡原昌男　裁判官　天野武一　岸上康夫　江里口清雄　大塚喜一郎　髙辻正己　吉田豊　団藤重光　本林譲　服部髙顯　環昌一　栗本一夫　藤崎萬里　本山亨　戸田弘）

86　相続回復請求権の消滅時効（1）——共同相続人からの譲受人による援用

最(三)判平成7年12月5日家月48巻7号52頁 [民商115巻4 = 5号734頁]

【事実】　Aは，本件土地を所有していたが，昭和26年4月11日に死亡し，子B，子Cが各3分の1，子Dの代襲相続人であるX，E，Fが各9分の1という割合で，Aの権利義務を相続した。

本件土地はAと同居していたBの建物の敷地となっており，その建物にはAの死亡後もBおよびその家族がそのまま居住していた。そして，昭和32年11月9日になり，Bは，C，X，E，Fに無断で遺産分割協議書を偽造し，本件土地について相続を原因として自己の単独名義の所有権移転登記をした。

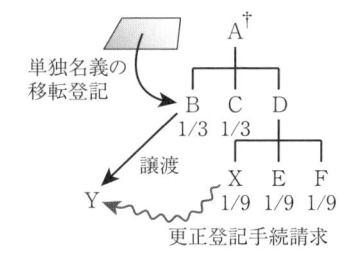

Xは，昭和55年9月末頃，Aの遺産の範囲や，本件土地を含む所有名義の変更等を知るに至った（Eが知ったのは，さらにその後）。他方，Bは，本件土地をYに譲渡し，昭和56年7月8日に，本件土地についてBからYへ所有権移転登記がされた。

その後，昭和56年12月，Xは，BおよびYを相手取って，所有権更正登記手続を求めて訴えを提起したが，この訴訟は，本件土地についてXは何らの持分権を有しない旨等を内容とする和解（本件和解）がなされ，終了した。しかし，さら

→ 86

にその後，Xは，Eから本件土地についてのEの持分権の譲渡を受けた。

そして，Xは，譲り受けた持分権に基づき，Yを相手取って，本件土地についてXに9分の1の持分があるとする更正登記手続を求めて，訴えを提起した。これに対して，Yは，Xの主張は相続回復請求権に基づくものであり，Aの死亡から20年を経過している本件では，884条後段により，その請求権は消滅している，Xの請求は本件和解の趣旨に反する，Yは94条2項の類推適用により保護される，と主張した。

1審は，民法884条の適用は否定したものの，上記和解との関係で，Xがその後にEから持分権を取得し，その権利を行使することは，和解の趣旨に反し許されない，として，Xを敗訴させた。これに対して2審は，1審と同様に884条の適用を否定したうえで，本件和解は和解当時における法律関係の確認のためのものであり，その後にEから譲り受けた持分権に基づいてXが権利行使をすることは信義則に反しない，また，B名義の相続登記がされていることをXが知ったのは昭和55年9月末頃であり，Eが知ったのはそれより後であるから，その後，Yへの移転登記がされた昭和56年7月8日までが長期間の放置にあたるものとはいえないので，94条2項の類推適用を認めるのは相当でない，とし，Xの請求を認めた。Yが上告。

【判決理由】　上告棄却　「共同相続人のうちの一人である甲が，他に共同相続人がいること，ひいては相続財産のうち甲の本来の持分を超える部分が他の共同相続人の持分に属するものであることを知りながら，又はその部分についても甲に相続による持分があるものと信ずべき合理的な事由がないにもかかわらず，その部分もまた自己の持分に属するものと称し，これを占有管理している場合は，もともと相続回復請求制度の適用が予定されている場合には当たらず，甲は，相続権を侵害されている他の共同相続人からの侵害の排除の請求に対し，民法884条の規定する相続回復請求権の消滅時効の援用を認められるべき者に当たらない（最高裁昭和48年(オ)第854号同53年12月20日大法廷判決・民集32巻9号1674頁参照）。そして，共同相続の場合において相続回復請求制度の問題として扱うかどうかを決める右のような悪意又は合理的事由の存否は，甲から相続財産を譲り受けた第三者がいるときであっても，甲について判断すべきであるから，相続財産である不動産について単独相続の登記を経由した甲が，甲の本来の相続持分を超える部分が他の共同相続人に属することを知っていたか，又は右部分を含めて甲が単独相続をしたと信ずるにつき合理的な事由

がないために，他の共同相続人に対して相続回復請求権の消滅時効を援用することができない場合には，甲から右不動産を譲り受けた第三者も右時効を援用することはできないというべきである。

これを本件についてみるに，所論の点に関する原審の事実認定は，原判決挙示の証拠関係に照らして首肯するに足り，右事実によると，亡Aの共同相続人の一人であるBは，相続財産に属する本件土地について，共同相続人であるXらの承諾を得ることなく，無断で遺産分割協議書を作成して，単独名義の相続による所有権移転登記をしたというのであるから，Bが，本件土地の本来の相続持分を超える部分が他の共同相続人に属するものであることを知っていたか，又はその部分も含めて本件土地を単独相続したと信ずるにつき合理的な事由があるとはいえないことが明らかであって，相続回復請求制度の適用が予定されている場合に当たらず，Bは，民法884条の規定する相続回復請求権の消滅時効を援用することはできない。したがって，同人から本件土地を譲り受けたYについても，同条の規定の適用はないというべきである。」（裁判長裁判官　園部逸夫　裁判官　可部恒雄　大野正男　千種秀夫　尾崎行信）

87　相続回復請求権の消滅時効(2)——消滅時効援用者が立証すべき事項

最(一)判平成11年7月19日民集53巻6号1138頁（曹時53巻12号3597頁，平11重判89頁）

【事実】　被相続人であるAには，死亡時点での妻B，亡前妻との間の嫡出子C・Dのほか，非嫡出子としてEとの間にY_1・Y_2・Xの3子，さらに他の女性との間に非嫡出子F・Gが相続人として存在していた。

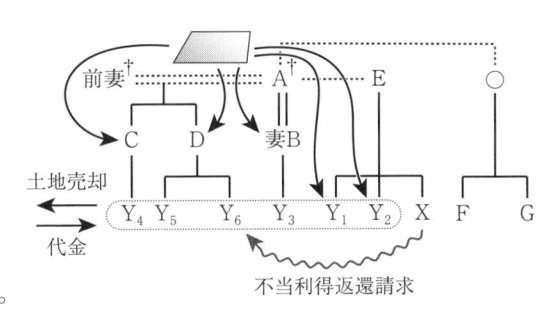

昭和30年9月に相続が開始した当時，配偶者の相続分は3分の1であり（現行民法900条1項は2分の1としているが，これは昭和55年改正による），また，非嫡出子の相続分は嫡出子の2分の1である。したがって，Aの権利義務は，Bに3分の1，CとDにそれぞれ27分の4，Y_1・Y_2・X・F・Gにそれぞれ27分の2の

→ 87

割合で相続された。

　相続財産である本件土地はA死亡時点では未登記であったようであり，その後も長期間そのまま放置されていた。ところが，土地区画整理事業の対象となったため，換価処分の前提として，大垣市は本件土地につき職権で所有権保存登記を行った。このとき，本来は，上記の各共同相続人（なお，その時点で，Bは死亡しており，Y_3がこれを単独で相続していた）が上記の相続割合で共有している旨の登記がされるべきであったが，大垣市は，X・F・Gを共有持分権者から脱漏し，Y_3が3分の1，CとDが各9分の2，Y_1とY_2が各9分の1の共有持分を有するものとして登記してしまった。昭和51年2月27日のことである。その後，Cが死亡し，Cの持分についてはY_4がその全部を，Dが死亡し，Dの持分についてはY_5とY_6が均分で相続し，その旨の持分権移転登記がされた。

　そして，平成3年3月10日に，Yらは，本件土地を代金5,000万円余りで売却し，その代金は，登記簿上の持分割合に応じて分配された。

　以上の事実関係の下で，Xが，Yらを相手取って提訴。Yらが本件土地を売却し，自分たちだけで代金を分配したことによって自らの相続権が侵害されたとして，不当利得の返還を求めたのである。これに対し，Yらは，Xの請求は884条に基づく相続回復請求であり，同条の定めに従い，この請求権は相続開始後20年の経過によって消滅した，と主張した。

　原審ではX敗訴。昭和53年大法廷判決（*85*）を前提としながら，同判決が共同相続人間の争いに同条を適用する要件として侵害者に要求した「善意かつ合理的事由の存在」は，相続権侵害行為がされた時点を基準としてその肯否を判断すべきであるところ，本件においては，昭和51年2月27日であるが，その時点で，侵害部分がXの持分に属することをYらが知っていたこと，または侵害部分についてXらに相続持分があるものと信ぜられるべき合理的な事由がなかったことを認めるに足りる証拠はない，として，相続回復請求権の時効消滅を認めた。Xが上告。

【判決理由】　破棄差戻し　「2　真正共同相続人の相続権を侵害している共同相続人が他に共同相続人がいることを知っていたかどうか及び本来の持分を超える部分についてもその者に相続による持分があるものと信ぜられるべき合理的な事由があったかどうかは，当該相続権侵害の開始時点を基準として判断すべきである。

　そして，相続回復請求権の消滅時効を援用しようとする者は，真正共同相続人の相続権を侵害している共同相続人が，右の相続権侵害の開始時点において，他に共同相続人がいることを知らず，かつ，これを知らなかったことに合理的

な事由があったこと（以下「善意かつ合理的事由の存在」という。）を主張立証しなければならないと解すべきである。なお，このことは，真正共同相続人の相続権を侵害している共同相続人において，相続権侵害の事実状態が現に存在することを知っていたかどうか，又はこれを知らなかったことに合理的な事由があったかどうかにかかわりないものというべきである。

3 これを本件について見ると，次のとおりである。

㈠ 民法884条にいう相続権が侵害されたというためには，侵害者において相続権侵害の意思があることを要せず，客観的に相続権侵害の事実状態が存在すれば足りると解すべきであるから（最高裁昭和37年(オ)第1258号同39年2月27日第一小法廷判決・民集18巻2号383頁参照），本件におけるXの相続権侵害は，大垣市が本件登記手続をしたことにより，本件登記の時に始まったというべきである。

したがって，Yらが相続回復請求権の消滅時効を援用するためには，Aの相続人であり，従前地の所有名義人とされたY_3，Y_1，Y_2，C（Y_4につき）及びD（Y_5及びY_6につき）について，本件登記の時点における前記の善意かつ合理的事由の存在をそれぞれ主張立証しなければならない。

㈡ 原判決は，Yらに悪意ないし過失はなかったと判示しているが，XとY_1及びY_2が両親を同じくすることは証拠上明らかであり，Y_2がXと特に親しくしていた事実も認定されていることにかんがみると，右判示にいう悪意ないし過失は，本件登記にXの相続権を侵害する部分が存することについての悪意ないし過失，すなわち本件登記が存することを知っていたこと，又は本件登記の存在を知らなかったことに合理的な事由がなかったことをいうものと解され，前記の善意かつ合理的事由の存在について正当に認定判断しているものとは認められない（原判決は，Y_1及びY_2については，Y_1らが本件登記が存することを知っていたかどうか，又は本件登記の存在を知らなかったことに合理的な事由があったかどうかのみを判断して，右の善意かつ合理的事由の存在について認定判断をしておらず，Y_3については，信義則違反の主張に対する判示部分において，Y_3が本件登記の存在を知らなかったこと及びXの身分関係について正確に分からなかったことを認定しているものの，Y_3が他の共同相続人であるXの存在を知らなかったことについての合理的事由の存在

→ 解説

を認定判断していない。)。また，Y_4，Y_5及びY_6については，その被相続人であるC，Dについて右の善意かつ合理的事由の存在を認定判断すべきであるのに，原判決は，これについて何ら認定判断をしていない。

(三) そうすると，Yらによる消滅時効の援用を認めた原審の判断は，民法884条の解釈適用を誤ったものというべきであり，その違法は原判決の結論に影響を及ぼすことが明らかである。論旨は右の趣旨をいうものとして理由があり，原判決中X敗訴部分は，破棄を免れない。そして，Yらが相続回復請求権の消滅時効の援用をするための要件の存否について更に審理判断させるため，右部分につき本件を原審に差し戻すこととする。」（裁判長裁判官　小野幹雄　裁判官　遠藤光男　井嶋一友　藤井正雄　大出峻郎）

解　説

(1)　相続回復請求権に関する884条を卒然と読むと，たとえば，共同相続人のAとBとのうち，Aが，相続財産である土地を占有し，また，自己の単独名義で登記している場合に，Bの「相続権の侵害」があり，Bがその事実を知ったときから5年を経過すると，その侵害の是正を求める権利は時効によって消滅するようにも思われる。しかし，仮にAとBとが，当該土地について通常の共有者であったとすると，Aが勝手にそこを単独占有する事態が継続したり，A が単独名義で登記をしたりしても，その是正を求めるBの権利は，通常の物権的請求権であり，時効にかからない。そうすると，なぜ，相続に関してだけ短期の消滅時効が認められるのかが問題になり，その合理性を主張するために，様々な学説が登場した。しかし，あまり説得的ではなく，相続回復請求権の存在の合理性については，疑問を提起する見解が増えていた。そこに現れたのが *85* であり，「自ら相続人でないことを知りながら相続人であると称し，又はその者に相続権があると信ぜられるべき合理的な事由があるわけではないにもかかわらず自ら相続人であると称し，相続財産を占有管理することによりこれを侵害している者は，本来，相続回復請求制度が対象として考えている者にはあたらない」とした。そして，*86* は，上記のルールが，相続財産の不当処分を受けた第三者が登場しているときにも当てはまることを示した。

これによって，相続回復請求権の適用対象はかなり小さくなったが，この判

→ 解説

決を裏からいえば，善意でかつ合理的な事由の下で，自らを相続権があると信じた者は保護の対象となることになる。そこで，それではどういう者がこれに該当するのかが問題となる。

(2) *87*は，「善意かつ合理的事由の存在」につき，その判断時を，侵害者の主観とは無関係に「相続権侵害の開始時」であるとし，「善意かつ合理的事由の存在」の内容を，「他に共同相続人がいることを知らず，かつ，これを知らなかったことに合理的な事由があったこと」とするとともに，その立証責任を侵害者の側にあるとしている。相続回復請求権の適用対象は，さらに絞られたことになる。

第 2 章　相 続 人

88　資料・相続資格の重複

① 昭和 23 年 8 月 9 日民事甲 2371 号法務省民事局長回答（昭和 23 年 7 月 19 日松山司法事務局長照会）・登記関係先例集（上）850 頁

　「相続分に関する件 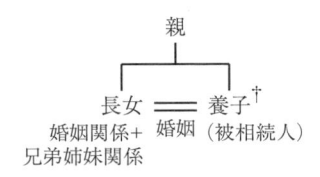
　旧民法時代に長女と養子が戸内婚姻している場合又は長女がむこ養子縁組婚姻している場合に於て養子が新民法施行後死亡したときは、長女である妻は配偶者としての相続分と兄弟姉妹（養子に直系卑属及直系尊属がない場合）としての相続分とを取得出来るか否かについていささか疑義がありますので、何分の御回示をお願い致します。

　（回答）7 月 19 日付登第 112 号をもって照会の件については、長女は配偶者としての相続分を取得するものと解する。
　右回答する。」

② 昭和 26 年 9 月 18 日民事甲第 1881 号民事局長回答（昭和 26 年 9 月 12 日静岡地方法務局長照会）・登記関係先例集（下）1660 頁

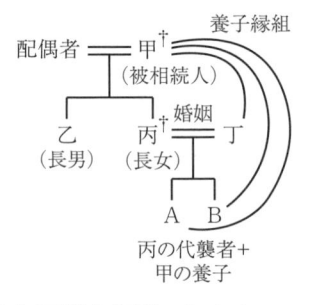

　「被相続人（甲）が昭和 25 年 9 月 20 日死亡したが、（甲）には生存配偶者と、長男（乙）、長女（丙）二人の直系卑属があり、長女（丙）は（丁）と婿養子縁組婚姻し嫡出子（A、B）共昭和 23 年 11 月 8 日被相続人（甲）と養子縁組した。この場合長女（丙）は既に被相続人死亡前に死亡したので（A、B）は甲の養子としての相続分と（丙）の代襲相続分を有すると考えられますが、至急御回答を御願いします。

　（回答）本日 12 日付で照会の件は、貴見の通りと思考する。」

89 相続人の欠格事由（1）——遺言書の偽造または変造

最（二）判昭和56年4月3日民集35巻3号431頁（民商87巻1号100頁，曹時37巻9号2391頁，百選〈5版〉136頁）

【事実】（判例集からは不明な点が多く，ここでは，調査官解説〔判解民昭和56年度205頁以下〕による。）Aは，昭和49年4月22日，死亡し，後妻のX_1，後妻の長女X_2，先妻の子であるY，Bほかが共同相続した。Aは公正証書遺言を行い，それを封筒に入れていたが，死亡の翌日頃，X_1は，その封筒の中に，当該公正証書遺言よりも後の日付で記載された本件自筆証書遺言（本件遺言書）が同封されているのを発見した。そこには，当該公正証書遺言を訂正する旨が記されていた。

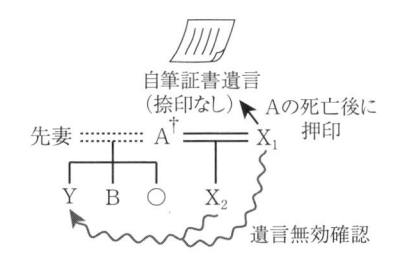

　本件遺言書は，本文，署名ともにAの自署であることは明らかであり，X_1，X_2，Yは，そこに示されているAの意思内容を尊重すべきであることで一致し，また，その内容が，当時，B側とそれ以外の相続人側に係属していた訴訟において，B以外の側に有利であると考えられたので，B以外の側の訴訟代理人であるC弁護士は，X_1に，本件遺言書の検認手続をとることを勧めた。しかし，押印がないため形式不備であることも指摘されたので，X_1は，Aの印章で必要な押印をして形式を整え，検認手続を終えた。

　ところが，その後，本件遺言書の内容が，Yとの関係では$X_1 X_2$に不利なものであったので，Xらは，本件遺言書の形式不備を理由として，Yとの間で本件遺言の無効確認を求めて，訴えを提起した。

　1審ではXらが勝訴。Yが控訴して，「X_1は，本件遺言書に押印をしたことにより，これを偽造又は変造した者であり，民法891条5号，965条によりAの相続人及び受遺者となることができないので，本訴の原告適格を有しない。」と主張したが，2審は，この主張を排斥し，控訴を棄却した。

　Yが上告し，X_1の押印行為が偽造にも変造にもあたらないとした原審の判断は法令の解釈を誤っている，と主張した。

【判決理由】　上告棄却　「民法891条3号ないし5号の趣旨とするところは遺言に関し著しく不当な干渉行為をした相続人に対し相続人となる資格を失わせるという民事上の制裁を課そうとするにあることにかんがみると，相続に関す

→ 89

る被相続人の遺言書がその方式を欠くために無効である場合又は有効な遺言書についてされている訂正がその方式を欠くために無効である場合に，相続人がその方式を具備させることにより有効な遺言書としての外形又は有効な訂正としての外形を作出する行為は，同条5号にいう遺言書の偽造又は変造にあたるけれども，相続人が遺言者たる被相続人の意思を実現させるためにその法形式を整える趣旨で右の行為をしたにすぎないときには，右相続人は同号所定の相続欠格者にはあたらないものと解するのが相当である。

これを本件の場合についてみるに，原審の適法に確定した事実関係の趣旨とするところによれば，本件自筆遺言証書の遺言者であるA名下の印影及び各訂正箇所の訂正印，一葉目と二葉目との間の各契印は，いずれも同人の死亡当時には押されておらず，その後にX_1がこれらの押印行為をして自筆遺言証書としての方式を整えたのであるが，本件遺言証書は遺言者であるAの自筆によるものであって，X_1は右Aの意思を実現させるべく，その法形式を整えるため右の押印行為をしたものにすぎないというのであるから，X_1は同法891条5号所定の相続欠格者にあたらないものというべきである。それゆえ，X_1を相続欠格者にあたらないとした原審の判断は，結論において正当であり，論旨は，結局，原判決の結論に影響を及ぼさない部分を論難するに帰し，採用することができない。」（反対意見1がある）

裁判官宮﨑梧一の反対意見

「私は，上告理由第二，一につき多数意見と見解を異にし，論旨を採用して原判決中X_1に関する部分を破棄すべきものと考える。その理由は，次のとおりである。

遺言書又はその訂正が方式を欠くため無効である場合に，遺言者の相続人がその方式を具備させることにより有効な遺言書又は訂正の外形を作出したときは，右相続人は，遺言者の意思を実現させるためにしたかどうかにかかわらず，民法891条5号所定の相続欠格者にあたるものと解すべきである。多数意見は，欠けていた方式を具備させた相続人が，遺言者の意思を実現させるために法形式を整える趣旨で右の行為をしたにすぎないときには，相続欠格者にあたらないというのであるが，法はそのような例外を規定してはいない。遺言書又はその訂正は，それが法定の方式を具備していない場合には，たとえその内容が遺

言者の最終意思に合致するときであっても，法律上は遺言又はその訂正としての効力を生じえないのであって，それがなかったものとして相続が行なわれなければならないことはいうまでもない。欠けていた方式を相続人が具備させて有効な遺言書又は訂正の外形を作出することは，そのことが発見されない場合には，相続による財産取得の秩序を乱す結果となり，また，相続的協同関係を破壊することとなるのは明らかであって，この点は，右のような偽造変造行為をした者が遺言者の意思を実現させるために法形式を整える趣旨で右の行為をしたかどうかによって左右されるべき問題ではない。相続人が，遺言者の真の最終意思を知っているからといって，ほしいままに，遺言書を全く新たに作出したり，有効に作成されている遺言書を訂正したときには，遺言書を偽造又は変造した者として相続欠格者となることについては，おそらく異論があるまい。このことは，法が遺言について厳格な方式を要求していることとも関連しているのであり，遺言に関する限り，相続欠格との関係においても，適式な遺言を離れて遺言者の最終意思を云々することは許されないものというべきである。したがって，遺言書又はその訂正が方式を欠くため無効である場合に，ほしいままにその方式を具備させて有効な遺言書又は訂正の外形を作出した相続人は，遺言者の意思を実現させるために右の行為をしたかどうかにかかわりなく，民法891条5号所定の相続欠格者にあたるものと考える。原審の適法に確定した事実関係のもとにおいては，X_1 は，同号所定の相続欠格者にあたることが明らかであり，本件遺言書の効力のいかんによってその権利又は法律関係に影響を受けるものではないから，本件遺言無効確認の訴についての原告適格を欠くものといわなければならない。」（裁判長裁判官　宮﨑梧一　裁判官　栗本一夫　木下忠良　塚本重頼　鹽野宜慶）

90　相続人の欠格事由（2）——遺言書の破棄または隠匿

最（三）判平成9年1月28日民集51巻1号184頁
(法協117巻7号1043頁，曹時51巻4号1088頁，百選〈6版〉102頁，百選〈7版〉108頁)

【事実】　B自動車学校は，Y_1 が代表取締役であり，その父Aが会長的な立場にあった。ところが，B学校は昭和59年当時約2億円の負債を抱えていたので，Aは，

→ 90

Y₂会社に賃貸中の本件土地をY₂に売却してBの負債の返済に充てることとした。

昭和59年11月頃，売買契約の交渉はほぼまとまったが，Aは，本件土地についてY₂に対する所有権移転登記が完了しないうちに自分が死亡した場合にも，支障なく登記手続が行われるように，売却の意思と目的を明らかにする遺言書を作成しようと考え，昭和60年2月か3月頃，「本件土地の売却代金はB学校に寄付するから，Y₁は代金を同学校の借金の返済に充てること，また他の兄弟もこれに協力するように」という趣旨の自署証書遺言書を作成し，Y₁に交付した。そして，Y₁は，B学校の経理を担当していたCにこれを見せた。

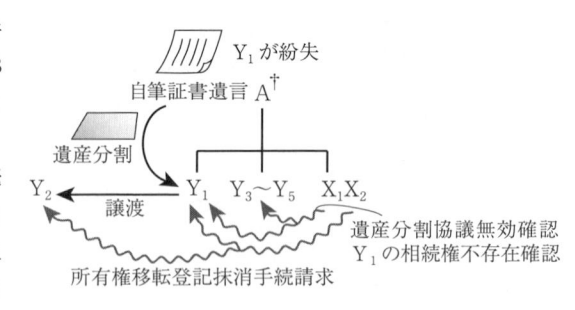

その後，本件土地の移転登記が未了のうちにAが死亡し，長男であるY₁，二女Y₃，三男Y₄および四女Y₅のほか，二男X₁および四男X₂の6名が共同で相続した。そして，共同相続人間で遺産分割協議が行われた。その協議の途中，Aの遺言の存在および内容が問題になり，Y₁は，その内容を説明したが，本件遺言書は所在不明であり，それを示すことはできなかった。

昭和60年10月，本件土地をY₁が相続する旨の遺産分割協議が成立し，さらに，昭和61年6月，他の財産についての協議も成立した。そして，その後，本件土地について，Y₁からY₂への所有権移転登記が行われた。

しかるに，さらにその後，X₁およびX₂は，Y₁，Y₃～Y₅に対して，Y₁の相続権不存在確認および遺産分割協議の無効確認を求め，また，Y₁およびY₂に対して，本件土地についての所有権移転登記の抹消を求めて，訴えを提起した。その理由は，Y₁はA名義の遺言書を偽造し，または，遺言書を破棄・隠匿し，または，Aに対する詐欺によってAに遺言書を作成させたのであり，891条5号または4号に該当し，Y₁には相続権がない，という点にある。

1審は，Y₁が，本件遺言書を故意に破棄または隠匿したものとは認められない等として，Xらの請求を棄却した。Xらの控訴を受け，2審は，Y₁が仮に本件遺言書を破棄または隠匿していたとしても，「民法891条5号は，相続法上有利になることを目的として又は不利になることを避けるのを目的として，相続に関する被相続人の遺言書を破棄し又は隠匿した者につき，制裁として，右相続人についての相続欠格事由としたものであるから，右破棄又は隠匿は，遺産取得に関し，不当に

利得し若しくは利得しようとの目的をもって又は不利益を免れ若しくは免れようとの目的をもって，遺言書であることを知って破棄又は隠匿したことを要するものと解すべきである」としたうえ，本件にはそのような事情がない，という理由で控訴を棄却した。

Xらがさらに上告し，原判決には，891条5号の解釈を誤った等の違法があると主張した。

【判決理由】　上告棄却　「相続人が相続に関する被相続人の遺言書を破棄又は隠匿した場合において，相続人の右行為が相続に関して不当な利益を目的とするものでなかったときは，右相続人は，民法891条5号所定の相続欠格者には当たらないものと解するのが相当である。けだし，同条5号の趣旨は遺言に関し著しく不当な干渉行為をした相続人に対して相続人となる資格を失わせるという民事上の制裁を課そうとするところにあるが（最高裁昭和55年(オ)第596号同56年4月3日第二小法廷判決・民集35巻3号431頁参照），遺言書の破棄又は隠匿行為が相続に関して不当な利益を目的とするものでなかったときは，これを遺言に関する著しく不当な干渉行為ということはできず，このような行為をした者に相続人となる資格を失わせるという厳しい制裁を課することは，同条5号の趣旨に沿わないからである。

以上と同旨に帰する原審の判断は，正当として是認することができる。原判決に所論の違法はなく，論旨は採用することができない。」（裁判長裁判官　尾崎行信　裁判官　園部逸夫　可部恒雄　大野正男　千種秀夫）

91　推定相続人の廃除

東京高決平成4年12月11日判時1448号130頁（百選〈7版〉110頁）

【事実】　Yは，X_1X_2夫婦の間に昭和44年3月17日に二女として出生した。X_1は，数社の代表取締役社長・会長の職にあり，毎月の定期的収入のほか相当額に評価される不動産，株式等を保有しており，X_2も相当額に評価される不動産を所有している。

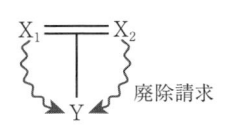

Yは小学校に入学した頃から虚言が目立つようになり，小学校3年生の頃にな

→ 91

ると盗み・家出等の行動を起こすようになり，小学校5，6年生頃になると，万引がひどく，家からの金員の持ち出し，家出も多くなった。中学校進学後も万引，家出が日常化し，X_1の考えに基づき，スイスの寄宿学校に留学させられたものの，同地においても規則違反，万引等の問題行動を起こし，昭和58年1月に同校を退学させられ，帰国した。同年4月には，別の私立中学校2年に編入学したものの，怠学・不良交友はやまず，その後昭和59年2月から同61年4月に至るまで，虞犯事件等を間断なく引き起こし，その都度，裁判所において保護処分等を受けた。昭和60年7月には中等少年院送致の処分を受け，いったんは仮退院したが，遵守事項違反があったため，昭和61年4月に戻し収容の決定を受けた。

Yは，昭和62年2月に仮退院したが，Xらのもとから1週間くらいで家出し，東京少年鑑別所で知り合った友人方に身を寄せつつ，同女の夫の経営するスナックに勤めたが，しばらくして，そこで知り合ったAと同居するようになった。その後，いくつかのバーやキャバレーを転々とし，そこに客として通ってきたBと親しくなり，平成元年9月から同人と同棲するようになり，同年12月22日に婚姻届をした。

Bは，婚姻当時，暴力団の中堅幹部であったが（何回かの逮捕歴があり，執行猶予付き懲役刑に処せられたこともある），平成2年11月頃，暴力団をやめ，Yを伴って故郷に帰り，同所で運送会社に就職し，トラックの運転手として勤務するようになった。

XらとYとの交流は，Yが中等少年院からの仮退院後家出をして以来は，平成2年11月1日，Bから暴行を受けて短時間Xらのもとに戻ったことがあったこと，これより前にX_2がYと電話で話したことがあったことがあるほかは没交渉な状況が続いている。

以上の事実関係の下で，Xらは，892条に基づいて，家庭裁判所に，Yの排除を請求した。

東京家裁は，平成3年12月26日に，申立てを却下する審判を行った。Yの非行は，単に厳しく接するだけというXらの行動により，Yが人間関係・親子関係の基本的な信頼関係を確立する機会を得られなかったことにも原因があり，また，Bが数年間にわたって暴力団に所属し，犯罪歴があることはたしかだが，成人に達した子が配偶者として選択した者の過去の経歴が，親の社会的地位にふさわしくなく，当該婚姻が親の意に沿わないものであったとしても，その者の現在の生活態度が反社会的・反倫理的であって，その者との婚姻を継続する子と親との間に相続関係を維持することを期待することが社会的に酷であると認められる特段の事情のない限り，そのような婚姻が被相続人に対する重大な侮辱その他の廃除事由に該当す

るということはできない，と述べる。

　　Xらは東京高裁に抗告した。その後，平成4年5月2日にBとYとは結婚披露宴を行ったが，それにあたって，Yは，Xらがこの婚姻に反対であることを十分に知りながら，披露宴の招待状に招待者としてBの父と連名でX₁の名も印刷してXらの知人等にも送付した，という事情がある。

【決定理由】　原審判取消し，Yを排除　「民法第892条にいう虐待又は重大な侮辱は，被相続人に対し精神的苦痛を与え又はその名誉を毀損する行為であって，それにより被相続人と当該相続人との家族的協同生活関係が破壊され，その修復を著しく困難ならしめるものをも含むものと解すべきである。

　　本件において，前記認定の事実によれば，Yは，小学校の低学年のころから問題行動を起こすようになり，中学校及び高校学校に在学中を通じて，家出，怠学，犯罪性のある者等との交友等の虞犯事件を繰り返して起こし，少年院送致を含む数多くの保護処分を受け，更には自らの行動について責任をもつべき満18歳に達した後においても，スナックやキャバレーに勤務したり，暴力団員のAと同棲し，次いで前科のある暴力団の中堅幹部であるBと同棲し，その挙げ句，同人との婚姻の届出をし，その披露宴をするに当たっては，Xらが右婚姻に反対であることを知悉していながら，披露宴の招待状に招待者としてBの父Cと連名でX₁の名を印刷してXらの知人等にも送付するに至るという行動に出たものである。そして，このようなYの小・中・高等学校在学中の一連の行動について，Xらは親として最善の努力をしたが，その効果はなく，結局，Yは，Xら家族と価値観を共有するに至らなかった点はさておいても，右家族に対する帰属感を持つどころか，反社会的集団への帰属感を強め，かかる集団である暴力団の一員であった者と婚姻するに至り，しかもそのことをXらの知人にも知れ渡るような方法で公表したものであって，Yのこれら一連の行為により，Xらが多大な精神的苦痛を受け，また，その名誉が毀損され，その結果XらとYとの家族的協同生活関係が全く破壊されるに至り，今後もその修復が著しく困難な状況となっているといえる。そして，Yに改心の意思が，Xらに宥恕の意思があることを推認させる事実関係もないから，Xらの本件廃除の申立は理由があるものというべきである。したがって，これと異なりXらの本件申立を理由がないとしてこれを棄却した原審判

➡ 解説

には，民法892条の解釈適用を誤った違法があるものというべきであるから，これを取り消し，当審において審判するのを相当と認め，主文のとおり決定する。」（裁判長裁判官　柴田保幸　裁判官　長野益三　犬飼眞二）

解　説

(1)　相続人の範囲は，886条以下に定められているが，問題となる場合もある。

その1つが，相続資格の重複であり，88 に挙げた2つの行政先例がある。①は，実子と養子が婚姻しているため，夫と妻は配偶者であり，兄弟姉妹である，という関係にある場合，配偶者としての相続分だけを認めている。②は，被相続人の孫が同時に養子である場合，子としての相続権と孫としての代襲相続権の双方を取得するとしている。相続資格が重複するのは，当該先例が対象としている場合に限られないし，複数の資格での相続を認めるときには，別個に相続放棄ができるか，廃除の効果はどこまで及ぶかといった問題がある。

(2)　民法891条3号から5号は，推定相続人が被相続人の遺言に介入することを欠格事由としている。しかし，これらの事由への該当性を形式的に判断するのか，実質的に判断するのかが問題になる。89 は，5号の偽造・変造につき，推定相続人の主観的目的を重視した判断を行っている。ただし，必要な押印を行い，遺言書の形式要件を整えた者が，後になって遺言書の無効を主張している事件であり，その点では若干問題が残ろう。90 は5号の破棄・隠匿につき推定相続人の主観的目的を重視した判断を行っている。また，最判平成6年12月16日判時1518号15頁は，B，Y，X，C，DがAを共同相続し，Aの公正証書遺言の正本を保管していたYが，Xに本件遺言の存在と内容を告げなかったが，Bは遺言の存在を知っており，DはYから遺言の存在と内容を告げられ，また，Bの実家の当主，A家の菩提寺の住職が遺言の作成に証人として立ち会っていた，という事案において，「Yの行為は遺言書の発見を妨げるものということができず，民法891条5号の遺言書の隠匿に当たらないとした原審の判断は，正当として是認することができる」としている。遺言書の発見を妨げるような行為に限って，「隠匿」とするものではあるが，遺言がないものとして成立した遺産分割協議の結果は，Yに不利で，Xに有利なも

→ 解説

のであることが判断に影響しているのかもしれない。

　(3)　推定相続人の廃除については，物理的な虐待等の場合も多いが，道徳の領域との境界が微妙なときもある。*91*とその原決定とを比較してほしい。

　(4)　なお，内縁の配偶者に相続権が認められるか，という問題については，*36*を参照。

➡ 92

第3章　相続の効力

第1節　総　　則

[1]　相続の対象

92 金銭債権

最(一)判昭和29年4月8日民集8巻4号819頁 (法協104巻6号966頁, 百選〈新版〉213頁, 百選〈3版〉190頁)

【事実】　Xらの先代Aは, B社（石川県地方木材株式会社）に対して, 昭和18年11月13日, 自己が所有する山林地上の立木を売り渡した。これは種類物売買であり, 売買契約の日から2年以内に, 買主B社が, 立木のうち250本を選択して伐採するというものであった。B社は, Aに代金を支払い, 立木のうち75本を伐採したが, 残りの175本を伐採する契約上の権利を, 昭和21年7月25日に, C社（鳳至木材株式会社）に譲渡し, C社は昭和22年1月28日にこの権利をさらにYに譲渡し, この譲渡をAが承認した。

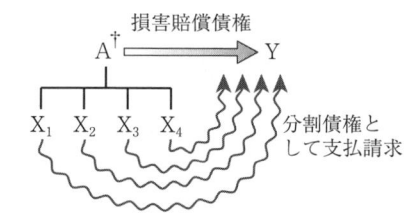

Yは, Dを用いて, 立木の伐採にあたらせたが, Dは, 175本より多くの立木を伐採できないことを知りながら, 220本の立木を伐採した。Yは, Dに伐採させるにあたって, 監督について相当の注意をしなかった。

そこで, Aは, Yを相手取って, 使用者責任に基づく損害賠償を請求して訴えを提起したが, その訴訟係属中の昭和25年3月12日, Aが死亡し, Xらが訴訟手続を受継した。

1審はXらの請求を棄却した。Xらが控訴して, Xらに対して, それぞれの相続分に応じて分割された金員を損害賠償として支払うことをYに求めたところ, 2審では, Xらが勝訴し, X_1に1万5,000円, X_2〜X_4に各1万円を支払うべきことをYに命じる判決を下した。

Yが上告し, 遺産は多数の相続人によって相続された場合, たとえ可分債権で

あっても直ちに分割されるものではなく，本件では，いまだ遺産分割がないのだから，分割支払を命じるのは不法であると主張した。

【判決理由】 上告棄却 「相続人数人ある場合において，その相続財産中に金銭その他の可分債権あるときは，その債権は法律上当然分割され各共同相続人がその相続分に応じて権利を承継するものと解するを相当とするから，所論は採用できない。」（裁判長裁判官　斎藤悠輔　裁判官　真野毅　岩松三郎　入江俊郎）

［関連裁判例］

93　預金債権の遺産分割

福岡高決平成8年8月20日判時1596号69頁（判評466号206頁，マークス17号84頁）

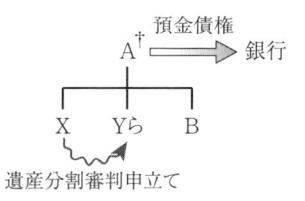

【事実】 Aは，昭和62年12月19日に死亡し，X（抗告人），Yら（相手方），Bがそれを相続した（もっとも，Bが相続人であるかどうかも争われている）。ところが，Aの銀行預金230万円については，分割協議がまとまらず，平成6年1月24日，XとBとは，Yらを相手方として遺産分割審判の申立てをした。そして，これが調停に付されたが，話合いがまとまらず調停不成立となったところ，原審判（大分家庭裁判所杵築支部）は，銀行預金債権は当然に各共同相続人がその相続分に応じて権利を承継するものだから遺産分割の対象とならないとして，遺産分割審判の申立てを却下する旨の審判を下したようである。

Bは，遺産分割審判の申立てを取り下げたが，Xが即時抗告。

【決定理由】 原審決取消し，差戻し 「金銭その他の可分債権は，実体法上は，相続開始とともに法律上当然に分割されて各相続人に帰属すると解される。しかしながら，遺産分割においては，遺産に含まれる金銭債権も，他の相続財産とともに分割の対象とされることが一般的であって，金銭債権は常に遺産分割の対象にはならないとはいえないこと，遺産が金銭債権だけであっても，特に本件審判手続のように，被相続人の遺産の一部が既に相続人の協議により分割され，金銭債権の一部だけが未分割のまま残存している場合には，相続人間で，その具体的な帰属を定める必要性が強く認められること，その場合には，家庭

→ 94

裁判所における遺産分割手続が最も適切な法的手続であると考えられるところ，本件では，いずれの当事者も，前記の預金の帰属を遺産分割の審判で定めることに同意していると認められることなどからすれば，本件の金銭債権を遺産分割の対象とすることは，遺産分割の基準を定めた民法906条の規定の趣旨及び家事審判制度を設けた趣旨に合致するものということができ，本件の遺産分割審判の申立ては適当になされているものというべきである。
（裁判長裁判官　友納治夫　裁判官　有吉一郎　松本清隆）

94　連帯債務

最（二）判昭和34年6月19日民集13巻6号757頁
(民商41巻5号787頁，百選〈6版〉132頁，
百選〈7版〉134頁，民法百選Ⅱ〈5版〉56頁)

【事実】　AとBとは親子であり，Bには子Y_1, Y_2, Y_3, Dと妻Y_4がいた。Y_1〜Y_3は，親元を離れ，東京で学生等として暮らしていたが，この3名への仕送りのためもあり，Aは，Cから逐次，金銭を借り受けていた。その額が18万3,000円に達した昭和26年12月1日，それまでの借入額をまとめ，A，B，Y_4を連帯債務者とし，Cを貸主とする金銭準消費貸借契約が締結された。その後，昭和27年12月31日，それまでに生じた利息である9万8,500円につき，同様の金銭準消費貸借契約が締結された。28万円余の貸借が，Cを貸主とし，A，B，Y_4を連帯債務者として，成立しているわけである。

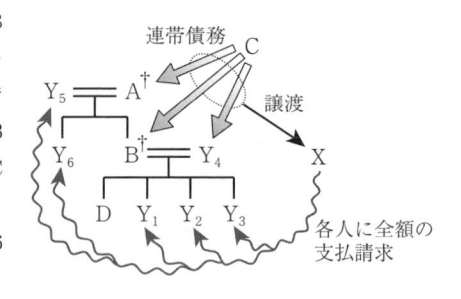

Cは，さらにその後，Aらに対する債権をXに譲渡し，他方，A，Bが相次いで死亡した。Bについては，Y_4が3分の1，Y_1〜Y_3，Dが各6分の1の割合で相続した。

以上の事実関係の下，Xは，Aの相続人である妻Y_5と子Y_6，および，Bの相続人である妻Y_4と子Y_1〜Y_3に対し，各人が連帯して債務全額を支払うことを求めて，訴えを提起した（Dを被告としなかった理由は明らかでない）。

1審は，Y_1〜Y_4は，それぞれBの相続人としての相続割合で分割された額，つまり，Y_1〜Y_3については28万円余の6分の1（つまり，約4万7,000円ずつ），

Y₄は28万円余の3分の1（つまり，約9万4,000円）の支払義務があるとした（Y₅，Y₆の支払義務について判断されていない理由は明らかでない）。

Y₁〜Y₄が控訴し，2審は，昭和26年12月1日に成立した金18万3,000円の債務の利息として利息制限法の範囲内のものとして認められるのは1万8,452円にすぎないから（なお，ここには計算間違いがある。1年1か月分の利息を計算するにあたり，1年と0.1か月分の利息にしてしまっている），総債務額を20万円余とした上で，Y₄は，金銭準消費貸借契約の当事者として20万円余の支払義務を負い，また，Y₁〜Y₃は，全体についての連帯債務者であるBの相続人として支払義務を負うが，「本件債務は連帯債務であって分別の利益を有しないから，未だ相続財産の分割のあったことの認められない本件の場合にあっては，その全額につき支払義務あるものと解すべきである」とした。そうすると，Y₁〜Y₃およびY₄は，各人が20万円余の支払義務を負うことになるが，1審判決は，その範囲内における支払義務しか認めておらず，かつ，Xから控訴がなかったので，控訴を棄却するとした。

Y₁〜Y₄が上告し，相続人は被相続人の義務をその相続分に応じて承継するものである，と主張した。

【判決理由】　Y₄について上告棄却。Y₁〜Y₃については，原判決破棄差戻し「連帯債務は，数人の債務者が同一内容の給付につき各独立に全部の給付をなすべき債務を負担しているのであり，各債務は債権の確保及び満足という共同の目的を達する手段として相互に関連結合しているが，なお，可分なること通常の金銭債務と同様である。ところで，債務者が死亡し，相続人が数人ある場合に，被相続人の金銭債務その他の可分債務は，法律上当然分割され，各共同相続人がその相続分に応じてこれを承継するものと解すべきであるから（大審院昭和5年(ク)第1236号，同年12月4日決定，民集9巻1118頁，最高裁昭和27年(オ)第1119号，同29年4月8日第一小法廷判決，民集8巻819頁参照），連帯債務者の一人が死亡した場合においても，その相続人らは，被相続人の債務の分割されたものを承継し，各自その承継した範囲において，本来の債務者とともに連帯債務者となると解するのが相当である。」

「右事実によれば，Aの債務の相続関係はこれを別として，Y₄及びBはXに対し連帯債務を負担していたところ，Bは死亡し相続が開始したというのであるから，Bの債務の3分の1はY₄において（但し，同人は元来全額につき連帯債務を負担しているのであるから，本件においてはこの承継の結果を考慮

→ 95

するを要しない。)，その余の3分の2は，Y_1，Y_2，Y_3及びDにおいて各自4分の1すなわちBの債務の6分の1宛を承継し，かくしてY_4は全額につき，その余のY_1らは全額の6分の1につき，それぞれ連帯債務を負うにいたったものである。従って，Xに対しY_4は元金183,000円及びこれに対する前記利息の合計額の支払義務があり，その他のY_1らは，右合計額の6分の1宛の支払義務があるものといわなければならない。」(裁判長裁判官　小谷勝重　裁判官　藤田八郎　河村大助　奥野健一)

95　保証債務

最(二)判昭和37年11月9日民集16巻11号2270頁 (民商49巻2号217頁，曹時15巻1号110頁，百選〈4版〉174頁)

【事実】　Xは，昭和25年12月1日から，Aに対して継続して肥料を販売し始め，その際，今後この取引によってAがXに対して負う売掛代金債務について，Y_1およびB(Y_2の先代)が共同で連帯保証をした。しかるに，昭和32年9月11日より翌年3月10日の間にこの取引によって負担した売掛代金債務301万円余をAが支払わないので，Xは，Y_1およびY_2に対し上記代金債務のうち100万円の支払を求めて訴えを提起した。Y_1は連帯保証人本人であり，Y_2はBが昭和32年6月7日に死亡したことによりBの保証債務を3分の1の割合で相続した，というわけである。

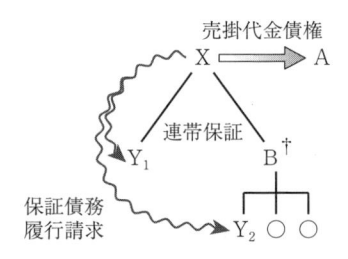

1，2審ともX勝訴。Y_1は全額について，また，Y_2は上記債務のうち3分の1について支払義務を負うから，100万円の支払請求はその一部を請求するものとして認められる，とする。

Y_1，Y_2とも上告し，次のように主張した。すなわち，本件のような継続取引についての保証責任は巨額の債務発生のおそれがあることにおいて身元保証と同様であるから，身元保証ニ関スル法律1条の準用を認めるべきであり，したがって，本件保証契約に基づく責任も昭和25年12月1日より3年を経過した時点で終了し，もはや支払義務は存在しない。

【判決理由】　Y_1について上告棄却，Y_2について破棄差戻し　「右事実関係のもとにおいては，Y_1のXに対して負担する本件連帯保証債務に身元保証ニ関

スル法律1条が準用され，その契約期間が保証契約成立の日より3箇年に限定されるべきであるとの所論は，ひっきょう，独自の見解というほかはなく，その他Y_1の債務をとくに制限した範囲に限るべき法律上の根拠も見出し難いから，右論旨は採用することができない。

　しかしながら，論旨が身元保証ニ関スル法律1条の準用を主張する趣旨は，要するに，本件保証債務が一定の限度に制限されるべきであるとの主張を包含するものと解すべきところ，按ずるに，前記原判示のような継続的取引について将来負担することあるべき債務についてした責任の限度額ならびに期間について定めのない連帯保証契約においては，特定の債務についてした通常の連帯保証の場合と異り，その責任の及ぶ範囲が極めて広汎となり，一に契約締結の当事者の人的信用関係を基礎とするものであるから，かかる保証人たる地位は，特段の事由のないかぎり，当事者その人と終始するものであって，連帯保証人の死亡後生じた主債務については，その相続人においてこれが保証債務を承継負担するものではないと解するを相当とする。されば，本件において，連帯保証人Bの死亡後，XとAとの取引によって発生した主債務につき，特段の事由の存することを判示することなくして，漫然Bの相続人たるY_2に連帯保証人としての支払義務あるものとした原判決は，本件連帯保証契約の性質を誤解したか，もしくは理由不備の違法があるものというべく，Y_2についての論旨は理由があり，論旨第二点についての判断をまつまでもなく，原判決中Y_2に関する部分は破棄を免れない。そして，前記の点について，なお本件は審理判断の要があるから，右部分につき本件を原裁判所に差し戻すことを相当とする。」(裁判長裁判官　池田克　裁判官　河村大助　奥野健一　山田作之助　草鹿浅之介)

96　金銭

最(二)判平成4年4月10日家月44巻8号16頁（民商107巻6号944頁，百選〈7版〉136頁）

【事実】　Aは，現金6,000万円以上を保有したまま，昭和57年5月21日に死亡し，X_1～X_4およびYがこれを共同で相続した。Yは，翌年2月，その現金を「A遺産管理人Y」名義で銀行に預金した。X_1～X_4およびYの間ではいまだ遺産分割協議

→ 97

が成立していないが，Xらは，Yが上記の現金を保管しているとして，それぞれの法定相続分に応じた金銭の支払をYに対して請求し，本件訴えを提起した。

1審では，Xらが勝訴したが，2審ではYが勝訴。「現金は，被相続人の死亡により他の動産，不動産とともに相続人らの共有財産となり，相続人らは，被相続人の総財産（遺産）の上に法定相続分に応じた持分権を取得するだけであって，債権のように相続人らにおいて相続分に応じて分割された額を当然に承継するものではないから，Xらの自ら認めるとおり相続人らの間でいまだ遺産分割の協議が成立していない以上，Xらは，本件現金（たとえ，相続開始後現金が金融機関に預けられ債権化されても，相続開始時にさかのぼって金銭債権となるものではない。）に関し，法定相続分に応じた金員の引渡しを求めることはできない」とされた。

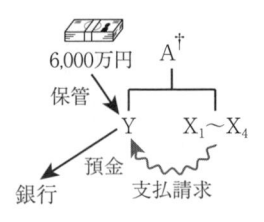

Xらが上告。原判決の立場は金銭債権は当然に分割されるとする判例理論と均衡を失するものであること，および，金銭は均等の分割が容易であり，また，それ自体を利用するものではない点で，他の動産・不動産とは異なった性質を有すること，を主張した。

【判決理由】　上告棄却　「相続人は，遺産の分割までの間は，相続開始時に存した金銭を相続財産として保管している他の相続人に対して，自己の相続分に相当する金銭の支払を求めることはできないと解するのが相当である。Xらは，Xら及びYがいずれも亡Aの相続人であるとして，その遺産分割前に，相続開始時にあった相続財産たる金銭を相続財産として保管中のYに対し，右金銭のうち自己の相続分に相当する金銭の支払を求めているところ，Xらの本訴請求を失当であるとした原審の判断は正当であって，その過程に所論の違法はない。論旨は採用することができない。」（裁判長裁判官　大西勝也　裁判官　藤島昭　中島敏次郎　木崎良平）

97　死亡退職金

最(一)判昭和55年11月27日民集34巻6号815頁
(法協99巻8号1266頁，民商84巻6号915頁，
曹時36巻7号1365頁，百選〈4版〉166頁)

【事実】　Aは，昭和26年5月18日から，Y（財団法人日本貿易振興会）の前身

→ 97

(財団法人海外貿易振興会)に雇用され、さらに、Y設立後は、Yに引き続き雇用されていた。Aは、在職中である昭和50年2月28日に死亡したが、Yの「職員の退職手当に関する規程」は、その第2条で、「この規程による退職手当は、本会の職員で常時勤務に服することを要するものが退職した場合に、その者(死亡による退職の場合には、その遺族)に支給する。」と規定し、第8条で、第2条にいう「遺族」の範囲および順位を規定している。その要旨は、

A†──Y
│　　退職手当
X　　支払請求
相続財産法人

(1) 第2条に規定する遺族の範囲は、①配偶者(内縁の配偶者を含む)、②子、父母、孫、祖父母および兄弟姉妹で職員の死亡当時主としてその収入によって生計を維持していたもの、③上記②に掲げる者の外、職員の死亡当時主としてその収入によって生計を維持していた親族、④子、父母、孫、祖父母および兄弟姉妹で②に該当しないもの、

(2) (1)に掲げる者が退職手当を受ける順位は、(1)①〜④の順位により、②および④に掲げる者のうちにあっては、②④に掲げる順位による。この場合において、父母については養父母を先にし実父母を後にし、祖父母については養父母の父母を先にし実父母の父母を後にし、父母の養父母を先にし父母の実父母を後にする、

(3) 退職手当の支給を受けるべき同順位の者が2人以上ある場合には、その人数によって等分して支給する、

というものであった。

Aには、相続人があることが明らかでなかったので、亡Aの相続財産法人としてXが設立されたが、Xは、Yに対して、Aの死亡退職金および弔慰金の支払を求めて、訴えを提起した。

1審は、Xの請求をほぼ認容したが、2審は、Yの控訴を認容し、Xの請求を棄却した。その理由は、「およそ企業がその従業員や職員が死亡した場合に支払う死亡退職金の法的性質は、相続財産に属するか受給権者の固有の権利であり相続財産でないかは一律に決することはできないのであって、当該企業の労働協約、就業規則あるいは本件におけるような規程の内容からこれを考えるべきである」が、本件規程による死亡退職金の「中心的機能は遺族自体の扶養にあって遺族が右規程に基づき直接死亡退職金を受給できるとみられるので、本件規程による死亡退職金は相続財産に属せず、受給権者である遺族の固有の権利と解するのが相当である」というものである。

Xが上告。本件退職金規程の解釈として、「生前退職の場合は『その者』に支給し、死亡退職の場合には第8条に規定する遺族が存在する場合に『その遺族』に支給すると解することができ」、「遺族の存在するときはその固有の権利であるが、存

→ 98

在しないときは相続財産を構成し」、相続人が存在しないときは、「相続財産法人に帰属すると解することもできる」と主張した。

【判決理由】 上告棄却 「原審の適法に確定したところによれば、Yの「職員の退職手当に関する規程」2条・8条はYの職員に関する死亡退職金の支給、受給権者の範囲及び順位を定めているのであるが、右規程によると、死亡退職金の支給を受ける者の第一順位は内縁の配偶者を含む配偶者であって、配偶者があるときは子は全く支給を受けないこと、直系血族間でも親等の近い父母が孫より先順位となり、嫡出子と非嫡出子が平等に扱われ、父母や養父母については養方が実方に優先すること、死亡した者の収入によって生計を維持していたか否かにより順位に差異を生ずることなど、受給権者の範囲及び順位につき民法の規定する相続人の順位決定の原則とは著しく異なった定め方がされているというのであり、これによってみれば、右規程は、専ら職員の収入に依拠していた遺族の生活保障を目的とし、民法とは別の立場で受給権者を定めたもので、受給権者たる遺族は、相続人としてではなく、右規程の定めにより直接これを自己固有の権利として取得するものと解するのが相当であり、そうすると、右死亡退職金の受給権は相続財産に属さず、受給権者である遺族が存在しない場合に相続財産として他の相続人による相続の対象となるものではないというべきである。」（裁判長裁判官　谷口正孝　裁判官　団藤重光　藤﨑萬里　本山亨　中村治朗）

98　生命保険金請求権

最（三）判昭和40年2月2日民集19巻1号1頁
（法協82巻5号678頁，民商53巻3号425頁，曹時17巻
5号794頁，百選〈新版・増補〉221頁，百選〈3版〉196頁）

【事　実】 Aは、昭和30年12月26日、Y社（朝日生命保険相互会社）との間で、自己を被保険者とし、保険金受取人を、保険期間満了の場合は被保険者、被保険者死亡の場合は相続人とする養老保険契約を締結した。その後、昭和35年2月17日、Aは、公正証書に

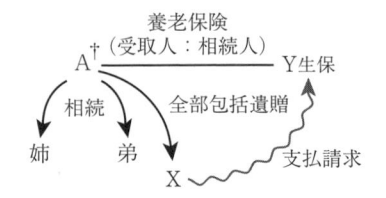

より自己の所有財産全部をXに包括遺贈する旨の遺言をした。そして，昭和35年5月20日に死亡した。

Aには相続人として姉と弟がいたが，Xは，包括受遺者として，Y社に保険金の支払を請求した。Y社が支払をしないので，本件訴えを提起した。

1，2審ともX敗訴。2審の理由は次のとおりである。すなわち，養老保険契約において，被保険者死亡の場合の保険金受取人を単に「相続人」と定めその氏名を表示しなかった場合は，他に特段の事情のないかぎり，保険金請求権発生当時の相続人たるべき者個人を保険金受取人に指定したものと認めるのが相当であり，保険金受取人に指定された相続人は，被保険者の死亡によって，保険契約に基づく当然の効力として保険金請求権を取得するものであって，相続によって承継取得するものではないから，保険金請求権は相続人の固有財産に属し，その相続財産に属するものでない。そして，Xは，包括受遺者は，民法990条からもわかるように，相続人と異なるものではなく，包括遺贈は相続人を指定する行為にほかならないから，Xは本件保険金の受取人に指定された相続人に該当すると主張するが，包括遺贈は遺贈の一種であって，相続でないから，Xの主張は認められない。

Xが上告し，(旧)商法675条1項は「保険金額を受取るべき者が第三者なるときは其第三者は当然保険契約の利益を享受す但保険契約者が別段の意思を表示したるときは其意思に従う」と規定しており，原判決は「養老保険契約において，被保険者死亡の場合の保険金受取人を単に『相続人』と定めその氏名を表示しなかった場合は，他に特段の事情のないかぎり，保険金請求権発生当時の相続人たるべき者個人を保険金受取人に指定したものと認めるのが相当である」と判示し，大判昭和13年12月14日民集17巻2396頁を引用するが，この判示は法令の解釈を誤ったものであり，養老保険契約において保険金受取人を，保険期間満了の場合は被保険者，被保険者死亡の場合は相続人と指定したときは，保険契約者は被保険者死亡の場合保険金請求権を遺産とし相続の対象とする旨の意思表示をしたものと解するのが相当であり，商法675条1項ただし書の「別段の意思を表示した」場合にあたると解すべきである，と主張する。

【判決理由】　上告棄却　「所論は，養老保険契約において保険金受取人を保険期間満了の場合は被保険者，被保険者死亡の場合は相続人と指定したときは，保険契約者は被保険者死亡の場合保険金請求権を遺産として相続の対象とする旨の意思表示をなしたものであり，商法675条1項但書の「別段ノ意思ヲ表示シタ」場合にあたると解すべきであり，原判決引用の昭和13年12月14日の大審院判例の見解は改められるべきものであって，原判決には判決に影響を及

→ 99

ぼすこと明らかな法令違背があると主張するものであるけれども，本件養老保険契約において保険金受取人を単に「被保険者またはその死亡の場合はその相続人」と約定し，被保険者死亡の場合の受取人を特定人の氏名を挙げることなく抽象的に指定している場合でも，保険契約者の意思を合理的に推測して，保険事故発生の時において被指定者を特定し得る以上，右の如き指定も有効であり，特段の事情のないかぎり，右指定は，被保険者死亡の時における，すなわち保険金請求権発生当時の相続人たるべき者個人を受取人として特に指定したいわゆる他人のための保険契約と解するのが相当であって，前記大審院判例の見解は，いまなお，改める要を見ない。そして右の如く保険金受取人としてその請求権発生当時の相続人たるべき個人を特に指定した場合には，右請求権は，保険契約の効力発生と同時に右相続人の固有財産となり，被保険者（兼保険契約者）の遺産より離脱しているものといわねばならない。然らば，他に特段の事情の認められない本件において，右と同様の見解の下に，本件保険金請求権が右相続人の固有財産に属し，その相続財産に属するものではない旨判示した原判決の判断は，正当としてこれを肯認し得る。」（裁判長裁判官　横田正俊　裁判官　石坂修一　五鬼上堅磐　柏原語六　田中二郎）

99　占有権の相続（1）

最（二）判昭和 37 年 5 月 18 日民集 16 巻 5 号 1073 頁（法協 81 巻 3 号 292 頁, 民商 48 巻 1 号 111 頁）

【事実】　本件土地は，もともとＸの先祖が有していたものであり，Ｙの先祖に分与され，Ｙの先祖はそこに家屋を建築し居住してきた。ところが，明治29年の明治三陸津波で家屋等が損壊し，明治29年から昭和8年までは，Ｙの先代の妻が耕地として利用してきた。本件土地は，さらに昭和8年の昭和三陸津波で冠水したが，昭和9年，地域の住宅造成組合が組織され，Ｘの先々代Ａが同組合に加入し，盛土をした。

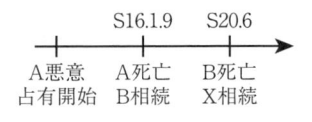

その後，昭和16年1月9日にＡが死亡し，Ｘの先代Ｂが相続。さらに，昭和20年6月に，Ｂが死亡し，Ｘが相続した。そして，ＸはＹを相手取って，本件土地がＸの所有であることの確認と，本件土地についての所有権移転登記手続を求めて訴えを提起した。理由は多々あるが，その1つに，昭和16年1月9日の段階

でBが本件土地につき所有の意思をもって善意で占有を開始したので，昭和26年1月9日には，Xが本件土地を時効により取得した，ということがある。
　1審はXの請求を認容したが，Yの控訴を受け，2審は，Xの請求を棄却。Aの占有を悪意のものとしたうえ，Aの占有を承継したBの占有も悪意の占有というべきだから，10年の取得時効が完成する理由はない，とする。Xが上告。

【判決理由】　破棄差戻し　「原判決は，X先々代Aの本件土地に対する占有は悪意であると認定した上，右Aの死亡によりその家督を相続して本件土地に対する占有を承継したX先代Bの占有は，新権原にもとづき占有を開始したものでないからその性質を変えることなく，Aの地位をそのまま承継した悪意の占有者というべきであるから，10年の取得時効を完成するに由なきものといわなければならない旨判示している。しかし，民法187条1項は「占有者ノ承継人ハ其選択ニ従ヒ自己ノ占有ノミヲ主張シ又ハ自己ノ占有ニ前主ノ占有ヲ併セテ之ヲ主張スルコトヲ得」と規定し，右は相続の如き包括承継の場合にも適用せられ，相続人は必ずしも被相続人の占有についての善意悪意の地位をそのまま承継するものではなく，その選択に従い自己の占有のみを主張し又は被相続人の占有に自己の占有を併せて主張することができるものと解するを相当とする。従ってXは先代Bの占有に自己の占有を併せてこれを主張することができるのであって，若しX先代Bが家督相続によりX先々代Aの本件土地に対する占有を承継した始めに善意，無過失であったとすれば，同人らが平穏かつ公然に占有を継続したことは原判示により明らかであるから，10年の取得時効の完成により本件土地の所有権はXに帰属することになる。そうすると，原判決は法令の解釈を誤った違法があるものというべく，論旨は理由があり，この点に関する大審院判例（大正3年(オ)第587号大正4年6月23日言渡判決民録21輯1005頁，大正5年(オ)第674号大正6年2月28日言渡判決民録23輯322頁，昭和6年(オ)第322号同年8月7日言渡判決民集10巻763頁）は変更せらるべきものである。そして，本件においては，X先代Bが本件土地の占有を承継した始めに善意，無過失であったか否かが時効完成の成否を決する要点であるが，この点について原審は何ら判断を与えていない。それ故，本件は，さらに審理を尽すため，原裁判所に差し戻すべきである。」（裁判長裁判官　藤田八郎　裁判官　池田克　河村大助　奥野健一　山田作之助）

100 占有権の相続（2）

最（三）判昭和 46 年 11 月 30 日民集 25 巻 8 号 1437 頁
（法協 91 巻 1 号 188 頁，民商 67 巻 2 号 308 頁，曹時 24 巻 7 号 1321 頁，百選〈新版・増補〉324 頁）

【事実】 本件土地・本件建物は，Y が先代から相続したものであり，いくつかに区分し，複数の者に賃貸されていた。Y は，昭和 12 年 4 月に出征するにあたり，その管理を弟 A に委託し，A は，昭和 19 年 7 月からは賃料を収受してきた。また，昭和 17 年初めに賃借人の 1 人が退去したことから，A は，本件建物の南半分に居住し始めた。A は，昭和 24 年 6 月 15 日に死亡し，その相続人である X_1，X_2，X_3 が，本件建物の南半分に居住するとともに，それ以外の箇所の賃料を受領し，Y もこの事実を了知していた。

```
        S12.4        S24.6.15
─────┼─────────────┼──────────→
     Y が A に      A 死亡
     管理委託       $X_1$〜$X_3$ 相続
```

X らは，本件土地を含む一筆の土地を本件土地と他の部分に分筆登記申請を行うこと，および，本件土地と本件建物につき X らの持分を各 3 分の 1 とする所有権移転登記をすることを求めて，Y を相手取って，訴えを提起した。X らは次のように主張した。すなわち，A は昭和 12 年 4 月より 10 年の短期取得時効により本件土地・本件建物の所有権を取得したものであり，仮に A の占有開始時における善意・無過失が認められないとしても，A が死亡した昭和 24 年 6 月 15 日以降，X らは所有の意思をもって平穏かつ公然に，善意・無過失で本件土地・本件建物を占有してきたのであるから，昭和 34 年 6 月 15 日に，本件土地・本件建物の所有権を時効取得した，または，A の占有を承継した X らは，A の占有開始から 20 年の長期取得時効により昭和 32 年 4 月 13 日に，本件土地・本件建物の所有権を時効取得した。

1 審は，X らの請求を認容し，Y の反訴を棄却した。Y の控訴を受け，2 審は，1 審判決を取り消し，X らの請求を棄却し，Y の反訴を認容した。A の占有は所有の意思をもってされていたとはいえず，それを相続により承継した X らは新たな権原で占有を開始したとはいえないので，本件土地・本件建物を時効取得しえないとする。X らが上告。

【判決理由】 上告棄却 「以上の事実関係のもとにおいては，X らは，A の死亡により，本件土地建物に対する同人の占有を相続により承継したばかりでなく，新たに本件土地建物を事実上支配することによりこれに対する占有を開始したものというべく，したがって，かりに X らに所有の意思があるとみられ

る場合においては、Xらは、Aの死亡後民法185条にいう「新権原ニ因リ」本件土地建物の自主占有をするに至ったものと解するのを相当とする。これと見解を異にする原審の判断は違法というべきである。

　しかしながら、他方、原審の確定した事実によれば、X_1が前記の賃料を取得したのは、YからAが本件土地建物の管理を委託された関係もあり、同人の遺族として生活の援助を受けるという趣旨で特に許されたためであり、X_1は昭和32年以降同37年までYに本件家屋の南半分の家賃を支払っており、XらがAの死亡後本件土地建物を占有するにつき所有の意思を有していたとはいえないというのであるから、Xらは自己の占有のみを主張しても、本件土地建物を、時効により取得することができないものといわざるをえない。したがって、Xらの取得時効に関する右主張を排斥した原審の判断は、結局相当であり、原判決の前記の違法はその結論に影響を及ぼすものではない。」（裁判長裁判官　下村三郎　裁判官　田中二郎　松本正雄　関根小郷）

101　遺骨

最(三)判平成元年7月18日家月41巻10号128頁（平2主判解170頁, 戸時602号57頁）

【事実】　Aは、若年の頃から日蓮上人の教義に帰依し、昭和31年頃、千葉市内の本件建物を本拠に布教活動を始めたところ、Aの人柄に惹かれその教義を信奉する信者は多数に及び、これら信者は翌昭和32年頃Aを支援し、かつ信者間の親睦を目的として、○○クラブの名称の会を作るに至り、以後Aは本件建物において同クラブの名称で布教活動をしていた。

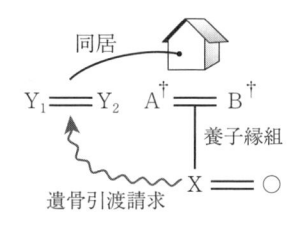

　Aとその妻Bは、実子がおらず、昭和38年2月、信者の1人であったXと養子縁組を行い、Xは、それ以後、AB夫婦と同居し、しばらくはそこから横浜市内の学校に通勤していた。他方、Y_1も長い間、Aの信者であったが、昭和38年3月頃、AB夫婦は本件建物を増築し、その部分にY_1とその夫Y_2を居住させ、同居していた。ところが、Xが長距離通勤で健康を損ねがちであったこと、および、X夫婦（昭和47年4月婚姻）とY夫婦の折り合いが悪かったことから、AB夫婦の勧めで、昭和49年初め頃、X夫婦は横浜市内に転居した。転居により、X夫婦と

→ 102

Y夫婦との関係は消失したが，X夫婦とAB夫婦との交流は続いていた。

Yらは，ABと同居して以来，ABの身辺の世話をし，ABがその晩年病気勝ちになってからは手厚い看護をするなど献身奉公するかたわら，A主宰の○○クラブの活動の本拠である本件建物の維持管理をなし，同クラブの諸行事に携わってきた。

昭和57年7月13日にBが死亡し，その遺骨は本件建物内に安置されていたが，Aも昭和59年11月26日に死亡し，その遺骨も本件建物内の仏壇に安置して現在に至っている。

Xは，銚子市にあるABの家の菩提寺の墓にABを埋葬したいと考え，YらにABの遺骨の引渡しを求めたが，Yらがこれを拒絶したので，引渡しを求めて訴えを提起した。

なお，ABの菩提寺には，Aは，少なくとも年1回は訪れ，先祖の墓参り等をしていたこと，同寺の住職とAとは宗教上の問題について互いに教え合う親密な交際をしてきたこと，Aの身体が不自由になった昭和51年頃以降は上記住職が年に1回お盆の折にA方を訪れていたことなども認定されている。

1，2審ともX勝訴。Yらは，Aが，昭和49年3月頃，Yらを祭祀主宰者として指定し，本件遺骨をYらが本件建物内で護持するように申し向けた旨を主張するが，措信できないとされた。Yらが上告。

【判決理由】 上告棄却 「原審の適法に確定した事実関係のもとにおいて，本件遺骨は慣習に従って祭祀を主宰すべき者であるXに帰属したものとした原審の判断は，正当として是認することができ，その過程に所論の違法はない。論旨は，採用することができない。」（裁判長裁判官　安岡滿彦　裁判官　伊藤正己　坂上壽夫　貞家克己）

102 遺産共有の性質

最（三）判昭和30年5月31日民集9巻6号793頁（百選〈新版・増補〉233頁，百選〈3版〉206頁）

【事実】 本件不動産（群馬県利根郡沼田町所在）は，Aの所有であったが，昭和12年8月13日，Aの死亡により，BとCとが各2分の1の共有持分による遺産相続をした。さらに，Cは，昭和18年3月10日に死亡し，Yが家督相続をして，Cの共有持分を承継した。他方，Bの共有持分については，昭和18年9月11日にBからXに贈与された。その結果，本件不動産は，XとYの各2分の1の持分割合

による共有となった。

　Yは、かねて本件不動産を利用し農業を家業としてきたものであり、現在も妻と12人の子と長男の妻の計14人の大家族を擁し、農業に従事している。他方、Xは、従来、東京都に居住していてほとんど農業に従事したことがなく、昭和19年に沼田町に疎開し、現在は同町の借家に娘2人と居住し、ミシン裁縫の内職等によって生活している。

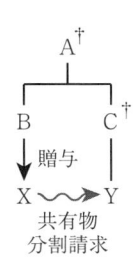

　ところが、XとYとの間で、本件不動産の分割について協議がまとまらず、XはYを相手取って、本件不動産の共有持分の分割を裁判所に請求した。これが本件訴訟である。

　さて、本件不動産は、甲建物、甲建物の3つの付属建物、および、4つの土地からなるが、甲建物の価格は、その他の宅地建物の価格の合計をはるかに上回っていた。そこで、Xは、本件不動産すべてを売却し、その売得金をXとYとに2分の1ずつ分配すべきことを主張した。これに対して、Yは、本件不動産のうち農業に必要なものはYに帰せしめた上で、その鑑定価格の半分をYからXに提供するという方法が適当であると主張した。

　1審は本件不動産を一括して競売し、その売得金を分割すべしとし、Yの控訴を受けた2審も、控訴を棄却した。その理由は、本件のように新民法〔現行民法〕施行前にすでに遺産分割請求の訴訟が裁判所に係属した事件については、家事審判法・家事審判規則等の適用はなく、258条2項の規定による分割をするほかはない、というところにある。

　Yが上告し、原判決が906条を準用しなかったことは違法である等と主張した。

【判決理由】 上告棄却 「相続財産の共有（民法898条、旧法1002条）は、民法改正の前後を通じ、民法249条以下に規定する「共有」とその性質を異にするものではないと解すべきである。相続財産中に金銭その他の可分債権があるときは、その債権は法律上当然分割され、各共同相続人がその相続分に応じて権利を承継するとした新法についての当裁判所の判例（昭和27年(オ)1119号同29年4月8日第一小法廷判決、集8巻819頁）及び旧法についての大審院の同趣旨の判例（大正9年12月22日判決、録26輯2062頁）は、いずれもこの解釈を前提とするものというべきである。それ故に、遺産の共有及び分割に関しては、共有に関する民法256条以下の規定が第一次的に適用せられ、遺産の分割は現物分割を原則とし、分割によって著しくその価格を損する虞があると

➡ 解説

きは，その競売を命じて価格分割を行うことになるのであって，民法906条は，その場合にとるべき方針を明らかにしたものに外ならない。本件において，原審は，本件遺産は分割により著しく価格を損する虞があるとして一括競売を命じたのであるが，右判断は原判示理由によれば正当であるというべく，本件につき民法258条2項の適用はないとする所論は採用できない。そしてまた，原審は本件につき民法附則32条，民法906条を準用したことも原判文上明らかであるから，これを準用しない違法があると主張する所論も採用できない。」
（裁判長裁判官　島保　裁判官　河村又介　小林俊三　本村善太郎）

解　説

(1)　被相続人の有していた金銭債権は当然に相続財産となるが，これについては，遺産分割を経ずに，各共同相続人に各相続分に応じて当然に承継されるというのが判例である（*92*）。したがって，共同相続人の1人が，単独で債権全額の取立てを行うと，不法行為責任または不当利得返還義務を負うとされる（最判平成16年4月20日家月56巻10号48頁）。ただし，とりわけ預金債権などは，遺産分割において共同相続人間の公平を図るための調整に便利であり，遺産分割の対象とならないとすると，不便なことも多い。下級審裁判例であるが，*93*は，すべての共同相続人が同意するときは，預金債権も遺産分割審判の対象になるとしており，上記の平成16年判決（郵便貯金の例）もそれを前提としている。

(2)　被相続人の負っていた金銭債務も，各共同相続人に各相続分に応じて当然に承継される。問題となるのは，被相続人が連帯債務者の1人であった場合であり，*94*は，各共同相続人は被相続人の負っていた連帯債務を各相続分に応じて分割されたかたちで承継するとしている。しかし，連帯債務の効力を弱めること，相続により分割された額の連帯債務を負った相続人と，他の連帯債務者とが一部連帯の関係に立ち，法律関係が複雑化するなどの理由で，反対説も強い。

それでは，共同相続人の合意により，たとえば金銭債務をある相続人に全額負担させるなどの遺産分割は可能か。裁判例には否定するものが多いが，*140*は，遺言により共同相続人の1人に相続債務が帰属させられているとき，遺留

分の算定においてその効力を認めるとともに，相続債権者は，各共同相続人に法定相続分に従った履行を請求してもよいし，遺言を前提に，相続債務が帰属させられた当該共同相続人に全額の請求をしてもよいとする。

　共同相続人間の内部関係と，債権者との関係を分けて考えるものであり，そうであるならば，遺産分割協議によって共同相続人間の内部関係では，特定の相続人に債務を帰せしめてもよいとも考えられる。また，140 は，94 にいわゆる「相続分」とは法定相続分のことであることも明らかにしているといえる。

　(3)　特定の債務についてした通常の（連帯）保証債務については，上記の金銭債務と同様になる。しかし，責任限度額や期間の定めのない連帯保証契約については，それをそのまま承継させると相続人に酷な場合も多い。そこで，95 は，連帯保証人の死亡後に生じた主債務については，相続人は相続債務を負担しない（つまり，死亡時に存在している主債務についてのみ責任を負う）としている。この点で，平成 16 年の民法改正によって，貸金等根保証契約（465 条の 2 第 1 項参照）については，極度額・元本確定期（5 年以内）の定めが要求されるとともに，保証人の死亡が元本確定事由とされていることに注意を要する（465 条の 4 第 3 号）。

　(4)　被相続人が占有していた現金については，96 が，遺産分割の対象となることを明らかにした。これにより，92 の判示における「金銭その他の可分債権」という文言は，「金銭債権その他の可分債権」であることが明らかになったといえる。

　(5)　相続の対象とならないとされる金銭債権もある。
97 は，死亡退職金請求権について，当該請求権は受給権者に直接に発生し，被相続人に発生した請求権が相続されるものではない，としているが，当該事案における退職金規定の解釈をもとにしており，抽象的な一般論が展開されているわけではないことに注意を要する。また，98 は，生命保険金請求権について，保険契約の効果として受取人が取得するものであり，相続財産に含まれないとしている。関連して，最判平成 6 年 7 月 18 日民集 48 巻 5 号 1233 頁は，受取人を「相続人」としているときは，「特段の事情のない限り，右指定には，相続人が保険金を受け取るべき権利の割合を相続分の割合によるとする旨の指定も含まれているものと解するのが相当である」とする。これは，427 条の

➡ **解説**

「別段の意思表示」があるとみているわけだが，そのような指定があるといえない場合もある。すなわち，指定受取人が死亡し，再指定をする前に被保険者も死亡したときには，旧商法 676 条 2 項（現保険法 46 条）によって，「保険金額ヲ受取ルヘキ者ノ相続人」が保険金受取人となるが，このときには「別段の意思表示」はない。そこで，最判平成 5 年 9 月 7 日民集 47 巻 7 号 4740 頁は，民法 427 条の規定の適用により，保険金受取人の相続人が平等の割合で保険金請求権を取得するとしている。

保険金受取人は相続ではなく，保険契約の効力として，生命保険金請求権を取得する。したがって，遺留分減殺の対象とはならないのであり，*154* は，「自己を被保険者とする生命保険契約の契約者が死亡保険金の受取人を変更する行為は，民法 1031 条に規定する遺贈又は贈与に当たるものではなく，これに準ずるものということもできない」としている。しかし，そうすると，相続人間に実質的な不公平が生じることもある。そこで，一定の場合には，特別受益に準じた処理がされることになる（*112*）。

(6) とりわけ取得時効との関係で，占有権の相続も問題になる。*99* は，被相続人の占有権が相続されることを前提としながら，それまでの判例を覆し，187 条 1 項は包括承継の際にも適用されるとし，相続人は自己の占有のみを主張することもできるとした。この判決は，「占有を承継した始めに善意，無過失であったとすれば」としており，相続人は相続開始時に固有の占有を取得するとしているようにも読める。しかし，*100* は，被相続人が管理の意思で占有していた土地について，相続人が所有の意思をもって占有を開始したとき，相続が 185 条の新権原にあたることを肯定し，相続があっただけで他主占有が自主占有に変わるわけではないが，相続人が新たに当該不動産を事実上支配することにより占有を開始し，そのとき所有の意思があるとみられるときは，185 条にいう新権原による自主占有となる，とした。そうすると，相続人の固有の占有は，相続人の事実上の支配の開始により始まるのであり，その前までは承継した占有があるだけだ，ということのように思える。この 2 つの判決の関係が問題となりうる。

(7) 特殊なものとして，遺骨の所有権がある。*101* は，原審の判断を是認するものだが，遺骨は慣習に従って祭祀を主宰すべき者に帰属するというルール

(8) さらに，不法行為に関連し，死亡事故における損害賠償請求権も相続の対象となる。財産的損害賠償請求権の相続に関して，大判大正15年2月16日民集5巻150頁（⇒債権各論150），慰謝料請求権に関して，最大判昭和42年11月1日民集21巻9号2249頁（⇒債権各論151）が，ともに相続を肯定している。共有持分権についての最判平成元年11月24日民集43巻10号1220頁（後掲127，⇒総則・物権200），また，無権代理等と相続に関する一連の裁判例（⇒総則・物権84～91）も関係判例となる。賃借権も財産権であり，相続の対象となるが，その場合の問題点については，相続財産の管理に関連して述べる。

(9) 遺産分割前の遺産についての共同所有の性格については，学説上，合有説も有力であるが，102は，民法上の共有であるとしている。ただし，258条による共有物の分割においても，価額賠償の方法による分割が広く認められるに至っている（⇒総則・物権201，202）。102の原審判決は，258条による限り，現物分割ができなければ競売するほかない，という前提をとっているようだが，その前提がもはや崩れているのであり，事案の解決としての先例的意義は小さくなっている。しかし，たとえば，92の理論的基礎となっている。

[2] 遺産の管理

103　相続財産の共同処分

最（一）判昭和54年2月22日家月32巻1号149頁 〔百選〈6版〉136頁〕

【事実】　本件各土地は，X_1，X_2，Yの父Aが所有していたが，昭和28年3月3日，Aが死亡し，X_1，X_2，Yを含む7名が共同で相続した。本件各土地は，遺産分割協議が成立しないうちに，共同相続人全員の合意のもと，静岡市，静岡県等に売却することとなった。Xらを含む共同相続人らの一部は，その代金の受領をYに委任し，Yは買主から代金を受領した。ところが，Yが，それをXらに交付しないので，XらはYに支払を求めて本訴を提起した。

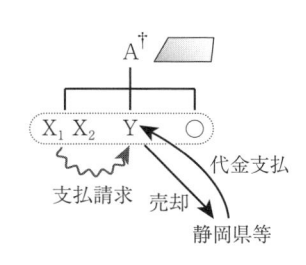

　1，2審ともXらの請求を認めた。Yが上告し，遺産分割協議の未了の間は，代

→ 104

金の支払も請求できないなどと論じる。

【判決理由】 上告棄却 「共有持分権を有する共同相続人全員によって他に売却された右各土地は遺産分割の対象たる相続財産から逸出するとともに，その売却代金は，これを一括して共同相続人の一人に保管させて遺産分割の対象に含める合意をするなどの特別の事情のない限り，相続財産には加えられず，共同相続人が各持分に応じて個々にこれを分割すべきものであるところ（最高裁昭和52年(オ)第5号同年9月19日第二小法廷判決・裁判集民事121号247頁参照），前記各土地を売却した際本件共同相続人の一部はYに代金受領を委任せずに自らこれを受領し，また，Yに代金受領を委任した共同相続人もその一部はYから代金の交付を受けているなど，原審の適法に確定した事実関係のもとでは，右特別の事情もないことが明らかであるから，Xらは，代金債権を相続財産としてでなく固有の権利として取得したものというべきであり，したがって，同債権について相続権侵害ということは考えられない。これを要するに，Xらの土地相続持分権，ないしその売却代金債権が相続財産に加えられるものとして同債権が侵害されたことを前提とする所論は，その前提を欠いて失当である。論旨は，採用することができない。」（裁判長裁判官　団藤重光　裁判官　藤崎萬里　本山亨　戸田弘　中村治朗）

104 遺産に属する特定不動産の共有持分権の処分

最(二)判昭和50年11月7日民集29巻10号1525頁〔民商74巻6号989頁，曹時29巻5号842頁，百選〈3版〉210頁〕

【事実】 AB夫婦は昭和25年1月と昭和31年9月に相次いで死亡し，その所有していた本件土地建物は，養子であるYとCが各持分2分の1の割合で相続した。ところが，遺産分割協議が調わないうちに，Cは，本件土地建物の各2分の1の持分権をXに贈与した。

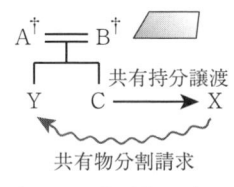

そして，Xは，Yに対し，本件土地建物についてXが2分の1の持分権を有することの確認と，共有物たる本件土地建物の分割を求めて訴えを提起した。

1審はXの請求を認めたが，2審は，「遺産の分割は協議が調わないときは家庭裁判所の審判手続のみによってなさるべく，右審判による分割以前に遺産を構成する個々の財産について民法258条に基づく共有物分割の訴を提起することは許され

ない」として，Xの請求を却下。Xが上告。

【判決理由】　破棄差戻し　「共同相続人が分割前の遺産を共同所有する法律関係は，基本的には民法249条以下に規定する共有としての性質を有すると解するのが相当であって（最高裁昭和28年(オ)第163号同30年5月31日第三小法廷判決・民集9巻6号793頁参照），共同相続人の一人から遺産を構成する特定不動産について同人の有する共有持分権を譲り受けた第三者は，適法にその権利を取得することができ（最高裁昭和35年(オ)第1197号同38年2月22日第二小法廷判決・民集17巻1号235頁参照），他の共同相続人とともに右不動産を共同所有する関係にたつが，右共同所有関係が民法249条以下の共有としての性質を有するものであることはいうまでもない。そして，第三者が右共同所有関係の解消を求める方法として裁判上とるべき手続は，民法907条に基づく遺産分割審判ではなく，民法258条に基づく共有物分割訴訟であると解するのが相当である。けだし，共同相続人の一人が特定不動産について有する共有持分権を第三者に譲渡した場合，当該譲渡部分は遺産分割の対象から逸出するものと解すべきであるから，第三者がその譲り受けた持分権に基づいてする分割手続を遺産分割審判としなければならないものではない。のみならず，遺産分割審判は，遺産全体の価値を総合的に把握し，これを共同相続人の具体的相続分に応じ民法906条所定の基準に従って分割することを目的とするものであるから，本来共同相続人という身分関係にある者または包括受遺者等相続人と同視しうる関係にある者の申立に基づき，これらの者を当事者とし，原則として遺産の全部について進められるべきものであるところ，第三者が共同所有関係の解消を求める手続を遺産分割審判とした場合には，第三者の権利保護のためには第三者にも遺産分割の申立権を与え，かつ，同人を当事者として手続に関与させることが必要となるが，共同相続人に対して全遺産を対象とし前叙の基準に従いつつこれを全体として合目的的に分割すべきであって，その方法も多様であるのに対し，第三者に対しては当該不動産の物理的一部分を分与することを原則とすべきものである等，それぞれ分割の対象，基準及び方法を異にするから，これらはかならずしも同一手続によって処理されることを必要とするものでも，またこれを適当とするものでもなく，さらに，第三者に対し右のような遺産分割審判手続上の地位を与えることは前叙遺産分割の本旨にそわず，

→ 105

同審判手続を複雑にし、共同相続人側に手続上の負担をかけることになるうえ、第三者に対しても、その取得した権利とはなんら関係のない他の遺産を含めた分割手続の全てに関与したうえでなければ分割を受けることができないという著しい負担をかけることがありうる。これに対して、共有物分割訴訟は対象物を当該不動産に限定するものであるから、第三者の分割目的を達成するために適切であるということができるうえ、当該不動産のうち共同相続人の一人が第三者に譲渡した持分部分を除いた残余持分部分は、なお遺産分割の対象とされるべきものであり、第三者が右持分権に基づいて当該不動産につき提起した共有物分割訴訟は、ひっきょう、当該不動産を第三者に対する分与部分と持分譲渡人を除いた他の共同相続人に対する分与部分とに分割することを目的とするものであって、右分割判決によって共同相続人に分与された部分は、なお共同相続人間の遺産分割の対象になるものと解すべきであるから、右分割判決が共同相続人の有する遺産分割上の権利を害することはないということができる。このような両手続の目的、性質等を対比し、かつ、第三者と共同相続人の利益の調和をはかるとの見地からすれば、本件分割手続としては共有物分割訴訟をもって相当とすべきである。」（裁判長裁判官　大塚喜一郎　裁判官　岡原昌男　吉田豊　本林讓）

105　遺産に属する特定不動産の第三者への賃貸

最（一）判平成17年9月8日民集59巻7号1931頁（曹時60巻2号581頁、百選〈7版〉138頁、平17重判90頁）

【事実】　平成8年10月にAが死亡し、妻であるXと子であるY₁〜Y₄が法定相続分の割合で、Aを共同相続した。Aの遺産には複数の不動産（以下「本件各不動産」という）が含まれていたが、XおよびYらは、本件各不動産から生じる賃料、管理費等については、遺産分割により本件各不動産の帰属が確定した時点で清算することとし、それまでの期間に支払われる賃料等を管理するために共同で銀行口座（以下「本件口座」という）を開設した。そして、本件各不動産の賃借人は本件口座に賃料を振り込むとともに、不動産管理に要する費用等は、本件口座から支出されてき

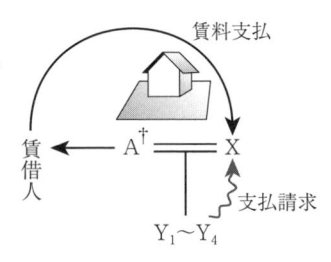

た。

　さて，平成12年2月に大阪高裁にて本件各不動産について遺産分割をする旨の決定（確定）がなされた。それまでに，本件口座には約2億円の賃料がたまっていた。仮にこの預金を法定相続分に従って分割するとXの取り分は約1億円となるのに対し，上記遺産分割によってXに帰属した不動産から生じた賃料相当額がXの取り分だとすると，それは約1億9,000万円となる。そして，いずれの結論になるかについて，XとYらの間で紛争になった。

　XとYらの話合いにより，本件口座にかかる預金はいったん解約した上で，まずXは法定相続分に従った金銭を取得し，残りの払戻金はYらが預かり，訴訟によりその帰属を決定することとした。そして，Xが，Yらに対して，差額の約9,000万円の支払を求めて訴えを提起した。

　1，2審ともXの勝訴。909条により遺産分割は遡求効を有し，その結果，遺産分割によってXに帰属した不動産については，相続開始時点からXが所有者であったことになり，したがって，その不動産から生じる賃料債権はXに帰属する，というわけである。Yらが上告受理申立て。遺産から生じた果実は遺産とは別個の共有財産であり，遺産分割の遡求効の対象となるものではない，と論じる。

【判決理由】　破棄差戻し　「遺産は，相続人が数人あるときは，相続開始から遺産分割までの間，共同相続人の共有に属するものであるから，この間に遺産である賃貸不動産を使用管理した結果生ずる金銭債権たる賃料債権は，遺産とは別個の財産というべきであって，各共同相続人がその相続分に応じて分割単独債権として確定的に取得するものと解するのが相当である。遺産分割は，相続開始の時にさかのぼってその効力を生ずるものであるが，各共同相続人がその相続分に応じて分割単独債権として確定的に取得した上記賃料債権の帰属は，後にされた遺産分割の影響を受けないものというべきである。

　したがって，相続開始から本件遺産分割決定が確定するまでの間に本件各不動産から生じた賃料債権は，X及びYらがその相続分に応じて分割単独債権として取得したものであり，本件口座の残金は，これを前提として清算されるべきである。

　そうすると，上記と異なる見解に立って本件口座の残金の分配額を算定し，Xが本件保管金を取得すべきであると判断して，Xの請求を認容すべきものとした原審の判断には，判決に影響を及ぼすことが明らかな法令の違反がある。論旨は理由があり，原判決は破棄を免れない。そして，本件については，更に

審理を尽くさせる必要があるから，本件を原審に差し戻すこととする。」（裁判長裁判官　才口千晴　裁判官　横尾和子　甲斐中辰夫　泉德治　島田仁郎）

106 遺産に属する特定不動産の共同相続人の1人による使用
最（三）判平成8年12月17日民集50巻10号2778頁（⇒債権各論50事件）
（曹時50巻6号1695頁，百選〈7版〉146頁）

【事実】　Aは，昭和63年9月24日に死亡したが，遺言により，X_1 は，その遺産につき，16分の2の割合で包括遺贈を受けた。本件不動産は遺産に属し，Y_1 および Y_2 はAの相続人であり，Y_1 は本件不動産につき16分の2，Y_2 は16分の1の持分権を有する。Yらは，Aの生前方本件不動産においてAと共にその家族として同居生活をしてきたもので，相続開始後も本件不動産の全部を占有，使用している。

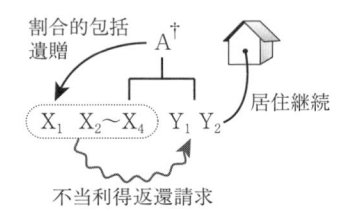

そこで，X_1 および他の共同相続人 X_2〜X_4 は，Yらを相手取って，本件不動産の共有物分割と不当利得返還を請求して訴えを提起した。後者について付言すると，Yらは，その者の持分に相当する範囲を超えて本件不動産全部を占有・使用しているのであり，他の持分権者に対して，共有物の賃料相当額に依拠して算出された金額について不当利得返還義務を負う，というわけである。

1，2審とも，共有物分割請求については，本件不動産は遺産分割前の共有状態にあるから，家庭裁判所の審判による遺産分割をすべきものであり，不適法であるとの理由で却下したが，不当利得返還請求は認めた。そこで，Yらが上告。

【判決理由】　破棄差戻し　「共同相続人の一人が相続開始前から被相続人の許諾を得て遺産である建物において被相続人と同居してきたときは，特段の事情のない限り，被相続人と右同居の相続人との間において，被相続人が死亡し相続が開始した後も，遺産分割により右建物の所有関係が最終的に確定するまでの間は，引き続き右同居の相続人にこれを無償で使用させる旨の合意があったものと推認されるのであって，被相続人が死亡した場合は，この時から少なくとも遺産分割終了までの間は，被相続人の地位を承継した他の相続人等が貸主となり，右同居の相続人を借主とする右建物の使用貸借契約関係が存続することになるものというべきである。けだし，建物が右同居の相続人の居住の場で

あり，同人の居住が被相続人の許諾に基づくものであったことからすると，遺産分割までは同居の相続人に建物全部の使用権原を与えて相続開始前と同一の態様における無償による使用を認めることが，被相続人及び同居の相続人の通常の意思に合致するといえるからである。

本件についてこれを見るのに，Yらは，Aの相続人であり，本件不動産においてAの家族として同人と同居生活をしてきたというのであるから，特段の事情のない限り，AとYらの間には本件建物について右の趣旨の使用貸借契約が成立していたものと推認するのが相当であり，Yらの本件建物の占有，使用が右使用貸借契約に基づくものであるならば，これによりYらが得る利益に法律上の原因がないということはできないから，Xらの不当利得返還請求は理由がないものというべきである。そうすると，これらの点について審理を尽くさず，Yらに直ちに不当利得が成立するとした原審の判断には，法令の解釈適用を誤った違法があり，右違法は判決の結論に影響を及ぼすことが明らかである。〔中略〕使用貸借契約の成否等について更に審理を尽くさせるため，原審に差し戻すこととする。」（裁判長裁判官　千種秀夫　裁判官　園部逸夫　可部恒雄　大野正男　尾崎行信）

107　遺産に属する特定不動産に関する不実の登記（1）
——単独名義を有する共同相続人の1人からの譲受人

最（二）判昭和38年2月22日民集17巻1号235頁（⇒総則・物権146事件）
（民商49巻4号588頁，曹時15巻5号695頁，百選〈6版〉146頁，百選〈7版〉148頁）

【事実】　本件不動産はAの所有であったが，昭和27年5月11日，Aが死亡し，妻X_1が3分の1，子X_2，X_3，Y_1が各9分の2の割合で相続した。ところが，Y_1の夫Bは，X_1らの相続放棄の書類を偽造して，本件不動産につきY_1の単独相続の登記をした。さらに，Bは，本件不動産につきY_2，Y_3に対する債務の担保のために，売買予約に基づく所有権移転請求権保全の仮登記をした。なお，Y_1は，これを追認した。

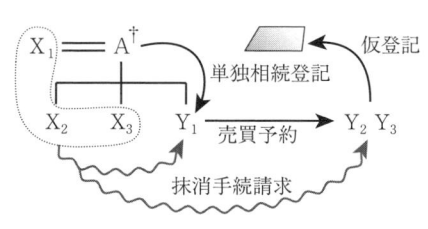

→ 107

　そこで，Xらが，Y₁に対しては相続登記の抹消を，Y₂，Y₃に対しては仮登記の抹消を求めて，訴えを提起した。
　1審は，Xらの請求を全部認容したが，Y₂，Y₃のみが控訴。2審は，控訴を一部認容し，Y₂，Y₃に対し，Xらの持分に関する限度で仮登記を抹消する更正登記手続を命じた。本件不動産に関するXらの持分については，売買予約は無効であるが，Y₁の持分については有効である，というわけである。Xらが上告。

【判決理由】　上告棄却　「相続財産に属する不動産につき単独所有権移転の登記をした共同相続人中の乙ならびに乙から単独所有権移転の登記をうけた第三取得者丙に対し，他の共同相続人甲は自己の持分を登記なくして対抗しうるものと解すべきである。けだし乙の登記は甲の持分に関する限り無権利の登記であり，登記に公信力なき結果丙も甲の持分に関する限りその権利を取得するに由ないからである（大正8年11月3日大審院判決，民録25輯1944頁参照）。そして，この場合に甲がその共有権に対する妨害排除として登記を実体的権利に合致させるため乙，丙に対し請求できるのは，各所有権取得登記の全部抹消登記手続ではなくして，甲の持分についてのみの一部抹消（更正）登記手続でなければならない（大正10年10月27日大審院判決，民録27輯2040頁，昭和37年5月24日最高裁判所第一小法廷判決，裁判集60巻767頁参照）。けだし右各移転登記は乙の持分に関する限り実体関係に符合しており，また甲は自己の持分についてのみ妨害排除の請求権を有するに過ぎないからである。
　従って，本件において，共同相続人たるXらが，本件各不動産につき単独所有権の移転登記をした他の共同相続人であるY₁から売買予約による所有権移転請求権保全の仮登記を経由したY₂らに対し，その登記の全部抹消登記手続を求めたのに対し，原判決が，Y₁が有する持分9分の2についての仮登記に更正登記手続を求める限度においてのみ認容したのは正当である。」（裁判長裁判官　池田克　裁判官　河村大助　奥野健一　山田作之助　草鹿浅之介）

108 遺産に属する特定不動産に関する不実の登記（2）
―― 持分についての全くの無権利者

最（二）判平成15年7月11日民集57巻7号787頁
（民商131号2号225頁・3号418頁，曹時 57巻9号2887頁，民法百選Ⅰ〈6版〉152頁）

【事実】 Aは，本件土地を所有していたが，平成5年1月18日に死亡し，Aの子であるX_1・X_2，B，Cの4人が共同相続し，その旨の登記がなされた。そして，同日，Bは，自己の持分につき，代物弁済を原因とするYへの持分移転登記を行った。

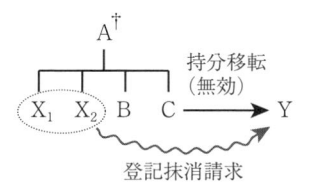

しかし，Xらは，BY間の代物弁済は無効であることを主張し，Yに対し持分移転登記の抹消を求めて，訴えを提起した。

1審は，BY間の代物弁済は無効であるとしたうえ，「Xらは，右各土地の共有持分権に基づく保存行為として，無効な登記を有するYに対し，抹消登記請求を行うことができる」としたが，2審は，BY間の本件土地の共有持分権の譲渡が無効であり，持分移転登記が真実に合致しない登記であるとしても，Xらの共有持分権は何ら侵害されていないから，抹消登記を請求することはできない，とした。Xらが上告。

【判決理由】 破棄差戻し 「不動産の共有者の1人は，その持分権に基づき，共有不動産に対して加えられた妨害を排除することができるところ，不実の持分移転登記がされている場合には，その登記によって共有不動産に対する妨害状態が生じているということができるから，共有不動産について全く実体上の権利を有しないのに持分移転登記を経由している者に対し，単独でその持分移転登記の抹消登記手続を請求することができる（最高裁昭和29年(オ)第4号同31年5月10日第一小法廷判決・民集10巻5号487頁，最高裁昭和31年(オ)第103号同33年7月22日第三小法廷判決・民集12巻12号1805頁。なお，最高裁昭和56年(オ)第817号同59年4月24日第三小法廷判決・裁判集民事141号603頁は，本件とは事案を異にする。）。」（裁判長裁判官　北川弘治　裁判官　福田博　亀山継夫　梶谷玄　滝井繁男）

➡ 解説

解 説

(1) 遺産分割前に，遺産の状況が変化することがある。

*103*は，共同相続人全員の合意の下，遺産に属する不動産が売却され，売買代金債権が発生すると，*92*に従って，分割債権になるとする。なお，最判昭和52年9月19日家月30巻2号110頁も同様の判示をしているが，*103*は，「これを一括して共同相続人の一人に保管させて遺産分割の対象に含める合意をするなどの特別の事情のない限り」と述べ，例外の存在を明らかにしている。*104*は，遺産に属する個別財産についての共同相続人の1人が有する持分権が第三者に処分されたときは，その財産については，遺産分割手続ではなく，共有物分割手続が行われるようになるとしているが，学説には，持分が処分された財産も含めて遺産分割手続をしなければ，遺産全体につき妥当な分割ができなくなるとして，反対もある。

*105*は，遺産に属する不動産が第三者に賃貸されているとき，その賃料債権は，共同相続人がその相続分に応じて分割単独債権として取得するのであり，その後，遺産分割の結果，当該不動産が特定の相続人に帰属したからといって，その相続人が遡って取得するものではない，としている。*106*は，被相続人と同居していた共同相続人の1人が，相続開始後も遺産に属する不動産を使用していたとき，遺産分割により右建物の所有関係が最終的に確定するまでの間は，引き続き同居の相続人にこれを無償で使用させる旨の合意があったものと推定される，として，他の共同相続人からの不当利得返還請求を否定した。遺産分割の結果，同居の相続人以外に当該不動産が帰属するに至っても同様であると思われる。したがって，*105*と並び，909条の定める遺産分割の遡及効が制限されていることになる。

*106*に関連して，内縁の妻の居住権が問題になることもある（最判昭和42年2月21日民集21巻1号155頁〔⇒債権各論*76*〕，最判平成10年2月26日民集52巻1号255頁〔*38*〕）。また，最判昭和37年12月25日民集16巻12号2455頁は，同居人が事実上の養子であった場合についてである。

(2) *107*と*108*は，遺産に属する不動産につき，不実の登記がされているときの救済方法について扱うものである。

*107*は，共同相続人の1人が相続放棄の書類を偽造して，遺産に属する特定

の不動産につき単独相続の登記をし，さらに，当該不動産につき第三者のために所有権移転請求権保全の仮登記をしたという事案につき，他の共同相続人である甲は，全部抹消登記手続ではなくして，甲の持分についてのみの一部抹消（更正）登記手続の請求ができる，とした（ただし，最判平成17年12月15日判時1920号35頁も参照）。また，第三者が登場しておらず，共同相続人の1人が自己の持分を超えて，単独で所有権を有する旨の登記を有しているときにも，当該共同相続人に対して他の共同相続人は一部抹消登記手続の請求ができる（最判平成16年4月20日家月56巻10号48頁）。

これに対して，*108*では，持分に関する全くの無権利者に対しては，他の共同相続人も，自己の持分に対応する部分に限らず，登記の全部抹消手続を請求できるとしている。最判昭和31年5月10日民集10巻5号487頁は，これを保存行為（252条ただし書）としていたが，*108*はそれについて言及せず，端的に共有不動産に対して加えられた妨害だから排除できるとしている。

第2節　相続分

109　非嫡出子の相続分（1）

最（大）決平成25年9月4日民集67巻6号1320頁

【事実】　Aは，平成13年7月▲▲日に死亡したが，Aの遺産につき，Aの嫡出である子（その代襲相続人を含む）であるXらが，Aの嫡出でない子であるYらに対し，遺産の分割の審判を申し立てた。1審は，900条4号ただし書の規定のうち嫡出でない子の相続分を嫡出子の相続分の2分の1とする部分（本件規定）は憲法14条1項に違反しないと判断し，本件規定を適用して算出されたYらおよびXらの法定相続分を前提に，Aの遺産の分割をすべきものとした。

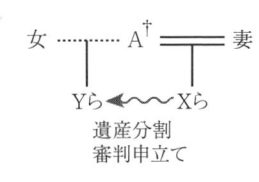

これに対し，Yらが抗告。2審でも同様の判断がされたので，Yらが，本件規定が違憲であり，無効である旨を主張して，特別抗告。

【決定理由】　破棄差戻し　「2　憲法14条1項適合性の判断基準について
　憲法14条1項は，法の下の平等を定めており，この規定が，事柄の性質に

→ 109

応じた合理的な根拠に基づくものでない限り，法的な差別的取扱いを禁止する趣旨のものであると解すべきことは，当裁判所の判例とするところである（最高裁昭和37年(オ)第1472号同39年5月27日大法廷判決・民集18巻4号676頁，最高裁昭和45年(あ)第1310号同48年4月4日大法廷判決・刑集27巻3号265頁等）。

　相続制度は，被相続人の財産を誰に，どのように承継させるかを定めるものであるが，相続制度を定めるに当たっては，それぞれの国の伝統，社会事情，国民感情なども考慮されなければならない。さらに，現在の相続制度は，家族というものをどのように考えるかということと密接に関係しているのであって，その国における婚姻ないし親子関係に対する規律，国民の意識等を離れてこれを定めることはできない。これらを総合的に考慮した上で，相続制度をどのように定めるかは，立法府の合理的な裁量判断に委ねられているものというべきである。この事件で問われているのは，このようにして定められた相続制度全体のうち，本件規定により嫡出子と嫡出でない子との間で生ずる法定相続分に関する区別が，合理的理由のない差別的取扱いに当たるか否かということであり，立法府に与えられた上記のような裁量権を考慮しても，そのような区別をすることに合理的な根拠が認められない場合には，当該区別は，憲法14条1項に違反するものと解するのが相当である。」

「3　本件規定の憲法14条1項適合性について

〔中略〕

(3)　前記2で説示した事柄のうち重要と思われる事実について，昭和22年民法改正以降の変遷等の概要をみると，次のとおりである。

ア　昭和22年民法改正の経緯をみると，その背景には，「家」制度を支えてきた家督相続は廃止されたものの，相続財産は嫡出の子孫に承継させたいとする気風や，法律婚を正当な婚姻とし，これを尊重し，保護する反面，法律婚以外の男女関係，あるいはその中で生まれた子に対する差別的な国民の意識が作用していたことがうかがわれる。また，この改正法案の国会審議においては，本件規定の憲法14条1項適合性の根拠として，嫡出でない子には相続分を認めないなど嫡出子と嫡出でない子の相続分に差異を設けていた当時の諸外国の立法例の存在が繰り返し挙げられており，現行民法に本件規定を設けるに当た

り，上記諸外国の立法例が影響を与えていたことが認められる。

　しかし，昭和22年民法改正以降，我が国においては，社会，経済状況の変動に伴い，婚姻や家族の実態が変化し，その在り方に対する国民の意識の変化も指摘されている。すなわち，地域や職業の種類によって差異のあるところであるが，要約すれば，戦後の経済の急速な発展の中で，職業生活を支える最小単位として，夫婦と一定年齢までの子どもを中心とする形態の家族が増加するとともに，高齢化の進展に伴って生存配偶者の生活の保障の必要性が高まり，子孫の生活手段としての意義が大きかった相続財産の持つ意味にも大きな変化が生じた。昭和55年法律第51号による民法の一部改正により配偶者の法定相続分が引き上げられるなどしたのは，このような変化を受けたものである。さらに，昭和50年代前半頃までは減少傾向にあった嫡出でない子の出生数は，その後現在に至るまで増加傾向が続いているほか，平成期に入った後においては，いわゆる晩婚化，非婚化，少子化が進み，これに伴って中高年の未婚の子どもがその親と同居する世帯や単独世帯が増加しているとともに，離婚件数，特に未成年の子を持つ夫婦の離婚件数及び再婚件数も増加するなどしている。これらのことから，婚姻，家族の形態が著しく多様化しており，これに伴い，婚姻，家族の在り方に対する国民の意識の多様化が大きく進んでいることが指摘されている。

　イ　前記アのとおり本件規定の立法に影響を与えた諸外国の状況も，大きく変化してきている。すなわち，諸外国，特に欧米諸国においては，かつては，宗教上の理由から嫡出でない子に対する差別の意識が強く，昭和22年民法改正当時は，多くの国が嫡出でない子の相続分を制限する傾向にあり，そのことが本件規定の立法に影響を与えたところである。しかし，1960年代後半（昭和40年代前半）以降，これらの国の多くで，子の権利の保護の観点から嫡出子と嫡出でない子との平等化が進み，相続に関する差別を廃止する立法がされ，平成7年大法廷決定時点でこの差別が残されていた主要国のうち，ドイツにおいては1998年（平成10年）の「非嫡出子の相続法上の平等化に関する法律」により，フランスにおいては2001年（平成13年）の「生存配偶者及び姦生子の権利並びに相続法の諸規定の現代化に関する法律」により，嫡出子と嫡出でない子の相続分に関する差別がそれぞれ撤廃されるに至っている。現在，我が

➡ 109

国以外で嫡出子と嫡出でない子の相続分に差異を設けている国は，欧米諸国にはなく，世界的にも限られた状況にある。

　ウ　我が国は，昭和54年に「市民的及び政治的権利に関する国際規約」（昭和54年条約第7号）を，平成6年に「児童の権利に関する条約」（平成6年条約第2号）をそれぞれ批准した。これらの条約には，児童が出生によっていかなる差別も受けない旨の規定が設けられている。また，国際連合の関連組織として，前者の条約に基づき自由権規約委員会が，後者の条約に基づき児童の権利委員会が設置されており，これらの委員会は，上記各条約の履行状況等につき，締約国に対し，意見の表明，勧告等をすることができるものとされている。

　我が国の嫡出でない子に関する上記各条約の履行状況等については，平成5年に自由権規約委員会が，包括的に嫡出でない子に関する差別的規定の削除を勧告し，その後，上記各委員会が，具体的に本件規定を含む国籍，戸籍及び相続における差別的規定を問題にして，懸念の表明，法改正の勧告等を繰り返してきた。最近でも，平成22年に，児童の権利委員会が，本件規定の存在を懸念する旨の見解を改めて示している。

　エ　前記イ及びウのような世界的な状況の推移の中で，我が国における嫡出子と嫡出でない子の区別に関わる法制等も変化してきた。すなわち，住民票における世帯主との続柄の記載をめぐり，昭和63年に訴訟が提起され，その控訴審係属中である平成6年に，住民基本台帳事務処理要領の一部改正（平成6年12月15日自治振第233号）が行われ，世帯主の子は，嫡出子であるか嫡出でない子であるかを区別することなく，一律に「子」と記載することとされた。また，戸籍における嫡出でない子の父母との続柄欄の記載をめぐっても，平成11年に訴訟が提起され，その第1審判決言渡し後である平成16年に，戸籍法施行規則の一部改正（平成16年法務省令第76号）が行われ，嫡出子と同様に「長男（長女）」等と記載することとされ，既に戸籍に記載されている嫡出でない子の父母との続柄欄の記載も，通達（平成16年11月1日付け法務省民一第3008号民事局長通達）により，当該記載を申出により上記のとおり更正することとされた。さらに，最高裁平成18年（行ツ）第135号同20年6月4日大法廷判決・民集62巻6号1367頁は，嫡出でない子の日本国籍の取得につき嫡出子と異なる取扱いを定めた国籍法3条1項の規定（平成20年法律第88号によ

る改正前のもの）が遅くとも平成15年当時において憲法14条1項に違反していた旨を判示し，同判決を契機とする国籍法の上記改正に際しては，同年以前に日本国籍取得の届出をした嫡出でない子も日本国籍を取得し得ることとされた。

　オ　嫡出子と嫡出でない子の法定相続分を平等なものにすべきではないかとの問題についても，かなり早くから意識されており，昭和54年に法務省民事局参事官室により法制審議会民法部会身分法小委員会の審議に基づくものとして公表された「相続に関する民法改正要綱試案」において，嫡出子と嫡出でない子の法定相続分を平等とする旨の案が示された。また，平成6年に同じく上記小委員会の審議に基づくものとして公表された「婚姻制度等に関する民法改正要綱試案」及びこれを更に検討した上で平成8年に法制審議会が法務大臣に答申した「民法の一部を改正する法律案要綱」において，両者の法定相続分を平等とする旨が明記された。さらに，平成22年にも国会への提出を目指して上記要綱と同旨の法律案が政府により準備された。もっとも，いずれも国会提出には至っていない。

　カ　前記ウの各委員会から懸念の表明，法改正の勧告等がされた点について同エのとおり改正が行われた結果，我が国でも，嫡出子と嫡出でない子の差別的取扱いはおおむね解消されてきたが，本件規定の改正は現在においても実現されていない。その理由について考察すれば，欧米諸国の多くでは，全出生数に占める嫡出でない子の割合が著しく高く，中には50％以上に達している国もあるのとは対照的に，我が国においては，嫡出でない子の出生数が年々増加する傾向にあるとはいえ，平成23年でも2万3000人余，上記割合としては約2.2％にすぎないし，婚姻届を提出するかどうかの判断が第1子の妊娠と深く結び付いているとみられるなど，全体として嫡出でない子とすることを避けようとする傾向があること，換言すれば，家族等に関する国民の意識の多様化がいわれつつも，法律婚を尊重する意識は幅広く浸透しているとみられることが，上記理由の一つではないかと思われる。

　しかし，嫡出でない子の法定相続分を嫡出子のそれの2分の1とする本件規定の合理性は，前記2及び(2)で説示したとおり，種々の要素を総合考慮し，個人の尊厳と法の下の平等を定める憲法に照らし，嫡出でない子の権利が不当に

→ 109

侵害されているか否かという観点から判断されるべき法的問題であり，法律婚を尊重する意識が幅広く浸透しているということや，嫡出でない子の出生数の多寡，諸外国と比較した出生割合の大小は，上記法的問題の結論に直ちに結び付くものとはいえない。

キ　当裁判所は，平成7年大法廷決定以来，結論としては本件規定を合憲とする判断を示してきたものであるが，平成7年大法廷決定において既に，嫡出でない子の立場を重視すべきであるとして5名の裁判官が反対意見を述べたほかに，婚姻，親子ないし家族形態とこれに対する国民の意識の変化，更には国際的環境の変化を指摘して，昭和22年民法改正当時の合理性が失われつつあるとの補足意見が述べられ，その後の小法廷判決及び小法廷決定においても，同旨の個別意見が繰り返し述べられてきた（最高裁平成11年(オ)第1453号同12年1月27日第一小法廷判決・裁判集民事196号251頁，最高裁平成14年(オ)第1630号同15年3月28日第二小法廷判決・裁判集民事209号347頁，最高裁平成14年(オ)第1963号同15年3月31日第一小法廷判決・裁判集民事209号397頁，最高裁平成16年(オ)第992号同年10月14日第一小法廷判決・裁判集民事215号253頁，最高裁平成20年(ク)第1193号同21年9月30日第二小法廷決定・裁判集民事231号753頁等）。特に，前掲最高裁平成15年3月31日第一小法廷判決以降の当審判例は，その補足意見の内容を考慮すれば，本件規定を合憲とする結論を辛うじて維持したものとみることができる。

ク　前記キの当審判例の補足意見の中には，本件規定の変更は，相続，婚姻，親子関係等の関連規定との整合性や親族・相続制度全般に目配りした総合的な判断が必要であり，また，上記変更の効力発生時期ないし適用範囲の設定も慎重に行うべきであるとした上，これらのことは国会の立法作用により適切に行い得る事柄である旨を述べ，あるいは，速やかな立法措置を期待する旨を述べるものもある。

これらの補足意見が付されたのは，前記オで説示したように，昭和54年以降間けつ的に本件規定の見直しの動きがあり，平成7年大法廷決定の前後においても法律案要綱が作成される状況にあったことなどが大きく影響したものとみることもできるが，いずれにしても，親族・相続制度のうちどのような事項が嫡出でない子の法定相続分の差別の見直しと関連するのかということは必ず

しも明らかではなく，嫡出子と嫡出でない子の法定相続分を平等とする内容を含む前記オの要綱及び法律案においても，上記法定相続分の平等化につき，配偶者相続分の変更その他の関連する親族・相続制度の改正を行うものとはされていない。そうすると，関連規定との整合性を検討することの必要性は，本件規定を当然に維持する理由とはならないというべきであって，上記補足意見も，裁判において本件規定を違憲と判断することができないとする趣旨をいうものとは解されない。また，裁判において本件規定を違憲と判断しても法的安定性の確保との調和を図り得ることは，後記4で説示するとおりである。

なお，前記(2)のとおり，平成7年大法廷決定においては，本件規定を含む法定相続分の定めが遺言による相続分の指定等がない場合などにおいて補充的に機能する規定であることをも考慮事情としている。しかし，本件規定の補充性からすれば，嫡出子と嫡出でない子の法定相続分を平等とすることも何ら不合理ではないといえる上，遺言によっても侵害し得ない遺留分については本件規定は明確な法律上の差別というべきであるとともに，本件規定の存在自体がその出生時から嫡出でない子に対する差別意識を生じさせかねないことをも考慮すれば，本件規定が上記のように補充的に機能する規定であることは，その合理性判断において重要性を有しないというべきである。

(4) 本件規定の合理性に関連する以上のような種々の事柄の変遷等は，その中のいずれか一つを捉えて，本件規定による法定相続分の区別を不合理とすべき決定的な理由とし得るものではない。しかし，昭和22年民法改正時から現在に至るまでの間の社会の動向，我が国における家族形態の多様化やこれに伴う国民の意識の変化，諸外国の立法のすう勢及び我が国が批准した条約の内容とこれに基づき設置された委員会からの指摘，嫡出子と嫡出でない子の区別に関わる法制等の変化，更にはこれまでの当審判例における度重なる問題の指摘等を総合的に考察すれば，家族という共同体の中における個人の尊重がより明確に認識されてきたことは明らかであるといえる。そして，法律婚という制度自体は我が国に定着しているとしても，上記のような認識の変化に伴い，上記制度の下で父母が婚姻関係になかったという，子にとっては自ら選択ないし修正する余地のない事柄を理由としてその子に不利益を及ぼすことは許されず，子を個人として尊重し，その権利を保障すべきであるという考えが確立されて

→ 109

きているものということができる。

　以上を総合すれば，遅くとも A の相続が開始した平成 13 年 7 月当時においては，立法府の裁量権を考慮しても，嫡出子と嫡出でない子の法定相続分を区別する合理的な根拠は失われていたというべきである。

　したがって，本件規定は，遅くとも平成 13 年 7 月当時において，憲法 14 条 1 項に違反していたものというべきである。

4　先例としての事実上の拘束性について

　本決定は，本件規定が遅くとも平成 13 年 7 月当時において憲法 14 条 1 項に違反していたと判断するものであり，平成 7 年大法廷決定並びに前記 3(3)キの小法廷判決及び小法廷決定が，それより前に相続が開始した事件についてその相続開始時点での本件規定の合憲性を肯定した判断を変更するものではない。

　他方，憲法に違反する法律は原則として無効であり，その法律に基づいてされた行為の効力も否定されるべきものであることからすると，本件規定は，本決定により遅くとも平成 13 年 7 月当時において憲法 14 条 1 項に違反していたと判断される以上，本決定の先例としての事実上の拘束性により，上記当時以降は無効であることとなり，また，本件規定に基づいてされた裁判や合意の効力等も否定されることになろう。しかしながら，本件規定は，国民生活や身分関係の基本法である民法の一部を構成し，相続という日常的な現象を規律する規定であって，平成 13 年 7 月から既に約 12 年もの期間が経過していることからすると，その間に，本件規定の合憲性を前提として，多くの遺産の分割が行われ，更にそれを基に新たな権利関係が形成される事態が広く生じてきていることが容易に推察される。取り分け，本決定の違憲判断は，長期にわたる社会状況の変化に照らし，本件規定がその合理性を失ったことを理由として，その違憲性を当裁判所として初めて明らかにするものである。それにもかかわらず，本決定の違憲判断が，先例としての事実上の拘束性という形で既に行われた遺産の分割等の効力にも影響し，いわば解決済みの事案にも効果が及ぶとすることは，著しく法的安定性を害することになる。法的安定性は法に内在する普遍的な要請であり，当裁判所の違憲判断も，その先例としての事実上の拘束性を限定し，法的安定性の確保との調和を図ることが求められているといわなければならず，このことは，裁判において本件規定を違憲と判断することの適否と

いう点からも問題となり得るところといえる（前記3(3)ク参照）。

　以上の観点からすると，既に関係者間において裁判，合意等により確定的なものとなったといえる法律関係までをも現時点で覆すことは相当ではないが，関係者間の法律関係がそのような段階に至っていない事案であれば，本決定により違憲無効とされた本件規定の適用を排除した上で法律関係を確定的なものとするのが相当であるといえる。そして，相続の開始により法律上当然に法定相続分に応じて分割される可分債権又は可分債務については，債務者から支払を受け，又は債権者に弁済をするに当たり，法定相続分に関する規定の適用が問題となり得るものであるから，相続の開始により直ちに本件規定の定める相続分割合による分割がされたものとして法律関係が確定的なものとなったとみることは相当ではなく，その後の関係者間での裁判の終局，明示又は黙示の合意の成立等により上記規定を改めて適用する必要がない状態となったといえる場合に初めて，法律関係が確定的なものとなったとみるのが相当である。

　したがって，本決定の違憲判断は，Ａの相続の開始時から本決定までの間に開始された他の相続につき，本件規定を前提としてされた遺産の分割の審判その他の裁判，遺産の分割の協議その他の合意等により確定的なものとなった法律関係に影響を及ぼすものではないと解するのが相当である。

　5　結論

　以上によれば，平成13年7月▲▲日に開始したＡの相続に関しては，本件規定は，憲法14条1項に違反し無効でありこれを適用することはできないというべきである。」

裁判官金築誠志，同千葉勝美，同岡部喜代子の補足意見（省略）

（裁判長裁判官　竹﨑博允　裁判官　櫻井龍子　竹内行夫　金築誠志　千葉勝美　横田尤孝　白木勇　岡部喜代子　大谷剛彦　大橋正春　山浦善樹　小貫芳信　鬼丸かおる　木内道祥）

→ 110

[関連裁判例]

110 非嫡出子の相続分（2）

最（大）決平成7年7月5日民集49巻7号1789頁（法協114巻12号1533頁，曹時49巻11号3035頁，百選〈7版〉118頁）

【決定理由】 抗告棄却 「前提として，我が国の相続制度を概観する。」として，遺留分に関する規定に反しえないものの遺言の自由が認められること，相続人には，相続の効果を受けるかどうかにつき選択の自由が認められること，遺産分割は，遺産に属する物又は権利の種類及び性質，各相続人の年齢，職業，心身の状態及び生活の状況その他一切の事情を考慮してこれをするものであること，昭和55年改正により，配偶者の相続分が引き上げられたこと，同改正により寄与分の制度が新設されたことを指摘する。そして，「右のように，民法は，社会情勢の変化等に応じて改正され，また，被相続人の財産の承継につき多角的に定めを置いているのであって，本件規定を含む民法900条の法定相続分の定めはその一つにすぎず，法定相続分のとおりに相続が行われなければならない旨を定めたものではない。すなわち，被相続人は，法定相続分の定めにかかわらず，遺言で共同相続人の相続分を定めることができる。また，相続を希望しない相続人は，その放棄をすることができる。さらに，共同相続人の間で遺産分割の協議がされる場合，相続は，必ずしも法定相続分のとおりに行われる必要はない。共同相続人は，それぞれの相続人の事情を考慮した上，その協議により，特定の相続人に対して法定相続分以上の相続財産を取得させることも可能である。もっとも，遺産分割の協議が調わず，家庭裁判所がその審判をする場合には，法定相続分に従って遺産の分割をしなければならない。

このように，法定相続分の定めは，遺言による相続分の指定等がない場合などにおいて，補充的に機能する規定である。」

そして，「相続制度は，被相続人の財産を誰に，どのように承継させるかを定めるものであるが，その形態には歴史的，社会的にみて種々のものがあり，また，相続制度を定めるに当たっては，それぞれの国の伝統，社会事情，国民感情なども考慮されなければならず，各国の相続制度は，多かれ少なかれ，これらの事情，要素を反映している。さらに，現在の相続制度は，家族というものをどのように考えるかということと密接に関係しているのであって，その国

における婚姻ないし親子関係に対する規律等を離れてこれを定めることはできない。これらを総合的に考慮した上で，相続制度をどのように定めるかは，立法府の合理的な裁量判断にゆだねられているものというほかない。

　そして，前記のとおり，本件規定を含む法定相続分の定めは，右相続分に従って相続が行われるべきことを定めたものではなく，遺言による相続分の指定等がない場合などにおいて補充的に機能する規定であることをも考慮すれば，本件規定における嫡出子と非嫡出子の法定相続分の区別は，その立法理由に合理的な根拠があり，かつ，その区別が右立法理由との関連で著しく不合理なものでなく，いまだ立法府に与えられた合理的な裁量判断の限界を超えていないと認められる限り，合理的理由のない差別とはいえず，これを憲法14条1項に反するものということはできないというべきである。」

　さらに，「民法が法律婚主義を採用した結果として，婚姻関係から出生した嫡出子と婚姻外の関係から出生した非嫡出子との区別が生じ，親子関係の成立などにつき異なった規律がされ，また，内縁の配偶者には他方の配偶者の相続が認められないなどの差異が生じても，それはやむを得ないところといわなければならない。

　本件規定の立法理由は，法律上の配偶者との間に出生した嫡出子の立場を尊重するとともに，他方，被相続人の子である非嫡出子の立場にも配慮して，非嫡出子に嫡出子の2分の1の法定相続分を認めることにより，非嫡出子を保護しようとしたものであり，法律婚の尊重と非嫡出子の保護の調整を図ったものと解される。これを言い換えれば，民法が法律婚主義を採用している以上，法定相続分は婚姻関係にある配偶者とその子を優遇してこれを定めるが，他方，非嫡出子にも一定の法定相続分を認めてその保護を図ったものであると解される。

　現行民法は法律婚主義を採用しているのであるから，右のような本件規定の立法理由にも合理的な根拠があるというべきであり，本件規定が非嫡出子の法定相続分を嫡出子の2分の1としたことが，右立法理由との関連において著しく不合理であり，立法府に与えられた合理的な裁量判断の限界を超えたものということはできないのであって，本件規定は，合理的理由のない差別とはいえず，憲法14条1項に反するものとはいえない。」（裁判官園部逸夫，同可部恒雄，大西勝也の各補足意見，裁判官千種秀夫，同河合伸一の補足意見，裁判官中島敏次郎，

➡ 110

同大野正男，同高橋久子，同尾崎行信，同遠藤光男の反対意見がある）

裁判官中島敏次郎，同大野正男，同高橋久子，同尾崎行信，同遠藤光男の反対意見

「憲法 13 条は，その冒頭に「すべて国民は，個人として尊重される。」と規定し，さらにこれをうけて憲法 24 条 2 項は「相続…及び家族に関するその他の事項に関しては，法律は，個人の尊厳と両性の本質的平等に立脚して，制定されなければならない。」と規定しているが，その趣旨は相続等家族に関する立法の合憲性を判断する上で十分尊重されるべきものである。

そして，憲法 14 条 1 項が，「すべて国民は，法の下に平等であって，人種，信条，性別，社会的身分又は門地により，政治的，経済的又は社会的関係において，差別されない。」としているのは，個人の尊厳という民主主義の基本的理念に照らして，これに反するような差別的取扱を排除する趣旨と解される。同項は，一切の差別的取扱を禁止しているものではなく，事柄の性質に即応した合理的な根拠に基づく区別は許容されるものであるが，何をもって合理的とするかは，事柄の性質に応じて考えられなければならない。そして本件は同じ被相続人の子供でありながら，非嫡出子の法定相続分を嫡出子のそれの 2 分の 1 とすることの合憲性が問われている事案であって，精神的自由に直接かかわる事項ではないが，本件規定で問題となる差別の合理性の判断は，基本的には，非嫡出子が婚姻家族に属するか否かという属性を重視すべきか，あるいは被相続人の子供としては平等であるという個人としての立場を重視すべきかにかかっているといえる。したがって，その判断は，財産的利益に関する事案におけるような単なる合理性の存否によってなされるべきではなく，立法目的自体の合理性及びその手段との実質的関連性についてより強い合理性の存否が検討されるべきである。」

多数意見は，「非嫡出子が婚姻家族に属していないという属性を重視し，そこに区別の根拠を求めるものであって，前記のように憲法 24 条 2 項が相続において個人の尊厳を立法上の原則とすることを規定する趣旨に相容れない。すなわち，出生について責任を有するのは被相続人であって，非嫡出子には何の責任もなく，その身分は自らの意思や努力によって変えることはできない。出生について何の責任も負わない非嫡出子をそのことを理由に法律上差別することは，婚姻の尊重・保護という立法目的の枠を超えるものであり，立法目的と手段と

の実質的関連性は認められず合理的であるということはできないのである。

　また，本件規定の立法理由は非嫡出子の保護をも図ったものであって合理的根拠があるとする多数意見は，本件規定が社会に及ぼしている現実の影響に合致しない。すなわち，本件規定は，国民生活や身分関係の基本法である民法典中の一条項であり，強行法規でないとはいえ，国家の法として規範性をもち，非嫡出子についての法の基本的観念を表示しているものと理解されるのである。そして本件規定が相続の分野ではあっても，同じ被相続人の子供でありながら，非嫡出子の法定相続分を嫡出子のそれの2分の1と定めていることは，非嫡出子を嫡出子に比べて劣るものとする観念が社会的に受容される余地をつくる重要な一原因となっていると認められるのである。本件規定の立法目的が非嫡出子を保護するものであるというのは，立法当時の社会の状況ならばあるいは格別，少なくとも今日の社会の状況には適合せず，その合理性を欠くといわざるを得ない。」

　そして，「本件規定は，その立法当初において反対の意見もあったが，その立法目的は多数意見のいうとおり婚姻の保護にあるとして制定されたものであり，またその当時においては，諸外国においても，相続上非嫡出子を嫡出子と差別して取り扱う法制をとっている国が一般的であった。しかしながら，その後相続を含む法制度上，非嫡出子を嫡出子と区別することは不合理であるとして，主として1960年代以降両者を同一に取り扱うように法を改正することが諸外国の立法の大勢となっている。

　そして，我が国においても，本件規定は法の下の平等の理念に照らし問題があるとして，昭和54年に法務省民事局参事官室は，法制審議会民法部会身分法小委員会の審議に基づいて，非嫡出子の相続分は嫡出子の相続分と同等とする旨の改正条項を含む改正要綱試案を発表したが，法案となるに至らず，さらに現時点においても同趣旨の改正要綱試案が公表され，立法改正作業が継続されている。

　これを国際条約についてみても，我が国が昭和54年に批准した，市民的及び政治的権利に関する国際規約26条は「すべての者は，法律の前に平等であり，いかなる差別もなしに法律による平等の保護を受ける権利を有する。このため，法律は，あらゆる差別を禁止し…出生又は他の地位等のいかなる理由に

→ 111

よる差別に対しても平等のかつ効果的な保護をすべての者に保障する。」と規定し、さらに我が国が平成6年に批准した、児童の権利に関する条約2条1項は「締約国は、その管轄の下にある児童に対し、児童又はその父母若しくは法定保護者の…出生又は他の地位にかかわらず、いかなる差別もなしにこの条約に定める権利を尊重し、及び確保する。」と規定している。

　以上の諸事実及び本件規定が及ぼしているとみられる社会的影響等を勘案するならば、少なくとも今日の時点において、婚姻の尊重・保護という目的のために、相続において非嫡出子を差別することは、個人の尊厳及び平等の原則に反し、立法目的と手段との間に実質的関連性を失っているというべきであって、本件規定を合理的とすることには強い疑念を表明せざるを得ない。」

裁判官尾崎行信の追加反対意見（省略）

（裁判長裁判官　草場良八　裁判官　大堀誠一　園部逸夫　中島敏次郎　可部恒雄　大西勝也　小野幹雄　三好達　大野正男　千種秀夫　根岸重治　髙橋久子　尾崎行信　河合伸一　遠藤光男）

111 特別受益の法的性格：具体的相続分の価額または割合の確認の利益

最（一）判平成12年2月24日民集54巻2号523頁（曹時55巻5号1441頁、百選〈6版〉116頁）

【事実】 Aは、平成4年11月10日に死亡し、長女Yと長男Xが、各2分の1の割合で共同相続した。Yは、Xを相手方として、遺産分割を家庭裁判所に申し立て、審判が確定したが、その審判においては、Xの特別受益の額が1億6,179万円とされ、他方、Yの特別受益の額は400万円とされた。そこで、Xは、Xの特別受益の額は1,000万円であり、Yの特別受益の額は900万円であること、また、遺産中の借地権の価額の算定にも誤りがあるとして、Yを相手取って、Yの具体的相続分の価額は2億169万8,500円を超えないこと、同相続分率は0.502679を超えないことの確認を求めて、訴えを提起した。

　1、2審とも、X敗訴。Xが上告。

【判決理由】 上告棄却　「民法903条1項は、共同相続人中に、被相続人から、遺贈を受け、又は婚姻、養子縁組のため若しくは生計の資本としての贈与を受けた者があるときは、被相続人が相続開始の時において有した財産の価額にそ

の贈与の価額を加えたものを相続財産とみなし，法定相続分又は指定相続分の中からその遺贈又は贈与の価額を控除し，その残額をもって右共同相続人の相続分（以下「具体的相続分」という。）とする旨を規定している。具体的相続分は，このように遺産分割手続における分配の前提となるべき計算上の価額又はその価額の遺産の総額に対する割合を意味するものであって，それ自体を実体法上の権利関係であるということはできず，遺産分割審判事件における遺産の分割や遺留分減殺請求に関する訴訟事件における遺留分の確定等のための前提問題として審理判断される事項であり，右のような事件を離れて，これのみを別個独立に判決によって確認することが紛争の直接かつ抜本的解決のため適切かつ必要であるということはできない。

したがって，共同相続人間において具体的相続分についてその価額又は割合の確認を求める訴えは，確認の利益を欠くものとして不適法であると解すべきである。」（裁判長裁判官　遠藤光男　裁判官　小野幹雄　井嶋一友　藤井正雄　大出峻郎）

112　死亡保険金が持戻しの対象となる場合

最(二)決平成16年10月29日民集58巻7号1979頁（法協123巻9号1919頁，曹時59巻2号572頁，百選〈7版〉132頁）

【事実】　Aは平成2年1月2日に，Bは同年10月29日に，それぞれ死亡し，Aの法定相続人はB，X_1〜X_3およびYであり，Bの法定相続人はXらおよびYであった。

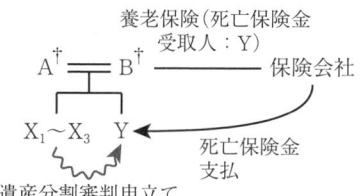

本件各土地以外の遺産については，XらおよびYの間で遺産分割協議および遺産分割調停が成立したが，本件各土地については，遺産分割の審判が申し立てられた。

Yは，AとBのために自宅を増築し，それぞれ死亡するまでそこに住まわせ，また，痴呆状態になっていたAの介護をBが行うのを手伝った。また，Yは，次の養老保険契約および養老生命共済契約に係る死亡保険金等を受領した。

ア　保険者をC保険相互会社，保険契約者および被保険者をB，死亡保険金受取人をYとする養老保険の死亡保険金500万2,465円

→ 112

　　イ　保険者をD保険相互会社，保険契約者および被保険者をB，死亡保険金受取人をYとする養老保険の死亡保険金73万7,824円
　　ウ　共済者をE農業協同組合，共済契約者をA，被共済者をB，共済金受取人をAとする養老生命共済の死亡共済金等合計219万4,768円（入院共済金13万4,000円，死亡共済金206万768円）
　　Xらは，これらの死亡保険金等がYの特別受益に該当すると主張したが，原審は，これらの死亡保険金等は，903条1項に規定する遺贈または生計の資本としての贈与に該当しないとして，死亡保険金等の額を被相続人が相続開始の時において有した財産の価額に加えること（持戻し）を否定した上で，遺産分割の審判を行った。Xらが抗告。

【決定理由】　抗告棄却　「被相続人が自己を保険契約者及び被保険者とし，共同相続人の1人又は一部の者を保険金受取人と指定して締結した養老保険契約に基づく死亡保険金請求権は，その保険金受取人が自らの固有の権利として取得するのであって，保険契約者又は被保険者から承継取得するものではなく，これらの者の相続財産に属するものではないというべきである（最高裁昭和36年(オ)第1028号同40年2月2日第三小法廷判決・民集19巻1号1頁参照）。また，死亡保険金請求権は，被保険者が死亡した時に初めて発生するものであり，保険契約者の払い込んだ保険料と等価関係に立つものではなく，被保険者の稼働能力に代わる給付でもないのであるから，実質的に保険契約者又は被保険者の財産に属していたものとみることはできない（最高裁平成11年(受)第1136号同14年11月5日第一小法廷判決・民集56巻8号2069頁参照）。したがって，上記の養老保険契約に基づき保険金受取人とされた相続人が取得する死亡保険金請求権又はこれを行使して取得した死亡保険金は，民法903条1項に規定する遺贈又は贈与に係る財産には当たらないと解するのが相当である。もっとも，上記死亡保険金請求権の取得のための費用である保険料は，被相続人が生前保険者に支払ったものであり，保険契約者である被相続人の死亡により保険金受取人である相続人に死亡保険金請求権が発生することなどにかんがみると，保険金受取人である相続人とその他の共同相続人との間に生ずる不公平が民法903条の趣旨に照らし到底是認することができないほどに著しいものであると評価すべき特段の事情が存する場合には，同条の類推適用により，当該死亡保険金請求権は特別受益に準じて持戻しの対象となると解するのが相当

である。上記特段の事情の有無については，保険金の額，この額の遺産の総額に対する比率のほか，同居の有無，被相続人の介護等に対する貢献の度合いなどの保険金受取人である相続人及び他の共同相続人と被相続人との関係，各相続人の生活実態等の諸般の事情を総合考慮して判断すべきである。

　これを本件についてみるに，……ア及びイの死亡保険金については，その保険金の額，本件で遺産分割の対象となった本件各土地の評価額，前記の経緯からうかがわれるBの遺産の総額，X_1ら及びYと被相続人らとの関係並びに本件に現れたX_1ら及びYの生活実態等に照らすと，上記特段の事情があるとまではいえない。したがって，……ア及びイの死亡保険金は，特別受益に準じて持戻しの対象とすべきものということはできない。」

　「ウの死亡共済金等……についての養老生命共済契約は，共済金受取人をAとするものであるので，その死亡共済金等請求権又は死亡共済金等については，民法903条の類推適用について論ずる余地はない。」（裁判長裁判官　北川弘治　裁判官　福田博　梶谷玄　滝井繁男　津野修）

113　寄与分の算定（1）──相続人の配偶者や母の寄与

東京高決平成元年12月28日家月42巻8号45頁（民商104巻2号240頁，百選〈5版〉154頁）

【事　実】　Aは昭和50年12月23日に死亡し，妻Y_1が3分の1，子X，Y_2，Y_3が各6分の1の割合で相続し，また，子Bの子であるY_4およびY_5が各12分の1の割合で代襲相続した。

　Bは，中学卒業後直ちに家業である農業に従事し，長男であるところから，Y_2とY_3が結婚・独立で家を出てからも，またCと結婚してからもAのもとにとどまり，Cと一緒に農業に従事してきた。Bが，昭和44年末に死亡した後も，Cは婚家を去らずAらと同居し，Y_4およびY_5を養育しながら農業に従事し，またA死亡後も現在に至るまで農業に従事している。

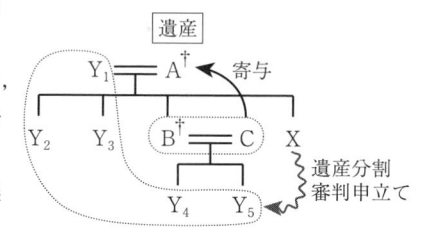

　Xは，Yらを相手方として，遺産分割審判を申し立てた。

　1審は，以上の事実をもとに，「上記の事実によれば，Y_4及びY_5の父母である

→ 114

B及びCの働きがなければ、Aに属した現在の遺産が減少していたことは明らかであると考えられ、B及びCの上記のような働きは遺産の維持に寄与したものというべく、その寄与の程度は、その年月、態様、現存遺産の額その他本件審理における一切の事情を総合し、現遺産の半額とするのが相当である。Cの働きはB死亡の前後を通じて遺産の維持に貢献したものであるが、上記はBの相続分を代襲相続したY$_4$及びY$_5$の取得分については一体として考慮されるべきである」とした。Xが抗告。

【決定理由】 抗告棄却 「寄与分制度は、被相続人の財産の維持又は増加につき特別の寄与をした相続人に、遺産分割に当たり、法定又は指定相続分をこえて寄与相当の財産額を取得させることにより、共同相続人間の衡平を図ろうとするものであるが、共同相続人間の衡平を図る見地からすれば、被代襲者の寄与に基づき代襲相続人に寄与分を認めることも、相続人の配偶者ないし母親の寄与が相続人の寄与と同視できる場合には相続人の寄与分として考慮することも許されると解するのが相当である。」(裁判長裁判官 佐藤繁 裁判官 山中紀行 小林正明)

114 寄与分の算定(2)——遺留分の考慮

東京高決平成3年12月24日判タ794号215頁（百選〈7版〉122頁）

【事実】 被相続人Aは平成元年5月9日に死亡し、長女X、長男Y$_1$、二男Y$_2$、二女Y$_3$の4人が本件各不動産を共同相続した。遺産分割協議がまとまらなかったため、申立てに基づき家裁により遺産分割の審判がなされたが、その審判は以下のような内容であった。すなわち、Y$_1$は、他の相続人と異なり、農家の跡取りとして、昭和20年3月以来Aの農業を手伝い、その相続財産である農地等の維持管理に努めるとともに、晩年のAの療養看護にあたってきたことから、Y$_1$の寄与分が7割を下らないものと判断し、遺産の相続税評価額の合計額5,465万7,422円の7割を引いた残額1,639万7,227円を4分の1にその価格がほぼ合致する土地（418万1,046円）をXに取得させ、Y$_2$とY$_3$に対しては、同人らが遺産を取得しなくともよいと述べていることを考慮し、両名に対し、Y$_1$から各50万円を支払わせる、というわけ

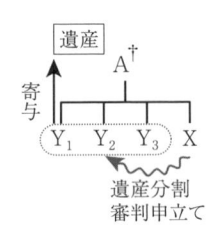

である。Xが抗告。

【決定理由】 原審判取消し，差戻し 「寄与分の制度は，相続人間の衡平を図るために設けられた制度であるから，遺留分によって当然に制限されるものではない。しかし，民法が，兄弟姉妹以外の相続人について遺留分の制度を設け，これを侵害する遺贈及び生前贈与については遺留分権利者及びその承継人に減殺請求権を認めている（1031条）一方，寄与分について，家庭裁判所は寄与の時期，方法及び程度，相続財産の額その他一切の事情を考慮して定める旨規定していること（904条の2第2項）を併せ考慮すれば，裁判所が寄与分を定めるにあたっては，他の相続人の遺留分についても考慮すべきは当然である。確かに，寄与分については法文の上で上限の定めがないが，だからといって，これを定めるにあたって他の相続人の遺留分を考慮しなくてよいということにはならない。むしろ，先に述べたような理由から，寄与分を定めるにあたっては，これが他の相続人の遺留分を侵害する結果となるかどうかについても考慮しなければならないというべきである。」

原審判のような「寄与分の定めは，Xの遺留分相当額（約683万円）をも大きく下回るものであって，Y_1がAの遺産の維持ないし増殖に寄与したとしても，前認定のように，ただ家業である農業を続け，これら遺産たる農地等の維持管理に努めたり，父Aの療養看護にあたったというだけでは，そのようにY_1の寄与分を大きく評価するのは相当でなく，さらに特別の寄与をした等特段の事情がなければならない。しかしながら，原審判には，その判文上からもそのような点を考慮した形跡は少しも窺われないから，原審判は寄与分の解釈を謝ったか，あるいは理由不備の違法があるものというべく，本件は，改めて右の点をも考慮した上で寄与分を定め，遺産を分割すべきものといわなければならない。

なお，相続財産が主として農地など農業経営に必要な資産である場合，永年農業経営の維持継続に尽力してきた相続人に対し，その寄与分を考慮することは十分考えられるところであるが，寄与分は相続人間の衡平を図るために設けられた制度であるから，農業経営の近代化，合理化に資する途であるからといって，農業経営の承継者のみを格別に扱うことは，その制度の趣旨にそぐわないものといわなければならない。

➡ 解説

そうすると，原審判は，その余の点について判断するまでもなく取消を免れず，本件はこれを原審に差し戻すのが相当である。」(裁判長裁判官 千種秀夫 裁判官 伊藤瑩子 近藤壽邦)

解説

(1) 900条4号ただし書は，非嫡出子の相続分を嫡出子の2分の1としているが，*109* は，これを違憲とする。*110* では合憲とされ，その後も，同様の判断が下されていたが，*109* が判例変更を行った。

109 を踏まえ，戸籍法49条2項1号が，出生届にあたり，届書にその子が嫡出子か非嫡出子かの別を記載しなければならないとしていることも違憲ではないか，が問題とされたが，最判平成25年9月26日民集67巻6号1384頁は，嫡出子と非嫡出子とでは，父が推定されるか否か（民772条，同779条），父母の氏を称するか母の氏を称するか（790条），父母の戸籍に入るか母の戸籍に入るか（戸籍法18条）などの違いがあり，同号は，このような身分関係上及び戸籍処理上の差異を踏まえ，戸籍事務を管掌する市町村長の事務処理の便宜に資するものとして，出生の届出に係る届書に嫡出子または嫡出でない子の別を記載すべきことを定めているにとどまるのであり，同号の規定が非嫡出子に不利益を課すものではないという理由で，違憲とはいえないとした。

(2) 特別受益の法的性格について，*111* は，それ自体が実体法上の権利関係であるということはできず，遺産分割審判事件における遺産の分割や遺留分減殺請求に関する訴訟事件における遺留分の確定等のための前提問題として審理判断される事項であるとして，確認の訴えを認めなかった。

実際，*112* にみられるように，特別受益の有無は多様な要素の考慮に基づく判断であり，訴訟事項ではなく審判事項だと解される。なお，*146* は，特別受益の評価基準時期について判断しており，特別受益と評価される金銭贈与については，その贈与の時の金額を相続開始の時の貨幣価値に換算した価額をもって評価すべきものとしている。

113，*114* も，寄与分の算定にあたって，様々な要素が考慮されることを示している。

第3節　遺産の分割

115　相続人による遺産に関する共有物分割訴訟の許否

最(三)判昭和 62 年 9 月 4 日家月 40 巻 1 号 161 頁（百選〈5版〉184頁）

【事実】　本件不動産は，長男 A，三男 B，四男 X，三女 C，五男 Y，五女 D が共同で相続した。X は，A，B，C，D との間で，本件不動産を各人の法定相続分である 6 分の 1 ずつに分割することの合意を取り付けたが，Y は，X の特別受益等を主張し，これに応じなかった。そこで，X は，本件不動産につき，上記 6 名が各 6 分の 1 宛で相続した旨の登記を行った。そして，X は，A，B，C，D から選定当事者としての選定を受け，本件不動産につき 258 条 1 項に基づき共有物分割請求訴訟を提起した。

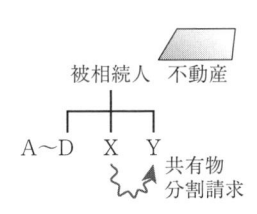

　1，2 審とも，遺産分割請求の管轄は家庭裁判所に専属するものであるから，遺産分割未了のうちにされた本件共有物分割請求の訴えは不適法であるとして，X の請求を却下した。

　X は，相続財産の共有は，249 条以下の共有であり，258 条 1 項に基づく共有物分割請求訴訟を提起しうると主張して，上告した。

【判決理由】　上告棄却　「遺産相続により相続人の共有となった財産の分割について，共同相続人間に協議が調わないとき，又は協議をすることができないときは，家事審判法の定めるところに従い，家庭裁判所が審判によってこれを定めるべきものであり，通常裁判所が判決手続で判定すべきものではないと解するのが相当である。したがって，これと同趣旨の見解のもとに，X の本件共有物分割請求の訴えを不適法として却下すべきものとした原審の判断は，正当として是認することができ」る。（裁判長裁判官　伊藤正己　裁判官　安岡滿彦　長島敦　坂上壽夫）

→ *116*

[関連裁判例]
116 遺産確認の訴え

最（一）判昭和 *61* 年 *3* 月 *13* 日民集 *40* 巻 *2* 号 *389* 頁
（法協 *108* 巻 *1* 号 *159* 頁，民商 *95* 巻 *6* 号 *896* 頁，曹時 *41* 巻 *8* 号 *2337* 頁，百選〈5 版〉*182* 頁，百選〈7 版〉*120* 頁）

【判決理由】　上告棄却　「本件のように，共同相続人間において，共同相続人の範囲及び各法定相続分の割合については実質的な争いがなく，ある財産が被相続人の遺産に属するか否かについて争いのある場合，当該財産が被相続人の遺産に属することの確定を求めて当該財産につき自己の法定相続分に応じた共有持分を有することの確認を求める訴えを提起することは，もとより許されるものであり，通常はこれによって原告の目的は達しうるところであるが，右訴えにおける原告勝訴の確定判決は，原告が当該財産につき右共有持分を有することを既判力をもって確定するにとどまり，その取得原因が被相続人からの相続であることまで確定するものでないことはいうまでもなく，右確定判決に従って当該財産を遺産分割の対象としてされた遺産分割の審判が確定しても，審判における遺産帰属性の判断は既判力を有しない結果（最高裁昭和 39 年(ク)第 114 号同 41 年 3 月 2 日大法廷決定・民集 20 巻 3 号 360 頁参照），のちの民事訴訟における裁判により当該財産の遺産帰属性が否定され，ひいては右審判も効力を失うこととなる余地があり，それでは，遺産分割の前提問題として遺産に属するか否かの争いに決着をつけようとした原告の意図に必ずしもそぐわないこととなる一方，争いのある財産の遺産帰属性さえ確定されれば，遺産分割の手続が進められ，当該財産についても改めてその帰属が決められることになるのであるから，当該財産について各共同相続人が有する共有持分の割合を確定することは，さほど意味があるものとは考えられないところである。これに対し，遺産確認の訴えは，右のような共有持分の割合は問題にせず，端的に，当該財産が現に被相続人の遺産に属すること，換言すれば，当該財産が現に共同相続人による遺産分割前の共有関係にあることの確認を求める訴えであって，その原告勝訴の確定判決は，当該財産が遺産分割の対象たる財産であることを既判力をもって確定し，したがって，これに続く遺産分割審判の手続において及びその審判の確定後に当該財産の遺産帰属性を争うことを許さず，もって，

原告の前記意思によりかなった紛争の解決を図ることができるところであるから、かかる訴えは適法というべきである。もとより、共同相続人が分割前の遺産を共同所有する法律関係は、基本的には民法249条以下に規定する共有と性質を異にするものではないが（最高裁昭和28年(オ)第163号同30年5月31日第三小法廷判決・民集9巻6号793頁参照）、共同所有の関係を解消するためにとるべき裁判手続は、前者では遺産分割審判であり、後者では共有物分割訴訟であって（最高裁昭和47年(オ)第121号同50年11月7日第二小法廷判決・民集29巻10号1525頁参照）、それによる所有権取得の効力も相違するというように制度上の差異があることは否定しえず、その差異から生じる必要性のために遺産確認の訴えを認めることは、分割前の遺産の共有が民法249条以下に規定する共有と基本的に共同所有の性質を同じくすることと矛盾するものではない。」（裁判長裁判官　角田禮次郎　裁判官　谷口正孝　髙島益郎　大内恒夫）

117　遺産分割前に死亡した相続人が遺産に対して有していた権利の性質

最（三）決平成17年10月11日民集59巻8号2243頁

(法協126巻12号2483頁、民商134巻3号429頁、曹時59巻10号3528頁)

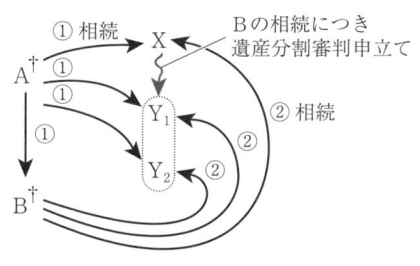

【事実】　Aは平成7年12月7日に、Bは平成10年4月10日に、それぞれ死亡し、Aの法定相続人はB、Y_1、X、Y_2であり、Bの法定相続人はY_1、X、Y_2である。Bは不動産を所有しており、それ以外には遺産分割の対象となる固有の財産を有していなかったが、その不動産については、Xに相続させる旨の遺言をし、Xはこの遺言に基づき当該不動産を単独で取得した。

Y_1、Y_2には、Aとの関係で、それぞれ特別受益があり、Y_1およびXは、Y_2にはBとの関係で特別受益があると主張している。

Xは、Y_1およびY_2を相手方として、AおよびBの遺産につき、遺産分割を申し立てた。原審は、Bの遺産についての遺産分割の申立てについて、Aの相続に係るBの相続分は、遺産分割において相続財産を取得することができる地位にと

→ 118

どまり，遺産分割の対象となる具体的な財産権ではないから，遺産分割の対象とならず，Bの所有していた不動産については，遺産分割によらずXに承継されているから，結局，分割対象財産は存在しないとして，不適法であるとした。そして，Aの相続に係るBの相続分は，遺産分割手続を要せずして，Bの相続人であるXおよびY₁らに法定相続分に応じて当然に承継されるのであり，遺産分割手続によらないこととなり，903条は適用されず，Y₂について主張されているBからの特別受益を考慮する場面はないとした。Y₁が許可抗告の申立て。

【決定理由】 破棄差戻し 「遺産は，相続人が数人ある場合において，それが当然に分割されるものでないときは，相続開始から遺産分割までの間，共同相続人の共有に属し，この共有の性質は，基本的には民法249条以下に規定する共有と性質を異にするものではない（最高裁昭和28年(オ)第163号同30年5月31日第三小法廷判決・民集9巻6号793頁，最高裁昭和47年(オ)第121号同50年11月7日第二小法廷判決・民集29巻10号1525頁，最高裁昭和57年(オ)第184号同61年3月13日第一小法廷判決・民集40巻2号389頁参照）。そうすると，共同相続人が取得する遺産の共有持分権は，実体上の権利であって遺産分割の対象となるというべきである。

本件におけるA及びBの各相続の経緯は，Aが死亡してその相続が開始し，次いで，Aの遺産の分割が未了の間にAの相続人でもあるBが死亡してその相続が開始したというものである。そうすると，Bは，Aの相続の開始と同時に，Aの遺産について相続分に応じた共有持分権を取得しており，これはBの遺産を構成するものであるから，これをBの共同相続人であるY₁及びX・Y₂に分属させるには，遺産分割手続を経る必要があり，共同相続人の中にBから特別受益に当たる贈与を受けた者があるときは，その持戻しをして各共同相続人の具体的相続分を算定しなければならない。」（裁判長裁判官 堀籠幸男 裁判官 濱田邦夫 上田豊三 藤田宙靖）

118 遺産分割協議の錯誤

最（一）判平成5年12月16日家月46巻8号47頁（民商113巻2号301頁）

【事実】 Aは，昭和58年2月1日付の自筆証書によって，本件土地の北150坪を

X_1 の所有とし，南 186 坪を Y と X_2 の折半とする旨の遺言（A遺言）をした。A は，昭和 58 年 4 月 1 日に死亡し，その法定相続人は妻 B，長男 Y，二男 X_3，三男 X_1，四男 X_2 であったが，これらの法定相続人は，A 遺言が存在することを知らずに，本件土地を B が単独で相続する旨の遺産分割協議（本件遺産分割協議）をした。X らおよび Y は，各自が法定の相続分を有することを前提に，A から生前本件土地をもらったと信じ込んでいる B の意思を尊重するとともに，B の単独所有にしても近い将来自分たちが相続することになるとの見通しから，上記のような遺産分割協議をしたのであった。そして，昭和 58 年 9 月 26 日に，本件土地を B の単独所有とする所有権移転登記がされた。

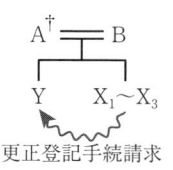

B は，昭和 58 年 8 月 27 日に，財産全部を Y に相続させる旨の公正証書遺言をしたが，昭和 59 年 1 月 7 日に死亡した。そして，上記遺言に基づき，本件土地について，Y の単独所有とする所有権移転登記がされた。

その後，昭和 59 年 11 月頃，X_1 は，A 遺言の遺言書を発見した。そして，X らは，本件遺産分割協議は要素の錯誤により無効であるなどと主張して，Y に対し，本件土地が A の遺産であることの確認および本件土地につき X らの持分を各 16 分の 3 とする更正登記手続を求めた。

1 審は，錯誤の主張を認め，X らが勝訴。2 審は，次のように述べ，錯誤の存在を否定した。すなわち，X らは，法定の相続分を有することを知りながら，A から生前本件土地をもらったと信じ込んでいる B の意思を尊重するとともに，B の単独所有にしても近い将来自分たちが相続することになるとの見通しから，本件遺産分割協議をしたのであるから，X らが当時 A 遺言の存在を知っていたとしても，本件遺産分割協議の結果には影響を与えなかったということができ，したがって，X らが A 遺言の存在を知らなかったからといって本件遺産分割協議における X らの意思表示に要素の錯誤があるとはいえない。X らが上告。

【判決理由】　一部上告棄却，一部破棄差戻し　「相続人が遺産分割協議の意思決定をする場合において，遺言で分割の方法が定められているときは，その趣旨は遺産分割の協議及び審判を通じて可能な限り尊重されるべきものであり，相続人もその趣旨を尊重しようとするのが通常であるから，相続人の意思決定に与える影響力は格段に大きいということができる。ところで，A 遺言は，本件土地につきおおよその面積と位置を示して三分割した上，それぞれを Y，X_1 及び X_2 の 3 名に相続させる趣旨のものであり，本件土地についての分割の方法をかなり明瞭に定めているということができるから，X_1 及び X_2 は，A

→ 119

遺言の存在を知っていれば，特段の事情のない限り，本件土地をBが単独で相続する旨の本件遺産分割協議の意思表示をしなかった蓋然性が極めて高いものというべきである。Xらは，それぞれ法定の相続分を有することを知りながら，Aから生前本件土地をもらったと信じ込んでいるBの意思を尊重しようとしたこと，Bの単独所有にしても近い将来自分たちが相続することになるとの見通しを持っていたという事情があったとしても，遺言で定められた分割の方法が相続人の意思決定に与える影響力の大きさなどを考慮すると，これをもって右特段の事情があるということはできない。

これと異なる見解に立って，XらがA遺言の存在を知っていたとしても，本件遺産分割協議の結果には影響を与えなかったと判断した原判決には，民法95条の解釈適用を誤った違法があり，ひいては審理不尽の違法があって，右違法が判決に影響を及ぼすことは明らかであるから，この趣旨をいう論旨は理由がある。」「錯誤の成否について更に審理を尽くさせるため原審に差し戻」す。
（裁判長裁判官　味村治　裁判官　大堀誠一　小野幹雄　三好達　大白勝）

119　遺産分割協議の解除（1）──共同相続人の1人による負担の不履行

最（一）判平成元年2月9日民集43巻2号1頁
（法協107巻6号1042頁，民商101巻5号695頁，曹時42巻3号681頁，百選〈7版〉144頁）

【事実】　Aは昭和51年12月13日に死亡し，Aの妻B（原告の1人だが，1審係属中に死亡），長男Y，長女X_1，二女X_2，二男X_3，三男X_4の6名が共同相続した。昭和52年5月30日に遺産分割協議が成立し，Aの営んでいた染物業をYがいわゆる跡取りとして承継し，遺産総額約1億円のうち，Bが約3,800万円分にあたる財産，Yが約4,300万円分の財産，また，X_3・X_4が各1,470万円分の財産を取得することとなった。その際，6名の間で，①YはX_3・X_4と兄弟として仲良く交際すること，②Yは長男としてBと同居すること，③YはBを扶養し，同女にふさわしい老後を送ることができるように最善の努力をすること，④Yは先祖の祭祀を承継し，各祭事を誠実に実行すること，が約されたと，Xらは主張している。

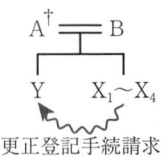

その後，YとX_3・X_4は事業をめぐって対立を深め，また，Bとの仲も険悪にな

り，妻に対しBへの食事を打ち切るよう指示し，Bの病気治療のための健康保険も打切りの手続をした。さらに，YがBを殴打するなどの事態となった。

そこで，Xらは，前記①〜④の事項は，遺産分割の前提条件であり，そこで定められたYの債務が不履行であるから，本件遺産分割協議を解除したとして，Yに対し，母屋からの立ち退きと，相続によってYの取得した建物の登記について，法定相続分に応じた更正登記手続を求めて，訴えを提起した。

1，2審とも，債務不履行を理由に遺産分割協議を解除することはできないとして，Xらの請求を棄却した。Xらが上告。

【判決理由】 上告棄却 「共同相続人間において遺産分割協議が成立した場合に，相続人の一人が他の相続人に対して右協議において負担した債務を履行しないときであっても，他の相続人は民法541条によって右遺産分割協議を解除することができないと解するのが相当である。けだし，遺産分割はその性質上協議の成立とともに終了し，その後は右協議において右債務を負担した相続人とその債権を取得した相続人間の債権債務関係が残るだけと解すべきであり，しかも，このように解さなければ民法909条本文により遡及効を有する遺産の再分割を余儀なくされ，法的安定性が著しく害されることになるからである。以上と同旨の原審の判断は，正当として是認することができ，原判決に所論の違法はない。」(裁判長裁判官 佐藤哲郎 裁判官 角田禮次郎 大内恒夫 四ツ谷巖 大堀誠一)

120 遺産分割協議の解除（2）——共同相続人全員による合意

最(一)判平成2年9月27日民集44巻6号995頁
(法協109巻12号2002頁，民商104巻5号658頁，曹時44巻9号1861頁，百選〈5版〉194頁)

【事実】 Aは本件土地を所有していたが，昭和56年12月3日に死亡し，翌年3月25日，相続人であるX，Y，C，D，Eの間で遺産分割協議が成立し，Xが本件土地を取得した。しかし，昭和57年4月7日付けで，本件土地についてYを所有者とする所有権移転登記がされており，XがYを相手取って，この登記の抹消登記手続をすることを求めて訴えを提起した。

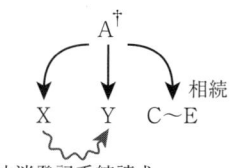

これに対して，Yは，昭和58年1月15日に，X，Y，C，Eの間で，本件土地

→ 121

の持分の2分の1をYに，その余をC，Dに相続させる旨，遺産分割協議を修正する合意をし，後にDもこれに同意したので，Xの請求は棄却されるべきだと主張した。

1審は，いったん成立した遺産分割を解除し，再度の合意をすることは許されないとして，Xを勝訴させた。2審も，抽象論としては同様だが，そもそもYの主張する抗弁事実の存在は認められないことを付言している。Yが上告。

【判決理由】 上告棄却 「共同相続人の全員が，既に成立している遺産分割協議の全部又は一部を合意により解除した上，改めて遺産分割協議をすることは，法律上，当然には妨げられるものではなく，Yが主張する遺産分割協議の修正も，右のような共同相続人全員による遺産分割協議の合意解除と再分割協議を指すものと解されるから，原判決がこれを許されないものとして右主張自体を失当とした点は，法令の解釈を誤ったものといわざるを得ない。しかしながら，原判決は，その説示に徴し，Yの右主張事実を肯認するに足りる証拠はない旨の認定判断をもしているものと解され，この認定判断は原判決挙示の証拠関係に照らして首肯するに足りるから，Yの右主張を排斥した原審の判断は，その結論において是認することができる。」（裁判長裁判官 大堀誠一 裁判官 角田禮次郎 大内恒夫 四ッ谷巖 橋元四郎平）

121 遺産分割協議と詐害行為取消権

最(二)判平成11年6月11日民集53巻5号898頁（⇒担保物権・債権総論100事件）
（曹時53巻7号2154頁，百選〈7版〉142頁）

【事実】 亡Aは，借地上に本件建物を所有し，妻Bらと居住していた。Aは，昭和54年2月24日に死亡し，Bおよび子Y_1・Y_2がこれを相続した。

X（湘南信用金庫）は，平成5年10月29日，CおよびDを連帯債務者として300万円を貸し渡し，Bは，同日，この債務を連帯保証する旨をXに対し，約した。

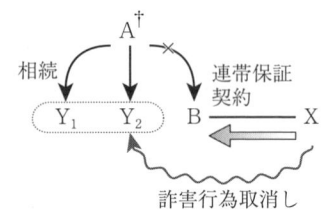

本件建物の所有名義人はAのままであったところ，BらのXに対する債務の支払が遅滞したところから，Xは，平成7年10月11日，Bに対し，上記連帯保証

債務の履行および本件建物についての相続を原因とする所有権移転登記手続をするよう求めた。すると，BおよびYらは，平成8年1月5日頃，本件建物について，Bはその持分を取得しないものとし，Yらが持分2分の1ずつの割合で所有権を取得する旨の遺産分割協議を成立させ，同日，その旨の所有権移転登記を経由した。

そこで，Xは，Yらに対して，本件遺産分割協議を詐害行為として取り消し，それを原因として，Bに対する持分3分の1の所有権移転登記手続をすることを求めて，訴えを提起した。

1, 2審とも，Xの請求を認めた。Yらが上告。

【判決理由】 上告棄却 「共同相続人の間で成立した遺産分割協議は，詐害行為取消権行使の対象となり得るものと解するのが相当である。けだし，遺産分割協議は，相続の開始によって共同相続人の共有となった相続財産について，その全部又は一部を，各相続人の単独所有とし，又は新たな共有関係に移行させることによって，相続財産の帰属を確定させるものであり，その性質上，財産権を目的とする法律行為であるということができるからである。」（裁判長裁判官　福田博　裁判官　河合伸一　北川弘治　亀山継夫）

解　説

(1)　102でみたように，判例は，「相続財産の共有（民法898条，旧法1002条）は，民法改正の前後を通じ，民法249条以下に規定する「共有」とその性質を異にするものではない」としている。しかし，通常の共有物分割請求訴訟は提起できず，遺産分割手続によってのみ，分割を請求できるとしたのが*115*である。

このように遺産分割請求は，家事審判手続で行われるが，その手続で，前提問題である相続権，相続財産の存否が判断されても，それについては既判力が生じない。そこで，*116*は，個々の財産が遺産に属するか否かを確認するための訴訟は許される，としているわけである（訴訟だから，既判力が生じる）。

このように，遺産分割前の共有状態には一定の特殊性がある。しかし，あくまで通常の共有と同じであるという原則を判例は示しており，*117*でもそれが現れる。

(2)　*119*は，遺産分割協議の成立の後，共同相続人の1人が他の相続人に対して協議において負担した債務を履行しないときであっても，他の相続人は遺

→ 解説

産分割協議を解除することができないというにあたり,「このように解さなければ民法909条本文により遡及効を有する遺産の再分割を余儀なくされ,法的安定性が著しく害されることになるから」としている。しかし,そうであるならば,合意解除もできないのではないか,ということになりそうだが,*120*はそれを認める。そうすると,*119*のポイントは,共同相続人の1人が他の1人に対して協議に関連して債務を負ったときに,その債務の不履行を理由としての解除が認められると,この債務に関係しない他の相続人の利益が害されることにあると理解できそうである(全員が合意しているときは,他の共同相続人の利益を考える必要はない)。

もっとも,以上のことは,遺産分割の合意が有効に存在している場合についてであり,錯誤があれば,合意がなかったことになるから,錯誤無効の主張は許される。これが*118*事件である。

(3) 判例は,相続放棄の場合には,放棄した相続人は最初から相続人にならないという939条を重視し,相続放棄は詐害行為にはならないし(*124*),また,登記なくして第三者に対抗できる(*161*),としている。これに対して,遺産分割については,共同相続により遺産に属する個々の財産に相続人が共有持分権を有するという状態を変更する行為だと理解しており,したがって,詐害行為もなりうるし(*121*),登記がなければ第三者に対抗できないとしている(*163*)。ここでは,909条本文の定める遺産分割の遡及効が制約されていることになる。

第4章　相続の承認及び放棄

122　相続開始を知ったとき

最（二）判昭和59年4月27日民集38巻6号698頁
(法協103巻9号1875頁, 曹時40巻12号2399頁, 百選〈5版〉204頁, 百選〈7版〉158頁, 昭59重判98頁)

【事実】　A（本件1審被告）はXとの間で，昭和52年7月25日，BがXに対して負う1,000万円の債務を連帯保証する旨の契約を締結した。本件の1審裁判所は，昭和55年2月22日に，本件保証債務の履行を求めるXの請求を認容したが，判決正本が送達される前の同年3月5日にAが死亡したため，本件訴訟手続は中断した。Xの訴訟代理人の受継申立てにより，1審裁判所は，昭和56年2月9日に，Aの相続人である子 $Y_1 \sim Y_3$ につき本件訴訟手続の受継決定をした。Yらはそれぞれ，同年2月12日，13日，3月2日に，受継決定正本・1審判決正本の送達を受けた。AとYらとの間には昭和42年頃から全く交渉がなく，Yらは，Aの死亡の当日または翌日に死亡の事実を知ったが，Aの資産や負債については全く知らなかったため，3か月以内に相続の限定承認または放棄をせず，上記送達を受けて初めて本件連帯保証債務の存在を知った。そこで，1審判決に対して控訴をするとともに，昭和56年2月26日，大阪家裁に相続放棄の申述をし，同年4月17日，これが受理された。2審はこれを受けて，Xの請求を棄却した。Xが上告。

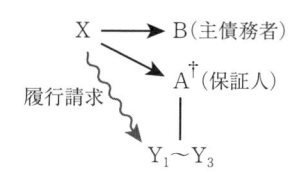

【判決理由】　上告棄却　「915条1項本文が相続人に対し単純承認若しくは限定承認又は放棄をするについて3か月の期間（以下「熟慮期間」という。）を許与しているのは，相続人が，相続開始の原因たる事実及びこれにより自己が法律上相続人となった事実を知った場合には，通常，右各事実を知った時から3か月以内に，調査すること等によって，相続すべき積極及び消極の財産（以下「相続財産」という。）の有無，その状況等を認識し又は認識することができ，したがって単純承認若しくは限定承認又は放棄のいずれかを選択すべき前提条件が具備されるとの考えに基づいているのであるから，熟慮期間は，原則

→ 122

として、相続人が前記の各事実を知った時から起算すべきものであるが、相続人が、右各事実を知った場合であっても、右各事実を知った時から3か月以内に限定承認又は相続放棄をしなかったのが、被相続人に相続財産が全く存在しないと信じたためであり、かつ、被相続人の生活歴、被相続人と相続人との間の交際状態その他諸般の状況からみて当該相続人に対し相続財産の有無の調査を期待することが著しく困難な事情があって、相続人において右のように信ずるについて相当な理由があると認められるときには、相続人が前記の各事実を知った時から熟慮期間を起算すべきであるとすることは相当でないものというべきであり、熟慮期間は相続人が相続財産の全部又は一部の存在を認識した時又は通常これを認識しうべき時から起算すべきものと解するのが相当である。」

「右事実関係のもとにおいては、Yらは、亡Aの死亡の事実及びこれにより自己が相続人となった事実を知った当時、亡Aの相続財産が全く存在しないと信じ、そのために右各事実を知った時から起算して3か月以内に限定承認又は相続放棄をしなかったものであり、しかもYらが本件第一審判決正本の送達を受けて本件連帯保証債務の存在を知るまでの間、これを認識することが著しく困難であって、相続財産が全く存在しないと信ずるについて相当な理由があると認められるから、民法915条1項本文の熟慮期間は、Yらが本件連帯保証債務の存在を認識した昭和56年2月12日ないし同月14日から起算されるものと解すべきであり、したがって、Yらが同月26日にした本件相続放棄の申述は熟慮期間内に適法にされたものであって、これに基づく申述受理もまた適法なものというべきである。それゆえ、Yらは、本件連帯保証債務を承継していないことに帰するから、Xの本訴請求は理由がないといわなければならない。

そうすると、原審が、民法915条1項の規定に基づき自己のために相続の開始があったことを知ったというためには、相続すべき積極又は消極財産の全部あるいは一部の存在を認識することを要すると判断した点には、法令の解釈を誤った違法があるものというべきであるが、Yらの本件相続放棄の申述が熟慮期間内に適法にされたものであるとしてXの本訴請求を棄却したのは、結論において正当であり、論旨は、結局、原判決の結論に影響を及ぼさない部分を論難するものであって、採用することができない。」（反対意見1がある）

→ 122

宮﨑梧一裁判官の反対意見

「私は，上告理由につき多数意見と見解を異にし，論旨を採用して原判決を破棄し，Xの本訴請求を認容すべきものと考える。その理由は，次のとおりである。

民法915条1項所定の「自己のために相続の開始があったことを知った時」とは，相続人が相続の原因事実及びこれにより自己が法律上相続人となった事実を覚知した時をいうものと解するのが相当であり（大審院大正15年(ク)第721号同年8月3日第二民事部決定・民集5巻10号679頁参照），相続人において相続財産を認識したかどうかは，熟慮期間の起算点に影響を及ぼさないというべきである。原判決は，熟慮期間につき，相続人が，前記各事実を覚知しただけでは足りず，相続財産の全部又は一部の存在をも認識した時から起算すべきであるとするが，法は，熟慮期間については，相続人が相続について単純若しくは限定の承認又は放棄のいずれを選択すべきかの決定をするため相続財産の有無・内容を調査すべきものとして（民法915条2項）ひとまず3か月の期間を定め，3か月の期間内に右の決定をすることについて困難な事情がある場合に備えて期間伸長の途を開き（同条1項但書），かくして相続財産調査のために十分ゆとりある期間を用意した上，その期間内に調査を終えて前記の選択権を行使するよう要求していることが明らかであるから，相続人が相続財産の全部又は一部の存在を認識した時から右期間を起算すべきであると解する余地はない。多数意見は，相続人において相続財産が全く存在しないと誤信したために熟慮期間を徒過し，かつ，その誤信について相当な理由があると認められるときには，熟慮期間は相続人が相続財産の全部又は一部の存在を認識した時又は通常これを認識しうべき時から起算すべきであるというのであるが，法はそのような例外を規定していないし，却って，明治23年法律第98号のいわゆる旧民法中財産取得編324条1項4号が現行民法に継受されなかった立法の経緯に徴すると，法は，意識的に右のような例外を認めないこととしたことが明らかであるから，右のような例外を認める多数意見は，法解釈の域から立法論に踏み込んだものといわなければならない。相続の承認及び放棄の制度は，直接的には，相続人の立場を重んじその保護を図るためのものというべきであるが，他面において，相続債権者等への配慮，すなわち相続における権利関係

第4章 相続の承認及び放棄

→ 122

をなるべく早く確定させようとの狙いもあるのであって，熟慮期間は，右の権利関係を確定させる基準となるものであるから，その起算点が多数意見のいうような相続人の相続財産についての認識及びその相当性というような事情に影響されると解するのは，著しく法的安定性を害するものであり，そのような事情について関知しない相続債権者等に対し不測の損害を与えるおそれがある。のみならず，今後，熟慮期間徒過後も例外的に限定承認又は放棄ができるとされる場合の右の相当性があるかどうかの点をめぐって，相続人と相続債権者等の間における解釈の対立から無用の紛争を引き起こすおそれもある。また，多数意見は，相続人において相続財産が全く存在しないと誤信し，かつ，そのように誤信したことについて相当な理由があるときは，単純承認若しくは限定承認又は放棄のいずれかを選択すべき前提条件を欠くとするものと解されるのであるが（その文脈上，かように解せざるをえない。），その趣旨が，そのような場合には右の選択をする期待可能性がないことを理由とするものであるとすれば，相続財産が全く存在しないと誤信した場合に限られないというべきであって，相続財産の一部を認識しただけでその余は存在しないと誤信したため，あえて前記の選択権を行使しなかった場合にも，選択すべき前提条件を欠くというべきであり，両者を区別すべき合理的理由はないと思われるが，かくては，結局，熟慮期間は具体的な相続財産の存在を認識した時から起算すべきであるということに帰し，前記のとおり，法の趣旨に反することになることが明らかである。民法は，単純承認を相続の原則的形態とみて，相続人が熟慮期間内に限定承認も放棄もしないときは，原則に従って，単純承認をしたものとみなす旨規定しているが，同趣旨の規定は，明治31年法律第9号のいわゆる明治民法の実施以来，強行法規たる国法として本件相続開始時までに実に80余年の長きにわたって施行されてきたのである。しかも，昭和22年にいわゆる新民法として改正されたのちの相続の規定は簡潔となり，その知識も相当普及するに至ったことは諸子均分相続制に対する国民の対応ぶりによっても知りうるところであるから，原判決のいうように，相続人が被相続人死亡当時積極・消極の遺産が全く存在していないと認識している場合には，通常一般人としてはおよそ遺産相続ということは起こりえないと考えるのが普通であって，たとえ第一順位の相続人が被相続人死亡の事実を知っていたとしても，右のような場合

にわざわざ相続の承認，放棄に関する手続をしないのが通常である，などと法の不遵守を弁護することは，相当でない。被相続人が積極・消極とも一切の遺産を有しないという場合は極めて稀有のことであるから，そのような例外の場合であると誤信している相続人に対し，限定承認又は放棄の手続をとるべきことを要求しても，著しく不合理であるとは到底考えられないのである。」（裁判長裁判官　鹽野宜慶　裁判官　木下忠良　宮﨑梧一　大橋進　牧圭次）

123　再転相続人の相続放棄

最(三)判昭和63年6月21日家月41巻9号101頁（民商104巻6号784頁，百選〈7版〉160頁）

【事実】　本件不動産はAが所有していたが，Aは昭和57年10月26日に死亡し，Aの子Bと代襲相続人であるX_1〜X_5が相続人となった。ところが，BはAの相続につき承認も放棄もせず熟慮期間中の同年11月16日に死亡した。Bの相続人であるC_1〜C_3は，Aの相続につき昭和58年1月25日に相続放棄の申述を行い受理された。さらにその後，Cらは，Bの相続についても相続放棄の申述を行い受理されている。他方，Bに対して売掛代金債権等を有していたYは，BはAから本件不動産の2分の1を相続したとして，Bに代位してその持分につき所有権移転登記を経由した上で，仮差押えを行った。これに対して，Xらが第三者異議の訴えを提起した。1，2審はこの訴えを認めた。Yが上告。

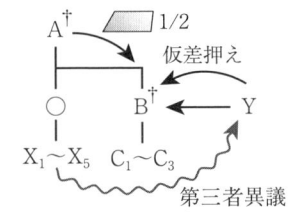

【判決理由】　上告棄却　「民法916条の規定は，甲の相続につきその法定相続人である乙が承認又は放棄をしないで死亡した場合には，乙の法定相続人である丙のために，甲の相続についての熟慮期間を乙の相続についての熟慮期間と同一にまで延長し，甲の相続につき必要な熟慮期間を付与する趣旨にとどまるのではなく，右のような丙の再転相続人たる地位そのものに基づき，甲の相続と乙の相続のそれぞれにつき承認又は放棄の選択に関して，各別に熟慮し，かつ，承認又は放棄をする機会を保障する趣旨をも有するものと解すべきである。そうであってみれば，丙が乙の相続を放棄して，もはや乙の権利義務をなんら承継しなくなった場合には，丙は，右の放棄によって乙が有していた甲の相続についての承認又は放棄の選択権を失うことになるのであるから，もはや甲の

→ 124

相続につき承認又は放棄をすることはできないといわざるをえないが，丙が乙の相続につき放棄をしていないときは，甲の相続につき放棄をすることができ，かつ，甲の相続につき放棄をしても，それによっては乙の相続につき承認又は放棄をするのになんら障害にならず，また，その後に丙が乙の相続につき放棄をしても，丙が先に再転相続人たる地位に基づいて甲の相続につきした放棄の効力がさかのぼって無効になることはないものと解するのが相当である。そうすると，本件において，Ｃら 3 名が A の相続についてした放棄は，Ｃら 3 名がその後 B の相続について放棄をしても，その効力になんら消長をきたさないものというべきである。これと同旨の原審の判断は，正当として是認することができ，原判決に所論の違法はなく，論旨は採用することができない。」（裁判長裁判官　伊藤正己　裁判官　安岡滿彦　坂上壽夫）

124　詐害行為取消権との関係

最（二）判昭和 49 年 9 月 20 日民集 28 巻 6 号 1202 頁
(法協 93 巻 4 号 616 頁，民商 73 巻 1 号 91 頁，曹時 27
巻 6 号 1101 頁，百選〈4 版〉204 頁，百選〈5 版〉208 頁)

【事実】　A 社はその株主である B に対して，株金払込債権を有していた。B の死亡に際して，B の相続人 Y らは債務超過のために相続を放棄する申述をなしたが，A 社の破産管財人 X は，この相続放棄は詐害行為にあたるとして，その取消しを求めた。1，2 審ともに X の請求を棄却。X が上告。

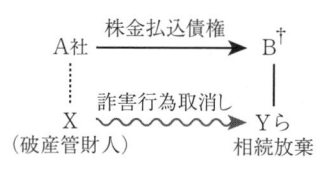

【判決理由】　上告棄却　「相続の放棄のような身分行為については，民法 424 条の詐害行為取消権行使の対象とならないと解するのが相当である。なんとなれば，右取消権行使の対象となる行為は，積極的に債務者の財産を減少させる行為であることを要し，消極的にその増加を妨げるにすぎないものを包含しないものと解するところ，相続の放棄は，相続人の意思からいっても，また法律上の効果からいっても，これを既得財産を積極的に減少させる行為というよりはむしろ消極的にその増加を妨げる行為にすぎないとみるのが，妥当である。また，相続の放棄のような身分行為については，他人の意思によってこれを強

→ 解説

制すべきでないと解するところ，もし相続の放棄を詐害行為として取り消しうるものとすれば，相続人に対し相続の承認を強制することと同じ結果となり，その不当であることは明らかである。

そうすると，これと同旨の原審の判断は，正当として是認することができ，その過程に所論の違法は認められない。論旨は，採用することができない。」
（裁判長裁判官　吉田豊　裁判官　岡原昌男　小川信雄　大塚喜一郎）

解　説

915条1項本文は，「自己のために相続の開始があったことを知った時」から3か月以内に，相続の承認・放棄をするべきこととしている。この規定を文字通りに適用すれば，被相続人が死亡して相続が開始し（882条），自己が相続人であること（887条，890条）を知った時点が3か月の期間（熟慮期間と呼ばれる）の起算点となる。自分が相続人であることを知った者は，期間内に相続財産の状況を調べて（915条2項参照），承認か放棄を選択する。これでは122のように相続人にとって気の毒な場合が生じうるが，そのような事態に対応するために915条1項ただし書が置かれている。宮﨑反対意見はこのような理解に立つ。しかし，多数意見はこの考え方に与せずに，債務の存在することを認識することが著しく困難であり，相続財産が全く存在しないと信ずるについて相当な理由があると認められる場合には，熟慮期間は債務の存在を認識した時点から起算されるとした。このような判断の背景にある実質的な事情はいかなるものか。

916条は，「相続人が相続の承認又は放棄をしないで死亡したとき」には，当該相続に関する熟慮期間は，その者（本来の相続人）の相続人（再転相続人と呼ばれる）が「自己のために相続の開始があったことを知った時」（915条1項本文）から起算される。123は，本条は，前の相続についての熟慮期間を確保するにとどまらず，前の相続と後の相続のそれぞれにつき，各別に熟慮して，承認・放棄をなしうる機会を確保する趣旨を含むものと解した。

122，123はいずれも，相続人の選択可能性をより広く保護しようというものである。他方，選択の結果としてなされる相続放棄については，いわゆる「相続と登記」と呼ばれる問題群の一角をなすものがあり（補章参照），相続放

第4章　相続の承認及び放棄　293

➡ 解説

棄に絶対的な効力を認めている。また，*124* は，相続放棄は詐害行為取消権行使の対象とはならないとする。もっとも，*124* は 2 つの理由付けのどちらを重視するのか判然としないところが残る。

第5章　財産分離　（取り上げる裁判例はない）

第6章　相続人の不存在

125　相続人の不存在と包括受遺者

最（二）判平成9年9月12日民集51巻8号3887頁（民商119巻1号94頁, 曹時50巻12号3105頁）

【事実】　Aは平成5年4月1日に死亡した。Aに相続人はなかったが、Aは、平成3年6月8日付けの遺言書により、全財産を X_1 に遺贈する旨の遺言をしていた。X_2 は、平成5年6月29日、裁判所によってAの遺言の遺言執行者に選任された。他方、Aは、平成4年7月28日、Yから450万円で貸付信託受益証券を購入していたが、同証券については、平成5年8月5日以降、受益者の請求により受託者が買い取ることができる旨の定めがあった。X_2 はYに対して本件証券の買取りおよび買取金の支払を求めたが、Yはこれを拒んだ。そこで、X_2 がYに対して、主位的に買取金の支払を求める訴訟を提起した。この訴訟に当事者参加した X_1 は、X_2 に対して、X_2 がYに買取金の支払を求める権利を有しないことの確認を求めるとともに、Yに対して、買取金の支払を求めた。原審は、$X_1 X_2$ は相続人不存在の場合の手続によることなく、Aの相続財産を取得することはできないとして、X_1 から X_2 に対する確認請求を認容し、$X_1 X_2$ のそのほかの請求を棄却した。Xらが上告。

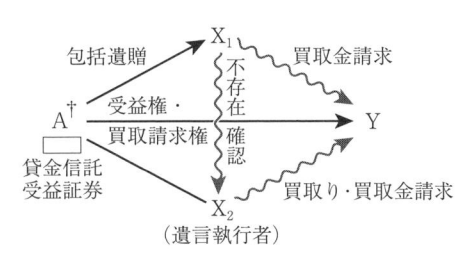

【判決理由】　破棄差戻し　「遺言者に相続人は存在しないが相続財産全部の包括受遺者が存在する場合は、民法951条にいう「相続人のあることが明かでないとき」には当たらないものと解するのが相当である。けだし、同条から959条までの同法第5編第6章の規定は、相続財産の帰属すべき者が明らかでない

→ 126

場合におけるその管理，清算等の方法を定めたものであるところ，包括受遺者は，相続人と同一の権利義務を有し（同法990条），遺言者の死亡の時から原則として同人の財産に属した一切の権利義務を承継するのであって，相続財産全部の包括受遺者が存在する場合には前記各規定による諸手続を行わせる必要はないからである。

　四　そうすると，右とは異なり，Aには相続財産全部の包括受遺者であるX_1が存在するにもかかわらず，Aに相続人が存在しなかったことをもって，同人の相続財産について民法951条以下に規定された相続人の不存在の場合に関する手続が行われなければならないものとした原審の前記判断は，法令の解釈適用を誤ったものというべきであり，この違法は原判決の結論に影響を及ぼすことが明らかである。論旨は理由があり，原判決は破棄を免れない。そして，本件については，貸付信託に係る信託契約の内容等に則して各当事者の請求の趣旨及び原因を整理するなど，更に審理を尽くさせる必要があるから，原審に差し戻すこととする。」（裁判長裁判官　根岸重治　裁判官　大西勝也　河合伸一　福田博）

126　特別縁故者の概念

大阪高決昭和46年5月18日家月24巻5号47頁

【事実】　Aは昭和43年7月5日に死亡した。相続人はなく，受遺者・相続債権者も存在しなかった。そこで，Xは，特別縁故者としての相続財産分与の申立てを行ったが，原審はこれを認めなかった。Xが抗告。

【決定理由】　抗告棄却　「Xは「被相続人と生計を同じくしていた者」ではないし，「被相続人の療養看護に努めた者」にも該当しないことは一件記録により明らかであり，「その他被相続人と特別縁故があつた者」に該当するかどうかについては，当裁判所は原審と結論を同じくするものである。けだし，同法条にいう被相続人と特別の縁故があった者とはいかなる者を指すかは具体的に例を挙げることは困難であるけれども，同法条の立言の趣旨からみて同法条に例示する二つの場合に該当する者に準ずる程度に被相続人との間に具体的且つ現実的な精神的・物質的に密接な交渉のあった者で，相続財産をその者に分与

することが被相続人の意思に合致するであろうとみられる程度に特別の関係にあった者をいうものと解するのが相当であるところ、本件記録に顕われた資料を検討してみても抗告人がそのような特別縁故者に該当する者とは認められない。

以下本件抗告理由について判断する。

抗告理由一について

XはAに対し昭和20年頃に至る迄約7年間夕食を供していたこと、また、Aの葬儀万端の世話をしたと主張するが、本件記録の資料を総合すると、Xは、Aの夫B（昭和12年に死亡）とその先妻C（昭和3年に死亡）の間の長女Dと昭和14年に結婚し、昭和18年にEが出生したが、Xの妻Dは病弱であり、当時Aは夫と死別し子もなかったことから常時X方に家事の手伝いや幼児Eの世話に行っていた関係で、XがAに夕食などを供したりすることはむしろ当然のことといわねばならない。そしてまた、Aは終戦直前頃EをAの郷里○○市の知人方に預けて戦災の難を避けさせたり、Xの妻Dが昭和20年8月頃死亡した後は、母親を喪った幼いEのため何かと面倒をみたりして却ってXの家庭に寄与していた面の多いことが認められ、XがA死亡の際にその葬儀万端の世話をしたとしても、いわゆる親類縁者として通例のことであって、特別の事に属するものではない。

抗告理由の二について、

XはAから財産管理を委託され万般の相談をうけていたと主張するが、Aが財産の保全、利殖等につきXに相談をしたり助言を求めたりしていた事実はうかがえるけれども、財産の管理をXに委託していたことを認め得る資料はなく、XがAの財産の保全、利殖等について特別に寄与した関係にあることは到底認められない。

抗告理由三、四について、

Aが昭和26年頃Xのいうような病気で入院するに当り保証人となり、入院の手続をしたり献血の世話をしたりしたこと、また、Aからその死後に遺骨を○○霊園と○○市の共同墓地に分骨することを委託されていたことをもって特別の縁故関係にあったものと主張するけれども、仮に右のような事実があったとしても、これもまた親類縁者として世間一般通常のことであって特別に異

→ 127

とするに足らず，相続財産の分与を請求し得る特別縁故者に当るものとは認められない。

　要するに，本件抗告は理由がなく，その他記録を精査してもＸが前記法条にいう特別縁故者に該当する事由は見出し難いから，Ｘの本件相続財産分与の申請を却下した原審判は正当であり，本件抗告は棄却を免れない。」（裁判長裁判官　三上修　裁判官　長瀬清澄　岡部重信）

127　共有持分の場合

最（二）判平成元年11月24日民集43巻10号1220頁
（民商102巻5号608頁，曹時42巻1号247頁，百選〈6版〉108頁，百選〈7版〉114頁）

【事実】　本件土地はＡ所有であったが，Ａの死亡によって，Ａの妻ＢとＡの兄弟姉妹Ｃら（代襲相続人を含めて計28名）の共有となった。Ｂの持分は登記簿上3分の2と登記されている。その後，昭和57年7月28日にＢが死亡，相続人がなかったため，Ｘらは特別縁故者としての財産分与申立てを行い，Ｂの持分の各2分の1を分与する旨の審判を得た。そこで，Ｘらは Ｙ（法務局登記官）に対して，本件土地のＢの持分につき移転登記を申請したが，Ｙは，これを却下した。Ｘらはこの却下処分の取消しを求めて提訴。Ｘらの請求は1審では認められたが，2審では棄却された。Ｘらが上告。

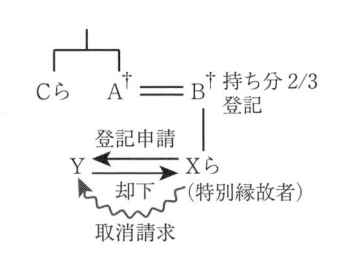

【判決理由】　破棄自判　「昭和37年法律第40号による改正前の法は，相続人不存在の場合の相続財産の国庫帰属に至る手続として，951条から958条において，相続財産法人の成立，相続財産管理人の選任，相続債権者及び受遺者に対する債権申出の公告，相続人捜索の公告の手続を規定し，959条1項において「前条の期間内に相続人である権利を主張する者がないときは，相続財産は，国庫に帰属する。」と規定していた。右一連の手続関係からみれば，右959条1項の規定は，相続人が存在しないこと，並びに，相続債権者及び受遺者との関係において一切の清算手続を終了した上，なお相続財産がこれを承継すべき者のないまま残存することが確定した場合に，右財産が国庫に帰属することを

定めたものと解すべきである。

　他方，〔旧〕法255条は，「共有者ノ一人カ……相続人ナクシテ死亡シタルトキハ其持分ハ他ノ共有者ニ帰属ス」と規定しているが，この規定は，相続財産が共有持分の場合にも相続人不存在の場合の前記取扱いを貫くと，国と他の共有者との間に共有関係が生じ，国としても財産管理上の手数がかかるなど不便であり，また，そうすべき実益もないので，むしろ，そのような場合にはその持分を他の共有者に帰属させた方がよいという考慮から，相続財産の国庫帰属に対する例外として設けられたものであり，法255条は法959条1項の特別規定であったと解すべきである。したがって，法255条により共有持分である相続財産が他の共有者に帰属する時期は，相続財産が国庫に帰属する時期と時点を同じくするものであり，前記清算後なお当該相続財産が承継すべき者のないまま残存することが確定したときということになり，法255条にいう「相続人ナクシテ死亡シタルトキ」とは，相続人が存在しないこと，並びに，当該共有持分が前記清算後なお承継すべき者のないまま相続財産として残存することが確定したときと解するのが相当である。

　ところで，昭和37年法律第40号による法の一部改正により，特別縁故者に対する財産分与に関する法958条の3の規定が，相続財産の国庫帰属に至る一連の手続の中に新たに設けられたのであるが，同規定は，本来国庫に帰属すべき相続財産の全部又は一部を被相続人と特別の縁故があった者に分与する途を開き，右特別縁故者を保護するとともに，特別縁故者の存否にかかわらず相続財産を国庫に帰属させることの不条理を避けようとするものであり，そこには，被相続人の合理的意思を推測探究し，いわば遺贈ないし死因贈与制度を補充する趣旨も含まれているものと解される。

　そして，右958条の3の規定の新設に伴い，従前の法959条1項の規定が法959条として「前条の規定によって処分されなかった相続財産は，国庫に帰属する。」と改められ，その結果，相続人なくして死亡した者の相続財産の国庫帰属の時期が特別縁故者に対する財産分与手続の終了後とされ，従前の法959条1項の特別規定である法255条による共有持分の他の共有者への帰属時期も右財産分与手続の終了後とされることとなったのである。この場合，右共有持分は法255条により当然に他の共有者に帰属し，法958条の3に基づく特別縁

➡ 127

故者への財産分与の対象にはなりえないと解するとすれば、共有持分以外の相続財産は右財産分与の対象となるのに、共有持分である相続財産は右財産分与の対象にならないことになり、同じ相続財産でありながら何故に区別して取り扱うのか合理的な理由がないのみならず、共有持分である相続財産であっても、相続債権者や受遺者に対する弁済のため必要があるときは、相続財産管理人は、これを換価することができるところ、これを換価して弁済したのちに残った現金については特別縁故者への財産分与の対象になるのに、換価しなかった共有持分である相続財産は右財産分与の対象にならないということになり、不合理である。さらに、被相続人の療養看護に努めた内縁の妻や事実上の養子など被相続人と特別の縁故があった者が、たまたま遺言等がされていなかったため相続財産から何らの分与をも受けえない場合にそなえて、家庭裁判所の審判による特別縁故者への財産分与の制度が設けられているにもかかわらず、相続財産が共有持分であるというだけでその分与を受けることができないというのも、いかにも不合理である。これに対し、右のような場合には、共有持分も特別縁故者への財産分与の対象となり、右分与がされなかった場合にはじめて他の共有者に帰属すると解する場合には、特別縁故者を保護することが可能となり、被相続人の意思にも合致すると思われる場合があるとともに、家庭裁判所における相当性の判断を通して特別縁故者と他の共有者のいずれに共有持分を与えるのが妥当であるかを考慮することが可能となり、具体的妥当性を図ることができるのである。

　したがって、共有者の一人が死亡し、相続人の不存在が確定し、相続債権者や受遺者に対する清算手続が終了したときは、その共有持分は、他の相続財産とともに、法958条の3の規定に基づく特別縁故者に対する財産分与の対象となり、右財産分与がされず、当該共有持分が承継すべき者のないまま相続財産として残存することが確定したときにはじめて、法255条により他の共有者に帰属することになると解すべきである。

　四　以上によれば、大阪家庭裁判所岸和田支部の財産分与の審判を原因とするXらの登記申請を事件が登記すべきものでないとしてした本件却下処分は違法であるところ、これを適法であるとした原判決には、法255条及び法958条の3の各規定の解釈適用を誤った違法があり、右違法は原判決の結論に影響

を及ぼすことが明らかであるから，論旨は理由があり，原判決は破棄を免れない。そして，本件却下処分の取消しを求めるXらの本訴請求は正当として認容すべきものであるから，これと同旨の第一審判決は正当であり，Yの控訴は理由がないものとして，これを棄却すべきである。」（反対意見1がある）

裁判官香川保一の反対意見

「私は，原判決を破棄し，Yの控訴を棄却すべきであるとする多数意見に，到底賛成することができない。その理由は，次のとおりである。

一　昭和37年法律第40号による法の一部改正前において，法255条にいう「相続人ナクシテ死亡シタルトキ」とは，右改正前の法958条（相続人捜索の公告）の期間内に相続人である権利を主張する者がないとき（以下「相続人不存在確定のとき」という。）であり，他方右改正前の法959条1項により相続財産が国庫に帰属するときも，右の法255条の場合と同様であることはいうまでもない。さらに，この場合，法255条は，法959条1項の特別規定，すなわち相続財産である共有持分が他の共有者に当然帰属するものとして，国庫帰属に対する例外として規定されたものであることは多数意見のとおりである。そして，以上のことは，右の改正前後においても実質的に同様であることは明らかである。

二　しかるところ，多数意見は，右の改正により「法958条の3の規定の新設に伴い，従前の法959条1項の規定が法959条として『前条の規定によって処分されなかった相続財産は，国庫に帰属する。』と改められ，その結果，……相続財産の国庫帰属時期が特別縁故者に対する財産分与手続の終了後とされ，従前の法959条1項の特別規定である法255条による共有持分の他の共有者への帰属時期も右財産分与手続の終了後とされることとなったのである。」として，相続人不存在確定のときにおいて，右新設の法958条の3が法255条よりも優先適用され，共有持分が特別縁故者に分与されなかった場合にはじめて他の共有者に帰属することとなるものとしているのである。しかし，法文解釈として右のように解する多数意見には，到底賛同することができない。

すなわち，多数意見も認めているとおり，右の改正前において，法255条と法959条1項の適用されるのが相続人不存在確定のときであり，この場合前者が後者の特別規定であることから前者が優先して適用される関係にあるところ，

→ *127*

右の改正による新設の法958条の3の規定も、その適用されるのが相続人不存在確定のときであって、改正前の法959条1項の規定と同じであるから、文理上その適用の優劣を明らかにするため、当然のことながら法959条1項を改めて法959条とし、これを「前条（法958条の3）の規定によって処分されなかつた相続財産は、国庫に帰属する。」としたのである。換言すれば、多数意見のいうとおり、「相続財産の国庫帰属の時期が特別縁故者に対する財産分与手続の終了後とされ」たのであるが、このことは事理の当然のことである。そして、法958条の3は、清算後残存する相続財産一般についての規定であり、法255条は、右の相続財産中の特別の共有持分についての特別規定であって（この理は、多数意見が法255条を国庫帰属に関する規定の特別規定であるとするのと同じである。）、解釈上法255条が優先して適用されるものとするのが当然であるから（このことは、法958条の3の規定が新設された後である昭和41年法律第93号による借家法の改正により新設された同法7条ノ2第1項の規定、すなわち「賃借人ガ相続人ナクシテ死亡シタル場合」に同項掲記の者が賃借人の権利義務を承継する旨の規定が法958条の3の規定より優先して適用されるのも、借家法7条ノ2の規定が法958条の3の一般規定に対する特別規定であるからである。）、もし、多数意見のように、法958条の3が法255条よりも先に適用されるとするならば、法959条1項の改正と同じく、条文上法959条の「前条の規定によつて処分されなかつた相続財産」から共有持分を除くか又は法255条の他の共有者に帰属する持分を「法958条の3の規定によって処分されなかつた持分」と改めるべきであるが、かかる改正がされていない以上少くとも条文の文理解釈からは、多数意見のように、「相続財産の国庫帰属の時期が特別縁故者に対する財産分与手続の終了後とされ、従前の法959条1項の特別規定である法255条による共有持分の他の共有者への帰属時期も右財産分与手続の終了後とされることとなったのである。」とすることは、論理上理解し難いし、その根拠を法255条が従前の法959条（又は改正後の959条）の特別規定であることに求めるかのごときことも肯認し難いところである。

以上のとおり特別規定である法255条よりも一般規定である法958条の3の規定が優先適用されるとする解釈は、通常は許されるものではない。

三　もちろん、法文の文理上からする解釈が極めて一般的に不合理であり、

妥当性を欠くものである場合には，文理上の解釈を採らず，合理的，妥当な解釈が許されるものであるところ，法 958 条の 3 を法 255 条よりも優先適用すべきであるとする多数意見の理由とする点は，(1) 相続財産のうち共有持分が特別縁故者に対する財産分与の対象とならないことの合理的な理由がなく，(2) 共有持分が債権者に対する弁済のため換価された場合の弁済後の残存現金が右財産分与の対象となるのに，換価されない場合にその分与の対象とならないことは不合理であり，さらに(3) 被相続人の遺言等がなされていなかった特別縁故者に対する保護が共有持分についてされないことは，不合理であり，家庭裁判所の相当性の判断によって特別縁故者と他の共有者のいずれに帰属させるのが妥当かを決するのが具体的妥当性を図り得て合理的であるということである。

　しかし，もともと法 958 条の 3 は，相続人不存在確定のときに本来国庫に帰属すべき相続財産については，国庫帰属よりも相当な特別縁故者に帰属させる途を開くのが妥当であるとして，いわば恩恵的に分与しようとする趣旨のものであって，遺贈ないし死因贈与の制度の補充を目的とするものではない（むしろ，一般的には，遺言等をせずして死亡した被相続人の意思を尊重すべきである。）。他方，法 255 条の趣旨は，本来共有関係なるものはいわば完全な財産権が他の共有持分によって制約されているものであるから，その共有持分が放棄され又は相続人不存在確定のときには，右の制約がなくなるものとして当該共有持分が他の共有者に帰属するものとするのが性質上適切妥当であるのみならず，共有者は，むしろ当該共有財産に関し相互連帯的な特別関係にあるともいえるからであり，共有関係の解消に寄与する立法政策的配慮も否定し得ないところであるから，共有持分を特別縁故者への分与の対象財産としないことをもって不合理とすべきいわれはない。まして清算のための換価については，債権者の利益を他の共有者のそれよりも尊重すべきが当然であり，残余の換価代金を他の共有者に帰属させる必要性も全くないのであって，この点をとらえて前記の不合理を云々することは当たらない。以上要するに，法 255 条の規定が法文の文理に従って法 958 条の 3 の規定より優先適用されるとすることが，極めて不合理で妥当性を欠く理由を見出すことは，到底できないものと考える。」
（裁判長裁判官　島谷六郎　裁判官　牧圭次　藤島昭　香川保一　奥野久之）

[関連裁判例]

128 国庫帰属の時期

最(二)判昭和50年10月24日民集29巻9号1483頁
(法協94巻3号410頁, 民商74巻5号865頁,)
(曹時27巻12号2396頁, 百選〈5版〉146頁)

【事実】 Aは, 本件土地をXから賃借し, 同地上に本件建物を所有していたが, 昭和42年4月6日に死亡した。Aには相続人がなかったので遺産は相続財産法人A′となり, 当初はBが, B辞任後はCが相続財産管理人に選任された。昭和44年7月13日, 本件相続財産につき, 特別縁故者Bに対する分与審判が確定したが, 本件建物の所有権およびその敷地たる本件土地に対する賃借権は分与の対象とはならなかったため, 昭和46年1月1日付けで, BからY（国）が引き継いだ。この間, Xは昭和45年6月15日到達の書面で, Cに対して延滞賃料の催告および賃貸借契約を解除する旨の意思表示を行い, Yと賃借人らに対して建物収去土地明渡しを求めた。しかし, 原審はCには解除の意思表示を受領する権限がなかったとして, この請求を棄却した。Xが上告。

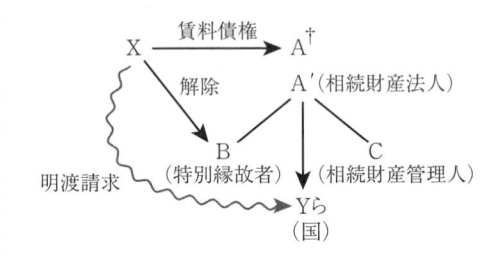

【判決理由】 破棄差戻し 「相続人不存在の場合において, 民法958条の3により特別縁故者に分与されなかった残余相続財産が国庫に帰属する時期は, 特別縁故者から財産分与の申立がないまま同条2項所定の期間が経過した時又は分与の申立がされその却下ないし一部分与の審判が確定した時ではなく, その後相続財産管理人において残余相続財産を国庫に引き継いだ時であり, したがって, 残余相続財産の全部の引継が完了するまでは, 相続財産法人は消滅することなく, 相続財産管理人の代理権もまた, 引継未了の相続財産についてはなお存続するものと解するのが相当である。民法959条は, 法人清算の場合の同法72条3項と同じく, 残余相続財産の最終帰属者を国庫とすること即ち残余相続財産の最終帰属主体に関する規定であって, その帰属の時期を定めたものではない。

これを本件についてみるに, 原審の適法に確定した事実によれば, 残余相続

→ 解説

財産たる本件各建物の所有権及びその敷地たる本件土地の賃借権が相続財産管理人Cにより国庫に引き継がれたのは，昭和46年1月1日であり，Xは，右日時に先立つ昭和45年6月15日到達の書面をもって，同人に対し，本件土地の延滞賃料の催告及びそれが期限までに支払われないことを条件とする本件土地の賃貸借契約解除の意思表示をしたことが明らかであるから，Cは，右催告及び条件付解除の意思表示を受領する権限を有していたものといわなければならない。しかるに，原審は，残余相続財産たる本件各建物の所有権及び本件土地の賃借権は，特別縁故者に対する財産分与審判確定時に国庫に帰属し，それと同時にCの残余相続財産に関する相続財産管理人としての代理権も消滅したから，同人にはXの本件土地の延滞賃料の催告及び賃貸借契約解除の意思表示を受領する権限がなかったとの理由のみに基づき，右賃料延滞の有無，更にはYらの主張する信頼関係を破壊するに足りない特段の事情の有無を確定することなく，右解除の意思表示の効力を否定しているのであって，原判決には，この点において民法959条についての法令の解釈適用を誤まり，ひいては審理不尽に陥った違法があるといわなければならず，右違法が原判決の結論に影響を及ぼすことは明らかである。それゆえ，その余の論旨について判断するまでもなく，原判決は破棄を免れず，更に以上の点について審理を尽くさせるため，本件を原審に差し戻すのが相当である。」（裁判長裁判官　吉田豊　裁判官　岡原昌男　大塚喜一郎　本林譲）

解説

相続人が不存在の場合には，一定の手続を経た後，特別縁故者への財産分与が行われ，残った財産は国家に帰属する。では，「相続人不存在」とはいかなる場合か。また，「特別縁故者」とはいかなる者か。あるいは，どの時点で「国庫帰属」となるのか。

125 は，第1の問題につき，遺産全部の包括受遺者が存在する場合には，相続人不存在にはあたらないとした。

第2の問題について，*126* は，「特別縁故者」とは，958条の3に例示された2つの場合に該当する者に準ずる程度に「被相続人との間に具体的且つ現実的な精神的・物質的に密接な交渉のあった者で，相続財産をその者に分与する

➡ 解説

ことが被相続人の意思に合致するであろうとみられる程度に特別の関係にあった者」をいうとする。この基準は抽象的ではあるが，当該事案では，このような「特別の関係」がないとされている。*127*では，共有持分者への帰属と特別縁故者への分与との先後が問題になっているが，論理的には反対意見に聴くべきものがある。それにもかかわらず多数意見は特別縁故者を優先させている。

*128*は，第3の問題に関するものであるが，国庫帰属の時期がどのような場面で問題になるか，その一例が示されている。

第7章 遺　　言

第1節　総　　則

129　遺言の解釈

最(二)判昭和58年3月18日家月36巻3号143頁（民商89巻4号553頁, 百選〈4版〉220頁, 昭58重判91頁）

【事実】　Aは昭和49年3月7日に本件遺言書を作成した後，昭和51年12月24日に死亡した。本件遺言書には，本件不動産をAの妻Yに遺贈する旨（第1次遺贈），Yの死亡後は，Aの弟妹であるXらなどに本件不動産の持分（X_1・X_2・A・Bに各10分の1，X_3・C・D・Eに20分の3）を遺贈する旨（第2次遺贈）が遺言されていた。YはAから単純遺贈を受けたものとして，本件不動産につき自己単独名義の移転登記を行った。これに対して，XらはYとの間で，主位的には，Xらが前記内容の遺贈を受けたことの確認を求め，予備的には，Aの遺言のうち本件不動産の遺贈にかかる部分につき，その内容が不明確なことを理由に，無効であることの確認を求めた。原審は，第2次遺贈はAの希望を述べたものにすぎないとした上で，第1次遺贈は通常の遺贈であるとして有効とした。Xらが上告。

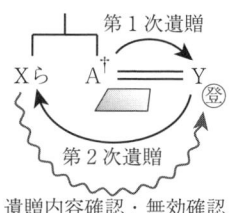

【判決理由】　破棄差戻し　「遺言の解釈にあたっては，遺言書の文言を形式的に判断するだけではなく，遺言者の真意を探究すべきものであり，遺言書が多数の条項からなる場合にそのうちの特定の条項を解釈するにあたっても，単に遺言書の中から当該条項のみを他から切り離して抽出しその文言を形式的に解釈するだけでは十分ではなく，遺言書の全記載との関連，遺言書作成当時の事情及び遺言者の置かれていた状況などを考慮して遺言者の真意を探究し当該条項の趣旨を確定すべきものであると解するのが相当である。

　しかるに，原審は，本件遺言書の中から第一次遺贈及び第二次遺贈の各条項

→ 129

のみを抽出して，「後継ぎ遺贈」という類型にあてはめ，本件遺贈の趣旨を前記のとおり解釈するにすぎない。ところで，記録に徴すれば，本件遺言書は甲第一号証（検認調書謄本）に添付された遺言状と題する書面であり，その内容は上告理由書第一，一に引用されているとおりであることが窺われるのであって，同遺言書には，(1) 第一次遺贈の条項の前に，Aが経営してきた合資会社柘植材木店のAなきあとの経営に関する条項，Yに対する生活保障に関する条項及びC及びYに対する本件不動産以外の財産の遺贈に関する条項などが記載されていること，(2) ついで，本件不動産は右会社の経営中は置場として必要であるから一応そのままにして，と記載されたうえ，第二次遺贈の条項が記載されていること，(3) 続いて，本件不動産は換金でき難いため，右会社に賃貸しその収入を第二次遺贈の条項記載の割合でXらその他が取得するものとする旨記載されていること，(4) 更に，形見分けのことなどが記載されたあとに，Yが一括して遺贈を受けたことにした方が租税の負担が著しく軽くなるときには，Yが全部（又は一部）を相続したことにし，その後に前記の割合で分割するということにしても差し支えない旨記載されていることが明らかである。右遺言書の記載によれば，Aの真意とするところは，第一次遺贈の条項はYに対する単純遺贈であって，第二次遺贈の条項はAの単なる希望を述べたにすぎないと解する余地もないではないが，本件遺言書によるYに対する遺贈につき遺贈の目的の一部である本件不動産の所有権をXらに対して移転すべき債務をYに負担させた負担付遺贈であると解するか，また，Xらに対しては，Y死亡時に本件不動産の所有権がYに存するときには，その時点において本件不動産の所有権がXらに移転するとの趣旨の遺贈であると解するか，更には，Yは遺贈された本件不動産の処分を禁止され実質上は本件不動産に対する使用収益権を付与されたにすぎず，Xらに対するYの死亡を不確定期限とする遺贈であると解するか，の各余地も十分にありうるのである。原審としては，本件遺言書の全記載，本件遺言書作成当時の事情などをも考慮して，本件遺贈の趣旨を明らかにすべきであったといわなければならない。

　四　以上によれば，前記原審認定の事実のみに基づき原審が判示するような解釈のもとに，Yに対する遺贈は通常のものであり，Xらに対する遺贈はAの単なる希望を述べたにすぎないものである旨判断した原判決には，遺贈に関

する法令の解釈適用を誤った違法があるか、又は審理不尽の違法があるものといわざるをえず、右違法が原判決の結論に影響を及ぼすことは明らかであるから、論旨は結局理由があり、原判決は破棄を免れない。そして、右の点について更に審理を尽くす必要があるから、本件を原審に差し戻すのが相当である。」
（裁判長裁判官　鹽野宜慶　裁判官　木下忠良　宮﨑梧一　大橋進　牧圭次）

130　遺言執行者への受遺者選定の委託

最（三）判平成 5 年 1 月 19 日民集 47 巻 1 号 1 頁
（法協 111 巻 8 号 1278 頁、民商 109 巻 3 号 491 頁、曹時 48 巻 2 号 453 頁、百選〈7 版〉174 頁）

【事実】　A は、昭和 58 年 2 月 28 日、X を遺言執行者に指定する旨の自筆証書遺言を作成したのに続き、同年 3 月 28 日、「遺産は一切の相続を排除し、全部を公共に寄与する」という記載のある自筆証書遺言を作成した。A が昭和 60 年 10 月 17 日に死亡したので、X は昭和 61 年 4 月 22 日に、本件の 2 つの遺言書の検認を受け、翌 23 日に、A の妹である Y らに対して、遺言執行者に就職する旨を通知した。しかし、Y らは、昭和 61 年 3 月 20 日、本件不動産につき、相続を原因とする移転登記を行った。そこで、X は Y らに対して登記抹消を請求する訴えを提起したが、Y らから X に対しては、遺言執行者としての地位不存在確認請求がなされた。1 審は X・Y 双方の請求を退けたが、2 審は X の請求を認容した。Y らが上告。

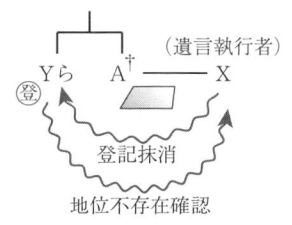

【判決理由】　上告棄却　「遺言の解釈に当たっては遺言書に表明されている遺言者の意思を尊重して合理的にその趣旨を解釈すべきであるが、可能な限りこれを有効となるように解釈することが右意思に沿うゆえんであり、そのためには、遺言書の文言を前提にしながらも、遺言者が遺言書作成に至った経緯及びその置かれた状況等を考慮することも許されるものというべきである。このような見地から考えると、本件遺言書の文言全体の趣旨及び同遺言書作成時の A の置かれた状況からすると、同人としては、自らの遺産を Y ら法定相続人に取得させず、これをすべて公益目的のために役立てたいという意思を有していたことが明らかである。そして、本件遺言書において、あえて遺産を「公共

→ *130*

に寄与する」として，遺産の帰属すべき主体を明示することなく，遺産が公共のために利用されるべき旨の文言を用いていることからすると，本件遺言は，右目的を達成することのできる団体等（原判決の挙げる国・地方公共団体をその典型とし，民法34条に基づく公益法人あるいは特別法に基づく学校法人，社会福祉法人等をも含む。）にその遺産の全部を包括遺贈する趣旨であると解するのが相当である。また，本件遺言に先立ち，本件遺言執行者指定の遺言書を作成してこれをＸに託した上，本件遺言のためにＸに再度の来宅を求めたという前示の経緯をも併せ考慮すると，本件遺言執行者指定の遺言及びこれを前提にした本件遺言は，遺言執行者に指定したＸに右団体等の中から受遺者として特定のものを選定することをゆだねる趣旨を含むものと解するのが相当である。このように解すれば，遺言者であるＡの意思に沿うことになり，受遺者の特定にも欠けるところはない。

　そして，前示の趣旨の本件遺言は，本件遺言執行者指定の遺言と併せれば，遺言者自らが具体的な受遺者を指定せず，その選定を遺言執行者に委託する内容を含むことになるが，遺言者にとって，このような遺言をする必要性のあることは否定できないところ，本件においては，遺産の利用目的が公益目的に限定されている上，被選定者の範囲も前記の団体等に限定され，そのいずれが受遺者として選定されても遺言者の意思と離れることはなく，したがって，選定者における選定権濫用の危険も認められないのであるから，本件遺言は，その効力を否定するいわれはないものというべきである。

　三　以上と同旨の理解に立ち，本件遺言を有効であるとした原審の判断は，正当として是認することができ，原判決に所論の違法は認められない。所論引用の大審院判例は，事案を異にし本件に適切でない。論旨は，独自の見解に基づき若しくは原判決を正解しないでこれを非難するか，又は原審の専権に属する事実の認定を論難するものにすぎず，採用することができない。」（裁判長裁判官　坂上壽夫　裁判官　貞家克己　園部逸夫　佐藤庄市郎　可部恒雄）

131　不倫と包括遺贈

最(一)判昭和 61 年 11 月 20 日民集 40 巻 7 号 1167 頁
(法協 107 巻 9 号 1573 頁，民商 98 巻 5 号 655 頁，曹時 41 巻 2 号 575 頁，百選〈7 版〉176 頁，昭 61 重判 60 頁)

【事実】　Y は A の愛人であったが，YA 間には喧嘩や別れ話もあり，金銭的な取り決めがなされたこともあった。また，Y は昭和 46 年，48 年の 2 度にわたり，A から各 300 万円の贈与を受けている。その後，昭和 49 年 8 月 21 日，A は，ノートを切り取って遺言書を作成し，これを Y に交付した。A は，昭和 50 年 10 月 25 日に死亡，相続人である妻 X_1 と娘 X_2 は，本件遺言の無効確認を求める訴えを起こした。原審は X らの請求を退けた。X らが上告。

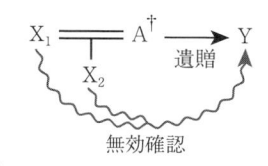

【判決理由】　上告棄却　「原審が適法に確定した，(1)　亡 A は妻である X_1 がいたにもかかわらず，Y と遅くとも昭和 44 年ごろから死亡時まで約 7 年間いわば半同棲のような形で不倫な関係を継続したものであるが，この間昭和 46 年 1 月ころ一時関係を清算しようとする動きがあったものの，間もなく両者の関係は復活し，その後も継続して交際した，(2)　Y との関係は早期の時点で亡 A の家族に公然となっており，他方亡 A と X_1 間の夫婦関係は昭和 40 年ころからすでに別々に生活する等その交流は希薄となり，夫婦としての実体はある程度喪失していた，(3)　本件遺言は，死亡約 1 年 2 か月前に作成されたが，遺言の作成前後において両者の親密度が特段増減したという事情もない，(4)　本件遺言の内容は，妻である X_1，子である X_2 及び Y に全遺産の 3 分の 1 ずつを遺贈するものであり，当時の民法上の妻の法定相続分は 3 分の 1 であり，X_2 がすでに嫁いで高校の講師等をしているなど原判示の事実関係のもとにおいては，本件遺言は不倫な関係の維持継続を目的とするものではなく，もっぱら生計を亡 A に頼っていた Y の生活を保全するためにされたものというべきであり，また，右遺言の内容が相続人らの生活の基盤を脅かすものとはいえないとして，本件遺言が民法 90 条に違反し無効であると解すべきではないとした原審の判断は，正当として是認することができる。原判決に所論の違法はなく，論旨は，独自の見解に立って原判決を論難するものにすぎず，採用することができない。」（裁判長裁判官　谷口正孝　裁判官　角田禮次郎　髙島益郎　大内恒

夫　佐藤哲郎）

解　説

　民法典には，遺言解釈の方法につき定めた規定は存在しない。この点につき*129*は，「遺言書の文言を形式的に判断するだけではなく，遺言者の真意を探究すべき」ことを説き，いわゆる「後継ぎ遺贈」とみられる遺言につき，単純遺贈であると解した原判決を破棄したものである。*130*は，「遺言書に表明されている遺言者の意思を尊重して合理的にその趣旨を解釈すべき」であるとして，「公共に寄与する」という遺言を遺言執行者に受遺者の特定を委ねる趣旨であると解した原判決を支持したものである。いずれの判決も遺言をできるだけ有効としようという姿勢をみせている。

　同様の姿勢は*131*にもみられる。従来，愛人に対する遺贈は，不倫な関係の継続維持を目的とする場合には公序良俗違反により無効とされてきたが，本件では，もっぱら受遺者の生活を保全するためになされたとして，公序良俗に反しないとされた。このような判断を導く際に，どのような事情が考慮に入れられているかに，留意してほしい。

第2節　遺言の方式

132　カーボン複写と自筆証書

最（三）判平成5年10月19日家月46巻4号27頁（民商113巻2号296頁，百選〈6〉版）162頁，百選〈7版〉166頁）

【事実】　Aは昭和58年12月10日に死亡，相続人は，Aと前妻Bの子X，Y_1，Y_2，Aの後妻Y_3，AとY_3の子Y_4〜Y_8，AとY_3の養子Y_9であった。Aは昭和56年8月30日付けの遺言書を残しているが，Xは，本件遺言書は自書の要件を欠くなどを理由に，Yらに対して遺言無効確認の訴えを提起した。1，2審はXの請求を棄却。Xが上告。

【判決理由】　上告棄却　「原審の適法に確定した事実によると，本件遺言書は，

Aが遺言の全文，日付及び氏名をカーボン紙を用いて複写の方法で記載したものであるというのであるが，カーボン紙を用いることも自書の方法として許されないものではないから，本件遺言書は，民法968条1項の自書の要件に欠けるところはない。これと同旨の原審の判断は，正当として是認することができ，原判決に所論の違法はない。論旨は，独自の見解に立って原判決を非難するものにすぎず，採用することができない。

　同第三点について

　原審の適法に確定した事実関係は，本件遺言書はB5判の罫紙4枚を合綴したもので，各葉ごとにAの印章による契印がされているが，その1枚目から3枚目までは，A名義の遺言書の形式のものであり，4枚目はY_3名義の遺言書の形式のものであって，両者は容易に切り離すことができる，というものである。右事実関係の下において，本件遺言は，民法975条によって禁止された共同遺言に当たらないとした原審の判断は，正当として是認することができる。原判決に所論の違法はない。論旨は，独自の見解に立って原判決を非難するものにすぎず，採用することができない。」（裁判長裁判官　可部恒雄　裁判官　園部逸夫　佐藤庄市郎　大野正男）

133　自筆証書──押印

最(二)判平成6年6月24日家月47巻3号60頁（民商114巻3号524頁，百選〈7版〉164頁）

【事実】　Aは平成2年5月9日に死亡，その相続人はAの後妻XとAと先妻Bの間の子であるY_1〜Y_5の6名であった。Aは，昭和55年11月30日付けの自筆遺言書を残していたが，Xは，本件遺言書は押印を欠いているとして，遺言無効確認の訴えを提起した。1，2審はXの請求を棄却。Xが上告。

【判決理由】　上告棄却　「所論の点に関する原審の事実認定は，原判決挙示の証拠関係に照らして首肯するに足り，右認定に係る事実関係の下において，遺言書本文の入れられた封筒の封じ目にされた押印をもって民法968条1項の押印の要件に欠けるところはないとした原審の判断は，正当として是認することができ，原判決に所論の違法はない。論旨は，独自の見解に基づき又は原判決

→ 134

を正解しないでこれを非難するものにすぎず，採用することができない。」（裁判長裁判官　大西勝也　裁判官　中島敏次郎　木崎良平　根岸重治）

134　公正証書遺言の方式――視覚障害者の証人適格

最（一）判昭和 55 年 12 月 4 日民集 34 巻 7 号 835 頁
（法協 99 巻 7 号 1125 頁，民商 85 巻 2 号 308 頁，曹時
36 巻 2 号 340 頁，百選〈6 版〉164 頁，百選〈7 版〉168 頁）

【事実】　A は昭和 42 年 6 月 30 日に死亡，Y_1，Y_2 はその娘である。しかし，A は，昭和 42 年 3 月 20 日，公証人の出張を求め，証人 B（視覚障害者），C 立会いの下に，公正証書遺言を行い，全財産を D に遺贈し，遺言執行者に E を指定した。E は，Y らに対して，遺言執行への協力を求めたが，Y らはこれに応じず，昭和 43 年 1 月 18 日，2 月 19 日に，本件各不動産につき，持分を各 2 分の 1 とする登記を経由した。E は Y らに対して登記抹消を求める訴えを提起したが，昭和 49 年 2 月 7 日に死亡し，同年 5 月 17 日に X が遺言執行者に選任された。1 審は，本件遺言は無効であるとして X の請求を棄却したが，2 審はこれを変更して，X の請求を一部認容した。Y らが B は視覚障害者のため，証人として不適格であるとして上告。

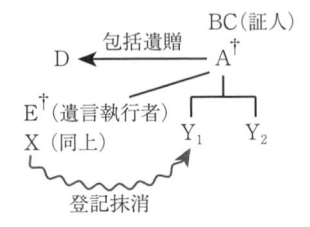

【判決理由】　上告棄却　「民法 969 条 1 号は，公正証書によって遺言をするには証人二人以上を立ち会わせなければならないことを定めるが，盲人は，同法 974 条に掲げられている証人としての欠格者にはあたらない。のみならず，盲人は視力に障害があるとしても，通常この一事から直ちに右証人としての職責を果たすことができない者であるとしなければならない根拠を見出し難いことも以下に述べるとおりであるから，公正証書遺言に立ち会う証人としての適性を欠く事実上の欠格者であるということもできないと解するのが相当である。すなわち，公正証書による遺言について証人の立会を必要とすると定められている所以のものは，右証人をして遺言者に人違いがないこと及び遺言者が正常な精神状態のもとで自己の意思に基づき遺言の趣旨を公証人に口授するものであることの確認をさせるほか，公証人が民法 969 条 3 号に掲げられている方式を履践するため筆記した遺言者の口述を読み聞かせるのを聞いて筆記の正確な

ことの確認をさせたうえこれを承認させることによって遺言者の真意を確保し，遺言をめぐる後日の紛争を未然に防止しようとすることにある。ところで，一般に，視力に障害があるにすぎない盲人が遺言者に人違いがないこと及び遺言者が正常な精神状態のもとで自らの真意に基づき遺言の趣旨を公証人に口授するものであることの確認をする能力まで欠いているということのできないことは明らかである。また，公証人による筆記の正確なことの承認は，遺言者の口授したところと公証人の読み聞かせたところとをそれぞれ耳で聞き両者を対比することによってすれば足りるものであって，これに加えて更に，公証人の筆記したところを目で見て，これと前記耳で聞いたところとを対比することによってすることは，その必要がないと解するのを相当とするから，聴力には障害のない盲人が公証人による筆記の正確なことの承認をすることができない者にあたるとすることのできないこともまた明らかである。なお，証人において遺言者の口授したところを耳で聞くとともに公証人の筆記したところを目で見て両者を対比するのでなければ，公証人による筆記の正確なことを独自に承認することが不可能であるような場合は考えられないことではないとしても，このような稀有の場合を想定して一般的に盲人を公正証書遺言に立ち会う証人としての適性を欠く事実上の欠格者であるとする必要はなく，このような場合には，証人において視力に障害があり公証人による筆記の正確なことを現に確認してこれを承認したものではないことを理由に，公正証書による遺言につき履践すべき方式を履践したものとすることができないとすれば足りるものである。このように，盲人は，視力に障害があるとはいえ，公正証書に立ち会う証人としての法律上はもとより事実上の欠格者であるということはできないのである。

　そうすると，本件公正証書による遺言につき証人として立ち会ったBは，盲人であったが，証人としての欠格者であるということはできないところ，原審の確定するところによれば，右Bは，公証人が読み聞かせたところに従い公証人による遺言者Aの口述の筆記が正確であることを承認したうえ署名押印したというのであって，その間右Aの口授したところを耳で聞くとともに公証人の筆記したところを目で見て両者を対比するのでなければ公証人による筆記の正確なことを確認してこれを承認することができなかったというべき特段の事情が存在していたことは窺われないのであるから，右Bが証人として

➡ *134*

立ち会った本件公正証書による遺言に方式違背はなく，右遺言は有効であるといわなければならず，これと同趣旨の原審の判断は正当であって，原判決に所論の違法はない。論旨は，採用することができない。」(裁判官本山亨，中村治朗の反対意見がある)

中村治朗裁判官の反対意見

「本件における問題は，盲人が民法969条に定める公正証書による遺言（以下「公正証書遺言」という。）において証人となる資格を有するかどうかである。これにつき，多数意見は，盲人について右の資格を否定すべき理由はないとし，そのように解する理由として，公正証書遺言において証人が果たすべき職責として法が要求するところは，(1) 遺言者に人違いがないことの確認，(2) 遺言者が正常な精神状態のもとで自己の意思に基づいて遺言の趣旨を公証人に口授するものであることの確認，(3) 公証人による右口述の筆記が正確であることの確認と署名，押印の三点であるところ，このうち(1)と(2)は盲人でもすることができることは明らかであり，(3)の筆記の正確性の承認についても，法は，遺言者の口述内容と公証人の読み聞かせた内容とを耳で聞き，両者を対比して正確性の有無を確かめれば足りるとし，それ以上に筆記されたところを眼で見て右の対比を行うことまでは要求していないと解されるから，盲人でも十分に証人としての責務を果たすことができるとし，右のような口述内容と朗読内容との聞きくらべのみによっては筆記の正確性を識別することができず，更に眼で見てこれを確かめなければならないというような場合が仮にありうるとしても，それは稀有のことであろうから，その場合には，単に当該証人による筆記の正確性の承認が法定の方式に違背するとしてその特定の遺言の効力を否定すれば足り，更に進んで盲人の証人資格を一般的に否定する必要はないと論じている。この見解に対して私が疑問とし，かつ，賛同することができないのは，右(3)の筆記の正確性の確認については，遺言者の口述内容と公証人による読み聞かせの内容とを耳で聞いて両者を対比し，その間に相違がないかどうかを確かめれば足りるとして，これを前提にして事を論じている点である。

三　確かに，民法969条3号によれば，公証人は，遺言者の口述を筆記したのち，それを遺言者及び証人に読み聞かせなければならないが，更にそのうえに筆記をこれらの者に示すことまでは要求されておらない。しかし，このこと

は，公証人に対して最小限右の読み聞かせをすることを要求しているというだけのことであって，遺言者や証人が筆記を見せることを求めた場合にこれを拒絶することができることまでを意味するものでないことは当然であり，右の規定から直ちに，証人は，筆記の正確性を確認するにあたり，公証人の読み聞かせが筆記に即して正しくなされているかどうかを確かめる必要はないとする趣旨であると言い切れるかどうかは，大いに疑問である。」

「私は，右のような理由から，証人が公証人による遺言者の口述内容の筆記の正確性を確認するについては，原則として口述内容と公証人の朗読内容とを耳で聞いて比較するのみで足りるとし，その前提のもとに盲人の証人資格を原則的に肯定する多数意見には同調することができず，反対に右の証人資格を否定すべきものと考えるのである。確かに，このような私の見解は，あまりにも形式にとらわれた解釈であり，事情の変化に伴ってある程度要式性の緩和が要請されていることに即応しないものであるとの批判があるかもしれない。しかし，要式性の緩和といっても，そこにはおのずから限度があり，法が現にとっている要式性の基本的趣旨と相容れないと思われるところまで緩和をはかることは，すでに解釈の限界を超えるものと考えざるをえず，多数意見のとっている緩和的解釈（私は一種の緩和的解釈だと思うのであるが。）の底にある考慮には同感するところが少なくないけれども，解釈論としてはどうしてもそこまで踏み切ることができないのである。

なお，民法969条4号の筆記の正確性の承認について私見のような厳格な解釈をとり，盲人の証人資格を否定するとすれば，勢い盲人による公正証書遺言の可能性をも否定することとならざるをえなくなって不当である，との批判があるかもしれない。この点については，私は，両者を必ずしも同一に解する必要はなく，盲人の証人資格を否定することは，当然には盲人による公正証書遺言の可能性の否定につながるものではないとの考えをもっているが，ここではこれに立ち入ることを避けたいと思う。」（裁判長裁判官　藤﨑萬里　裁判官　団藤重光　本山亨　中村治朗　谷口正孝）

135 死亡危急者遺言

最(二)判昭和 47 年 3 月 17 日民集 26 巻 2 号 249 頁
(法協 90 巻 12 号 1615 頁, 民商 67 巻 3 号 447 頁, 曹時 25 巻 5 号 896 頁, 百選〈6 版〉166 頁, 百選〈7 版〉170 頁)

【事実】 A は, 昭和 43 年 2 月 5 日に死亡した。A は, 昭和 42 年 10 月 17 日以来胃癌により入院していたが, 昭和 43 年 1 月 28 日付けで, 病室において証人 B, C, D の 3 名の立会いの上, B に遺言の趣旨を口授して筆記させ, B が A および C, D に読み聞かせた旨の記載, および B, C, D 3 名の署名捺印のある遺言書が残されており, その中には, Y を遺言執行者と定める旨の記載があった。B は遺言をした日から 20 日の法定期間内に家庭裁判所に対して確認の請求をし, 家裁は昭和 43 年 3 月 16 日に確認の審判をした。A の長女 X は Y に対して, 本件遺言の無効確認の訴えを提起した。1 審は遺言を無効であるとしたが, 2 審はこの判断を覆した。X が上告。

【判決理由】 上告棄却 「所論は, 要するに, 民法 976 条所定の方式によるいわゆる危急時遺言についても, 遺言書に作成日附の記載のあることがその有効要件となるものとし, 原判決が, 本件遺言書は昭和 43 年 1 月 29 日に完成したことを認めながら, 昭和 43 年 1 月 28 日と記載された右遺言書による遺言の効力を認めたのは, 同条の解釈を誤った違法があるというのである。

しかし, 同条所定の方式により遺言をする場合において, 遺言者が口授した遺言の趣旨を記載した書面に, 遺言をした日附ないし証書を作成した日附を記載することが右遺言の方式として要求されていないことは, 同条の規定に徴して明らかであって, 日附の記載はその有効要件ではないと解すべきである。したがって, 右遺言書を作成した証人においてこれに日附を記載した場合でも, 右は遺言のなされた日を証明するための資料としての意義を有するにとどまるから, 遺言書作成の日として記載された日附に正確性を欠くことがあったとしても, 直ちに右の方式による遺言を無効ならしめるものではない。そして, 遺言のなされた日が何時であるかは, 書面に日附が存在せず, また日附の記載の正確性に争いがあっても, これに立会った証人によって確定することができるから, 所論のような事情は右の解釈を左右するものではない。これと同旨の原審の判断に所論の違法はなく, 論旨は採用することができない。」

「なお，本件遺言書の証人の署名捺印は，遺言者の面前でなされたものではないので，この点について判断する。

民法976条所定の危急時遺言が，疾病その他の事由によって死亡の危急に迫った者が遺言しようとするときに認められた特別の方式であること，右遺言にあたって立会証人のする署名捺印は，遺言者により口授された遺言の趣旨の筆記が正確であることを各証人において証明するためのものであって，同条の遺言は右の署名捺印をもって完成するものであること，右遺言は家庭裁判所の確認を得ることをその有効要件とするが，その期間は遺言の日から20日以内に制限されていることなどにかんがみれば，右の署名捺印は，遺言者の口授に従って筆記された遺言の内容を遺言者および他の証人に読み聞かせたのち，その場でなされるのが本来の趣旨とは解すべきであるが，本件のように，筆記者である証人が，筆記内容を清書した書面に遺言者Aの現在しない場所で署名捺印をし，他の証人2名の署名を得たうえ，右証人らの立会いのもとに遺言者に読み聞かせ，その後，遺言者の現在しない場所すなわち遺言執行者に指定された者の法律事務所で，右証人2名が捺印し，もって署名捺印を完成した場合であっても，その署名捺印が筆記内容に変改を加えた疑いを挟む余地のない事情のもとに遺言書作成の一連の過程に従って遅滞なくなされたものと認められるときは，いまだ署名捺印によって筆記の正確性を担保しようとする同条の趣旨を害するものとはいえないから，その署名捺印は同条の方式に則ったものとして遺言の効力を認めるに妨げないと解すべきである。そして，昭和43年1月27日深夜から翌28日午前零時過ぎまでの間遺言者による口授がなされ，同28日午後9時ごろ遺言者に対する読み聞かせをなし，翌29日午前中に署名捺印を完成した等原判示の遺言書作成の経緯に照らせば，本件遺言書の作成は同条の要件をみたすものというべきである。」（裁判長裁判官　岡原昌男　裁判官　色川幸太郎　村上朝一　小川信雄）

136　共同遺言

最（二）判昭和56年9月11日民集35巻6号1013頁（曹時36巻7号1393頁，百選⟨6⟩版⟩168頁，百選⟨7版⟩172頁）

【事実】　Aは昭和43年7月10日に，その妻Bは昭和51年7月8日に死亡した。

➡ 解説

相続人は，Xら，Yらを含む9名であり，いずれもABの子である。AB連名の昭和43年5月15日付自筆証書遺言書が残されており，同遺言書は昭和44年1月20日に検認を受けている。しかし，XらはYらに対して，本件遺言書の無効確認の訴えを提起した。Yらは本件遺言書はAの作成にかかるAの遺言書であると主張した。1，2審ともにXらの請求を認容。

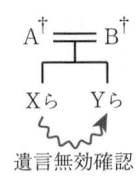

2審は，以下のように判示している。「本件遺言者は一枚の紙面に遺言者として父A，母Bなる記名があり，遺言が右両名によってなされた形式をとっているばかりでなく，内容もAが先に死亡したときは『BがAの全財産を相続し，Bが死亡したときは遺言書記載のとおりYらに財産を贈与するという，AとBの両者による意思表示』が含まれているのであって，形式，内容ともに共同遺言となっているのである。然るところYらは，本件遺言書はAが単独で作成したものであるからAの単独遺言として有効であると主張するのであるが，……本件遺言書は，Aがその主導の下に作成したものであるが，独断によるものではなく，AがBに対し右遺言書の内容を説明したうえその共同遺言者としてBの名を記載するについてBの承諾を得たものと認めるのを相当とし，従って，本件遺言書による遺言は，975条の共同遺言に該当するものとして，その遺言全部が無効となるものと解すべきである。」Yらが上告。

【判決理由】 上告棄却 「同一の証書に二人の遺言が記載されている場合は，そのうちの一方に氏名を自書しない方式の違背があるときでも，右遺言は，民法975条により禁止された共同遺言にあたるものと解するのが相当である。原判決に所論の違法はなく，論旨は採用することができない。」（裁判長裁判官 栗本一夫 裁判官 木下忠良 鹽野宜慶 宮﨑梧一）

解 説

遺言の方式に関しては，全体としてこれを緩和する傾向が見出される。カーボン複写による遺言につき自書の要件（968条1項）に欠けるところはないとした *132*，本文を入れた封筒の封じ目にされた押印でも押印の要件（968条1項）を満たすとした *133* は，その典型例である。また，視覚障害者に公正証書遺言の証人適格を認めた *134* や，死亡危急者遺言につき，日付の不正確さや捺印の遅れをとがめなかった *135* も，同様の系列に位置づけられる。

もっとも，このような緩和は無制限に可能なわけではなく，*134* には，より

文理に適う解釈を示す反対意見も付されていた。また，*136* は，共同遺言につき，一方の遺言が方式違背で無効であっても，他方の遺言が有効に転ずることはないとしている。これに対して，*132* は，容易に切り離すことができる場合には，共同遺言にあたらないとしており，線引きは微妙である。

第3節　遺言の効力

137　相続させる遺言

最(二)判平成 3 年 4 月 19 日民集 45 巻 4 号 477 頁
(民商 107 巻 1 号 122 頁，曹時 44 巻 2 号 527 頁，百選〈5 版〉148 頁，百選〈7 版〉180 頁，平 3 重判 83 頁)

【事実】　A は昭和 61 年 4 月 3 日に死亡した。相続人は，A の夫 Y_1，長女 Y_2，二女 X_1，三女 X_2 であり，C は X_1 の夫であった。A は，昭和 58 年 2 月 11 日付けの自筆証書遺言で，本件土地 3～6 は「○○一家（X_1 と C）の相続とする」とし，同月 19 日付けの自筆証書遺言で，本件土地 1・2 を「X_1 と C の相続とする」とし，昭和 59 年 7 月 1 日付けの自筆証書遺言で，本件土地 7 を「C に譲る」とし，同日付けの自筆証書遺言で本件土地 8（持分）を「X_2 に相続させて下さい」とした。各遺言書は昭和 61 年 6 月 23 日に検認を受けている。X らはこの遺言に基づき，それぞれ，所有権または持分を有することの確認を求める訴えを起こした。原審は，X らの請求をほぼ認めた（土地 3～6 については，持分 2 分の 1 のみの確認請求を認めた）。Y_2 が上告。

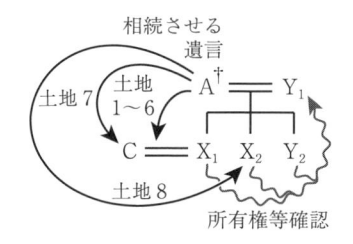

【判決理由】　上告棄却　「被相続人の遺産の承継関係に関する遺言については，遺言書において表明されている遺言者の意思を尊重して合理的にその趣旨を解釈すべきものであるところ，遺言者は，各相続人との関係にあっては，その者と各相続人との身分関係及び生活関係，各相続人の現在及び将来の生活状況及び資力その他の経済関係，特定の不動産その他の遺産についての特定の相続人のかかわりあいの関係等各般の事情を配慮して遺言をするのであるから，遺言書において特定の遺産を特定の相続人に「相続させる」趣旨の遺言者の意思が

→ *137*

表明されている場合，当該相続人も当該遺産を他の共同相続人と共にではあるが当然相続する地位にあることにかんがみれば，遺言者の意思は，右の各般の事情を配慮して，当該遺産を当該相続人をして，他の共同相続人と共にではなくして，単独で相続させようとする趣旨のものと解するのが当然の合理的な意思解釈というべきであり，遺言書の記載から，その趣旨が遺贈であることが明らかであるか又は遺贈と解すべき特段の事情がない限り，遺贈と解すべきではない。そして，右の「相続させる」趣旨の遺言，すなわち，特定の遺産を特定の相続人に単独で相続により承継させようとする遺言は，前記の各般の事情を配慮しての被相続人の意思として当然あり得る合理的な遺産の分割の方法を定めるものであって，民法908条において被相続人が遺言で遺産の分割の方法を定めることができるとしているのも，遺産の分割の方法として，このような特定の遺産を特定の相続人に単独で相続により承継させることをも遺言で定めることを可能にするために外ならない。したがって，右の「相続させる」趣旨の遺言は，正に同条にいう遺産の分割の方法を定めた遺言であり，他の共同相続人も右の遺言に拘束され，これと異なる遺産分割の協議，さらには審判もなし得ないのであるから，このような遺言にあっては，遺言者の意思に合致するものとして，遺産の一部である当該遺産を当該相続人に帰属させる遺産の一部の分割がなされたのと同様の遺産の承継関係を生ぜしめるものであり，当該遺言において相続による承継を当該相続人の受諾の意思表示にかからせたなどの特段の事情のない限り，何らの行為を要せずして，被相続人の死亡の時（遺言の効力の生じた時）に直ちに当該遺産が当該相続人に相続により承継されるものと解すべきである。そしてその場合，遺産分割の協議又は審判においては，当該遺産の承継を参酌して残余の遺産の分割がされることはいうまでもないとしても，当該遺産については，右の協議又は審判を経る余地はないものというべきである。もっとも，そのような場合においても，当該特定の相続人はなお相続の放棄の自由を有するのであるから，その者が所定の相続の放棄をしたときは，さかのぼって当該遺産がその者に相続されなかったことになるのはもちろんであり，また，場合によっては，他の相続人の遺留分減殺請求権の行使を妨げるものではない。

　原審の適法に確定した事実関係の下では前記特段の事情はないというべきで

あり，Xらが前記各土地の所有権ないし共有持分を相続により取得したとした原判決の判断は，結論において正当として是認することができる。原判決に所論の違法はなく，論旨は採用することができない。」（裁判長裁判官　香川保一　裁判官　藤島昭　中島敏次郎　木崎良平）

138　相続させる遺言と登記手続

最（三）判平成7年1月24日判時1523号81頁（判評441号202頁）

【事実】　Aは昭和62年5月16日に死亡した。Aには，Xのほかに4人の子B_1〜B_4がいる。Aは昭和58年12月20日，公正証書によって，本件各不動産をXに相続させること，遺言執行者をYとすることを遺言した。Yは昭和62年7月25日頃，Xに対して遺言執行者への就職を承諾する旨の意思表示をした。その後，同年9月1日，本件各不動産につき，XおよびBらを法定相続分に応じた持分権者とする相続登記がなされた。そのため，Xはこの登記を単独所有に更正する仮登記処分などのために弁護士を委任せざるをえなくなった。そこで，Xは，Yが遺言執行者としての職務を懈怠したために損害を被ったとして損害賠償（弁護士費用と慰謝料とで合計1,000万円）の訴訟を提起した。1，2審はXの請求を棄却した。Xが上告。

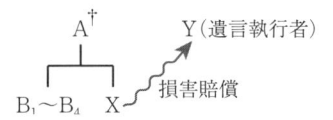

【判決理由】　上告棄却　「本件遺言によりXに本件各不動産の遺贈があったとは解されないとした原審の判断は，原判決挙示の証拠関係に照らし，正当として是認することができる。原審の適法に確定したところによれば，本件遺言は，本件各不動産を相続人であるXに相続させる旨の遺言であり，本件遺言により，XはAの死亡の時に相続により本件各不動産の所有権を取得したものというべきである（最高裁平成元年(オ)第174号同3年4月19日第二小法廷判決・民集45巻4号477頁参照）。そして，特定の不動産を特定の相続人甲に相続させる旨の遺言により，甲が被相続人の死亡とともに相続により当該不動産の所有権を取得した場合には，甲が単独でその旨の所有権移転登記手続をすることができ，遺言執行者は，遺言の執行として右の登記手続をする義務を負うものではない。これと同旨の見解を前提としてXの請求を排斥した原審の判断は正当として是認することができ，その過程にも所論の違法は認められない。

論旨は，独自の見解に立って原判決を非難するものにすぎず，採用することができない。」(裁判長裁判官　可部恒雄　裁判官　園部逸夫　大野正男　千種秀夫　尾崎行信)

［関連裁判例］
139　「相続させる遺言」の解釈（1）——相続人の死亡
最（三）判平成 23 年 2 月 22 日民集 65 巻 2 号 699 頁（民商 146 巻 2 号 154 頁，平 23 重判 88 頁）

【事実】　A はその所有する全財産を B(A の子) に相続させる旨の公正証書遺言をした。B は平成 18 年 6 月 21 日に死亡し，A は同年 9 月 23 日に死亡した。X (B の兄弟) は，A の本件遺言は B が A よりも先に死亡したことによって効力を失い，X は A の遺産につき法定相続分に相当する持分を取得したとして，A が所有権（持分）を所有してきた不動産につき，上記の法定相続分に相当する持分を有することの確認を求める訴えを起こした。

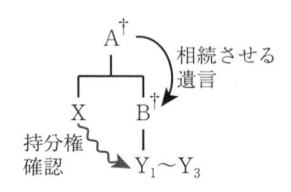

　1 審は X の請求を認めなかったが，2 審はこれを認めたので，Y ら (B の子) から上告受理申立て。

【判決理由】　上告棄却　「5　被相続人の遺産の承継に関する遺言をする者は，一般に，各推定相続人との関係においては，その者と各推定相続人との身分関係及び生活関係，各推定相続人の現在及び将来の生活状況及び資産その他の経済力，特定の不動産その他の遺産についての特定の推定相続人の関わりあいの有無，程度等諸般の事情を考慮して遺言をするものである。このことは，遺産を特定の推定相続人に単独で相続させる旨の遺産分割の方法を指定し，当該遺産が遺言者の死亡の時に直ちに相続により当該推定相続人に承継される効力を有する「相続させる」旨の遺言がされる場合であっても異なるものではなく，このような「相続させる」旨の遺言をした遺言者は，通常，遺言時における特定の推定相続人に当該遺産を取得させる意思を有するにとどまるものと解される。

　したがって，上記のような「相続させる」旨の遺言は，当該遺言により遺産を相続させるものとされた推定相続人が遺言者の死亡以前に死亡した場合には，

当該「相続させる」旨の遺言に係る条項と遺言書の他の記載との関係，遺言書作成当時の事情及び遺言者の置かれていた状況などから，遺言者が，上記の場合には，当該推定相続人の代襲者その他の者に遺産を相続させる旨の意思を有していたとみるべき特段の事情のない限り，その効力を生ずることはないと解するのが相当である。

　前記事実関係によれば，BはAの死亡以前に死亡したものであり，本件遺言書には，Aの遺産全部をBに相続させる旨を記載した条項及び遺言執行者の指定に係る条項のわずか2か条しかなく，BがAの死亡以前に死亡した場合にBが承継すべきであった遺産をB以外の者に承継させる意思を推知させる条項はない上，本件遺言書作成当時，Aが上記の場合に遺産を承継する者についての考慮をしていなかったことは所論も前提としているところであるから，上記特段の事情があるとはいえず，本件遺言は，その効力を生ずることはないというべきである。」（裁判長裁判官　田原睦夫　裁判官　那須弘平　岡部喜代子　大谷剛彦　寺田逸郎）

140　「相続させる遺言」の解釈（2）——相続債務

最(三)判平成21年3月24日民集63巻3号427頁（民商142巻3号314頁，曹時64巻6号1376頁，平21重判105頁）

【事実】　Aは平成15年7月23日，その有する全財産をYに相続させる旨の公正証書遺言をした。Aは同年11月14日に死亡した。Aの法定相続人はAの子であるXとYであった。また，相続開始時におけるAの積極財産は4億3,231万円，消極財産は4億2,483万円ほどであった。XはYに対して，平成16年4月4日，遺留分減殺請求権行使の意思表示をした。他方，Yは同年5月17日，本件不動産につき，相続を原因として移転登記を行った。

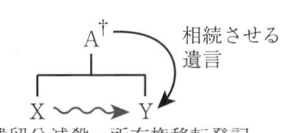

　Xは，Aの消極財産のうち可分債務は法定相続分に従って当然に分割され，その2分の1はXが負担することになるので，Xの遺留分侵害額の算定にあたっては，積極財産から消極財産を差し引いた額（748万円）の4分の1である187万円に相続債務の2分の1に相当する額を加算しなければならず，この算定方法によると，Xの遺留分侵害額は2億1,428万円になると主張した。これに対して，Yは，

→ *140*

本件遺言によって相続債務はYにすべて帰属するので，遺留分侵害額は187万円になると主張した。1，2審ともに，Yの主張を認めたので，Xが上告受理申立て。

【判決理由】 上告棄却 「3 (1) 本件のように，相続人のうちの1人に対して財産全部を相続させる旨の遺言により相続分の全部が当該相続人に指定された場合，遺言の趣旨等から相続債務については当該相続人にすべてを相続させる意思のないことが明らかであるなどの特段の事情のない限り，当該相続人に相続債務もすべて相続させる旨の意思が表示されたものと解すべきであり，これにより，相続人間においては，当該相続人が指定相続分の割合に応じて相続債務をすべて承継することになると解するのが相当である。もっとも，上記遺言による相続債務についての相続分の指定は，相続債務の債権者（以下「相続債権者」という。）の関与なくされたものであるから，相続債権者に対してはその効力が及ばないものと解するのが相当であり，各相続人は，相続債権者から法定相続分に従った相続債務の履行を求められたときには，これに応じなければならず，指定相続分に応じて相続債務を承継したことを主張することはできないが，相続債権者の方から相続債務についての相続分の指定の効力を承認し，各相続人に対し，指定相続分に応じた相続債務の履行を請求することは妨げられないというべきである。

そして，遺留分の侵害額は，確定された遺留分算定の基礎となる財産額に民法1028条所定の遺留分の割合を乗じるなどして算定された遺留分の額から，遺留分権利者が相続によって得た財産の額を控除し，同人が負担すべき相続債務の額を加算して算定すべきものであり（最高裁平成5年(オ)第947号同8年11月26日第三小法廷判決・民集50巻10号2747頁参照），その算定は，相続人間において，遺留分権利者の手元に最終的に取り戻すべき遺産の数額を算出するものというべきである。したがって，相続人のうちの1人に対して財産全部を相続させる旨の遺言がされ，当該相続人が相続債務もすべて承継したと解される場合，遺留分の侵害額の算定においては，遺留分権利者の法定相続分に応じた相続債務の額を遺留分の額に加算することは許されないものと解するのが相当である。遺留分権利者が相続債権者から相続債務について法定相続分に応じた履行を求められ，これに応じた場合も，履行した相続債務の額を遺留分の額に加算することはできず，相続債務をすべて承継した相続人に対して求償

し得るにとどまるものというべきである。

(2) これを本件についてみると，本件遺言の趣旨等からAの負っていた相続債務についてはYにすべてを相続させる意思のないことが明らかであるなどの特段の事情はうかがわれないから，本件遺言により，XとYとの間では，上記相続債務は指定相続分に応じてすべてYに承継され，Xはこれを承継していないというべきである。そうすると，Xの遺留分の侵害額の算定において，遺留分の額に加算すべき相続債務の額は存在しないことになる。」（裁判長裁判官　堀籠幸男　裁判官　藤田宙靖　那須弘平　田原睦夫　近藤崇晴）

解　説

　公証実務が生み出した「相続させる」遺言の性質や効力に関しては，様々な議論がなされたが，*137* は，この遺言を「特定の遺産を特定の相続人に単独で相続により承継させようとする遺言」であるとした上で，特段の事情がない限り，被相続人の死亡時に当該遺産が当該相続人に直ちに相続されるのであり，遺産分割の協議や審判が介在する余地はないとした。*138* は，当該遺産が不動産である場合，当該相続人は単独で所有権移転登記手続をすることができ，遺言執行者は遺言の執行として登記手続をする義務を負わないとした（ただし，後出の *141* は，*137* を踏まえつつ，他の相続人によって登記がなされてしまい，遺言の実現が妨害されている場合には，遺言執行者はこの妨害を排除するために抹消登記を求めることができるとしている）。円滑な権利移転の実現は「相続させる」遺言がなされる理由の1つであるが，この点について，遺言者の意図は尊重されているといえる。

　もっとも，「相続させる」遺言は，当該相続人の利益を常に最大限に保障するというわけではない。*139* は，相続開始前に当該推定相続人が死亡した場合，特段の事情がない限り，「相続させる」遺言は失効するとした。また，*140* は，全財産を相続させるという遺言がなされた場合には，やはり特段の事情がない限り，相続債務もまた当該相続人に相続されるとした。

第4節　遺言の執行

141　「相続させる」と遺言執行者の職務

最（一）判平成11年12月16日民集53巻9号1989頁
（民商123巻2号220頁, 曹時54巻8号109頁, 百選〈6版〉178頁, 百選〈7版〉182頁）

【事実】Aは平成5年1月22日に死亡した。本件土地1〜5はAが所有していた。B, Y_1, C, Z, D, Eの6名はAの子であり, Y_2はY_1の子であり

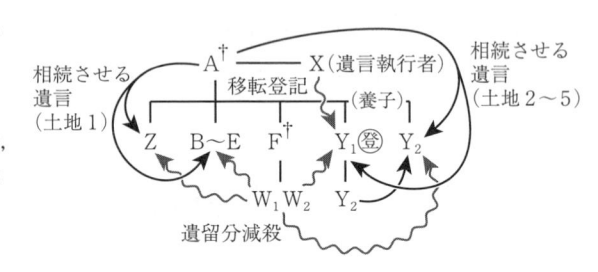

Aの養子である。また, W_1W_2はAの長男のF（すでに死亡）の子であり, 代襲相続人である。Aは, 昭和57年10月15日付けの公正証書によって, 全財産をY_1に相続させる旨の遺言をした（旧遺言）。さらにAは, 昭和58年2月15日付けの公正証書によって, 旧遺言を取り消した上で, 本件土地1をB, C, Z, D, Eに各5分の1ずつ相続させる, 本件土地2〜5をY_1, Y_2に各2分の1ずつ相続させる, その他の財産は相続人全員に平等に相続させる, 遺言執行者にXを指定する旨の遺言をした（新遺言）。Y_1は, 平成5年2月5日, 旧遺言の遺言書を使って, 本件各土地につき自分名義の相続登記をしたが, その後, 本件訴訟係属中の平成7年4月6日, 本件土地3〜5の各持分2分の1につき, Y_2に所有権移転登記をしている。他方, W_1W_2は, 平成5年9月末から10月初めにかけて, 他の相続人およびXに対して遺留分減殺の意思表示をした。Xは, 新遺言の遺言執行者として, Y_1に対して, 本件土地1についてはBらへ, 本件土地2の持分2分の1についてはY_2へ, それぞれ持分移転登記をすべきことを求めた。W_1W_2は, 遺留分減殺により本件各土地についてそれぞれ32分の1の持分を取得したとして, 本件訴訟に独立当事者参加した。原審は, 相続させる旨の遺言がなされた場合には遺言執行の余地はないとして, Xの当事者適格を否定し, その訴えを却下した。Xが上告。

【判決理由】一部棄却, 一部破棄差戻し　「1　特定の不動産を特定の相続人甲に相続させる趣旨の遺言（相続させる遺言）は, 特段の事情がない限り, 当該

不動産を甲をして単独で相続させる遺産分割方法の指定の性質を有するものであり，これにより何らの行為を要することなく被相続人の死亡の時に直ちに当該不動産が甲に相続により承継されるものと解される（最高裁平成元年(オ)第174号同3年4月19日第二小法廷判決・民集45巻4号477頁参照）。しかしながら，相続させる遺言が右のような即時の権利移転の効力を有するからといって，当該遺言の内容を具体的に実現するための執行行為が当然に不要になるというものではない。

2 そして，不動産取引における登記の重要性にかんがみると，相続させる遺言による権利移転について対抗要件を必要とすると解すると否とを問わず，甲に当該不動産の所有権移転登記を取得させることは，民法1012条1項にいう「遺言の執行に必要な行為」に当たり，遺言執行者の職務権限に属するものと解するのが相当である。もっとも，登記実務上，相続させる遺言については不動産登記法27条により甲が単独で登記申請をすることができるとされているから，当該不動産が被相続人名義である限りは，遺言執行者の職務は顕在化せず，遺言執行者は登記手続をすべき権利も義務も有しない（最高裁平成3年(オ)第1057号同7年1月24日第三小法廷判決・裁判集民事174号67頁参照）。しかし，本件のように，甲への所有権移転登記がされる前に，他の相続人が当該不動産につき自己名義の所有権移転登記を経由したため，遺言の実現が妨害される状態が出現したような場合には，遺言執行者は，遺言執行の一環として，右の妨害を排除するため，右所有権移転登記の抹消登記手続を求めることができ，さらには，甲への真正な登記名義の回復を原因とする所有権移転登記手続を求めることもできると解するのが相当である。この場合には，甲において自ら当該不動産の所有権に基づき同様の登記手続請求をすることができるが，このことは遺言執行者の右職務権限に影響を及ぼすものではない。

3 したがって，Xは，新遺言に基づく遺言執行者として，Y_1に対する本件訴えの原告適格を有するというべきである。

そうすると，これと異なる原審の右判断には，法令の解釈適用を誤った違法があり，この違法は原判決の結論に影響を及ぼすことが明らかである。この点に関する論旨は，理由がある。」（裁判長裁判官　小野幹雄　裁判官　遠藤光男　井嶋一友　藤井正雄　大出峻郎）

→ *142*

142 遺言執行者がある場合の相続人の遺産処分

最(一)判昭和 62 年 4 月 23 日民集 41 巻 3 号 474 頁
(法協 105 巻 12 号 1821 頁,民商 99 巻 1 号 79 頁,曹時 41
巻 3 号 789 頁,百選〈6 版〉180 頁,百選〈7 版〉184 頁)

【事実】 A は昭和 52 年 7 月 16 日に死亡した。A は昭和 45 年 10 月 21 日付けの公正証書で,本件不動産を B および X に遺贈し,C を遺言執行者に指定した。B および X を含む一部の相続人は,昭和 52 年 11 月 4 日,相続放棄の申述をしたが,この申述は D が勝手に行ったものであった。他方,D は,本件不動産につき単独名義での相続登記を行った後,Y のために根抵当権の設定登記を行った。Y の抵当権実行に対して,X が第三者異議の訴えを提起した。原審は,B および X の遺贈の放棄は無効であるとした上で,D の抵当権設定行為は,1013 条の規定に抵触する相続人の処分行為として無効であり,遺贈によって所有権を取得した B および X は,登記なしに Y に対抗できるとした。これに対して,Y が上告し,目的物の引渡しや移転登記手続は遺言の執行に必要な行為であり,1012 条により遺言執行者が行うべきであること,また,C は遺言執行者に就職していないが,遺言執行者が就職する以前は,1013 条にいう「遺言執行者がある場合」には該当しないなどと主張した。

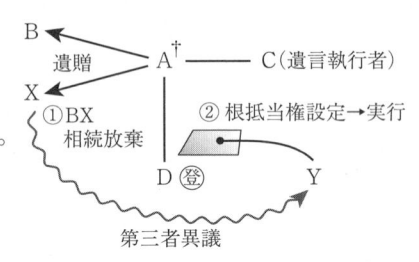

【判決理由】 上告棄却 「民法 1012 条 1 項が「遺言執行者は,相続財産の管理その他遺言の執行に必要な一切の行為をする権利義務を有する。」と規定し,また,同法 1013 条が「遺言執行者がある場合には,相続人は,相続財産の処分その他遺言の執行を妨げるべき行為をすることができない。」と規定しているのは,遺言者の意思を尊重すべきものとし,遺言執行者をして遺言の公正な実現を図らせる目的に出たものであり,右のような法の趣旨からすると,相続人が,同法 1013 条の規定に違反して,遺贈の目的不動産を第三者に譲渡し又はこれに第三者のため抵当権を設定してその登記をしたとしても,相続人の右処分行為は無効であり,受遺者は,遺贈による目的不動産の所有権取得を登記なくして右処分行為の相手方たる第三者に対抗することができるものと解するのが相当である(大審院昭和 4 年(オ)第 1695 号同 5 年 6 月 16 日判決・民集 9 巻

550頁参照)。そして，前示のような法の趣旨に照らすと，同条にいう「遺言執行者がある場合」とは，遺言執行者として指定された者が就職を承諾する前をも含むものと解するのが相当であるから，相続人による処分行為が遺言執行者として指定された者の就職の承諾前にされた場合であっても，右行為はその効力を生ずるに由ないものというべきである。これと同旨の原審の判断は正当であり，原判決に所論の違法はない。論旨は，採用することができない。」(裁判長裁判官　髙島益郎　裁判官　角田禮次郎　大内恒夫　佐藤哲郎　四ッ谷巖)

解　説

141 は，「相続させる」遺言につき，相続人が自ら登記を行うことができる場合に，遺言執行者はこれを行う義務を負わないが，別の相続人の登記によって登記が妨害されている場合には，抹消登記の請求ができるとした。*142* は，遺言執行者が選任されている場合には，相続人が相続財産を処分し登記がなされても，当該処分は無効であり，受遺者は目的不動産の取得を登記なしに対抗できるとし，このことは遺言執行者の就職以前になされた処分についてもあてはまるとした。両判決の関係を考えてみてほしい。

第5節　遺言の撤回及び取消し

143　負担付遺贈と撤回の可否

最(二)判昭和57年4月30日民集36巻4号763頁
(民商88号6号839頁，曹時37巻10号2866頁，百選〈5版〉230頁，百選〈7版〉178頁，昭57重判76頁)

【事実】　Aは，昭和49年11月16日作成の遺言書1と昭和52年9月22日作成の遺言書2とを残して死亡した。遺言書1・2はいずれも検認を受けている。X_1はAの妻，X_2は長男，Y_1は二男，Y_2は三女，Y_3は本件遺言の遺言執行者である。また，Aは，昭和35年5月3日，X_3との間に，負担付きの死因贈与契約を締結した。X_3はこの契約に基づき負担（定期金の給付）を履行してきた。Xらは，本件遺言には方式違背がある

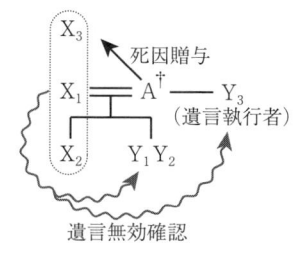

→ *144*

こと，死因贈与によって全財産は X_3 に移転していることを理由に，本件遺言の無効確認を求める訴えを提起した。1，2 審は，死因贈与は後の遺言によって撤回されたとして，X らの請求を棄却した。X_3 が上告。

【判決理由】 破棄差戻し 「負担の履行期が贈与者の生前と定められた負担付死因贈与契約に基づいて受贈者が約旨に従い負担の全部又はそれに類する程度の履行をした場合においては，贈与者の最終意思を尊重するの余り受贈者の利益を犠牲にすることは相当でないから，右贈与契約締結の動機，負担の価値と贈与財産の価値との相関関係，右契約上の利害関係者間の身分関係その他の生活関係等に照らし右負担の履行状況にもかかわらず負担付死因贈与契約の全部又は一部の取消をすることがやむをえないと認められる特段の事情がない限り，遺言の取消に関する民法 1022 条，1023 条の各規定を準用するのは相当でないと解すべきである。

しかるに，X_3 主張の負担である債務の履行の有無及び右のような特段の事情の存否について審理することなく，負担付死因贈与については遺贈の取消に関する民法 1022 条（その方式に関する部分を除く。），1023 条の各規定が準用されるものと解すべきであるとして，本件負担付死因贈与契約はこれと抵触する本件遺言によって取り消されたことを理由に，本件遺言が右死因贈与契約の存在によって無効となる余地はないとした原判決は，法令の解釈適用を誤った違法があり，右違法は判決に影響を及ぼすことが明らかであるから，原判決は破棄を免れず，更に，審理を尽くさせるため，本件を原審に差し戻すこととする。」（裁判長裁判官　宮﨑梧一　裁判官　木下忠良　鹽野宜慶　大橋進）

144　協議離縁の場合

最(二)判昭和 56 年 11 月 13 日民集 35 巻 8 号 1251 頁
(民商 87 巻 6 号 887 頁，曹時 37 巻 6 号 1591 頁，百選〈5 版〉226 頁，昭 56 重判 89 頁)

【事実】 大正 8 年 2 月 12 日，A は B と婚姻したが実子はなく，C との間に生まれた Y_1 がただ 1 人の実子であった。AB 夫妻は，昭和 7 年 9 月 28 日，A の実弟 D と養子縁組をしたが，B と D の妻の折り合いが悪く，別居に至った。また，昭和 35 年 6 月 25 日，D の子の Y_2 と養子縁組をしたが，B と Y_2 の妻の折り合いも悪く

→ 144

```
B†━━━━━━━A† ········ C （D）
  │         │
 （養子）（養子）（養子）
  │    │    │
 ┌─┴─┐ │    │
 E† X₁ X₂  Y₂=○  D†=○  Y₁=○
                        （Y₂）Y₃Y₄
```

① AB と X₁X₂ 養子縁組
② A → X₁X₂ 遺贈
③ AB と X₁X₂ 協議離縁
④ AB 死亡

所有権
移転

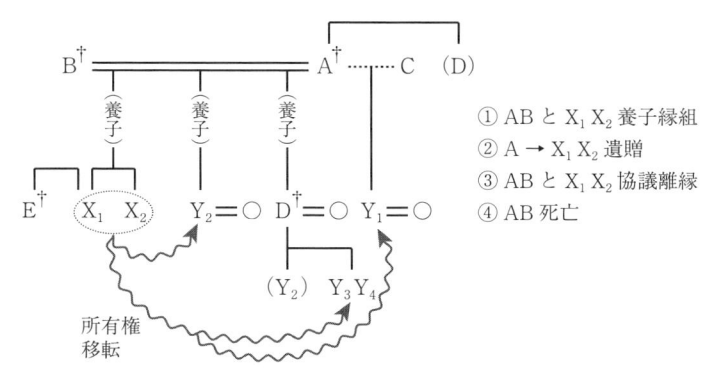

別居に至った。さらに，昭和 48 年 3 月頃には，Y₁ と同居したが，B と Y₁ の妻との折り合いもやはり悪くほどなく別居した。その後，B が脳溢血で入院したのを機に，以後の扶養を行うのに対して，Y₁ の居宅を除く全不動産を遺贈するという約束で，AB は，昭和 48 年 12 月 22 日，B の親族である X₁X₂ と養子縁組を行い，この約束に従って，A は，同月 28 日付けの公正証書により，現金・預貯金全部を B に，不動産のうち Y₁ の居宅だけを Y₁ に遺贈し，残りの不動産全部（本件不動産）を X らに持分各 2 分の 1 として遺贈する旨の遺言をした。ところが，昭和 49 年 10 月，X₁ とその実兄 E（本件遺言の遺言執行者に指定されていたが，昭和 51 年 8 月 1 日に死亡）が経営していた会社が倒産したのに伴い，X₁ と E とが A に無断で A 所有の不動産に根抵当権を設定していたことが発覚した。AB は X らに対する不信の念から，昭和 50 年 8 月 26 日，協議離縁をするに至った。その後，X らは AB の扶養をせず，Y₁ 夫婦が AB の世話をしていたが，A は昭和 52 年 1 月 8 日に死亡し，B は同年 2 月 1 日に死亡した。そこで，X らから Y ら（D はすでに死亡しており，Y₃Y₄ は D の子）に対して，本件不動産につき所有権移転の請求がなされた。1, 2 審はいずれも，遺言は撤回されたとして，X らの請求を棄却した。X らが上告。

【判決理由】 上告棄却 「民法 1023 条 1 項は，前の遺言と後の遺言と抵触するときは，その抵触する部分については，後の遺言で前の遺言を取り消したものとみなす旨定め，同条 2 項は，遺言と遺言後の生前処分その他の法律行為と抵触する場合にこれを準用する旨定めているが，その法意は，遺言者がした生前処分に表示された遺言者の最終意思を重んずるにあることはいうまでもないから，同条 2 項にいう抵触とは，単に，後の生前処分を実現しようとするときには前の遺言の執行が客観的に不能となるような場合のみにとどまらず，諸般の

→ 145

事情より観察して後の生前処分が前の遺言と両立せしめない趣旨のもとにされたことが明らかである場合をも包含するものと解するのが相当である。そして，原審の適法に確定した前記一の事実関係によれば，Aは，Xらから終生扶養を受けることを前提としてXらと養子縁組したうえその所有する不動産の大半をXらに遺贈する旨の本件遺言をしたが，その後Xらに対し不信の念を深くしてXらとの間で協議離縁し，法律上も事実上もXらから扶養を受けないことにしたというのであるから，右協議離縁は前に本件遺言によりされた遺贈と両立せしめない趣旨のもとにされたものというべきであり，したがって，本件遺贈は後の協議離縁と抵触するものとして前示民法の規定により取り消されたものとみなさざるをえない筋合いである。右と同旨の原審の判断は，正当として是認することができ，原判決に所論の違法はない。論旨は，ひっきょう，原審の専権に属する証拠の取捨判断，事実の認定を非難するか，又は独自の見解に基づいて原判決を論難するものにすぎず，いずれも採用することができない。」（裁判長裁判官　鹽野宜慶　裁判官　栗本一夫　木下忠良　宮﨑梧一）

145　撤回された遺言の復活

最(一)判平成9年11月13日民集51巻10号4144頁（民商120巻4・5号864頁，曹時52巻4号1237頁，平9重判89頁）

【事実】　Aは平成3年11月15日に死亡した。相続人は，妻であるB，子であるX₁，X₂，Y，Cの5名である。Aは，昭和62年12月6日，自筆証書で，遺産の大半をYに相続させる遺言をした（甲遺言）。続いてAは，平成2年3月4日，自筆証書で，Yに相続させる遺産を減らし，甲遺言の内容よりも多くの遺産をY以外の者に相続させる内容の遺言をした（乙遺言）。さらにAは，平成2年11月8日，自筆証書で，乙遺言を無効とし，甲遺言を有効とする旨の遺言をした（丙遺言）。Yは，甲遺言に基づき，本件各不動産につき，相続を原因とする所有権移転登記を行った。これに対して，Xらは，乙遺言によって甲遺言は失効したとして，甲遺言の無効確認を求めるとともに，本件各不動産につき法定相続分に従った登記をすることを求めた。原審は甲遺言の復活を認めて，Xらの請求を棄却した。Xらが上告。

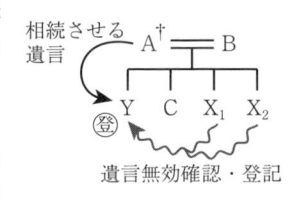

【判決理由】　上告棄却　「遺言（以下「原遺言」という。）を遺言の方式に従って撤回した遺言者が，更に右撤回遺言を遺言の方式に従って撤回した場合において，遺言書の記載に照らし，遺言者の意思が原遺言の復活を希望するものであることが明らかなときは，民法1025条ただし書の法意にかんがみ，遺言者の真意を尊重して原遺言の効力の復活を認めるのが相当と解される。これを本件について見ると，前記一の事実関係によれば，亡Ａは，乙遺言をもって甲遺言を撤回し，更に丙遺言をもって乙遺言を撤回したものであり，丙遺言書の記載によれば，亡Ａが原遺言である甲遺言を復活させることを希望していたことが明らかであるから，本件においては，甲遺言をもって有効な遺言と認めるのが相当である。

　四　そうすると，前記一の事実関係の下において，甲遺言の復活を認めるべきであるとした原審の認定判断は，是認することができる。論旨は採用することができない。」（裁判長裁判官　藤井正雄　裁判官　小野幹雄　遠藤光男　井嶋一友）

解　説

　死因贈与には遺贈の規定がその性質に反しない限り準用されるため（554条），遺言の撤回に関する1022条，1023条の準用の可否が問題になる。*143*は，受贈者の利益に対する配慮の観点から，負担が履行された場合には，特段の事情がない限り準用をすべきではないとした。なお，1023条は，「前の遺言が後の遺言と抵触するとき」のほか，「遺言が遺言後の生前処分その他の法律行為と抵触する場合」に撤回を擬制しているが，*144*は，遺贈と両立させない趣旨で協議離縁がなされたとした。

　また，1025条は，撤回された遺言は，撤回の撤回によって回復しないと定めているが，*145*は，遺言の方式に従って撤回を撤回した場合につき，一定の限度で復活を認めている。

第8章 遺留分

[1] 遺留分の算定

146 特別受益と遺留分の算定

最（一）判昭和51年3月18日民集30巻2号111頁
（法協94巻9号1415頁，民商75巻6号982頁，曹時29巻11号1882頁，百選〈4版〉236頁，百選〈6版〉186頁）

【事実】Aは昭和33年1月7日に死亡した。相続人は，Aの妻B，Aの長男C（昭和26年2月11日死亡）の長女Yと養子D，二男Xの4名である。本件不動産1～24は，もともとAが所有していた。Aは，昭和27年4月10日，不動産1～13をCの妻Eに贈与，昭和28年4月10日，不動産17～22をDに贈与し，同年5月1日，不動産14～16をYに贈与し，いずれも所有権移転登記を終えた。他方，Xは，大正12年から15年にかけて，合計4,125円の贈与を受けていた。なお，不動産23・24はほとんど無価値であり，Aには債務はなかった。そこで，Xは，Aの四九日の法要の日に，Y，D，Eに対して財産の分け前を要求し，不動産14～16につき，遺留分減殺請求の意思表示をした。そして，XからYに対して，所有権移転登記などが求められた。1，2審は，Xの受けた特別受益の価額を相続時を基準に換算し，結果として，遺留分侵害はないと判断した。Xが上告。

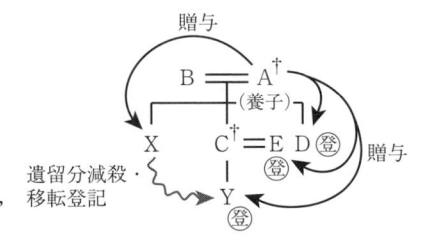

【判決理由】上告棄却　「被相続人が相続人に対しその生計の資本として贈与した財産の価額をいわゆる特別受益として遺留分算定の基礎となる財産に加える場合に，右贈与財産が金銭であるときは，その贈与の時の金額を相続開始の時の貨幣価値に換算した価額をもって評価すべきものと解するのが，相当である。けだし，このように解しなければ，遺留分の算定にあたり，相続分の前渡としての意義を有する特別受益の価額を相続財産の価額に加算することにより，共同相続人相互の衡平を維持することを目的とする特別受益持戻の制度の趣旨

を没却することとなるばかりでなく，かつ，右のように解しても，取引における一般的な支払手段としての金銭の性質，機能を損う結果をもたらすものではないからである。これと同旨の見解に立って，贈与された金銭の額を物価指数に従って相続開始の時の貨幣価値に換算すべきものとした原審の判断は，正当として是認することができる。原判決に所論の違法はなく，論旨は採用することができない。」(裁判長裁判官　岸盛一　裁判官　藤林益三　下田武三　岸上康夫　団藤重光)

[関連裁判例]

147 相続債務がある場合の遺留分侵害額の算定方法

最(三)判平成8年11月26日民集50巻10号2747頁（法協119巻3号522頁，曹時51巻3号977頁，百選〈7版〉186頁）

【事実】Aは平成2年7月7日に死亡した。Aの相続人は，Aの妻X_1，Aの子X_2，X_3，YおよびBである。Aは，平成2年6月29日，全財産をYに遺贈する旨の遺言をしていた。また，Aは死亡時に，本件不動産1〜29と本件不動産(1)(2)を有していた。なお，X側からは，ほかにも預金等の相続財産がある旨が，Y側からは相続債務がある旨が主張されている。XらはYに対して，平成3年1月23日到達の書面で遺留分減殺請求権を行使する旨の意思表示を行った。他方，Yは，平成2年末から翌3年初めにかけて，本件不動産2，5〜8，28，29につき移転登記ないし保存登記を行った。また，Yは，遺留分減殺請求を受けた後に，本件不動産(1)(2)を第三者に売却した。XらはYに対して，不動産1〜29につき，遺留分減殺請求により遺留分に応じた割合の持分（X_1は4分の1，$X_2 X_3$は各16分の1）を取得したとして持分の確認を求めるとともに，Y名義で登記された各不動産につき，各持分割合による移転登記を求めた。原審は，相続債務を弁済したYはXらに対して求償権を有するが，この求償権は，Yが本件不動産(1)(2)の売却によってXらに生じた損害賠償請求権によって相殺されて消滅したので，相続債務の存在は遺留分額を決定する上で無視することができるとした。その上で，Xの請求を認容した。Yが上告。

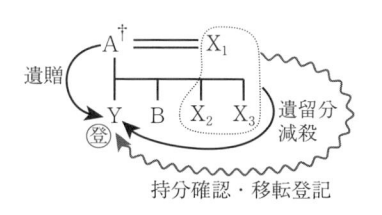

【判決理由】破棄差戻し　「1　遺贈に対して遺留分権利者が減殺請求権を行使した場合，遺贈は遺留分を侵害する限度において失効し，受遺者が取得した権

→ 147

利は遺留分を侵害する限度で当然に遺留分権利者に帰属するところ、遺言者の財産全部の包括遺贈に対して遺留分権利者が減殺請求権を行使した場合に遺留分権利者に帰属する権利は、遺産分割の対象となる相続財産としての性質を有しないものであって（最高裁平成3年(オ)第1772号同8年1月26日第二小法廷判決・民集50巻1号132頁）、前記事実関係の下では、Xらは、Yに対し、遺留分減殺請求権の行使により帰属した持分の確認及び右持分に基づき所有権一部移転登記手続を求めることができる。

2　被相続人が相続開始の時に債務を有していた場合の遺留分の額は、民法1029条、1030条、1044条に従って、被相続人が相続開始の時に有していた財産全体の価額にその贈与した財産の価額を加え、その中から債務の全額を控除して遺留分算定の基礎となる財産額を確定し、それに同法1028条所定の遺留分の割合を乗じ、複数の遺留分権利者がいる場合は更に遺留分権利者それぞれの法定相続分の割合を乗じ、遺留分権利者がいわゆる特別受益財産を得ているときはその価額を控除して算定すべきものであり、遺留分の侵害額は、このようにして算定した遺留分の額から、遺留分権利者が相続によって得た財産がある場合はその額を控除し、同人が負担すべき相続債務がある場合はその額を加算して算定するものである。Xらは、遺留分減殺請求権を行使したことにより、本件不動産1ないし29につき、右の方法により算定された遺留分の侵害額を減殺の対象であるAの全相続財産の相続開始時の価額の総和で除して得た割合の持分を当然に取得したものである。この遺留分算定の方法は、相続開始後にYが相続債務を単独で弁済し、これを消滅させたとしても、また、これによりYがXらに対して有するに至った求償権とXらがYに対して有する損害賠償請求権とを相殺した結果、右求償権が全部消滅したとしても、変わるものではない。

五　そうすると、本件では相続債務は遺留分額を算定する上で無視することができるとし、負担すべき相続債務の有無、範囲並びに相続財産の範囲及びその相続開始時の価額を確定することなく、Xらは本件各不動産につき本件の遺留分の割合である2分の1に各自の法定相続分のそれを乗じて得た割合の持分を取得したとした原審の判断には、法令の解釈適用を誤った違法があり、右違法が判決の結論に影響を及ぼすことは明らかである。その趣旨をいう論旨は

理由があり，その余の点を判断するまでもなく，原判決は破棄を免れない。そして，右の点につき更に審理を尽くさせるため，本件を原審に差し戻すことにする。」(裁判長裁判官　千種秀夫　裁判官　園部逸夫　可部恒雄　大野正男　尾崎行信)

解説

遺留分の算定にあたっては，「被相続人が相続開始の時において有した財産の価額にその贈与した財産の価額を加えた額から債務の全額を控除」(1029条)するという操作が行われて，その基礎となる財産額が導かれる。では，「その贈与した財産の価額」はどの時点を基準に計算されるのか。146は，この問いに答えたものである。他方，147は，「債務の全額を控除」する必要のない場合はないかという問いに対して，答えを与えたものである。

[2] 減殺請求権の性質
148　減殺請求権の性質

最(一)判昭和41年7月14日民集20巻6号1183頁
(法協84巻6号826頁，民商56巻2号295頁，曹時18巻11号1848頁，百選〈3版〉260頁，百選〈7版〉188頁)

【事実】　Aは昭和36年2月19日に死亡した。同日に，Aは，本件不動産を含む全財産をYに遺贈，Yは同年4月10日に登記を終えた。Aの相続人は，その子X，Y，亡Bであった。なお，Aには相続債務はなかった。Yは，同年2月26日のAの初七日忌の際に，Aから本件不動産ほか全財産の遺贈を受けた旨をXに告げた。Xは，昭和37年1月10日，Yに対し，前記遺贈につき遺留分減殺の意思表示を行った。XはYに対して，遺留分に応じた割合の持分につき，所有権移転登記を求める訴えを起こした。これに対して，Yは，遺留分減殺の意思表示から6か月以内に裁判上の請求がなされなかったので，遺留分減殺請求権は，昭和37年2月26日の経過によって時効消滅したと主張した。1審はXの請求を棄却したが，2審はこれを覆した。Yが上告。

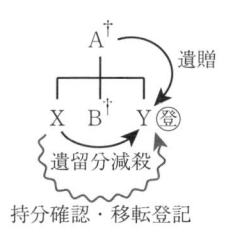

【判決理由】　上告棄却　「遺留分権利者が民法1031条に基づいて行う減殺請求

権は形成権であって，その権利の行使は受贈者または受遺者に対する意思表示によってなせば足り，必ずしも裁判上の請求による要はなく，また一たん，その意思表示がなされた以上，法律上当然に減殺の効力を生ずるものと解するのを相当とする。従って，右と同じ見解に基づいて，Xが相続の開始および減殺すべき本件遺贈のあったことを知った昭和36年2月26日から1年以内である昭和37年1月10日に減殺の意思表示をなした以上，右意思表示により確定的に減殺の効力を生じ，もはや右減殺請求権そのものについて民法1042条による消滅時効を考える余地はないとした原審の判断は首肯できる。」（裁判長裁判官　長部謹吾　裁判官　入江俊郎　松田二郎　岩田誠）

149　包括遺贈減殺後の遺留分権利者の権利の性質

最（二）判平成8年1月26日民集50巻1号132頁（曹時51巻3号765頁，百選(6)版>200頁，平8重判88頁）

【事実】　Aは，昭和62年7月6日に死亡した。相続人は，Aの妻B，Aの子Y，X，C_1〜C_4である。Aは，昭和59年6月4日付公正証書により，本件不動産を含む全財産をYに遺贈した。Yは，昭和62年10月15日，本件不動産につき所有権移転登記を行った。Xは，Yに対して，同年11月27日到達の書面で，遺留分減殺請求権を行使する旨の意思表示を行った。Yは，同月30日に，本件不動産の一部をD_1〜D_3に売却し，所有権移転登記を行った。XはYに対して，処分された不動産を除く本件不動産につき，所有権一部移転登記を求めるとともに，処分不動産の売却代金のうちXの遺留分に相当する額の損害賠償を求めた。原審は，遺留分減殺請求により，本件不動産を含む全遺産につき，XとYとの間には遺産共有の関係が成立するが，この場合にも，相続人は遺産を構成する個々の不動産につき，相続人の相続分に従った共同相続登記を受けることができるので，受遺者である相続人が単独で所有権移転登記を受けているときには，この登記の是正を求めることができるとした。また，損害賠償請求についても認容した。Yが上告。

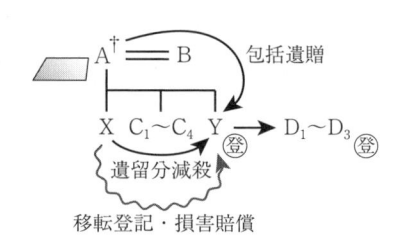

【判決理由】　上告棄却　「遺贈に対して遺留分権利者が減殺請求権を行使した場合，遺贈は遺留分を侵害する限度において失効し，受遺者が取得した権利は

遺留分を侵害する限度で当然に減殺請求をした遺留分権利者に帰属するところ（最高裁昭和50年(オ)第920号同51年8月30日第二小法廷判決・民集30巻7号768頁），遺言者の財産全部についての包括遺贈に対して遺留分権利者が減殺請求権を行使した場合に遺留分権利者に帰属する権利は，遺産分割の対象となる相続財産としての性質を有しないと解するのが相当である。その理由は，次のとおりである。

　特定遺贈が効力を生ずると，特定遺贈の目的とされた特定の財産は何らの行為を要せずして直ちに受遺者に帰属し，遺産分割の対象となることはなく，また，民法は，遺留分減殺請求を減殺請求をした者の遺留分を保全するに必要な限度で認め（1031条），遺留分減殺請求権を行使するか否か，これを放棄するか否かを遺留分権利者の意思にゆだね（1031条，1043条参照），減殺の結果生ずる法律関係を，相続財産との関係としてではなく，請求者と受贈者，受遺者等との個別的な関係として規定する（1036条，1037条，1039条，1040条，1041条参照）など，遺留分減殺請求権行使の効果が減殺請求をした遺留分権利者と受贈者，受遺者等との関係で個別的に生ずるものとしていることがうかがえるから，特定遺贈に対して遺留分権利者が減殺請求権を行使した場合に遺留分権利者に帰属する権利は，遺産分割の対象となる相続財産としての性質を有しないと解される。そして，遺言者の財産全部についての包括遺贈は，遺贈の対象となる財産を個々的に掲記する代わりにこれを包括的に表示する実質を有するもので，その限りで特定遺贈とその性質を異にするものではないからである。

　以上によれば，原審の適法に確定した前記の事実関係の下において，Xが本件不動産に有する24分の1の共有持分権は，遺産分割の対象となる相続財産としての性質を有しないものであって，Xは，Yに対し，右共有持分権に基づき所有権一部移転登記手続を求めることができ，また，Yの不法行為によりその持分権を侵害されたのであるから，その持分の価額相当の損害賠償を求めることができる。原審の判断は結論において正当であり，論旨は採用することができない。」（裁判長裁判官　根岸重治　裁判官　大西勝也　河合伸一　福田博）

150 債権者代位権との関係

最(一)判平成13年11月22日民集55巻6号1033頁
(法協119巻11号2303頁, 民商126巻6号862頁, 曹時56巻5号1255頁, 百選〈7版〉190頁, 平13重判74頁)

【事実】 Aは, 平成8年8月10日に死亡した。相続人は, B, C, Xを含む10人の子であり(その他の子をD_1〜D_7とする), XはAの後継者として農業に従事し, Aを扶養していた。Aは, 昭和51年5月8日, 本件土地とともに多数の農地などをXに相続させ, 田二筆をCに相続させる旨の公正証書遺言をした。Yは貸金業者であるが, 昭和56年7月6日, 当時スーパーマーケットを経営していたBに対し, 30万円を弁済期同年7月27日, 利息日歩15銭, 遅延損害金日歩20銭の約定で貸し付けた。Yは, Bを被告として貸金請求訴訟を提起し, 昭和62年2月19日に勝訴判決(欠席判決)を得たが, 平成8年, 時効中断のため再訴に及び, 再び勝訴判決を得た。Yは, この判決に基づき, 平成9年1月10日, Bに代位して, 本件土地につき, 共有者を10人の子とする所有権移転登記をした上で, 本件土地について強制執行の申立てをし, Bの持分10分の1について差押登記を得た。これに対し, Xは, 同年3月5日, 第三者異議の訴えを起こした。Yは, 同年6月10日付けの準備書面中で, Bに代位してXに対し遺留分減殺請求の意思表示をし, この準備書面は, 同年6月19日の原審口頭弁論期日の前にXの代理人に交付された。原審は, 遺留分減殺請求権は行使上の一身専属権であるとして, Yによる代位行使を認めず, Xの請求を認容した。Yが上告。

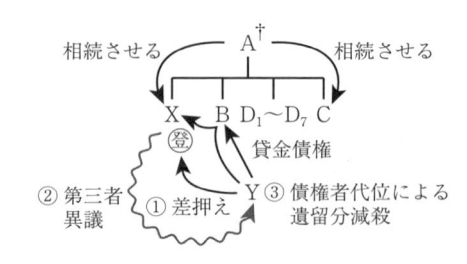

【判決理由】 上告棄却 「1 本件は, 遺言によってXが相続すべきものとされた不動産につき, 当該遺言で相続分のないものとされた相続人に対して貸金債権を有するYが, 当該相続人に代位して法定相続分に従った共同相続登記を経由した上, 当該相続人の持分に対する強制競売を申し立て, これに対する差押えがされたところ, Xがこの強制執行の排除を求めて提起した第三者異議訴訟である。Yは, 上記債権を保全するため, 当該相続人に代位して遺留分減殺請求権を行使する旨の意思表示をし, その遺留分割合に相当する持分に対する限度で上記強制執行はなお効力を有すると主張した。

➡ 解説

2　遺留分減殺請求権は，遺留分権利者が，これを第三者に譲渡するなど，権利行使の確定的意思を有することを外部に表明したと認められる特段の事情がある場合を除き，債権者代位の目的とすることができないと解するのが相当である。その理由は次のとおりである。

遺留分制度は，被相続人の財産処分の自由と身分関係を背景とした相続人の諸利益との調整を図るものである。民法は，被相続人の財産処分の自由を尊重して，遺留分を侵害する遺言について，いったんその意思どおりの効果を生じさせるものとした上，これを覆して侵害された遺留分を回復するかどうかを，専ら遺留分権利者の自律的決定にゆだねたものということができる（1031条，1043条参照）。そうすると，遺留分減殺請求権は，前記特段の事情がある場合を除き，行使上の一身専属性を有すると解するのが相当であり，民法423条1項ただし書にいう「債務者ノ一身ニ専属スル権利」に当たるというべきであって，遺留分権利者以外の者が，遺留分権利者の減殺請求権行使の意思決定に介入することは許されないと解するのが相当である。民法1031条が，遺留分権利者の承継人にも遺留分減殺請求権を認めていることは，この権利がいわゆる帰属上の一身専属性を有しないことを示すものにすぎず，上記のように解する妨げとはならない。なお，債務者たる相続人が将来遺産を相続するか否かは，相続開始時の遺産の有無や相続の放棄によって左右される極めて不確実な事柄であり，相続人の債権者は，これを共同担保として期待すべきではないから，このように解しても債権者を不当に害するものとはいえない。

3　以上と同旨の見解に基づき，本件において遺留分減殺請求権を債権者代位の目的とすることはできないとして，Xの第三者異議を全部認容すべきとした原審の判断は，正当として是認することができる。所論引用の判例は，所論の趣旨を判示したものではなく，上記判断はこれと抵触するものではない。論旨は採用することができない。」（裁判長裁判官　深澤武久　裁判官　井嶋一友　藤井正雄　町田顯）

解　説

遺留分権利者による減殺請求権の法的性質については議論があるが，*148*は，これを形成権であると解し，行使の意思表示がなされれば当然に減殺の効力が

→ *151*

生じるとした。減殺請求権が行使されると，受遺者等が取得した権利は遺留分を侵害する限度で当然に減殺請求をした遺留分権利者に帰属する（*157*）。*149*は，こうして遺留分権利者に帰属した権利は遺産分割の対象たる相続財産としての性質を有しないとした。減殺の結果生じる法律関係は，請求者と受遺者等との個別の関係として処理されることになる。

　*150*は，遺留分減殺請求権は，特段の事情がない限り，債権者代位の目的とすることはできないとした。判決は，形式的な理由と実質的な理由を挙げている。相続放棄は詐害行為とならないとした *124* と対比せよ。

[3] 減殺の対象
151　特別受益者への贈与と減殺の対象

最（三）判平成 10 年 3 月 24 日民集 52 巻 2 号 433 頁（曹時 52 巻 1 号 291 頁，百選〈7版〉192 頁，平 10 重判 91 頁）

【事実】　A は昭和 62 年 8 月 20 日に死亡した。相続人は，A の妻 X_1，A の子 X_2・Y_1 である。A は，昭和 53 年当時，本件不動産 1〜9 を有していたが，同年 10 月 16 日に，本件不動産 1，3，6 を Y_2〜Y_4 に，本件不動産 4 を Y_1 にそれぞれ贈与し，昭和 54 年 1 月 16 日に，本件土地 2，5 を Y_1〜Y_4 に贈与した。X らは Y らに対して，遺留分減殺請求権を行使し，Y らに帰属した本件不動産 1〜6 の持分につき移転登記を求める訴えを提起した。原審は，不動産 1〜6 と同 7〜9 の価額を贈与の時点で評価して比較し，後者が前者を上回るとして，不動産 1〜6 は減殺請求の対象にならないとした。X らが上告。

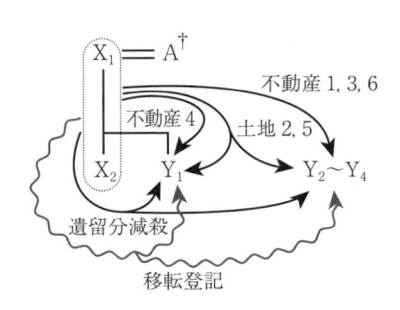

【判決理由】　破棄差戻し　「しかしながら，9 の土地の相続税・贈与税の課税実務上の価格を路線価方式により 1397 万 2000 円（1 平方メートル当たり 1 万 4000 円）とした原審の事実認定は是認することができない。」

　「職権をもって検討すると，民法 903 条 1 項の定める相続人に対する贈与は，右贈与が相続開始よりも相当以前にされたものであって，その後の時の経過に伴う社会経済事情や相続人など関係人の個人的事情の変化をも考慮するとき，

減殺請求を認めることが右相続人に酷であるなどの特段の事情のない限り，民法1030条の定める要件を満たさないものであっても，遺留分減殺の対象となるものと解するのが相当である。けだし，民法903条1項の定める相続人に対する贈与は，すべて民法1044条，903条の規定により遺留分算定の基礎となる財産に含まれるところ，右贈与のうち民法1030条の定める要件を満たさないものが遺留分減殺の対象とならないとすると，遺留分を侵害された相続人が存在するにもかかわらず，減殺の対象となるべき遺贈，贈与がないために右の者が遺留分相当額を確保できないことが起こり得るが，このことは遺留分制度の趣旨を没却するものというべきであるからである。本件についてこれをみると，相続人であるY_1に対する4の土地並びに2及び5の土地の持分各4分の1の贈与は，格別の事情の主張立証もない本件においては，民法903条1項の定める相続人に対する贈与に当たるものと推定されるところ，右各土地に対する減殺請求を認めることがY_1に酷であるなどの特段の事情の存在を認定することなく，直ちに右各土地が遺留分減殺の対象にならないことが明らかであるとした原審の判断には，法令の解釈適用を誤った違法があり，この違法は判決に影響を及ぼすことが明らかである。よって，原判決のうちXらのY_1に対する本訴事件に関する部分は，この点からも破棄を免れない。」（裁判長裁判官 園部逸夫 裁判官 千種秀夫 尾崎行信 元原利文 金谷利廣）

152 減殺請求と目的物の時効取得

最(一)判平成11年6月24日民集53巻5号918頁（曹時53巻12号3582頁，百選〈7版〉202頁，平11重判92頁）

【事実】 Aは，平成2年1月24日に死亡した。Aの相続人は，Aの子Y_1，X_1〜X_9，B_1B_2（相続分は各13分の1）とAの子Cの代襲相続人であるD_1〜D_3（相続分は各39分の1）であった。なお，Y_2はY_1の子である。Aは本件不動産1〜11を所有していたが，昭和51年11月12日，不動産1をY_2に，不動産2をY_1に贈与した。また，同月18日，不動産3，5ないし11の持分4分の1をY_1の妻Eに贈与し，次いで昭和52年1月18日各物件の残り持分につきY_1，Y_2，Eにそれぞれ持分4分の1ずつ贈与した。Eは昭和55年10月30日に死亡し，本件物件3，5ないし11のEの持分2分の1は，Y_2が相続により取得した。Xらは，Yらに対し，平成2年12月22日到達の書面で遺留分減殺請求の意思表示をした。Xらは，

→ 152

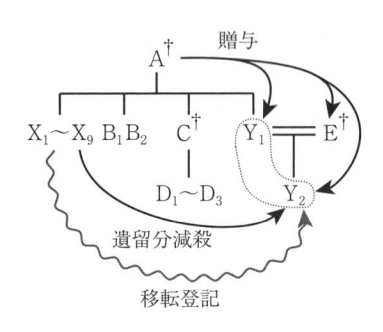

```
             贈与
       A†─────┐
   ┌──┬──┼──┐ │
  X₁〜X₉ B₁B₂ C† Y₁  E†
              │  │
             D₁〜D₃ Y₂
           遺留分減殺
           移転登記
```

① S51・11・12　贈与
　　A→Y₂：不動産 1
　　A→Y₁：不動産 2
② S51・11・18　贈与
　　A→E：不動産 3, 5, 11 (1/4)
③ S52・1・18　贈与
　　A→Y₁, Y₂, E：不動産 3, 5, 11 (各1/4)
④ S55・10・30　E 死亡
　　E→Y₂：不動産 3, 5, 11 (1/2)
⑤ H2・1・24　A 死亡

これに基づき，Y らに対して，持分に応じた所有権移転登記を求めて訴えを提起した。Y らは時効取得の主張もしたが，1，2 審はこれを退けた。Y らが上告。

【判決理由】　上告棄却　「被相続人がした贈与が遺留分減殺の対象としての要件を満たす場合には，遺留分権利者の減殺請求により，贈与は遺留分を侵害する限度において失効し，受贈者が取得した権利は右の限度で当然に右遺留分権利者に帰属するに至るものであり（最高裁昭和 40 年(オ)第 1084 号同 41 年 7 月 14 日第一小法廷判決・民集 20 巻 6 号 1183 頁，最高裁昭和 50 年(オ)第 920 号同 51 年 8 月 30 日第二小法廷判決・民集 30 巻 7 号 768 頁），受贈者が，右贈与に基づいて目的物の占有を取得し，民法 162 条所定の期間，平穏かつ公然にこれを継続し，取得時効を援用したとしても，それによって，遺留分権利者への権利の帰属が妨げられるものではないと解するのが相当である。けだし，民法は，遺留分減殺によって法的安定が害されることに対し一定の配慮をしながら（1030 条前段，1035 条，1042 条等），遺留分減殺の対象としての要件を満たす贈与については，それが減殺請求の何年前にされたものであるかを問わず，減殺の対象となるものとしていること，前記のような占有を継続した受贈者が贈与の目的物を時効取得し，減殺請求によっても受贈者が取得した権利が遺留分権利者に帰属することがないとするならば，遺留分を侵害する贈与がされてから被相続人が死亡するまでに時効期間が経過した場合には，遺留分権利者は，取得時効を中断する法的手段のないまま，遺留分に相当する権利を取得できない結果となることなどにかんがみると，遺留分減殺の対象としての要件を満たす贈与の受贈者は，減殺請求がされれば，贈与から減殺請求までに時効期間が経過したとしても，自己が取得した権利が遺留分を侵害する限度で遺留分権利

者に帰属することを容認すべきであるとするのが，民法の趣旨であると解されるからである。

以上と同旨に帰する原審の判断は，是認するに足り，原判決に所論の違法はない。論旨は，採用することができない。」（裁判長裁判官　小野幹雄　裁判官　遠藤光男　井嶋一友　藤井正雄　大出峻郎）

153　相続分指定・持戻し免除の減殺

最（一）決平成 24 年 1 月 26 日家月 64 巻 7 号 100 頁（民商 146 巻 6 号 603 頁，平 24 重判 87 頁）

【事実】　A は，平成 17 年○月に死亡した。Y_1 は A の妻，$Y_2 Y_3$ は，Y_1 と A の間の子である。また，$X_1 \sim X_3$ は，A と先妻 B との間の子である。①

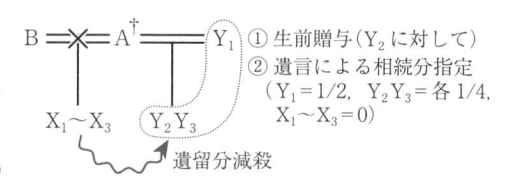

① 生前贈与（Y_2 に対して）
② 遺言による相続分指定
（$Y_1 = 1/2$，$Y_2 Y_3 =$ 各 1/4，$X_1 \sim X_3 = 0$）

遺留分減殺

A は，平成 16 年○月から翌 17 年にかけて，Y_2 に対して，生計の資本として，株式・現金・預貯金等を贈与するとともに，持戻し免除の意思表示を行っていた。また，② A は，平成 17 年○月○日，Y_1 の相続分を 2 分の 1，$Y_2 Y_3$ の相続分を各 4 分の 1，$X_1 \sim X_3$ の相続分をゼロと指定する公正証書遺言を行っていた。

$X_1 \sim X_3$ は，平成 18 年○月から○月までの間に，$Y_1 \sim Y_3$ に対し，遺留分減殺請求権を行使する旨の意思表示をした。原審は以下のように考えて，本件の遺産分割を行った。第 1 に，この遺留分減殺請求により，本件遺言による相続分の指定が減殺され，法定相続分を超える相続分を指定された相続人の指定相続分が，その法定相続分の割合に応じて修正される結果，Y_1 の相続分は 2 分の 1，$Y_2 Y_3$ の相続分は各 40 分の 7，$X_1 \sim X_3$ の相続分は各 20 分の 1 となる。第 2 に，持戻し免除の意思表示は，$X_1 \sim X_3$ の遺留分を侵害する合計 20 分の 3 の限度で失効するとした上で，本件贈与の対象たる財産の価額を上記の限度で本件遺産の価額に加算したものが相続財産となる。X らから抗告。

【決定理由】　破棄差戻し　「4　しかしながら，原審の上記判断は是認することができない。その理由は，次のとおりである。

(1)　前記事実関係によれば，本件遺言による相続分の指定が X らの遺留分を侵害することは明らかであるから，本件遺留分減殺請求により，上記相続分の指定が減殺されることになる。相続分の指定が，特定の財産を処分する行為

→ *153*

ではなく，相続人の法定相続分を変更する性質の行為であること，及び，遺留分制度が被相続人の財産処分の自由を制限し，相続人に被相続人の財産の一定割合の取得を保障することをその趣旨とするものであることに鑑みれば，遺留分減殺請求により相続分の指定が減殺された場合には，遺留分割合を超える相続分を指定された相続人の指定相続分が，その遺留分割合を超える部分の割合に応じて修正されるものと解するのが相当である（最高裁平成9年(オ)第802号同10年2月26日第一小法廷判決・民集52巻1号274頁参照）。

(2) ところで，遺留分権利者の遺留分の額は，被相続人が相続開始の時に有していた財産の価額にその贈与した財産の価額を加え，その中から債務の全額を控除して遺留分算定の基礎となる財産額を確定し，それに遺留分割合を乗ずるなどして算定すべきところ（民法1028条ないし1030条，1044条），上記の遺留分制度の趣旨等に鑑みれば，被相続人が，特別受益に当たる贈与につき，当該贈与に係る財産の価額を相続財産に算入することを要しない旨の意思表示（以下「持戻し免除の意思表示」という。）をしていた場合であっても，上記価額は遺留分算定の基礎となる財産額に算入されるものと解される。したがって，前記事実関係の下においては，上記(1)のとおり本件遺言による相続分の指定が減殺されても，Xらの遺留分を確保するには足りないことになる。

本件遺留分減殺請求は，本件遺言により相続分を零とする指定を受けた共同相続人であるXらから，相続分全部の指定を受けた他の共同相続人であるYらに対して行われたものであることからすれば，Aの遺産分割においてXらの遺留分を確保するのに必要な限度でYらに対するAの生前の財産処分行為を減殺することを，その趣旨とするものと解される。そうすると，本件遺留分減殺請求により，Xらの遺留分を侵害する本件持戻し免除の意思表示が減殺されることになるが，遺留分減殺請求により特別受益に当たる贈与についてされた持戻し免除の意思表示が減殺された場合，持戻し免除の意思表示は，遺留分を侵害する限度で失効し，当該贈与に係る財産の価額は，上記の限度で，遺留分権利者である相続人の相続分に加算され，当該贈与を受けた相続人の相続分から控除されるものと解するのが相当である。持戻し免除の意思表示が上記の限度で失効した場合に，その限度で当該贈与に係る財産の価額を相続財産とみなして各共同相続人の具体的相続分を算定すると，上記価額が共同相続人全

員に配分され，遺留分権利者において遺留分相当額の財産を確保し得ないこととなり，上記の遺留分制度の趣旨に反する結果となることは明らかである。

(3) これを本件についてみるに，本件遺留分減殺請求により本件遺言による相続分の指定が減殺され，Yらの指定相続分がそれぞれの遺留分割合を超える部分の割合に応じて修正される結果，Y_1の指定相続分が52分の23，その余の相手方らの指定相続分が各260分の53，Xらの指定相続分が各20分の1となり，本件遺産の価額に上記の修正された指定相続分の割合を乗じたものがそれぞれの相続分となる。

次いで，本件遺留分減殺請求により本件持戻し免除の意思表示がXらの遺留分を侵害する限度で失効し，本件贈与に係る財産の価額を，上記の限度で，遺留分権利者であるXらの上記相続分に加算する一方，本件贈与を受けたY_2の上記相続分から控除して，それぞれの具体的相続分を算定することになる。

(4) 以上と異なる原審の前記判断には，裁判に影響を及ぼすことが明らかな法令の違反があるというべきである。論旨は上記の趣旨をいうものとして理由があり，原決定は破棄を免れない。そして，以上説示したところに従い，更に審理を尽くさせるため，本件を原審に差し戻すこととする。」（裁判長裁判官 白木勇 裁判官 宮川光治 櫻井龍子 金築誠志 横田尤孝）

[関連裁判例]

154 生命保険契約の受取人変更

最(一)判平成14年11月5日民集56巻8号2069頁（曹時56巻4号230頁，平14重判81頁）

【事実】 Aは平成9年7月10日に膵癌で入院し，9月23日に死亡した。Aの相続人は，Aの妻X_1，Aの子X_2・X_3であった。YはAの父である。AはB生命保険会社との間で本件生命保険契約（保険契約1）を，また，Aが勤務していたC協会はD生命保険会社との間で従業員であるAを被保険者とする本件生命保険契約（保険契約2）を締結していた。Aは当初，保険契約1・2の双方につき受取人をX_1としていたが，保険契約1につき平成9年7月28日，同2につき同年9月22日に，受

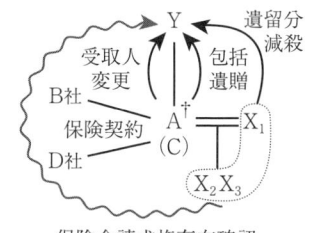

→ 解説

取人を X_1 から Y に変更した。A と X_1 とは平成2年頃から，A の女性関係などが原因で不仲となり，平成7年1月からは A が家出をして別居し，X_1 は X_2・X_3，Y とともに自宅で生活していた。平成9年5月に A は X_1 に対して離婚調停を申し立てたが，死亡する前の同年9月に取り下げていた。他方，A は，平成9年7月10日，全財産を Y に遺贈する旨の遺言をした。X らは Y に対し，同年11月19日到達の書面でこの包括遺贈に対し遺留分減殺請求をした。その上で，X らは Y に対して，死亡保険金支払請求権を有することを確認する訴えを起こした。1，2審は X らの請求を棄却した。X らが上告。

【判決理由】 上告棄却 「自己を被保険者とする生命保険契約の契約者が死亡保険金の受取人を変更する行為は，民法1031条に規定する遺贈又は贈与に当たるものではなく，これに準ずるものということもできないと解するのが相当である。けだし，死亡保険金請求権は，指定された保険金受取人が自己の固有の権利として取得するのであって，保険契約者又は被保険者から承継取得するものではなく，これらの者の相続財産を構成するものではないというべきであり（最高裁昭和36年(オ)第1028号同40年2月2日第三小法廷判決・民集19巻1号1頁参照），また，死亡保険金請求権は，被保険者の死亡時に初めて発生するものであり，保険契約者の払い込んだ保険料と等価の関係に立つものではなく，被保険者の稼働能力に代わる給付でもないのであって，死亡保険金請求権が実質的に保険契約者又は被保険者の財産に属していたものとみることもできないからである。

これと同旨の見解に基づき，X らの予備的請求を棄却すべきものとした原審の判断は，正当として是認することができ，原判決に所論の違法はない。論旨は採用することができない。」（裁判長裁判官　横尾和子　裁判官　藤井正雄　町田顯　深澤武久　甲斐中辰夫）

解　説

遺留分権利者による減殺請求の対象たる「遺贈及び前条に規定する贈与」（1031条）に関しては，「1年前の日より前にしたもの」（1030条）が「前条に規定する贈与」に含まれるか否かが問題となる。*151* は，相続人に対する贈与で特別受益となるものについては，特段の事情がない限り，1030条の要件を満たさなくても減殺請求の対象となるとした。他方，*152* は，減殺請求の対象と

なる贈与については、受贈者が取得時効の援用をしても、遺留分権利者への権利帰属は妨げられないとしている。両判決の理由付けは関連付けて検討される必要があろう。

153 は、相続分の指定や持戻し免除もまた、減殺請求の対象となることを示した。これに対して、*154* は、生命保険金の受取人変更は減殺請求の対象とはならないとしている。

［4］ 減殺の順序・割合
155 減殺の順序──死因贈与の扱い

東京高判平成 12 年 3 月 8 日高民集 53 巻 1 号 93 頁（百選〈7 版〉198 頁）

【事実】 A は平成 7 年 7 月 31 日に死亡した。A は、死亡当時、不動産として本件横浜物件（土地・建物）と東京建物を所有していたほか、預貯金合計 899 万余を有していた。A の相続人は、A の子 Y_1（長男）、Y_2（長女）、X_1（二女）、X_2（三女）、と A の子 C（平成 2 年 9 月 28 日死亡）の子である $D_1 D_2$ であった。A は、平成 3 年 5 月 28 日付けの遺言書で、Y_1 に横浜物件を、Y_2 に東京建物を、X_1 と X_2 には預貯金を等分に、それぞれ相続させる旨の遺言をした。また、A と Y_2 の間で交わされた、東京建物および本件借地権を死因贈与する旨の平成 3 年 5 月 19 日付死因贈与契約書が存在し、東京建物については、A の死亡を始期とする所有権移転登記がなされている。X らは、Y らに対し、いずれも平成 7 年 11 月 11 日到達の書面で、遺留分減殺請求の意思表示をした。$D_1 D_2$ については、平成 8 年 7 月 12 日、それぞれの代襲相続分を Y_1 に贈与した旨の書面が、同月 17 日、X らに送達された。X らは Y らに対して、遺留分減殺を理由として持分に応じた移転登記を求めた。1 審は、X らの請求につき判断するにあたって、減殺の順序につき次のように判示した。「死因贈与は、贈与者の死亡によって効力を生ずるのであり、この点で遺贈と同じであり、また、民法 554 条は、死因贈与は『遺贈ニ関スル規定ニ従フ』と定めているのであるから、死因贈与も遺贈と同じ順序で減殺されるものと解するのが相当である。」Y_2 が控訴。

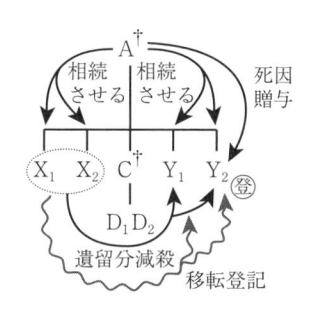

【判決理由】 取消自判 「死因贈与も、生前贈与と同じく契約締結によって成

→ 155

立するものであるという点では，贈与としての性質を有していることは否定すべくもないのであるから，死因贈与は，遺贈と同様に取り扱うよりはむしろ贈与として取り扱うのが相当であり，ただ民法1033条及び1035条の趣旨にかんがみ，通常の生前贈与よりも遺贈に近い贈与として，遺贈に次いで，生前贈与より先に減殺の対象とすべきものと解するのが相当である。そして，特定の遺産を特定の相続人に相続させる旨の遺言（以下「相続させる遺言」という。）による相続は，右の関係では遺贈と同様に解するのが相当であるから，本件においては，まず，原審相被告 Y_1 に対する相続させる遺言による相続が減殺の対象となるべきものであり，それによって X らの遺留分が回復されない場合に初めて，Y_2 に対する死因贈与が減殺の対象になるというべきである。」

「したがって，前示したところに従って，まず，原審相被告 Y_1 が相続させる遺言による相続によって取得した遺産すなわち横浜物件から遺留分減殺をすべきところ，相続人に対する遺贈を遺留分減殺の対象とする場合には，遺贈の目的の価額のうち受遺者の遺留分額を超える部分のみが遺留分減殺の対象となるのであり，このことは，相続させる遺言による相続が遺留分減殺の対象となる場合も同様に解すべきであるから（最高裁平成10年2月26日第一小法廷判決民集52巻1号274頁参照），横浜物件は，その価格6679万円から原審相被告 Y_1 の遺留分額997万3448円を差し引いた残額5681万6552円の限度で減殺の対象となる。他方，X らの侵害されている遺留分額は，前記のとおり，それぞれ547万6206円であり，その合計は1095万2412円であるから，原審相被告 Y_1 が取得した右遺留分超過額5681万6552円を下回ることは明らかである。そうすると，X らは，その侵害された遺留分全額を原審相被告 Y_1 に対する遺留分減殺請求によって回復することができることになり，Y_2 に対して遺留分減殺請求をする必要はないことになる。したがって，その余の点（争点2，3）について判断するまでもなく，X らの Y_2 に対する請求は，すべて理由がないことに帰する。」（裁判長裁判官　石井健吾　裁判官　櫻井登美雄　裁判官　加藤謙一）

156 相続人に対する遺贈と目的の価額

最（一）判平成 10 年 2 月 26 日民集 52 巻 1 号 274 頁（民商 120 巻 1 号 121 頁，曹時 52 巻 1 号 276 頁，百選〈7 版〉196 頁）

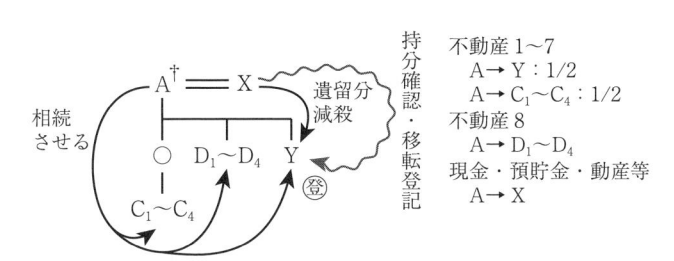

持分確認・移転登記

不動産 1〜7
　A→Y：1/2
　A→C_1〜C_4：1/2
不動産 8
　A→D_1〜D_4
現金・預貯金・動産等
　A→X

【事実】　A は昭和 63 年 2 月 25 日に死亡した。A の相続人は，A の妻 X，A の長男の子 C_1〜C_4，A の 5 人の娘（四女 Y ほか D_1〜D_4）である。A は，昭和 61 年 1 月 10 日付けの遺言書で，本件不動産 1〜7 につき，Y に 2 分の 1，C_1〜C_4 に 2 分の 1 を相続させ，不動産 8 につき，D_1〜D_4 に等分に相続させ，X には，一切の現金・預貯金・動産等を相続させる旨の遺言をした。Y および C_1〜C_4 は，不動産 1〜4 を Y が，5〜7 を C_1〜C_4 が取得することとして分割した。Y は，不動産 1〜3（4 は取り壊された）につき，相続を原因とする所有権移転登記を経ている。X は，Y および C_1〜C_4 に対して，平成元年 9 月 25 日，広島家庭裁判所に遺留分減殺請求権の行使による返還請求に関する家事調停の申立てをしたところ，Y は，第 2 回調停期日である平成 2 年 1 月 12 日に，X が遺留分減殺請求をしていることを前提とした準備書面を同裁判所に提出している。X から Y に対して，遺留分減殺請求を前提とした共有持分の確認と移転登記の請求がなされた。1，2 審は，Y の遺留分超過額を 1034 条にいう「目的の価額」であるとした上で，X の請求を一部認容した。Y が上告。

【判決理由】　上告棄却　「相続人に対する遺贈が遺留分減殺の対象となる場合においては，右遺贈の目的の価額のうち受遺者の遺留分額を超える部分のみが，民法 1034 条にいう目的の価額に当たるものというべきである。けだし，右の場合には受遺者も遺留分を有するものであるところ，遺贈の全額が減殺の対象となるものとすると減殺を受けた受遺者の遺留分が侵害されることが起こり得るが，このような結果は遺留分制度の趣旨に反すると考えられるからである。そして，特定の遺産を特定の相続人に相続させる趣旨の遺言による当該遺産の相続が遺留分減殺の対象となる場合においても，以上と同様に解すべきである。

➡ 解説・157

以上と同旨の原審の判断は，正当として是認することができる。原判決に所論の違法はなく，論旨は採用することができない。」（裁判長裁判官　小野幹雄　裁判官　遠藤光男　井嶋一友　藤井正雄　大出峻郎）

解　説

　1033条は，減殺の順序につき，まず遺贈を，続いて贈与を，と定めている。*155*は，死因贈与につき，遺贈に次ぎ，生前贈与よりも前に減殺の対象とするのが相当であるとした。また，1034条にいう遺贈の「目的の価額」については，*156*が，遺贈の目的の価額のうち受遺者の遺留分額を超える部分のみがこれにあたるとしている。

[5]　価額弁償
157　目的物の価額算定基準時

最（二）判昭和51年8月30日民集30巻7号768頁
(法協95巻3号604頁，民商77巻1号99頁，曹時29巻8号1398頁，百選〈3版〉264頁，百選〈7版〉194頁)

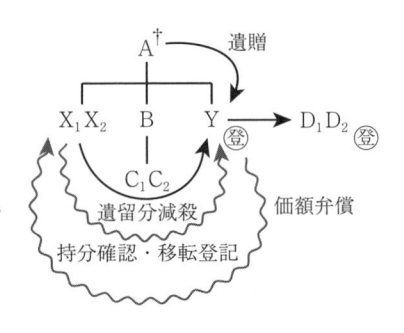

【事実】　Aは昭和33年12月7日に死亡した。Aの相続人は，Aの子X_1，X_2，Yのほか，Aの子Bの代襲者であるC_1，C_2の5名であった。Aは死亡当時，本件土地1～5を所有していたが，Aは公正証書によって本件各土地をYに遺贈していた。昭和33年3月17日に，X_1は他の4名の相続人を相手方として遺産分割の調停を申し立てた。Xらは，調停期日が開かれた同年4月8日から7月18日までの間に，YからXらに対してAの公正証書遺言が示されたことにより遺贈の事実を知り，かつ，家事審判官の説明を受けて，遺留分侵害の事実を知った。そこでXらは，遅くとも7月18日の期日には遺留分減殺請求権を行使した。XらはYに対して，遺留分に応じた共有持分権の確認と移転登記を求めて訴えを提起した。Yは，昭和39年8月6日，本件各土地につき単独名義での移転登記をした上，昭和42年12月23日，本件土地1，2をD_1，D_2に売却し，所有権移転登記を終えた。原審は，本件土地1，2については，損害賠償の

問題になるとする一方で，本件土地3〜5については，昭和48年5月18日の口頭弁論期日において，Yが価額弁償を選択したので，価額弁償がなされなければならないとした。その上で，原審は，本件土地1，2については，不法行為当時（昭和42年12月23日）の取引価額により，本件土地3〜5については，弁償が現実になされるべき時，すなわち，当審口頭弁論終結時（昭和49年4月18日）における取引価額によるべきだとした。Yが上告。

【判決理由】　上告棄却　「遺留分権利者の減殺請求により贈与又は遺贈は遺留分を侵害する限度において失効し，受贈者又は受遺者が取得した権利は右の限度で当然に減殺請求をした遺留分権利者に帰属するものと解するのが相当であって（最高裁昭和33年(オ)第502号同35年7月19日第三小法廷判決・民集14巻9号1779頁，最高裁昭和40年(オ)第1084号同41年7月14日第一小法廷判決・民集20巻6号1183頁，最高裁昭和42年(オ)第1465号同44年1月28日第三小法廷判決・裁判集民事94号15頁参照），侵害された遺留分の回復方法としては贈与又は遺贈の目的物を返還すべきものであるが，民法1041条1項が，目的物の価額を弁償することによって目的物返還義務を免れうるとして，目的物を返還するか，価額を弁償するかを義務者である受贈者又は受遺者の決するところに委ねたのは，価額の弁償を認めても遺留分権利者の生活保障上支障をきたすことにはならず，一方これを認めることによって，被相続人の意思を尊重しつつ，すでに目的物の上に利害関係を生じた受贈者又は受遺者と遺留分権利者との利益の調和をもはかることができるとの理由に基づくものと解されるが，それ以上に，受贈者又は受遺者に経済的な利益を与えることを目的とするものと解すべき理由はないから，遺留分権利者の叙上の地位を考慮するときは，価額弁償は目的物の返還に代わるものとしてこれと等価であるべきことが当然に前提とされているものと解されるのである。このようなところからすると，価額弁償における価額算定の基準時は，現実に弁償がされる時であり，遺留分権利者において当該価額弁償を請求する訴訟にあっては現実に弁償がされる時に最も接着した時点としての事実審口頭弁論終結の時であると解するのが相当である。所論指摘の民法1029条，1044条，904条は，要するに，遺留分を算定し，又は遺留分を侵害する範囲を確定するについての基準時を規定するものであるにすぎず，侵害された遺留分の減殺請求について価額弁償がされるとき

の価額算定の基準時を定めたものではないと解すべきである。右と同旨の原審の判断は正当として是認することができ，原判決に所論の違法はない。論旨は，採用することができない。」(裁判長裁判官　本林譲　裁判官　岡原昌男　大塚喜一郎　吉田豊　栗本一夫)

［関連裁判例］

158　価額弁償の対象

最(三)判平成 12 年 7 月 11 日民集 54 巻 6 号 1886 頁
(法協 120 巻 2 号 426 頁，民商 124 巻 6 号 811 頁，曹時 54 巻 8 号 149 頁，百選〈6 版〉198 頁，百選〈7 版〉200 頁，平 12 重判 82 頁)

【事　実】　AB は大正 13 年 6 月 26 日に結婚した夫婦であり，X_1〜X_3，Y は AB の実子であり，C は AB の養子である。B は昭和 48 年 6 月 24 日に死亡し，その遺産である本件各土地（B 遺産分）につき，A が 15 分の 5，X_1〜X_3，Y，C が各 15 分の 2 の割合により相続した。C は，昭和 59 年 2 月 8 日に死亡し，その遺産である本件各土地の持分 15 分の 2 は，A が相続した。A は，昭和 59 年 10 月 27 日に死亡したが，死亡当時，本件各土地の持分のほかに，本件各不動産（固有遺産分）および本件株式を有していた。また，A は，昭和 57 年 2 月 26 日付公正証書により，全遺産を Y に遺贈する遺言をしていた。X らは Y に対し，昭和 60 年 2 月 21 日到達の内容証明郵便によって遺留分減殺請求権行使の意思表示をした。さらに，X らは Y に対して共有物の分割を求める訴えを起こした。これに対して，Y は，特定の株式について価額弁償の主張をした。原審は，一部の財産についてのみ価額弁償をすることは許されないとして，Y の価額弁償の主張を排斥した。Y が上告。

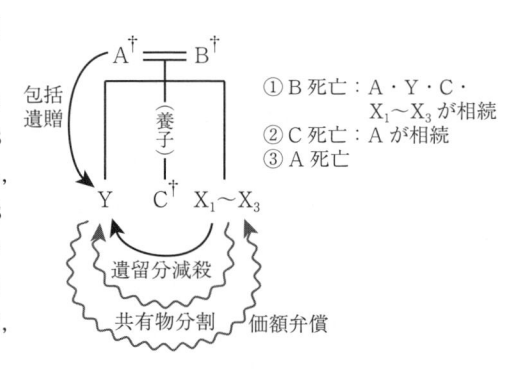

【判決理由】　一部破棄差戻し，一部棄却　「受贈者又は受遺者は，民法 1041 条 1 項に基づき，減殺された贈与又は遺贈の目的たる各個の財産について，価額を弁償して，その返還義務を免れることができるものと解すべきである。

なぜならば，遺留分権利者のする返還請求は権利の対象たる各財産について観念されるのであるから，その返還義務を免れるための価額の弁償も返還請求に係る各個の財産についてなし得るものというべきであり，また，遺留分は遺留分算定の基礎となる財産の一定割合を示すものであり，遺留分権利者が特定の財産を取得することが保障されているものではなく（民法1028条ないし1035条参照），受贈者又は受遺者は，当該財産の価額の弁償を現実に履行するか又はその履行の提供をしなければ，遺留分権利者からの返還請求を拒み得ないのであるから（最高裁昭和53年(オ)第907号同54年7月10日第三小法廷判決・民集33巻5号562頁），右のように解したとしても，遺留分権利者の権利を害することにはならないからである。このことは，遺留分減殺の目的がそれぞれ異なる者に贈与又は遺贈された複数の財産である場合には，各受贈者又は各受遺者は各別に各財産について価額の弁償をすることができることからも肯認できるところである。そして，相続財産全部の包括遺贈の場合であっても，個々の財産についてみれば特定遺贈とその性質を異にするものではないから（最高裁平成3年(オ)第1772号同8年1月26日第二小法廷判決・民集50巻1号132頁），右に説示したことが妥当するのである。

そうすると，原審の前記判断には民法1041条1項の解釈を誤った違法があるというべきである。」（裁判長裁判官　金谷利廣　裁判官　千種秀夫　元原利文　奥田昌道）

159　価額弁償の効力

最(一)判平成4年11月16日家月45巻10号25頁（百選〈6版〉194頁，平4重判98頁）

【事実】Aは昭和58年5月20日に死亡した。X_1〜X_3は，Aの子である。Aは，その所有する本件土地を，同人が代表者をしていたB社（有限会社柿木荘）に遺贈した。$X_1 X_2$は，昭和58年中にB社に対して遺留分減殺請求をし，価額弁償として各500万円を受領した。また，兄弟であるCDも同様にB社に対して遺留分減殺請求をし，価額弁償として，それぞれ1,200万円，1,800万円を受け取った。Xらは，Aの昭和58年

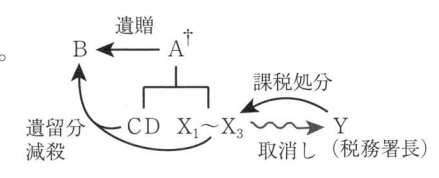

→ 159

度所得税に関するY（税務署長）の課税処分等につき，Aの所得を過大に認定し，また，Xらの承継すべき納付すべき税額のあん分を誤った違法があるとして，その取消しを求めた。Xらは，結局本件遺贈によりAからB社に移転したのは本件土地の価額4,928万円から価額弁償の総額4,000万円を控除した928万円と評価されるべきであると主張した。しかし，原審はXらの主張を認めなかった。Xらが上告。

【判決理由】　上告棄却　「原審の適法に確定した事実関係の下において，本件土地の遺贈に対する遺留分減殺請求について，受遺者が価額による弁償を行ったことにより，結局，本件土地が遺贈により被相続人から受遺者に譲渡されたという事実には何ら変動がないこととなり，したがって，右遺留分減殺請求が遺贈による本件土地に係る被相続人の譲渡所得に何ら影響を及ぼさないこととなるとした原審の判断は，正当として是認することができ，原判決に所論の違法はない。論旨は採用することができない。」（補足意見1，反対意見1がある）

大堀誠一裁判官の補足意見

「私は，多数意見に同調するものであるが，裁判官味村治の反対意見にかんがみ，そこで指摘されているいくつかの問題点について，多数意見の考え方を補足して説明しておきたい。

一　遺贈に対する遺留分減殺請求について受遺者が価額による弁償を行う場合，その価額弁償における目的物の価額算定の基準時は，味村裁判官の意見で指摘されているとおり，現実に弁償がされる時と解すべきである。このことからすると，この場合には，法は価額弁償時において遺贈の目的と弁償金とが等価で交換されるということを予定しているのであって，遺贈の目的は，相続開始時に被相続人から受遺者に移転するのではなく，価額弁償の時点で遺留分権利者から受遺者に移転するとする考え方にも理由がない訳ではない。しかし，右のような考え方よりも，遺留分の減殺請求がされたことによりいったん失効した遺贈の効果が，価額弁償によって再度相続開始時にまで遡って復活し，遺贈の目的が被相続人から受遺者に直接移転することになるとする考え方の方が，価額弁償の効果について定めた民法1041条1項の規定の文言にも，遺贈の遺言をした被相続人の意思にもよく合致し，また，法律関係を簡明に処理し得るという点でも優れているものといえよう。価額弁償の価額算定の基準時の点に

ついては、公平の理念に基づく実質的な配慮から、特に現実の価額弁償時の価額をもって弁償を行わせるべきこととしたものと考えることで足りるものというべきであろう。

　二　このように、価額弁償によって遺贈の効果が再度復活するものと解する以上、この場合の遺贈が所得税法59条1項1号にいう遺贈に該当することは明らかである。また、価額弁償金の授受は遺留分権利者と受遺者との間で行われるにすぎず、譲渡所得税の納税義務者となる被相続人と受遺者との間における遺贈による資産の移転自体は何ら対価の支払を伴うものではないのである。」

味村治裁判官の反対意見

「私は、多数意見と異なり、原判決を破棄し、Xらの本件請求を一部認容すべきものと考えるので、以下その理由を述べる。」

「遺留分権利者が受遺者に対して減殺請求をすれば、遺贈は遺留分を侵害する限度において失効し、受遺者が取得した権利は右の限度で当然に減殺請求をした遺留分権利者に帰属する（最高裁昭和50年(オ)第920号同51年8月30日第二小法廷判決・民集30巻7号768頁）。他方、受遺者は、減殺を受けるべき限度において、遺贈の目的の価額を遺留分権利者に弁償して返還義務を免れることができるが、その効果を生ずるためには、受遺者は遺留分権利者に対し価額の弁償を現実に履行し又は価額の弁償のための弁済の提供をしなければならず（最高裁昭和53年(オ)第907号同54年7月10日第三小法廷判決・民集33巻5号562頁）、その価額算定の基準時は、現実に弁償がされる時である（前掲当裁判所昭和51年8月30日第二小法廷判決）。このように、受遺者が価額弁償をして遺贈の目的の返還義務を免れるには、減殺請求により遺留分権利者に帰属した権利の弁償時における価額を、その者に対し、現実に弁償するか、又は弁償の提供をすることを要するから、右の価額弁償をする場合には、遺贈の目的とされた当該権利は、相続時ではなく、価額弁償が現実に行われ、又はその提供が行われた時点で、遺留分権利者から受遺者に移転するというべきであり、遺贈により被相続人から受遺者に移転するということはできない。

　したがって、本件において、上告人Xらの遺留分減殺請求に係る本件土地の14分の4の持分を柿木荘が取得したことは、所得税法59条1項1号の遺贈による移転に該当しないというべきである。」（裁判長裁判官　大堀誠一　裁判官

橋元四郎平　味村治　小野幹雄　三好達

160　価格弁償請求権の取得時期

最（一）判平成 20 年 1 月 24 日民集 62 巻 1 号 63 頁
（法協 126 巻 11 号 2343 頁，民商 140 巻 6 号 688 頁，曹時 63 巻 4 号 829 頁，平 20 重判 97 頁）

【事実】　Aは平成8年2月9日に死亡した。その法定相続人は，妻であるBと実の子であるY₁, Y₂, X₁, 養子であるX₂, Cであった。Aは，その財産をY₁Y₂とBに相続させる旨の公正証書遺言を平成7年に作成していた。

X₁X₂は，平成8年8月18日，Y₁Y₂とBに対して遺留分減殺請求権を行使し，Y₁Y₂とBがAから取得した遺産につき，その20分の1に相当する部分を返還するように求めた。X₁X₂は，平成9年11月19日，遺留分減殺を理由とする不動産の持分移転登記を求めたところ，Y₁は平成15年8月5日，Y₂は翌16年2月27日，それぞれ第1審弁論準備期日においてX₁X₂に対して価額弁償をする旨の意思表示をした。これに対して，X₁X₂は，平成16年7月16日，第1審口頭弁論期日において，訴えを変更して，価額弁償請求権に基づく金員の支払を求めるとともに，相続開始の日である平成8年2月9日から支払済みまで年5分の割合による遅延損害金の支払を求めた。

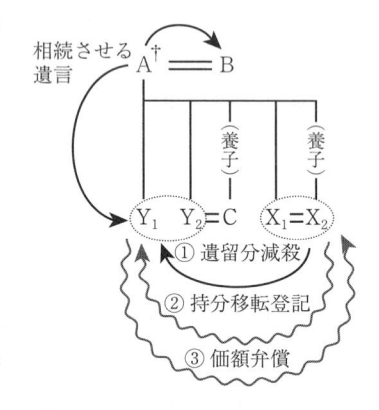

1審はXらの価額弁償請求を一部認容したが，遅延損害金に関しては，遺留分減殺請求をした日の翌日である平成8年8月19日から支払済みまでに限って，これを認めた。他方，2審は，判決確定の日の翌日から支払済みまでに限って，これを認めた。Xらから上告受理申立て。

【判決理由】　一部破棄自判　「4　しかしながら，原審の上記判断は是認することができない。その理由は，次のとおりである。

(1)　受遺者が遺留分権利者から遺留分減殺に基づく目的物の現物返還請求を受け，遺贈の目的の価額について履行の提供をした場合には，当該受遺者は目的物の返還義務を免れ，他方，当該遺留分権利者は，受遺者に対し，弁償すべ

き価額に相当する金銭の支払を求める権利を取得すると解される（前掲最高裁昭和54年7月10日第三小法廷判決，前掲最高裁平成9年2月25日第三小法廷判決参照）。また，上記受遺者が遺贈の目的の価額について履行の提供をしていない場合であっても，遺留分権利者に対して遺贈の目的の価額を弁償する旨の意思表示をしたときには，遺留分権利者は，受遺者に対し，遺留分減殺に基づく目的物の現物返還請求権を行使することもできるし，それに代わる価額弁償請求権を行使することもできると解される（最高裁昭和50年(オ)第920号同51年8月30日第二小法廷判決・民集30巻7号768頁，前掲最高裁平成9年2月25日第三小法廷判決参照）。そして，上記遺留分権利者が受遺者に対して価額弁償を請求する権利を行使する旨の意思表示をした場合には，当該遺留分権利者は，遺留分減殺によって取得した目的物の所有権及び所有権に基づく現物返還請求権をさかのぼって失い，これに代わる価額弁償請求権を確定的に取得すると解するのが相当である。したがって，受遺者は，遺留分権利者が受遺者に対して価額弁償を請求する権利を行使する旨の意思表示をした時点で，遺留分権利者に対し，適正な遺贈の目的の価額を弁償すべき義務を負うというべきであり，同価額が最終的には裁判所によって事実審口頭弁論終結時を基準として定められることになっても（前掲最高裁昭和51年8月30日第二小法廷判決参照），同義務の発生時点が事実審口頭弁論終結時となるものではない。そうすると，民法1041条1項に基づく価額弁償請求に係る遅延損害金の起算日は，上記のとおり遺留分権利者が価額弁償請求権を確定的に取得し，かつ，受遺者に対し弁償金の支払を請求した日の翌日ということになる。

(2)　これを本件についてみると，前記事実関係等によれば，遺留分権利者であるXらは，Yらがそれぞれ価額弁償をする旨の意思表示をした後である平成16年7月16日の第1審口頭弁論期日において，訴えを交換的に変更して価額弁償請求権に基づく金員の支払を求めることとしたのであり，この訴えの変更により，Yらに対し，価額弁償請求権を確定的に取得し，かつ，弁償金の支払を請求したものというべきである。そうすると，Xらは，Yらに対し，上記価額弁償請求権について，訴えの変更をした日の翌日である同月17日から支払済みまでの遅延損害金の支払を請求することができる。

5　以上と異なる原審の判断には，判決に影響を及ぼすことが明らかな法令

➡ 解説

の違反がある。論旨は，上記の趣旨をいうものとして理由があり，原判決のうち，価額弁償請求に係る遅延損害金について上記訴えの変更をした日の翌日から判決確定の日までの請求を棄却した部分は破棄を免れない。そして，Xらの価額弁償請求は，Yらに対して各弁償金及びこれに対する訴えの変更をした日の翌日である平成16年7月17日から支払済みまで民法所定の年5分の割合による遅延損害金の支払を求める限度で理由があり，その余は理由がないから，原判決のうち遺留分減殺請求に係る部分を主文第1項のとおり変更すべきである。」（裁判長裁判官　泉德治　裁判官　横尾和子　甲斐中辰夫　才口千晴　涌井紀夫）

解　説

　1041条の定める価額弁償については不明な点が多かったが，*155*は，価額弁償を認めても遺留分権利者に支障は生じないとしつつ，価額弁償は目的物の返還に代わるものでありこれと等価でなければならないとして，価額算定の基準時を現実に弁済される時（訴訟の場合には口頭弁論終了時）とした。*156*は，受贈者等がある財産については現物返還を，ある財産については価額弁償を，という選択をしても，遺留分権利者の利益は損なわれないとして，贈与・遺贈の対象たる各個の財産につき価額弁償をなしうるとした。

　*159*は，価額弁償がなされた場合に，遺贈の目的物はいつの時点で受遺者に移転するかという問題につき，価額弁償時に移転するという反対意見があったものの，相続開始時に遡って移転するという考え方を採用した。*158*との整合性については，補足意見が1つの考え方を述べている。これに対して，*160*は，受遺者が目的物の価額につき履行の提供をしたときに，受遺者は目的物返還義務を免れるとともに，当該遺留分権利者は価額に相当する金銭の支払請求権を取得すること（最判昭和54年7月10日民集33巻5号562頁，最判平成9年2月25日民集51巻2号448頁），また，履行の提供をしていない場合であっても価額弁償の意思表示をしたときには，遺留分権利者は目的物の返還請求権を行使することも価額弁償請求権を行使することもできること（最判昭和51年8月30日民集30巻7号768頁，前掲最判平成9・2・25）を前提としつつ，遺留分権利者が価額弁償請求権を行使する旨の意思表示をした場合には，この時点で，目的物の

→ 解説

返還請求権は遡及的に消滅し，価額弁償請求権を確定的に取得するとし，請求の翌日を遅延損害金の起算日とした。なお，*157*はこのような考え方と両立するとしている。

補　章　相続と登記

161　相続放棄と登記

最(二)判昭和42年1月20日民集21巻1号16頁
(法協85巻2号218頁，民商57巻2号212頁，曹時19巻5号959頁，百選〈3版〉220頁，百選〈7版〉152頁)

【事実】　Aは，本件不動産を所有していたが，昭和31年8月28日に死亡した。同年10月29日，その相続人7名中，BおよびCら合計5人が家庭裁判所に相続放棄の申述をし，この申述は同年11月20日に受理された。残りの相続人はX_1およびX_2である。

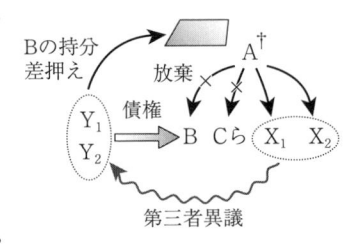

昭和39年12月，Bの債権者であるY_1Y_2は，本件不動産につき，Bが，他の相続人であるXらおよびCらとともに共同相続した旨の登記を代位によって行い，Bの共有持分権（9分の1）について仮差押えをし，その登記（仮差押登記）がされた。そこで，Xらは，本件不動産はBの所有ではなく，Xらの所有であるとして第三者異議の訴えを提起した。

1，2審では，Yらが勝訴。相続放棄は177条にいう物権の得喪変更に該当するから，その登記の前に登場した第三者であるYらに対抗できないとする。X_1が上告。

【判決理由】　破棄自判　「民法939条1項（昭和37年法律第40号による改正前のもの）「放棄は，相続開始の時にさかのぼつてその効果を生ずる。」の規定は，相続放棄者に対する関係では，右改正後の現行規定「相続の放棄をした者は，その相続に関しては，初から相続人とならなかつたものとみなす。」と同趣旨と解すべきであり，民法が承認，放棄をなすべき期間（同法915条）を定めたのは，相続人に権利義務を無条件に承継することを強制しないこととして，相続人の利益を保護しようとしたものであり，同条所定期間内に家庭裁判所に放棄の申述をすると（同法938条），相続人は相続開始時に遡ぼつて相続開始がなかつたと同じ地位におかれることとなり，この効力は絶対的で，何人に対

しても，登記等なくしてその効力を生ずると解すべきである。」

したがって，Bが他の相続人と「ともに本件不動産を共同相続したものとしてなされた代位による所有権保存登記（名古屋法務局稲沢出張所昭和39年12月25日受付第7624号）は実体にあわない無効のものというべく，従って，本件不動産につきBが持分9分の1を有することを前提としてなした仮差押は，その内容どおりの効力を生ずるに由なく，この仮差押登記（同出張所昭和39年12月25日受付第7627号）は無効というべきである。よって，この点に関する原判決の判断は当を得ず，この誤りが原判決主文に影響を及ぼすこと勿論であるから，論旨は理由があり，原判決は破棄を免れない。」（裁判長裁判官 奥野健一　裁判官　城戸芳彦　石田和外　色川幸太郎）

162　相続分の指定と登記

最(二)判平成5年7月19日家月46巻5号23頁（判評442号232頁，リマークス12号84頁）

【事実】　Aは，本件土地を所有していたが，昭和46年4月1日に死亡し，子B, C, D, Yが共同相続した。Aは，昭和44年1月25日付けの自筆証書遺言において，遺言後に死亡した妻の相続分も含め，各相続人の相続分を指定していた。指定内容は解釈の余地のあるものであったが，結論として，Bの指定相続分は80分の13であった。

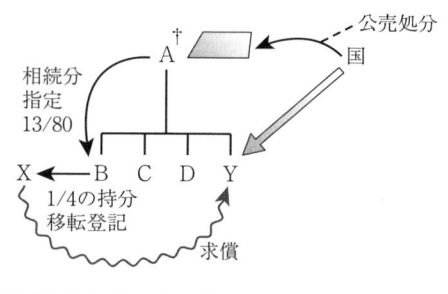

上記のように，相続人間で遺言の解釈をめぐって争いがあったが，相続税の滞納許可を得るために本件土地に相続税債権を被担保債権とする抵当権を設定する必要があったため，便宜上，相続人らは，B, C, D, Yの持分を各4分の1とする相続登記を行った。ところが，Bは，指定相続分を上回る相続登記がされていることを利用して，自らの登記上の持分4分の1をX会社（Dが代表取締役）に売却し，持分の移転登記をした。

その後，Yが相続税を滞納したため，本件土地は公売処分に付され，公売代金はYの相続税滞納額に充当されるとともに，残余のうち3,338万9,557円はXに交付された。この際，その計算は，Xの持分が4分の1である前提で行われた。

➡ 163

そこで、Xは、Yに対して、Xの持分（4分の1）のうちYの滞納相続税に充当された額として、1,505万3,568円の支払を求めて訴えを提起した。

1審ではX勝訴。2審は、XはBからその指定相続分である80分の13の持分権しか取得しておらず、Xは、公売処分においてその額を上回る残余金を受領しているとして、Xの請求を棄却した。

Xが上告し、遺産分割前の第三者であり、909条ただし書によってBが法定相続分を有していることを前提に保護されると主張した。

【判決理由】 上告棄却 「Bの登記は持分80分の13を超える部分については無権利の登記であり、登記に公信力がない結果、Xが取得した持分は80分の13にとどまるというべきである（最高裁昭和35年(オ)第1197号同38年2月22日第二小法廷判決・民集17巻1号235頁参照）。これと同旨の原審の判断は、正当として是認することができる。」（裁判長裁判官　中島敏次郎　裁判官　藤島昭　木崎良平　大西勝也）

163　遺産分割と登記

最（三）判昭和46年1月26日民集25巻1号90頁
(法協90巻2号401頁、民商65巻6号986頁、曹時23巻11号3072頁、百選〈5版〉198頁、百選〈7版〉150頁)

【事実】 Aは、甲・乙・丙不動産（未登記）を所有していたが、死亡し、妻X_1、子X_2〜X_7、B_1〜B_4の11名が共同相続した。そして、昭和34年4月11日、X_1〜X_7が甲・乙・丙不動産の各7分の1の持分を取得する旨の遺産分割調停が成立した。ところが、登記がされないうちに、X_1の債権者らが各不動産の仮差押えを申し立て、甲・乙については、仮差押登記の嘱託による所有権保存登記がなされ、X_1の持分を29分の9、B_4を除く子9名が各27分の2とする持分割合が登記され、また、丙については、X_1の債権者Cの代位申請に基づき所有権保存登記がなされ、X_1の持分を30分の10、その他の子計10名が各30分の2とする持分割合が登記された。

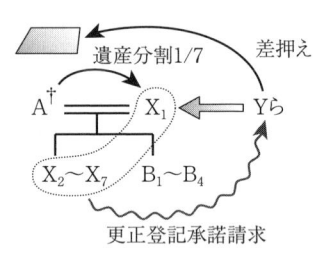

X_2〜X_7は、X_1およびB_1〜B_4を相手取って、所有権保存登記更正登記手続を請求する訴えを提起していたが、その判決が確定する前の昭和42年11月30日に、

→ 163

X_1X_2 の債権者である $Y_1〜Y_3$ は，甲・乙・丙不動産の X_1X_2 の各持分に対して仮差押えを申し立て，同年12月4日にその旨の登記がされた。

前記所有権保存登記更正登記手続は $X_2〜X_7$ の勝訴に確定したが，$Y_1〜Y_3$ の仮差押登記があるままでは更正登記ができない。そこで，$X_1〜X_7$ が $Y_1〜Y_3$ を相手取って，上記更正登記に対する承諾を請求して訴えを提起した。

1，2審ともXらの請求を棄却した。その理由は，遺産分割による物権変動を第三者たるYらに対抗するには，177条に従い，Yらによる仮差押登記の前に登記をしておくことが必要であるということにある。Xらが上告。

【判決理由】 上告棄却 「遺産の分割は，相続開始の時にさかのぼってその効力を生ずるものではあるが，第三者に対する関係においては，相続人が相続によりいったん取得した権利につき分割時に新たな変更を生ずるのと実質上異ならないものであるから，不動産に対する相続人の共有持分の遺産分割による得喪変更については，民法177条の適用があり，分割により相続分と異なる権利を取得した相続人は，その旨の登記を経なければ，分割後に当該不動産につき権利を取得した第三者に対し，自己の権利の取得を対抗することができないものと解するのが相当である。

論旨は，遺産分割の効力も相続放棄の効力と同様に解すべきであるという。しかし，民法909条但書の規定によれば，遺産分割は第三者の権利を害することができないものとされ，その限度で分割の遡及効は制限されているのであって，その点において，絶対的に遡及効を生ずる相続放棄とは，同一に論じえないものというべきである。遺産分割についての右規定の趣旨は，相続開始後遺産分割前に相続財産に対し第三者が利害関係を有するにいたることが少なくなく，分割により右第三者の地位を覆えすことは法律関係の安定を害するため，これを保護するよう要請されるというところにあるものと解され，他方，相続放棄については，これが相続開始後短期間にのみ可能であり，かつ，相続財産に対する処分行為があれば放棄は許されなくなるため，右のような第三者の出現を顧慮する余地は比較的乏しいものと考えられるのであって，両者の効力に差別を設けることにも合理的理由が認められるのである。そして，さらに，遺産分割後においても，分割前の状態における共同相続の外観を信頼して，相続人の持分につき第三者が権利を取得することは，相続放棄の場合に比して，多く予想されるところであって，このような第三者をも保護すべき要請は，分割

→ 164

前に利害関係を有するにいたった第三者を保護すべき前示の要請と同様に認められるのであり，したがって，分割後の第三者に対する関係においては，分割により新たな物権変動を生じたものと同視して，分割につき対抗要件を必要とするものと解する理由があるといわなくてはならない。」(裁判長裁判官　下村三郎　裁判官　田中二郎　松本正雄　飯村義美　関根小郷)

164　遺贈と登記

最(二)判昭和39年3月6日民集18巻3号437頁
(法協83巻9=10号1417頁，民商51巻6号922頁，曹時16巻5号714頁，百選〈3版〉222頁，百選〈7版〉154頁)

【事実】　Aは，本件不動産を所有していたが，昭和33年6月17日に死亡した。Aは，昭和33年6月11日作成の遺言書により，本件不動産を訴外B，C，D，E，F，Gに遺贈した。この登記が行われないうちに，昭和33年7月2日，Aの法定相続人であるHに対する債権者であるYは，その債権を保全するために，Hに代位して，Hの法定相続分である本件不動産に対する4分の1の持分について所有権移転登記をしたうえ，Hの右持分権につき強制競売の申立てをなし，昭和33年7月10日に競売申立ての登記記入がされた。その後，同月28日にXが遺言執行者に選任された。以上の事実関係のもと，XがYを相手取り第三者異議の訴えを提起した。

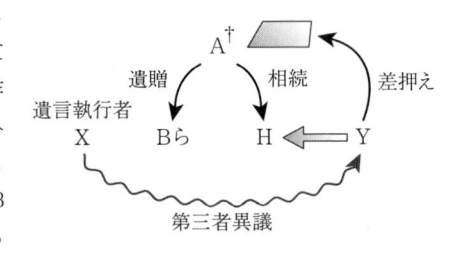

1，2審とも，Yは177条の第三者にあたるとして，Xの請求を棄却した。Xが上告。

【判決理由】　上告棄却　「不動産の所有者が右不動産を他人に贈与しても，その旨の登記手続をしない間は完全に排他性ある権利変動を生ぜず，所有者は全くの無権利者とはならないと解すべきところ（当裁判所昭和31年(オ)1022号，同33年10月14日第三小法廷判決，集12巻14号3111頁参照），遺贈は遺言によって受遺者に財産権を与える遺言者の意思表示にほかならず，遺言者の死亡を不確定期限とするものではあるが，意思表示によって物権変動の効果を生ずる点においては贈与と異なるところはないのであるから，遺贈が効力を生じ

た場合においても，遺贈を原因とする所有権移転登記のなされない間は，完全に排他的な権利変動を生じないものと解すべきである。そして，民法177条が広く物権の得喪変更について登記をもって対抗要件としているところから見れば，遺贈をもってその例外とする理由はないから，遺贈の場合においても不動産の二重譲渡等における場合と同様，登記をもって物権変動の対抗要件とするものと解すべきである。しかるときは，本件不動産につき遺贈による移転登記のなされない間に，亡Aと法律上同一の地位にあるHに対する強制執行として，Hの前記持分に対する強制競売申立が登記簿に記入された前記認定の事実関係のもとにおいては，競売申立をしたYは，前記Hの本件不動産持分に対する差押債権者として民法177条にいう第三者に該当し，受遺者は登記がなければ自己の所有権取得をもってYに対抗できないものと解すべきであり，原判決認定のように競売申立記入登記後に遺言執行者が選任せられても，それはYの前記第三者たる地位に影響を及ぼすものでないと解するのが相当である。」(裁判長裁判官 奥野健一 裁判官 山田作之助 草鹿浅之介 城戸芳彦 石田和外)

165 「相続させる」遺言と登記

最(二)判平成14年6月10日家月55巻1号77頁（百選〈7版〉156頁，平14重判79頁）

【事実】 Xは，夫である被相続人A（平成8年7月に死亡）がした，本件不動産の権利一切をXに相続させる旨の遺言によって，上記不動産ないしその共有持分権を取得した。Aの法定相続人の1人であるBの債権者であるY₁〜Y₄は，Bに代位してBが法定相続分により上記不動産および共有持分権を相続した旨の登記を経由した上，Bの持分に対する仮差押えおよび強制競売を申し立て，これに対する仮差押えおよび差押えがされたところ，Xは，この仮差押えの執行および強制執行の排除を求めて第三者異議訴訟を提起した。

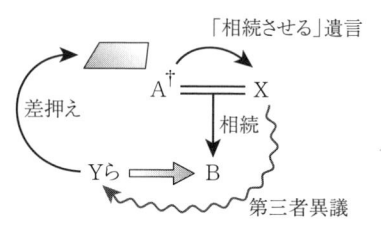

1，2審ともXが勝訴。Yらは，原判決には177条の解釈に誤りがあるとして，上告受理を申し立てた。

→ 166

【判決理由】 上告棄却 「特定の遺産を特定の相続人に「相続させる」趣旨の遺言は，特段の事情のない限り，何らの行為を要せずに，被相続人の死亡の時に直ちに当該遺産が当該相続人に相続により承継される（最高裁平成元年(オ)第174号同3年4月19日第二小法廷判決・民集45巻4号477頁参照）。このように，「相続させる」趣旨の遺言による権利の移転は，法定相続分又は指定相続分の相続の場合と本質において異なるところはない。そして，法定相続分又は指定相続分の相続による不動産の権利の取得については，登記なくしてその権利を第三者に対抗することができる（最高裁昭和35年(オ)第1197号同38年2月22日第二小法廷判決・民集17巻1号235頁，最高裁平成元年(オ)第714号同5年7月19日第二小法廷判決・裁判集民事169号243頁参照）。したがって，本件において，Xは，本件遺言によって取得した不動産又は共有持分権を，登記なくしてYらに対抗することができる。」（裁判長裁判官　北川弘治　裁判官　河合伸一　福田博　亀山継夫　梶谷玄）

166　限定承認をした相続人の死因贈与による不動産取得と相続債権者

最(二)判平成10年2月13日民集52巻1号38頁（民商120巻3号437頁，曹時50巻11号2812頁，百選〈7版〉162頁）

【事実】　Aは，本件土地を所有していたが，昭和62年12月21日，$X_1 X_2$に対し，本件土地の持分2分の1ずつにつき死因贈与を行い，Xらは，同月23日，本件土地につき上記死因贈与を登記原因とする始期付所有権移転仮登記をした。Aは，平成5年5月9日に死亡し，子であるB，X_1，X_2がこれを共同相続したが，Bは，その後，相続放棄の申述を受理され，他方，Xらは，平成5年8月3日に家庭裁判所に対し限定承認の申述受理の申立てをし，同月26日，これが受理された。

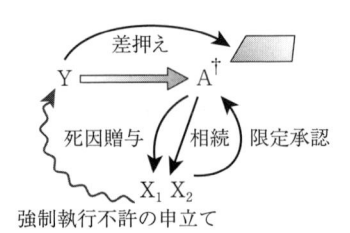

　Aの債権者Yは，Aに対して有する債権の公正証書の正本に，Aの相続財産の限定内において，その一般承継人であるXらに対しこの公正証書によって強制執行することができる旨の承継執行文の付与を受け，本件土地に対する強制競売の申立てをし，平成6年11月29日に強制競売開始決定がされ，本件土地に差押登記がされた。

これに対して，Xらが，本件土地は相続財産に含まれないとして，強制執行の不許を求めて訴えを提起した。

1審は，Xらが死因贈与により本件土地の所有権を取得しても，XらはAの相続について限定承認の申述をし，受理されているのであり，限定承認の効力は相続の開始時に遡及し，相続財産は相続債権者等のために差し押さえられたと同様の効果が生じるというべきであるから，Xらは本件土地所有権取得につき，相続開始時点において相続債権者その他の第三者に対抗しうる所有権移転登記等の対抗要件を具備していない限り，所有権取得を相続債権者であるYに対抗することはできないが，本件土地については，相続開始前に，Xらの仮登記がされており，相続開始後に仮登記に基づく本登記手続がされているのであり，Xらは，その対抗要件具備自体は相続開始後ではあるものの，仮登記の順位保全の効力により，限定承認がされても，本件土地の所有権の取得を相続債権者その他の第三者に対抗しうる，として，Xらを勝訴させた。これに対して，2審は，限定承認がされたときは，受遺者は相続債権者に劣後する地位に置かれている（922条・929条・931条）ところ，債務超過を念頭に置いた清算手続である限定承認において，遺贈と死因贈与とを別異に扱うべき合理的理由はないのであり，Xらは，本件土地がXらの固有財産であると主張することはできず，本件土地は922条の「相続によって得た財産」に該当し，相続債務の引当てになるのであり，このことは，死因贈与による所有権の移転につき，贈与者の死亡前に仮登記がされているときも同様である，として，Yを勝訴させた。Xらが上告。

【判決理由】　上告棄却　「不動産の死因贈与の受贈者が贈与者の相続人である場合において，限定承認がされたときは，死因贈与に基づく限定承認者への所有権移転登記が相続債権者による差押登記よりも先にされたとしても，信義則に照らし，限定承認者は相続債権者に対して不動産の所有権取得を対抗することができないというべきである。けだし，被相続人の財産は本来は限定承認者によって相続債権者に対する弁済に充てられるべきものであることを考慮すると，限定承認者が，相続債権者の存在を前提として自ら限定承認をしながら，贈与者の相続人としての登記義務者の地位と受贈者としての登記権利者の地位を兼ねる者として自らに対する所有権移転登記手続をすることは信義則上相当でないものというべきであり，また，もし仮に，限定承認者が相続債権者による差押登記に先立って所有権移転登記手続をすることにより死因贈与の目的不動産の所有権取得を相続債権者に対抗することができるものとすれば，限定承

→ 167

認者は，右不動産以外の被相続人の財産の限度においてのみその債務を弁済すれば免責されるばかりか，右不動産の所有権をも取得するという利益を受け，他方，相続債権者はこれに伴い弁済を受けることのできる額が減少するという不利益を受けることとなり，限定承認者と相続債権者との間の公平を欠く結果となるからである。そして，この理は，右所有権移転登記が仮登記に基づく本登記であるかどうかにかかわらず，当てはまるものというべきである。」（裁判長裁判官　大西勝也　裁判官　根岸重治　河合伸一　福田博）

167　遺留分減殺後の処分と登記

最（三）判昭和35年7月19日民集14巻9号1779頁
（民商44巻2号320頁，曹時12巻9号1217頁，百選〈新版・増補〉291頁，百選〈3版〉262頁）

【事実】本件不動産はAが所有していたが，Aは，生前に孫であるBにこれを贈与し，Bへの所有権移転登記が経由された。その後，Aが死亡したが，Aの相続人である$X_1 X_2$は，AのBに対する贈与はXらの遺留分を侵害するものであるとして，減殺を請求した。ところが，まもなくBも死亡し，$Y_1 Y_2$がこれを相続し，本件不動産につき所有権移転登記を経由した。さらに，Yらは，本件不動産をY_3に売却し，Y_3への所有権移転登記がされた。

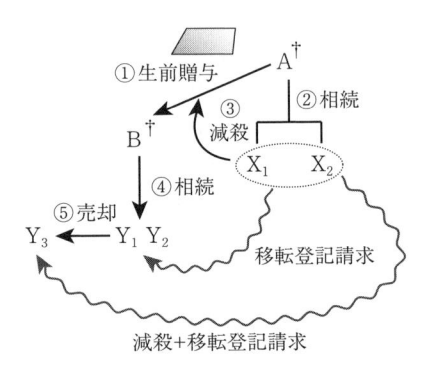

そこで，Xらは，$Y_1 Y_2$に対して，減殺を理由とする本件不動産の所有権移転登記手続を，Y_3に対して，1040条1項ただし書による減殺と，所有権移転登記手続を求めて，訴えを提起した。

1，2審ともXらが敗訴。2審は，次のような理由を述べている。すなわち，Xらのした減殺の意思表示により，AB間の本件不動産の贈与はXらの有する遺留分の限度において無効に帰し，したがって，減殺請求のあった時点で本件不動産はXらとBの共有となり，Xらは本件不動産につきそれぞれ8分の1の共有持分を，Bは8分の6の共有持分を有するに至った。しかし，Xらは，各持分の取得につき登記を得ていないのであり，Bを共同相続した$Y_1 Y_2$から本件不動産を適法に買

い受け，所有権移転登記を経由した Y_3 に対し，X らは各持分の取得を対抗しえない。また，X らの Y_3 に対する減殺請求については，Y_3 が本件不動産を買い受けたのは，X らの Y_1Y_2 に対する減殺請求後であり，このような場合には1040条1項ただし書の適用はないから，Y_3 に対し減殺の請求はできない。X らが上告。

【判決理由】 上告棄却 「未登記の X らは $Y_1 \cdot Y_2$ から本件不動産を買受け所有権移転登記を経た Y_3 に対し，所有権取得をもって対抗し得ないのであ」り，また，「B に対する減殺請求後，本件不動産を買受けた Y_3 に対し減殺請求をなし得ないとした原審の判断……は，……正当であり，……論旨はすべて理由がない。」（裁判長裁判官　河村又介　裁判官　島保　垂水克己　高橋潔　石坂修一）

解　説

(1)　相続後に遺産に属する財産の権利移転が行われるときには，権利の移転を受けた者は，対抗要件を具備しなければ，その権利取得を第三者に対抗できない。これに対して，遺産全体につき，または，個々の財産につき，そもそも被相続人からの移転を受けていない者から権利の譲渡等を受けた者がいても，全くの無権利者から移転を受けた者だから，その者との関係では対抗要件を具備する必要はない。

判例は，遺産分割（*163*）・遺留分減殺（*167*）については，相続後の権利移転だと評価している（なお，遺産分割によって遺産中の指名債権を取得した者が，対抗要件を具備する必要があることについて，最判昭和48年11月22日金法708号31頁参照。また，遺産分割が詐害行為になりうることも，上記の理解を前提としている。*118* 参照）。

これに対して，相続放棄（*161*）については，939条を重視し，放棄者は最初から相続人にならず，何らの権利も帰属しないと理解している（なお，このことは，相続放棄は詐害行為にはならないとすることの前提ともなっている。*124*）。また，相続分の指定（*162*）があったときは，指定相続分どおりの権利移転が被相続人から各相続人に対して生じ，指定相続分以上の持分については各共同相続人は全くの無権利者であるとする。「相続させる」遺言（*165*）があるときも，対象財産について同様である（なお，*138* も参照）。

(2)　また，*164* は，遺贈につき，受贈者は対抗要件を具備することが必要だ

➡ 解説

としているが，これは，「相続」のメカニズムと，「遺贈」あるいは「死因贈与」のメカニズムを異なると考えるものである。そうすると，限定承認を行っても，死因贈与があれば，受贈者は別のメカニズムで贈与物を取得できそうである。しかし，それを認めることは，あまりに相続債権者を害するので，*166* は，信義則による処理を行っている。

判 例 索 引

※ [ ] 内の数字は判例の見出し番号を，行末の数字は頁数を示す。

大（連）判大正 4・1・26 民録 21・49 [32] ……………………………………66
大判大正 15・2・16 民集 5・150 ………………………………………………247
大決大正 15・7・20 刑集 5・318 …………………………………………………18
大決昭和 5・9・30 民集 9・926 [9] ……………………………………………19
最（三）判昭和 27・2・19 民集 6・2・110 [29] ………………………………58
最（一）判昭和 29・4・8 民集 8・4・819 [92] ………………………………228
最（三）判昭和 30・5・31 民集 9・6・793 [102] ……………………………242
最（一）判昭和 30・11・24 民集 9・12・1837 …………………………………65
最（三）判昭和 31・2・21 民集 10・2・124 ……………………………………48
最（一）判昭和 31・5・10 民集 10・5・487 …………………………………257
最（一）判昭和 33・3・6 民集 12・3・414 ……………………………………23
最（二）判昭和 33・4・11 民集 12・5・789 [35] ……………………………70
最（二）判昭和 33・7・25 民集 12・12・1823 …………………………………58
最（二）判昭和 34・6・19 民集 13・6・757 [94] ……………………………230
最（三）判昭和 34・7・14 民集 13・7・1023 [17] ……………………………35
最（二）判昭和 34・8・7 民集 13・10・1251 [18] ……………………………37
最（一）判昭和 35・2・25 民集 14・2・279 [69] ……………………………158
最（三）判昭和 35・7・19 民集 14・9・1779 [167] …………………………372
最（三）判昭和 36・4・25 民集 15・4・891 [28] ……………………………57
最（大）判昭和 36・9・6 民集 15・8・2047 [16] ……………………………33
最（三）判昭和 37・4・10 民集 16・4・693 [57] ……………………………130
最（二）判昭和 37・4・27 民集 16・7・1247 [51] ……………………………119
最（二）判昭和 37・5・18 民集 16・5・1073 [99] ……………………………238
最（二）判昭和 37・11・9 民集 16・11・2270 [95] …………………………232
最（三）判昭和 37・12・25 民集 16・12・2455 ………………………………256
最（二）判昭和 38・2・22 民集 17・1・235 [107] ……………………………253
最（一）判昭和 38・9・5 民集 17・8・942 [33] ………………………………68
最（一）判昭和 38・11・28 民集 17・11・1469 [19] …………………………38
最（二）判昭和 39・3・6 民集 18・3・437 [164] ……………………………368
最（二）判昭和 39・9・4 民集 18・7・1394 [34] ………………………………69
最（三）判昭和 39・9・8 民集 18・7・1423 [62] ……………………………144

375

最（三）判昭和 39・10・13 民集 18・8・1578 ················78
最（三）判昭和 40・2・2 民集 19・1・1 [98] ···············236
最（大）判昭和 40・6・30 民集 19・4・1089 ··············27
最（大）決昭和 40・6・30 民集 19・4・1114 [12] ··········24
最（三）判昭和 41・2・15 民集 20・2・202 [41] ············85
最（一）判昭和 41・7・14 民集 20・6・1183 [148] ·········339
最（二）判昭和 42・1・20 民集 21・1・16 [161] ············364
最（一）判昭和 42・2・2 民集 21・1・88 [11] ··············22
最（二）判昭和 42・2・17 民集 21・1・133 ············27, 189
最（三）判昭和 42・2・21 民集 21・1・155 ···············256
最（大）判昭和 42・11・1 民集 21・9・2249 ···············247
最（一）判昭和 43・7・4 民集 22・7・1441 ················173
最（三）判昭和 43・8・27 民集 22・8・1733 [54] ···········123
最（三）判昭和 43・10・8 民集 22・10・2172 [66] ··········154
最（一）判昭和 44・4・3 民集 23・4・709 [2] ···············3
最（一）判昭和 44・5・29 民集 23・6・1064 [42] ···········86
最（二）判昭和 44・10・31 民集 23・10・1894 [1] ···········2
最（二）判昭和 44・11・14 判時 578・45 ··················39
最（一）判昭和 44・12・18 民集 23・12・2476 [15] ·········31
最（三）判昭和 45・4・21 判時 596・43 ···················10
最（三）判昭和 45・11・24 民集 24・12・1943 [27] ·········55
最（三）判昭和 46・1・26 民集 25・1・90 [163] ···········366
最（三）判昭和 46・4・20 家月 24・2・106 [70] ············159
大阪高決昭和 46・5・18 家月 24・5・47 [126] ············296
最（二）判昭和 46・5・21 民集 25・3・408 [30] ············60
最（二）判昭和 46・7・23 民集 25・5・805 [23] ············46
最（三）判昭和 46・9・21 民集 25・6・823 [14] ············27
最（二）判昭和 46・10・22 民集 25・7・985 [60] ···········141
最（三）判昭和 46・11・30 民集 25・8・1437 [100] ········240
最（二）判昭和 47・2・18 民集 26・1・46 ················188
最（二）判昭和 47・3・17 民集 26・2・249 [135] ···········318
最（三）判昭和 47・7・25 民集 26・6・1263 [3] ·············5
最（一）判昭和 48・4・12 民集 27・3・500 [64] ············149
最（一）判昭和 48・11・22 金法 708・31 ··················373
最（一）判昭和 49・7・22 家月 27・2・69 [67] ············155
最（二）判昭和 49・9・20 民集 28・6・1202 [124] ··········292

最（三）判昭和 50・4・8 民集 29・4・401 [*61*] ……………………………143
最（二）判昭和 50・10・24 民集 29・9・1483 [*62*] …………………………304
最（二）判昭和 50・11・7 民集 29・10・1525 [*104*] …………………………248
最（一）判昭和 51・3・18 民集 30・2・111 [*146*] ……………………………336
最（二）判昭和 51・8・30 民集 30・7・768 [*157*] ………………………354, 362
東京家審昭和 52・3・5 家月 29・10・154 [*44*] …………………………………90
最（二）判昭和 52・9・19 家月 30・2・110 ………………………………………256
最（二）判昭和 53・2・24 民集 32・1・98 [*80*] ………………………………183
最（二）判昭和 53・2・24 民集 32・1・110 [*48*] ……………………………107
最（三）判昭和 53・11・14 民集 32・8・1529 [*24*] ……………………………48
最（大）判昭和 53・12・20 民集 32・9・1674 [*85*] …………………………198
最（一）判昭和 54・2・22 家月 32・1・149 [*103*] ……………………………247
最（二）判昭和 54・3・30 民集 33・2・303 [*7*] ………………………………14
最（二）判昭和 54・3・30 家月 31・7・54 [*47*] ………………………………106
東京家八王子支審昭和 54・5・16 家月 32・1・166 [*79*] ……………………181
最（三）判昭和 54・7・10 民集 33・5・562 ……………………………………362
最（二）判昭和 54・11・2 判時 955・56 ………………………………………153
最（一）判昭和 55・11・27 民集 34・6・815 [*97*] ……………………………234
最（一）判昭和 55・12・4 民集 34・7・835 [*134*] ……………………………314
最（三）判昭和 55・12・23 判時 992・47 ………………………………………131
最（二）判昭和 56・4・3 民集 35・3・431 [*89*] ………………………………219
最（二）判昭和 56・9・11 民集 35・6・1013 [*136*] …………………………319
最（二）判昭和 56・11・13 民集 35・8・1251 [*137*] …………………………332
最（二）判昭和 57・3・19 民集 36・3・432 [*53*] ……………………………122
最（二）判昭和 57・3・26 判時 1041・66 ………………………………………39
最（二）判昭和 57・4・30 民集 36・4・763 [*54*] ……………………………331
新潟家審昭和 57・8・10 家月 35・10・79 [*63*] ………………………………146
最（三）判昭和 57・9・28 民集 36・8・1642 [*5*] …………………………10, 40
最（一）判昭和 57・11・18 民集 36・11・2274 [*68*] …………………………156
最（一）判昭和 58・2・3 民集 37・1・45 ………………………………………49
最（二）判昭和 58・3・18 家月 36・3・143 [*129*] ……………………………307
最（一）判昭和 58・4・14 民集 37・3・270 [*39*] ………………………………78
最（二）判昭和 58・12・19 民集 37・10・1532 …………………………………55
最（二）判昭和 59・4・27 民集 38・6・698 [*122*] ……………………………287
東京高決昭和 60・9・19 家月 38・3・69 [*78*] ………………………………179
最（一）判昭和 61・3・13 民集 40・2・389 [*116*] ……………………………278

判例索引　*377*

最（二）判昭和61・7・14判時1198・149［10］……………………………20
最（一）判昭和61・11・20民集40・7・1167［131］……………………311
最（一）判昭和62・4・23民集41・3・474［132］………………………330
最（大）判昭和62・9・2民集41・6・1423［31］…………………………61
最（三）判昭和62・9・4家月40・1・161［115］…………………………277
最（三）判昭和63・6・21家月41・9・101［116］…………………………291
最（一）判平成元・2・9民集43・2・1［119］……………………………282
最（一）判平成元・4・6民集43・4・193［49］…………………………108
最（三）判平成元・7・18家月41・10・128［101］………………………241
最（一）判平成元・9・14家月41・11・75［25］……………………………50
最（二）判平成元・11・24民集43・10・1220［127］……………247, 298
東京高決平成元・12・28家月42・8・45［113］…………………………273
最（一）判平成2・7・19家月43・4・33［52］……………………………121
最（二）判平成2・7・20民集44・5・975……………………………………50
最（一）判平成2・9・27民集44・6・995［120］…………………………283
最（一）判平成2・11・8家月43・3・72……………………………………66
最（二）判平成3・4・19民集45・4・477［137］…………………………321
東京高決平成3・12・24判タ794・215［114］……………………………274
最（二）判平成4・4・10家月44・8・16［96］……………………………233
高松高決平成4・8・7判タ809・193…………………………………………45
最（一）判平成4・11・16家月45・10・25［159］………………………357
最（一）判平成4・12・10民集46・9・2727［71］………………………160
東京高決平成4・12・11判時1448・130［91］……………………………223
最（三）判平成5・1・19民集47・1・1［130］…………………………309
最（二）判平成5・7・19家月46・5・23［162］…………………………365
最（三）判平成5・9・7民集47・7・4740…………………………………246
最（三）判平成5・10・19民集47・8・5099［72］………………………162
最（三）判平成5・10・19家月46・4・27［132］…………………………312
最（一）判平成5・12・16家月46・8・47［118］…………………………280
東京家八王子支審平成6・1・31判時1486・56［76］……………………173
最（三）判平成6・2・8家月46・9・59………………………………………66
最（三）判平成6・4・26民集48・3・992［73］…………………………166
最（二）判平成6・6・24家月47・3・60［133］…………………………313
最（二）判平成6・7・18民集48・5・1233………………………………245
最（三）判平成6・9・13民集48・6・1263［81］…………………………185
最（二）判平成6・12・16判時1518・15……………………………………226

最（三）判平成 7・1・24 判時 1523・81 [1]	323
最（大）決平成 7・7・5 民集 49・7・1789 [110]	266
最（三）判平成 7・12・5 家月 48・7・52 [86]	211
最（三）判平成 7・12・5 判時 1563・81 [6]	11
最（二）判平成 8・1・26 民集 50・1・132 [149]	340
最（二）判平成 8・3・8 家月 48・10・145 [4]	7
最（三）判平成 8・3・26 民集 50・4・993 [8]	17
福岡高決平成 8・8・20 判時 1596・69 [93]	229
最（三）判平成 8・11・26 民集 50・10・2747 [147]	78, 337
最（三）判平成 8・12・17 民集 50・10・2778 [106]	252
最（三）判平成 9・1・28 民集 51・1・184 [90]	221
最（三）判平成 9・2・25 民集 51・2・448	362
最（一）判平成 9・4・10 民集 51・4・1972 [13]	25
大阪高決平成 9・4・25 家月 49・9・116 [77]	177
最（二）判平成 9・9・12 民集 51・8・3887 [125]	295
最（一）判平成 9・11・13 民集 51・10・4144 [126]	334
最（二）判平成 10・2・13 民集 52・1・38 [166]	370
最（一）判平成 10・2・26 民集 52・1・255 [38]	76, 256
最（一）判平成 10・2・26 民集 52・1・274 [156]	353
最（三）判平成 10・3・24 民集 52・2・433 [151]	344
福岡高判平成 10・5・14 判タ 977・228 [56]	128
名古屋高判平成 10・7・17 判タ 1030・259 [84]	194
最（二）判平成 10・8・31 家月 51・4・33	105
最（一）判平成 11・4・26 家月 51・10・109 [74]	168
最（二）判平成 11・6・11 民集 53・5・898 [121]	284
最（一）判平成 11・6・24 民集 53・5・918 [152]	345
最（一）判平成 11・7・19 民集 53・6・1138 [87]	213
最（一）判平成 11・12・16 民集 53・9・1989 [141]	328
最（一）判平成 12・2・24 民集 54・2・523 [111]	270
東京高判平成 12・3・8 高民集 53・1・93 [155]	351
最（一）判平成 12・3・9 民集 54・3・1013 [26]	52
最（一）決平成 12・3・10 民集 54・3・1040 [36]	72
最（三）判平成 12・3・14 家月 52・9・85 [45]	92
最（一）決平成 12・5・1 民集 54・5・1607 [20]	40, 173
最（三）判平成 12・7・11 民集 54・6・1886 [158]	356
最（一）判平成 13・11・22 民集 55・6・1033 [150]	342

最（二）判平成14・6・10 家月 55・1・77 ［*165*］……………………………369
最（一）判平成14・11・5 民集 56・8・2069 ［*154*］…………………………349
大阪高決平成15・5・22 家月 56・1・112 ［*83*］……………………………190
最（二）判平成15・7・11 民集 57・7・787 ［*108*］…………………………255
最（三）判平成16・4・20 家月 56・10・48 ……………………………244, 257
最（一）判平成16・6・3 家月 57・1・123 ……………………………………49
最（二）決平成16・10・29 民集 58・7・1979 ［*112*］………………………271
最（一）判平成16・11・18 判時 1881・83 ［*37*］……………………………74
最（一）判平成17・4・21 判時 1895・50 ………………………………………84
東京高決平成17・6・28 家月 58・4・105 ［*75*］……………………………170
最（一）判平成17・9・8 民集 59・7・1931 ［*105*］…………………………250
最（三）決平成17・10・11 民集 59・8・2243 ［*117*］………………………279
最（一）判平成17・12・15 判時 1920・35 ……………………………………257
最（二）判平成18・7・7 民集 60・6・2307 ［*55*］…………………………125
最（二）判平成18・9・4 民集 60・7・2563 ［*58*］…………………………132
最（一）判平成19・3・8 民集 61・2・518 ［*40*］……………………………80
最（二）決平成19・3・23 民集 61・2・619 ［*59*］…………………………136
最（一）判平成20・1・24 民集 62・1・63 ［*160*］…………………………360
神戸家姫路支審平成20・12・26 家月 61・10・72 ［*65*］…………………151
最（三）判平成21・3・24 民集 63・3・427 ［*140*］…………………………325
最（三）判平成23・2・22 民集 65・2・699 ［*139*］…………………………324
最（二）判平成23・3・18 家月 63・9・58 ［*22*］……………………………43
最（一）決平成24・1・26 家月 64・7・100 ［*153*］…………………………347
最（一）決平成25・3・28 民集 67・3・864 ［*21*］……………………………41
最（大）決平成25・9・4 判時 2197・10 ［*109*］……………………………257
最（一）判平成25・9・26 裁時 1588・2 ………………………………………276
最（三）決平成25・12・10 裁時 1593・4 ［*46*］………………………………93
最（三）判平成26・1・14 裁判所ウェブサイト ［*50*］……………………109

●編者紹介

内田　貴（うちだ　たかし）　　法務省参与
水野紀子（みずの　のりこ）　　東北大学教授
大村敦志（おおむら　あつし）　　東京大学教授
道垣内弘人（どうがうち　ひろと）　東京大学教授

民法判例集　親族・相続
Cases and Matelials
Civil Code —— Family and Succession

2014年4月20日　初版第1刷発行

| 編　者 | 内　田　　　貴
水　野　紀　子
大　村　敦　志
道　垣　内　弘　人 |

発 行 者　　江　草　貞　治

発 行 所　　株式会社　有　斐　閣
　　　　　　　　　　郵便番号 101-0051
　　　　　　東京都千代田区神田神保町2-17
　　　　　　　　電話 (03) 3264-1314〔編集〕
　　　　　　　　　　(03) 3265-6811〔営業〕
　　　　　　　　http://www.yuhikaku.co.jp/

印刷・株式会社理想社／製本・牧製本印刷株式会社
©2014, T. Uchida, N. Mizuno, A. Omura, H. Dogauchi.
Printed in Japan
落丁・乱丁本はお取替えいたします。
★定価はカバーに表示してあります。
ISBN 978-4-641-13671-7

[JCOPY] 本書の無断複写（コピー）は、著作権法上での例外を除き、禁じられています。複写される場合は、そのつど事前に、(社)出版者著作権管理機構（電話03-3513-6969, FAX03-3513-6979, e-mail:info@jcopy.or.jp）の許諾を得てください。